振兴之路

新阶段中国乡村治理的制度框架

雷明　于莎莎　等著

重庆出版集团　重庆出版社

图书在版编目（CIP）数据

振兴之路：新阶段中国乡村治理的制度框架 / 雷明等著.
-- 重庆：重庆出版社, 2022.8
ISBN 978-7-229-17063-9

Ⅰ. ①振… Ⅱ. ①雷… Ⅲ. ①农村—群众自治—研究—中国
Ⅳ. ①D638

中国版本图书馆CIP数据核字（2022）第148146号

振兴之路：新阶段中国乡村治理的制度框架
ZHENXING ZHI LU: XIN JIEDUAN ZHONGGUO XIANGCUN ZHILI DE ZHIDU KUANGJIA
雷明　于莎莎　等著

出　　品： 华章同人
出版监制： 徐宪江　秦　琥
责任编辑： 秦　琥
特约编辑： 李　敏
营销编辑： 史青苗　刘晓艳
责任印制： 杨　宁　白　珂
封面设计： 乐　翁 DESIGN QQ:954416926

重庆出版集团 重庆出版社 出版
（重庆市南岸区南滨路162号1幢）
投稿邮箱：bjhztr@vip.163.com
北京华联印刷有限公司　印刷
重庆出版集团图书发行有限公司　发行
邮购电话：010—85869375
全国新华书店经销

开本：710mm×1000mm　1/16　印张：37.5　字数：410千
2022年10月第1版　2022年10月第1次印刷
定价：98.00元

如有印装质量问题，请致电023—61520678

前　言

习近平总书记在中国共产党第十九次全国代表大会（以下简称中共十九大）报告中提出实施乡村振兴战略。农业农村农民问题是关系国计民生的根本性问题，必须始终把解决好“三农”问题作为全党工作的重中之重。乡村振兴与“三农”工作是一脉相承的，中国共产党一直坚持积极探索农村工作，在理论与实践上都有一定的成果与宝贵经验。从统筹城乡发展到城乡发展一体化，再到城乡融合发展；从社会主义新农村建设到美丽乡村建设，再到乡村振兴战略；从农业现代化到农业农村现代化。我们可以看到“三农”工作在不断深化和推进。

中共十九大提出实施乡村振兴这一重大战略部署，将其内部总要求定义为：产业兴旺、生态宜居、乡风文明、治理有效、生活富裕五部分。这20字总要求是未来一个时期内中国“三农”工作的指导方向性意见。要坚持农业农村优先发展，就要按照产业兴旺、生态宜居、乡风文明、治理有效、生活富裕的总要求，建立健全城乡融合发展体制机制和政策体系，加快推进农业农村现代化。如何将乡村振兴战略变成政策落实到工作中，就需要具体问题具体分析，解决城乡发展不平衡、区域发展不平衡的问题。2018年1月，国务院公布了中央一号文件，即《中共中央国务院关于实施乡村振兴战略的意见》。2018年9月，中共中央、国务院印发《乡村振兴战略规划（2018—2022年）》，该规划以习近平总书记关于“三农”问题的重要论述为指导，按照20字总要求作出规划，涉及乡村振兴的格局规划、农业现代化建设、发展壮大农村产业、建设生态宜居的美丽乡村、繁荣乡村文化、健全现代乡村治理体系、保障和改善农村民生、完善城乡融合发展政策体系等具体的规划实施方面，对我国的乡村振兴实践有着指导意义。

本书围绕“乡村振兴”这一研究目标而展开，以理论研究结合实际案例的方式进行阐述。本书的前三章是对乡村振兴的总领性论述，通过概念辨析让读者更好地理解乡村振兴战略的由来和意义。由于乡村振兴战略具有很强的实践性，在世界范围内已有长期的乡村振兴实践活动，并积累了丰富经验，本书的第四章，将对世界各国的乡村振兴实践进行具体案例分析，通过对比欧美、东亚等地区的乡村振兴经验，为我国乡村振兴战略提供一定的政策参考。本书的第五、六、七章为乡村振兴战略的顶层设计，主要论述乡村振兴的模式选择、机制设计、路径选择；第八、九、十章则更具实践指导意义，对实际工作中的组织保障、能力建设、政策体系进行了细致的规划。

本书紧紧围绕如何实现乡村振兴这一主题，提出了许多内涵丰富、谋划深远的理念和观点，深刻地阐述了乡村振兴的内涵、外延与思想基础，提出了乡村振兴理论架构，分析了乡村振兴模式选择、实现路径、机制设计、制度安排，以及组织保障等诸多重大理论和实践问题。本书的创新点在于，不只是理论性的论述和文献分析，还引入了大量的案例分析。在这些工作的基础上，形成一本对乡村振兴工作有启发、指导意义的著作，做到前瞻性、理论性、创

新性、实用性是我们的主要目标。本书主要有以下特色:

创新性。一是注重对乡村振兴新案例的总结，以推广乡村振兴实践中可重复、可学习、可借鉴的经验；二是强化对乡村振兴核心政策的分析，以及前沿理论方法的提炼，为新时期的乡村振兴工作献真言、支高招。

前瞻性。一是捕捉变化、揭示趋势，对整个乡村振兴形势特别是2020年以后中国乡村振兴工作、战略转型要有预判；二是远景分析、超前研究，在预测、预警、预判中长期大势大局之后，对可能出现的危机及预期影响进行先导性分析，并及时给出破解的思路与办法。

理论指导性。一是结合实际，准确把握乡村振兴工作的现实需要，以全面、丰富、扎实的信息支撑，阐释乡村振兴工作中的真问题；二是理论的提炼归纳和总结；三是解疑释惑，确保提供的思路与方法经得起推敲检验，对现实的乡村振兴实践工作有启发，有指导作用。

目　录

第三章

乡村振兴理论基础

第四章

乡村振兴比较研究

第五章

乡村振兴制度安排

第六章

乡村振兴的机制设计

第七章

乡村振兴路径选择

第八章

乡村振兴的组织保障

第九章

乡村振兴能力建设

第十章

乡村振兴政策体系

第十一章

总　结

第一章

导　　言*

*　感谢马荻为本章所做工作。

第一节 选题意义

当今中国社会主要矛盾已经发生变化，在农村问题上有几大重要问题亟待解决：农村地区经济发展仍然落后于城市，城乡未能统筹发展，乡村衰落的趋势未得到遏制[1]。乡村衰败背后有其历史原因，由于助力工业化发展，农村生产要素向城市单向转移，首先表现为农村青壮年劳动力流向城市，农村产业缺乏人力资源和资金投入，因而难以发展。这就导致了农村空心化、房屋闲置、公共资源得不到利用、留守农村的老弱病残的生活无法得以保障等问题。

究其深层次原因，中国近些年城镇化进程加速推进，促使大量的劳动力、资源、土地等要素由农村转移到城市，这被称为城市的极化效应。相反，城市作为增长极却对农村的要素输出不足，扩散作用比较微弱，这就造成了一种单向的流动模型，并直接导致了中国乡村的落后。我国农村日益“空心化”，由此带来了农村“三留守”问题。农村居民没有产业支撑，仅靠务农收入，生活仍处于贫困线水平，与城镇居民收入的差距仍在持续扩大；现代农业发展需要懂技术、会经营的高素质农业人才，但农村农业发展缺乏人才支撑；农村人口老龄化严重，通常是一老一小留守在家，留守儿童问题突出，并由此引发了不少社会问题。农村贫困问题是我国农业现代化转型期间必须攻克的难题，想要实现全面建成小康社会的目标，农业农村问题仍是短板。[2]

2018年我国全面打响脱贫攻坚战，脱贫攻坚的胜利与否直接

---

1 何仁伟:《城乡融合与乡村振兴：理论探讨、机理阐释与实现路径》,《地理研究》, 2018年第11期，第5—18页。

2 魏后凯、杜志雄、崔红志等:《中国农村发展报告（2019）：聚焦农业农村优先发展》，中国社会科学出版社2022年版。

关系到我国能否顺利实现第一个百年奋斗目标。这短短的5年时间采取了超常规举措，通过微观施策、精准施策，将贫困问题逐一解决，最终取得脱贫攻坚战的全面胜利。这8年来，近1亿人口脱贫、832个贫困县全部摘帽；在区域性整体贫困问题上取得重大突破，贫困地区基础设施建设逐步完善，农民生产生活条件显著改善。即使在新冠肺炎疫情的影响下，我国依然如期完成了脱贫攻坚总任务，并且提前10年完成联合国减贫目标。

乡村振兴战略的提出，为我国解决社会主要矛盾提供了整体性战略，具备内容综合性和体系设计系统性两大特征。在脱贫攻坚期间，大量扶贫项目资金对贫困地区有明显倾斜，但随着脱贫攻坚模式的结束，关于贫困地区的针对性施策模式将转为普惠式的资金投入。如果农村地区没有内生动力、缺乏自主性、依赖资金的介入，那么贫困地区的发展问题仍然得不到根本性解决。

总之，实施乡村振兴战略、促进城乡均衡发展，是历史的必然趋势。乡村振兴战略有助于加快农村发展、协调城乡矛盾。实施乡村振兴战略既是我国基于国情做出的正确决策，也是我国为全球解决乡村衰落难题所提供的中国经验。在这个意义上，我们以乡村振兴战略为切入点，深刻探讨我国近年来的乡村建设成就，以及所面临的问题。通过本书内容的分析梳理从而阐述乡村振兴的内涵、外延和思想基础，进一步提出乡村振兴理论架构，分析乡村振兴模式选择、实现路径、机制设计、制度安排，以及组织保障等诸多重大理论和实践问题。

一、中国乡村建设现状

2017年第三次全国农业普查的结果，基本体现了我国乡村建设的整体情况。普查结果显示：与2006年第二次普查相比，我国农业、农村、农民基本情况发生了令人惊喜的重大变化。首先，农业现代化水平明显提高，新农村建设取得傲人成绩，农村人居环境得到较大改善，农村居民人均收入不断提升，生活条件得到改善。根据2021年国家统计局和国家脱贫攻坚普查领导小组办公室颁布的《国家脱贫攻坚普查公报（第四号）》，对国家贫困县建档立卡户普查和非国家贫困县建档立卡户两大部分的抽样调查结果显示，我国农村基础设施建设日趋完善，基本公共服务水平大幅度提高，农村居民生产生活条件明显改善，农村有了新面貌。

习近平总书记提出的二十字总要求，具体体现在基础设施建设、农村产业、人居环境、文化教育、基层治理、农民收入几个方面，本章将通过这六个方面来展示我国乡村建设的现状及问题。

（一）基础设施建设

根据2021年《国家脱贫攻坚普查公报（第四号）》，我国农村基础设施建设日趋完善，基本公共服务水平大幅度提高，农村居民生产生活条件明显改善。

第一，农村贫困居民住房安全有保障。统计分为两部分，包括国家贫困县及非贫困县。其中，在国家贫困县，有43.74%的建档立卡户现住房鉴定或评定安全；42.25%的建档立卡户通过危房改造政策实现住房安全；14.01%的建档立卡户通过易地扶贫搬迁保障贫困居民住房安全。在非国家贫困县，建档立卡户的住房评级数据为：58.26%的居民现住房被评定为安全；其余农村居民通过危房改造政策，或易地扶贫搬迁政策保障了住房安全。

第二，农村贫困居民实现饮水和生活用水安全有保障。贫困地区居民用水方便,90%以上地区实现供水入户；仅有6.33%的地区未供水入户，但居民取水方便。居民生活饮用水的水量和水质均符合当地标准，生产生活用水有保障，基本不缺水。

第三，生产生活基础设施与2006年、2016年两次农村人口普查相比，得到显著提升。在基本硬件设施方面，国家贫困县中的“硬化路、动力电”基本实现村村覆盖；宽带互联网、广播电视信号基本通村到户。在物流配送方面，村级综合服务设施基本实现全覆盖，超六成的村庄设立了电子商务配送站点；垃圾集中处理情况与2016年相比得到进一步提升，由73.9%提升到89.9%(见图1-1、表1-1)。

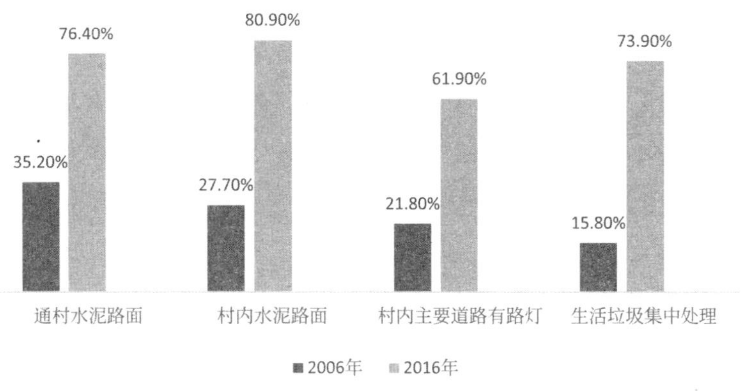

图1-1　两次农村人口普查及脱贫攻坚普查农村基础设施建设情况对比

数据来源：国务院《第三次全国农业普查主要数据公报(第三号)》(2017年)

表1-1 2021年国家贫困县基础设施建设情况

项目	完成情况
通硬化路	99.60%
通动力电	99.30%
通信信号覆盖	99.90%
通宽带互联网	99.60%
广播电视信号覆盖	99.90%
有村级综合服务设施	99.00%
有电子商务配送站点	62.70%
全部实现集中供水	65.50%
部分实现集中供水	31.90%
全部实现垃圾集中处理或清运	89.90%

数据来源:《国家脱贫攻坚普查公报（第四号）》（2021年）

第四，国家贫困县医疗卫生设施及服务得到显著改善。卫生服务体系健全，在辖区内可以实现县、乡、村三级医疗。在县级基本实现公立医院（含中医院）全覆盖，其中，每个专业科室基本至少有一名执业医师，没有县级公立医院的县基本医疗也有保障标准。建档立卡贫困户在本县住院，可以先治病后结算，县域内定点医疗机构实现“一站式”结算，方便农村居民报销，居民如有大病，县内医院可以开展专项救治工作。

（二）农村产业

我国农村产业曾存在多种形态，主要为三类：一是早期农业形态，以农民手工劳力为主的传统小农经济，即“农业1.0时代”；“农业2.0时代”是农业发展逐渐产业化、规模化，以机械化生产为主的

“种植大户”时代；“农业3.0时代”，即以现代科学为主要特征的现代化农业产业。[1]若根据促进乡村产业发展的重大因素变化，则可将中华人民共和国成立以来我国乡村产业结构演化历程分为四个时期，即中华人民共和国成立后到改革开放前的农业产业主导期，改革开放后的乡村工业化快速推进期，2003年以后的乡村多元产业发育与结构优化期，2012年以来的乡村一、二、三产业融合与高质量发展期。

在各个发展时期，农业都是乡村的基础产业，也是一切乡村产业分化和发展的基础。[2]近十年来，我国粮食产量逐年增加，可以说粮食产量是我国稳定发展的定盘星。我国肉类和水产品总产量为世界第一，主要经济作物产量处于世界领先地位。我国农业基础设施逐步完善，稻谷、小麦、玉米三大粮食作物的种植、收割达到了较高机械化水平。从图1-2中可以看出，2015—2019年全国农业生产总值逐年上涨，2019年农、林、牧、渔业总产值同比增长9%。可以说农村产业发展给农民带来了新的生活，农村面貌焕然一新，农民收入增加，获得感、幸福感提升。

同时，农村产业发展也存在着诸多问题。第一，农村产业化面临缺乏新型农业人才的困境。农业产业化发展的前提是实现规模化，让小农户和现代农业接轨，最好的方式是培育农民成为新型农业生产经营的主体。从三次全国农业普查的结果来看，我国农业经营单位实现飞速增加，达到了39.5万户。这体现了农村生产经营主体结构的转变，以家庭为单位的小农经济模式减少，现代化农村经

1　郭芸芸、杨久栋、曹斌：《新中国成立以来我国乡村产业结构演进历程、特点、问题与对策》，《农业经济问题》，2019年第10期，第24—35页。

2　陈会英：《中国农村产业结构演化问题研究》，《农村经济与社会》，1991年第2期，第20—26页。

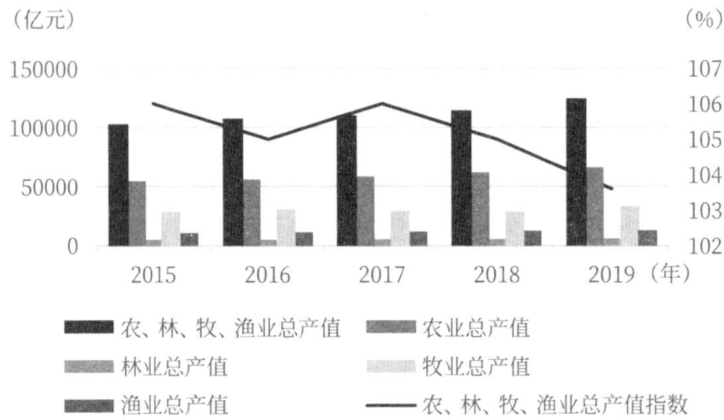

图1-2　2015—2019年全国农业总产值情况

数据来源:《全国年度统计公报》2019年

营单位成为主流。但是,2008—2018年这10年间，我国农村人口数量逐年下降，农村就业人数和第一产业从业人数也大幅度减少，劳动力大量流失（见图1-3）。此外，农村生产者以中老年人为主，大部分青壮年劳动力都流入了城市。第三次农业普查数据表明,3亿名农村生产经营者中,35岁以下人员比重只有19%，充分说明了农村适龄劳动力人口的不足。

第二，科技因素制约农业发展。产业结构的转型升级是技术推动的，农村产业也不例外。对农业相关科技的开发投入尚有欠缺，阻碍了我国乡村产业的发展。我国知识产权局相关数据表明，发达国家农业科技进步贡献率为80%以上，而我国农业科技创新能力不强、发展水平还比较弱，农业科技进步贡献率仅为60%，与世界水平还有很大差距。在科技投入方面，美国和日本等发达国家除了政府投入，还设置了各类基金，鼓励金融机构组成推动乡村产业发展

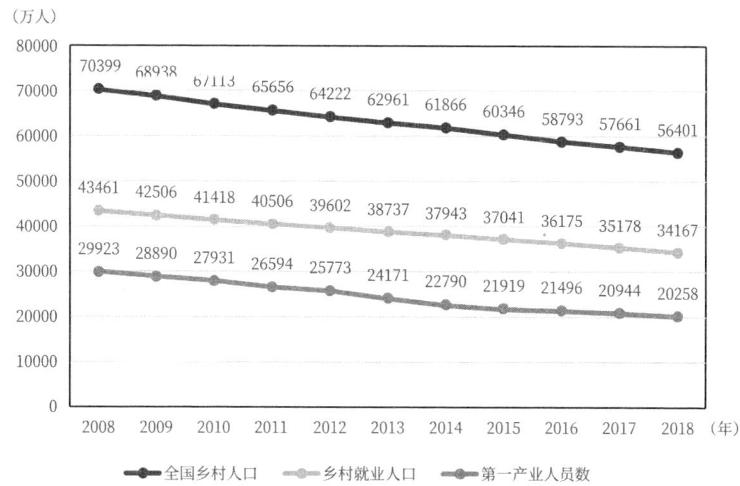

图1-3　全国乡村人口和乡村就业人员情况

数据来源：国家统计局《中国农村统计年鉴》(2019年)

的融资体系，支持企业参与农业科技创新、增加投入。[1]而我国的农业企业虽然逐渐形成规模，有不少龙头企业，但是由于缺乏农业科技的有力依托，目前还不具有规模经济效益。另外，因缺乏政策扶持，我国农业科技投资收益较低，难以吸引大量民间资本。与国内前几年的情况相比较，农业科研投资经费有所增长，但是仍落后于全国整体水平，这对农业科技创新产生了很大的制约。

在衡量科技投入水平时通常会引入R&D指标，R&D即科学研究与实验发展（Research and Development, R&D），是衡量国家对科技投入经费的指标，代表某一领域的投资强度，农业R&D经费占全国GDP的比重可以反映出农业投资强度。农业科技研发的R&D经费投入占全国GDP的比重，反映出行业内企业对农业科技

1　林宏程：《中国农业科技投资缺失及对策探讨——基于国际比较的分析》，《湖北农业科学》，2011年第12期。

开发的重视程度。通过对比2013—2017年的农业投资强度[1]，可以看到我国农业R&D投资强度不断提升，截至2017年，我国的农副产品加工业科技投资强度首次超过1%，达到1.14%；同时首次超过了全国分行业规模以上工业企业R&D合计投入强度，达到了历史上的转折点，预计未来会保持这种持续增长的发展态势，这体现出我国对农业科研经费投入的重视。尽管取得了一些成绩，但是距离发达国家2%—3%的增长率仍有不小差距，整体投入不足仍然明显（见图1-4、图1-5）。[2]

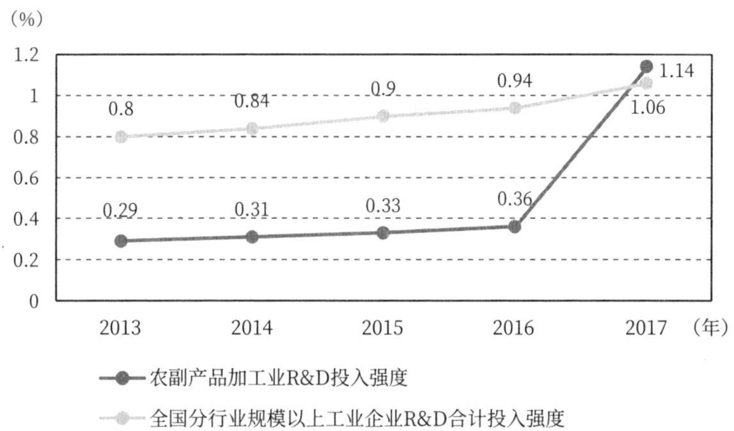

图1-4　2013—2017年中国农业R&D投入情况

数据来源：《全国科技经费投入统计公报》（2013—2017年）

1　计算方式：农业R&D经费占全国GDP的比重。

2　国家统计局、科学技术部、财政部：《全国科技经费投入统计公报》（2013—2017年），2018年。

图1-5　2013—2017年全国按行业分规模以上工业企业R&D经费

数据来源:《全国科技经费投入统计公报》(2013—2017年)

第三，传统农业资源依赖性强，且农业资源十分有限，分离发展的农业产业链使农业农村的利润较低，农民从中获得的收入十分有限。具体来说，农业种植作物环节的利润低至不到10%，而加工销售环节的利润高达90%，在农村务农不仅辛苦而且可获得的利润还很少，所以青壮年劳动力不愿意留在农村。近年来，农业资源约束增强、收益下降，加之农产品流通环节过多、附加值低，导致农民增收缓慢；农村就业形势单一，就业岗位不能满足青壮年的需求，迫使青壮年流入城市二、三产业中。这些因素引发农村空心化、老龄化、留守儿童增多等社会问题。

第四，我国农村产业结构一直处于不平衡发展的局面。随着市场经济的快速发展，以种植业为代表的第一产业比重逐渐下降，与此同时，以采矿业、建筑业为代表的第二产业成为乡村支柱性产业，占国民生产总值比重最高。但是从2008年开始，乡村第二产业就业人数逐渐下降、乡镇企业产值降低，而以农家乐、生态观光旅游为主体的农村第三产业发展迅速。国家对促进农村三产融合发展给予大力支持，政策落地后，地方政府给予包括资金、土地规划、经营模式的指导，并在政策上给予产权流转便利条件，以此促进三产融合，这一系列的政策支持给了农村三产融合很好的发展环境。产业融合促进了农村产业均衡发展，农民实现了增收，但有些地区的三产融合并不理想，以安徽和山东为例，工业化根基不够牢固，加之产业发展结构不均衡，导致无法支持第三产业进一步发展。由此可见，农业具有基础性地位，必须先打牢农业基础，稳定农业地位，在此基础上再进一步推行农村三产融合。纵观我国农村三产融合，尚存在以下两点问题：其一，产业融合开展情况不同，大部分地区还处于起步阶段；其二，产业融合的方式不够多元化，局限在纵向融合。基于这种情况，中央一号文件提出要求，“推进农业供给侧结构性改革，推进农村一、二、三产业融合发展”，降低农业生产成本、提高农业经济收益、激活农村要素资源，从而实现农村经济发展。我国农村一、二、三产业融合发展还有很长的路要走。[1]

（三）人居环境

农村环境影响着农村居民的身体健康，同时对农村经济发展有深远影响。农村环境由农村生态环境、农村生产环境、农村人居环境三个子系统构成，只有实现良性互动、健康循环才能为农民健康、农村经济发展打下坚实基础。农村人居环境的改善涉及自然、

1　苏毅清、游玉婷、王志刚：《农村一二三产业融合发展：理论探讨、现状分析与对策建议》，《中国软科学》，2016年第8期，第17—28页。

社会、经济等多个领域，需要政策、技术、资金等做保障。

截至2017年全国第三次农业人口普查时，农民生活质量和水平显著提高，农村住房情况和基础设施建设都发生了翻天覆地的变化。农村住房情况得到改善，超九成农民拥有自己的住房；农村交通和互联网逐步发展。农村卫生条件明显改善，超三成的农村居民用上了水冲式卫生厕所。全国农村有通村水泥路及路灯的村庄比重大大增加；更多村庄有了生活垃圾集中处理点，环境得到很大改善。农村基本社会服务水平显著提升，农民生活质量明显改善。村内幼儿园、小学的数量大大增加，与城市教育水平差距进一步缩减；生活用水、用电更加方便，使用清洁能源比例大大提升；医疗条件得到改善，有卫生室的村庄比重提升。

十八大以来农村居民生活环境逐步改善，但是仍存在发展不充分、不均衡的现象。不均衡体现在不同区域人居环境存在差异、整治重点任务不同、资金技术短缺等方面。农村人居环境整治应当树立绿色发展理念，加大资金投入，通过技术手段、模式创新，以及机制升级达到预期目标。

第一，从地区上讲，东部地区农村与西部地区农村经济发展差距仍然很大。我国中西部农村地区的发展受制于地理条件和自然资源等因素，通信、交通等基础设施与其他地区存在很大差距，需要大量资源、资金、政策的倾斜，仍需长时间努力才能追上全国平均水平。目前，一些农村地区针对垃圾处理问题建立了垃圾填埋场，但是没有形成完备的垃圾收集、处理、集中填埋的模式，许多村镇仍然是将垃圾就地焚烧，对环境造成很大危害。厕所问题关系着广大农民的生活实际，影响着农村居民能否过上更加体面的生活，厕所问题还关系着社会文明的进步。近几年，国家大力推动农村厕所改革，截至2018年，全国完成农村改厕1000多万户。2019年，多部门联合下发《关于推进农村“厕所革命”专项行动的指导意见》，拿出专项财政资金推动农村厕所革命。

第二，针对不同区域，农村人居环境整治的内容也不尽相同。不同区域表现出不同的综合性特征，为此应当根据所划分区域的特征配套适宜的政策，在资金、政策、技术上予以恰当的支持。从治理主体层面讲，农村人居环境治理需要国家、基层政府和村民的介入。在农村人居环境治理中，应根据广大农村居民的生活实际，确定整治内容的必要顺序，这既有助于建立农民自治机制、调动村民参与本村事物的积极性，同时有助于基层政府能够更好地了解农民的预期，对整治目标达成集体共识，确保整治顺利进行。

第三，村庄建设缺乏规划。许多村庄在建设时并未经过规划，有的离工厂距离过近，空气、水源安全都受到威胁；土地利用不够经济合理，缺少绿化；村庄精神文明建设未受重视，没有开展文化活动的场地，农民生活普遍单调，缺乏精神层面的支持。居民生活垃圾处理不当、化肥农药的不合理使用，使得水源受到污染，秸秆焚烧、白色垃圾的处理污染空气，严重破坏农村的生态环境，影响农民的生产生活。建设完善农村基础设施仍需很长时间，农村的发展也受制于此。

农村人居环境的治理可以从制度创新、优化村庄布局等方面实现路径优化；而软性层面，可以通过价值观引导与制度相结合的方式，规范居民的居住行为习惯，进而逐步提高农村居民人居环境质量。在未来一段时期，村庄治理的技术发展会进一步得到重视，乡村人居环境与乡村产业融合路径研究将成为焦点。伴随着乡村治理取得成效，农村人居环境治理的效果评价方法及监督机制会成为该领域研究的趋势。

（四）文化教育

发展农村文化教育、提高农民综合素质，是“三农问题”的重要部分。城乡居民的差距不仅体现在硬件基础设施上，同样体现在软实力中。农村文化教育相较于城市发展仍有较大差距，农村人口文化教育落后也是导致贫困的一大原因。

乡村文教的基础设施建设在不断完善，学校、休闲文化场所逐渐多起来。在学校方面，全国各地区乡镇没有明显差异，基础性教学设施建设水平有明显提升。在精神文明建设和农村居民休闲活动丰富性上，全国各地区存在差异。我国东部和中部地区拥有剧院、影院和体育活动场所的乡镇比例远远高于西部和东北地区，我国文教建设在地区上存在巨大差异（见表1-2）。

表1-2　2017年文化教育基础设施建设情况

（单位:%）

	全国	东部地区	中部地区	西部地区	东北地区
有幼儿园的乡镇	96.5	98.7	98.3	94	96.9
有小学的乡镇	98	98.7	99.5	97.3	95.2
有图书馆、文化站的乡镇	96.8	96.2	98	96.6	95.2
有剧场、影剧院的乡镇	11.9	18.5	14.4	7.9	5.9
有体育场馆的乡镇	16.6	20.5	19.4	13.5	12.1

数据来源：国务院《第三次全国农业普查主要数据公报（第一号）》（2017年）

乡村文教发展的落后不利于乡村振兴，体现在以下三个方面。

第一，农村现有教育资源难以满足当地居民需求。农村教师整体文化水平与城市师资质量存在较大差距，教育水平不能满足农村居民的需求；同时，农村生源不断减少，许多学校招生没有达到预期，这也造成了教育资源的浪费。文化设施建设缺乏帮扶和资源，文化产品不够丰富、针对性不强，造成资金的浪费现象。

第二，农民职业教育水平难以满足农业规模生产对高素质人才的需求。农村发展和生产所需要的专业人才，没有培养的渠道，农村职业教育尚处于起步阶段。目前，农村产业的从业人员文化素质普遍不高，缺乏专业人才，农村产业发展面临困境。

第三，乡村文化传承和精神文明建设没有得到足够重视，目前乡村文化遗产和自然遗产的保护情况不容乐观。璀璨的中华文明不仅是中华民族的精神食粮，也是中华民族实现团结繁荣发展的凝聚力的源泉，乡村是中华文化的起点，目前文化传承问题十分严峻。农民一直有精神文化生活的需求，挖掘乡村文化内涵，有利于提升乡村凝聚力，建成魅力乡村。文化是纽带，可以帮助村民达成文化共识，自发为乡村建设作贡献。此外，乡村文化建设也有利于经济发展，许多乡村有宝贵的历史文化资源，如建筑、习俗等，乡村文化资源的活化有助于开辟乡村振兴的新思路。

（五）基层治理

近年来，全国各地农村正积极推进村级治理。乡村善治将成为未来中国农村基层治理的发展愿景。实现党领导下的“自治、法治、德治”相结合的乡村治理体系是乡村善治的目标。所谓“三治”相结合，首先把民主权利直接交还给村民主体，大家的事情大家一起决定、共同解决，在基层构建良好的政治生态。法治是底线问题，坚持依法办事是大的原则。德治，是用乡风民俗去约束村民，相对法治而言，这是一股柔性力量。通过“三治”构建多元化治理格局是实现乡村善治的有效途径。[1]

2013年，中共十八届三中全会第一次明确提出“社会治理”，我国社会治理模式经历了从“社会管理”向“社会治理”的思路转变。农村基层党组织也由单向引领转变为由党建带动村民自治的双向管理模式。

2020年，中央一号文件充分强调了基层党组织的重要性，具体体现在党建、干部选拔和培养机制等方面。第一，在乡村党建工作中，应当加大在青年农民中发展党员的力度；第二，重视第一书记的选派工作，尤其是贫困村、组织不强的村、经济薄弱村，加强村级组织运转经费保障，健全激励村干部、干事创业机制；第三，村干部实现逐步脱产化、正规化，培养选拔一批职业村干部，在本村事物管理上更加规范化、程序化。近年来，“乡贤”治理模式逐渐从东部沿海地区向全国推行，地方政府在精准扶贫、乡村振兴的实施过程中，深入探索乡贤参与乡村治理的模式。[2]

我国基层乡村治理仍有一些短板：第一，乡村治理体系建设没有得到重视，目前的乡镇政府缺乏独立的决策和施政能力，农村基层干部工作负担重、报酬相对较低；第二，乡村治理没有跟上经济发展的速度，村庄多发展集体经济，如果没有善治的基层村组织，集体经济很难发展，甚至会影响村庄的稳定；第三，在乡村治理中农民参与度不够，没有体现其主体性，这一方面是因为村民缺乏教育培训，文化素质较低难以胜任；另一方面是基层管理组织对农民主体性地位不够重视，不善于引导。

1 赵一夫、王丽红：《新中国成立70年来我国乡村治理发展的路径与趋向》，《农业经济问题》，2019年第12期，第21—30页。

2 贺雪峰：《乡村治理40年》，《华中师范大学学报（人文社会科学版）》，2018年第6期，第14—16页。

（六）农民收入

农村居民可支配收入，是指农村住户在经过初次分配与再分配后，可以用于最终消费、非义务必支出以及储蓄的收入总和。农村居民收入可以体现出农村居民的生活水平，主要依据的是农村人均可支配收入、农村居民消费支出、农村居民恩格尔系数三项具体指标。

去除物价影响，70年来农村人均可支配收入比1949年实际增长40倍，年均实际增长6.2%。此外，城乡收入差距明显缩小。近年来，城乡居民收入在同步改善，农村居民增收速度持续多年超过城镇居民，城乡居民收入差距逐年缩小，城乡协调发展初具成效（见图1-6）。[1]

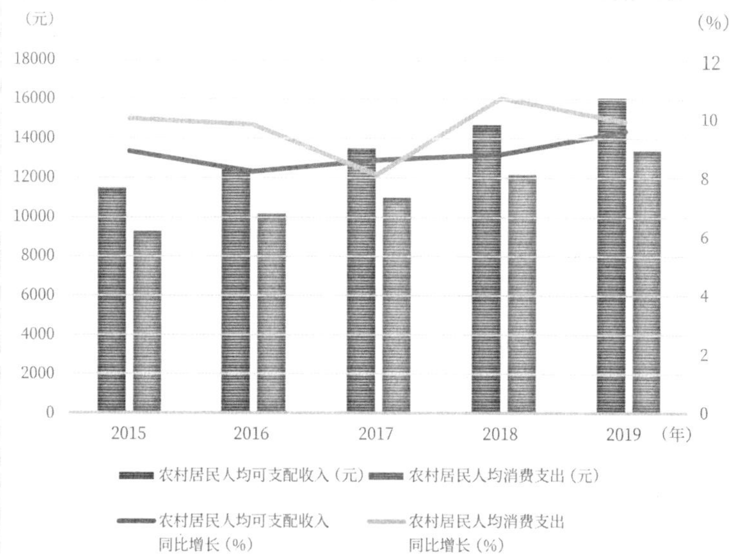

图1-6　2015—2019年农村居民人均收入和支出情况

数据来源：《全国年度统计公报》（2019年）

1　王静：《党的十八大以来农村居民收入分配格局的变化研究》，《农业经济》，2020年第1期，第68—70页。

与此同时，近年来农村居民的人均可支配收入不断提升，消费水平也逐步提高，我国农村居民生活已经达到小康水平，部分村庄生活富足。农村居民恩格尔系数[1]逐年降低。2019年，农村居民人均消费支出比1949年实际高了30多倍。我国农村居民人均消费支出逐年上升，农村居民收入增速连续多年高于城镇居民。此外，2020年，国家贫困县农村居民人均可支配收入年均增长11.6%，涨幅高于全国水平。城乡居民收入差距在逐年缩小，但是城乡居民财产差距近些年来有扩大趋势。受农村产权制度不健全等多种因素影响，农民财产性收入的数量和增长速度都远低于城镇居民，未来或将形成新的贫富不平衡。

通过对农村产业、人居环境、文化教育、基层治理、农民收入五大方面的全面考察可以看出，这些年来，我国农业、农村、农民基本情况发生了重大积极变化：农业规模化发展，农业现代化水平提高，农村生态环境得到改善，农民生活水平不断提高。

脱贫攻坚取得了举世瞩目的成效，这源于我国不断通过政策和资金手段来调节农业发展、农民收入。尽管我国农村建设成绩斐然，但农村发展不平衡、不充分问题仍存在，我国“三农”建设还有一些短板，主要表现在：农民市场竞争力不足；农村基础设施仍不完善；农村生态环境与经济发展间矛盾突出；乡村发展整体水平有待提升；农村基层治理体系需要完善；农业产业化需要技术和人才的支持；城乡之间差距过大，短时间内较难实现协调发展[2]。

1 恩格尔系数是指食品支出总额占个人消费支出总额的比重，能够衡量一个家庭的富裕程度。通行的国际标准认为，一个国家平均家庭恩格尔系数大于60%为贫穷，50%—60%为温饱，40%—50%为小康，30%—40%为相对富裕，20%—30%为富裕，20%以下为极其富裕。

2 中共中央、国务院：《中共中央 国务院关于实施乡村振兴战略的意见》，人民出版社2018年版。

二、乡村振兴与脱贫攻坚有效衔接

贫困问题一直是我国发展面临的长期重大挑战，事关现代化进程，影响国家稳定。我国一直致力于减贫工作，减贫政策也保持延续性。2015年国家提出“五个一批”政策，这是精准扶贫方略在脱贫路径上的体现。

党的十八大之后，我国全面启动脱贫攻坚战略，贫困发生率不断降低，2019年降至0.6%；到2020年，彻底打赢脱贫攻坚战，消除贫困人口后，中国的减贫事业也将迈入新阶段。党的十九届四中全会召开，针对减贫事业提出了“建立长效机制”的目标。

进入2020年，我国脱贫攻坚战到了决战的关键时期，在脱贫攻坚取得胜利之时，我国顺利过渡到乡村振兴时期。在这一新的历史时期，我国的扶贫政策也有了新变化。2020年，习近平总书记强调，脱贫攻坚战的收官并不意味着减贫任务的结束，很多地区的脱贫成果并不牢固，如果政策没有得到深入落实，基层政府做政绩工程，没有根据地区情况进行科学规划，那么极有可能重返贫困。那么该如何保障脱贫成果，进一步帮助贫困地区实现持续性发展，是我们下一步工作需要思考的问题。这就要深入研究如何实现两个战略的政策衔接问题。

乡村振兴与脱贫攻坚天然具备战略衔接的条件。乡村振兴与脱贫攻坚战略都是我国解决农业、农村、农民问题的重大决策部署，虽然在实施层面两个战略的关注点不同。脱贫攻坚战具有紧迫性、局部性、特殊性，重在具体对待、微观施策，在脱贫攻坚战时期，主要解决发展中的不平衡问题，在政策上具有兜底性质。而乡村振兴重在顶层设计、整体规划，但它们都是我国决胜全面建成小康社会、实现社会主义国家现代化的重要战略。脱贫攻坚与乡村振兴的关系不是分割对立的，而是有机结合的。当今中国城乡发展最大的问题是城乡贫富差距的不断扩大，而脱贫攻坚和乡村振兴的相继提出正是为了缩小这一差距使农村居民获益。因此，脱贫攻坚和乡村振兴战略在目标上存在着一致性，在方式上存在着递进性，在实施上具有阶段性。

从实践层面看，脱贫攻坚和乡村振兴战略有机衔接有其必要性，这是巩固脱贫成果的必然选择。乡村的发展不能一味依靠政府资金扶持，如果没有发展特色产业，乡村很难产生内生动力，也就无法实现乡村的持续健康发展。所以，使乡村拥有“造血”能力，才是发展的长远之计。此外，脱贫攻坚的经验是我国乡村治理的宝贵财富，这部分经验应该继续服务于乡村振兴，为其具体策略的制定提供宝贵经验。

三、乡村振兴的必要性和必然性

通过梳理改革开放以来我国乡村建设的现有成果可以看到，市场经济体制下我国二元结构虽有所改善，但是农业生产力仍然落后于城市发展速度，农民增收速度缓慢，城乡差距仍然很大。在全国范围内，存在着东西部发展差距大的问题；在省域范围内，不同乡村之间经济发展也存在显著差距，产业特征极不协调。城乡发展的不均衡不利于农村社会的稳定，更不利于促进农村经济发展。“三农”问题事关百姓切身利益，事关国计民生，事关国家发展的根基。农村一直是我国的重要部分，农业农村没有实现现代化，现代化国家的建设也就永远没有完成。

从国家层面分析，乡村振兴是一个不可回避的问题。面对我国城乡二元结构固化、发展不均衡的问题，实施政策上的引导必不可少。从党的十六大提出“统筹城乡发展”后，多项政策举措出台，助力美丽乡村建设，旨在让广大农民能够共同分享我国的现代化成果。党的十九大提出关于“社会主要矛盾发生转变”的重要论断，并借此契机提出了乡村振兴战略，是在特殊历史时期对以往乡村政策的总结和延续。

乡村振兴战略既是基于我国现阶段基本国情，又是基于我国经济社会发展的基本特征[1]。实现现代化发展是我国发展的目标，随着城镇化的推进，部分乡村会被城镇替代，有些乡村会逐渐消失，农村人口必然逐步减少，这是一个不可逆转的历史过程。然而减少不代表消失，城乡之间存在着功能上的明显差异，乡村与城市具有不同的功能和属性，城市永远不可能取代乡村，城乡间只有进行良性互动、良性循环，才能共同促进社会的平稳运行、国家的良性发展。因此，不论城镇化发展到什么程度，乡村都不可能消亡，也不可能持续衰败下去。截至2019年末，中国大陆总人口为14亿人，我国人口总规模巨大，即使乡村人口的比重降到30%以下，但总量仍有几亿人，世界上没有人口基数如此庞大的国家实现了现代化的先例，也就没有可借鉴的经验。乡村振兴战略，就是从我国国情出发，致力于解决现代化进程中的城乡不均衡发展问题。

自中华人民共和国成立以来，可以说，农业作为我国第一产业，曾在很长一段时期内处于经济发展第一位的位置，并一直在国民经济发展过程中发挥着基础性作用。从土地政策的改革到家庭联产承包责任制的实施，都体现了党中央对农业问题的重视，农业始终是我国的基础性产业。

1 陈锡文：《乡村振兴战略的来龙去脉》，《黑龙江粮食》，2018年第12期，第12—17页。

各种数据和研究表明，我国正处于新型城镇化深入发展的关键时期，但是我国农业农村的发展不能只借助于城镇化，农民是不会全部消失的，农村要实现可持续发展还得依靠农村内部的转变，即变“输血”为“造血”才能真正解决农村问题。综上所述，乡村振兴与脱贫攻坚战略的有机衔接是我国发展所处的历史阶段决定的，既有必要性也有必然性。

四、乡村振兴的价值性

第一，乡村振兴的价值体现在其创造的经济效益上。农村在各个时期都为国民经济做出了巨大贡献。中华人民共和国成立之初，国家实行计划经济，农村劳动力向城市输入，支撑了当时国家的经济发展，为工业化打下基础。改革开放之后，我国由农业大国迈向工业大国，由于工业发展零基础，因此采取“以农补工”政策，农田赋税曾是财政的主要收入之一。在那一历史时期，农业发展为我国的工业起步发展做出了巨大贡献。

在新时期，乡村的发展环境相较于之前发生了巨大转变，相比以第一、二产业为主的发展阶段，国家加大了对乡村基础设施建设的投入力度，旨在引导促进第一、二、三产业融合发展，延长农民的致富链，使得乡村价值有更大的提升。除了农产品的有限收入，还有大量“农业经营以外”的收入，比如，通过农产品深加工来延长产业链实现创收。除此之外，第一、二、三产业“垂直整合”，采摘、观光、农产品直销也形成一套完整的产业链，推动了现代新型农业的发展。乡村的最大物质资源就是土地。新时代乡村土地的开发，是通过度假、休闲，或者养生等方式变成可消费的产品，为乡村带来经济价值。加之互联网的飞速发展，农村的优质产品不再愁卖，他们或邀请网络红人合作推广，或村干部亲自“直播带货”，农村的优势又凸显出来，人才、技术、资本重新聚集到农村，进而出现了一批新型农村特色产业，比如，农产品多元开发、深度加工，发展乡村休闲旅游业，发展绿色农业、生态农业，等等。随着近些年电子商务的飞速发展，农村产业产品通过电子商务平台推广，为农民创收开拓了渠道。农业、农村、农民在不断地适应新形势，实现第一、二、三产业融合发展，这为农民开辟了就业空间，农民不再局限于务农这一种选择。乡村振兴具有极大的经济价值，在互联网时代有望成为异军突起的力量。

第二，乡村振兴具有社会价值。乡村振兴要求农村地区发展产业，那么农村就要具备一定的基础设施。首先是道路交通状况得到了很大改善，高速公路、铁路、港口的建设不仅提升了物流效率，也便利了乡村居民的生活。从微观层面讲，改水、改电、铺设线路管道改善了居民的生活条件，缩小了城乡之间生活质量上的差距，提升了乡村居民的幸福感。在科技层面，互联网的普及和利用，打通了信息壁垒，乡村企业可以通过网络学习到最新的技术，通过网络销售产品，进行宣传；除此之外，乡村居民还能通过便捷的网络获得高质量的教育服务。在生态环境层面，国家提倡美丽乡村建设，全面推进村庄环境治理，补齐农村环境的短板。绿色乡村、清洁水源、集中处理生活垃圾等措施，改善了乡村生态环境，也推动了乡村第一、二、三产业融合，为发展乡村休闲旅游业创造了条件。

互联网的发展使得农村不再是信息孤岛，信息不再成为阻碍其发展的屏障，这是乡村的一次重大机遇，也是乡村振兴扶贫帮困新模式。要从根本上解决“三农”问题，首先要解决农民增收问题。在乡村振兴战略下，通过基础设施建设、“互联网+农业”思路的实施，乡村农产品实现产业化，最终惠及农民。电子商务打开了信息通路，促进了农产品销售，并提供了大量就业岗位。农村家庭不用为了务工挣钱分隔两地也能过上富裕的生活，这为乡村社会的和谐稳定打下了坚实的基础。农村产业稳步发展，农民实现增收，城乡居民贫富差距缩小，农村社会稳定，最终实现农村产业兴旺、农村居民生活幸福。

农村衰落不是中国的特有现象，在世界范围内，贫困问题是一个重大课题。许多发达国家历史上都面临过农村衰落的问题。农村地区聚集着全球近80%的极端贫困人口，他们身处基础设施不健全，教育、医疗水平落后的地区。2020年，新冠肺炎疫情肆虐全球，这场疫情极大地冲击了世界减贫事业，许多人口返贫，大量贫困人口陷入极端赤贫。

中国作为世界上最大的发展中国家，中国的脱贫攻坚成果，关系着世界减贫事业的大局。改革开放40多年来，中国的脱贫工作取得了巨大进展，成果令世界瞩目，我国实现了7亿多人口脱贫，创造了奇迹。脱贫攻坚战后，还会出现返贫问题和新的贫困问题，尤其在新冠肺炎疫情的冲击下，贫困问题异常严峻。解决农业、农村、农民问题，就是补我国全面小康的短板，“三农”问题关乎我国现代化的走向。为解决我国的“三农”问题，可以从外部环境和内部机制入手，但由于外部环境相对复杂多变，从我国内部机制出发更加安全、可控。实施乡村振兴战略能够有机衔接扶贫工作，使扶贫不脱节，持续解决好脱贫攻坚后的农村贫困问题，实现更高水平的共同富裕。乡村振兴战略是在脱贫攻坚战基础上，为农村持续健康发展保驾护航的必经之路。

第二节 文献综述：国内外乡村振兴理论文献

乡村振兴是一个复杂的理论体系，涉及经济、社会、地理等多方面的问题，大多数国家都经历过城市现代化的过程，在此过程中乡村振兴的理论体系日益丰富。国内外学者的理论研究聚焦于乡村振兴（rural revival）、乡村建设（rural renaissance）、乡村发展（rural construction）、扶贫（poverty reduction）等方面，涵盖了经济学、社会学、管理学、农业经济等理论。本章从国内外学者对乡村振兴的理论研究成果出发，结合基于我国国情的最新观点，对我国乡村振兴的理论体系进行总体描述分析。

一、城乡二元结构理论

关于发展中国家城乡关系的探讨，首先是“二元经济结构”理论，该理论由威廉·阿瑟·刘易斯（William Arthur Lewis）提出。所谓二元就是两个经济部门，即传统农业部门和现代工业部门，农村可以为城市供给大量劳动力，城市工业部门雇佣廉价劳动力，这两种不同的结构构成了“二元经济结构”。传统农业部门有大量劳动人口，生产效率低下，由于生产资料有限，即使提升生产技术，也不会取得突破性进展，只会增加剩余人口。增加劳动力，相应的产量却不会增多，因此产生过剩劳动力。而在现代工业社会中，生产资料不同于土地，具有可再生性，伴随着生产规模的扩大，有源源不断的劳动力进入，边际效应递增。由于工业生产效率高，农民从事工业生产获得的收益比务农高，所以有越来越多剩余劳动力进入工业部门。工业资本再次扩大生产，吸收更多原本务农的劳动力进入工业部门，最终形成了城市工业繁荣、农村逐渐凋敝的状况，这就是“二元经济结构模型”[1]。这种模型解释了发展中国家农村衰落的原因，由于工业是优先于农业发展的，城市领导乡村，在发展进行到一定程度时，工业会反哺农业，保持“两个部门”之间的顺畅流转。但是，在这种模型下乡村建设并不是自发的，而是以满足工业部门运转和城市发展为目的。

二元结构理论[2]是由伯克（Booke）提出的，在该理论体系内，经济和社会被划分为传统和资本主义两个部门。后来，经济学家刘易斯在此基础上对二元经济理论进行了系统研究。在刘易斯之后，拉尼斯指出其理论忽视了农业的重要性，如果农村没有产生剩余人口，就不会有剩余劳动力从农村流向城市，城市的经济增长可能就会停滞。美国经济学家托达罗提出，农业的边际生产力始终为正，农业并没有剩余劳动力，之所以会出现大量劳动力转移到城市中，是因为务农收入与进城打工相比过低，导致农民为了获取更高的收入而离开土地进入城市。这一现象导致了农村劳动力不足、城市剩余人口较多直至失业人口增加的现象。所以，只有重视农村、通过各种方式发展农村经济，增加农村的就业机会，提高农民的收入，才能统筹城乡同步发展，并持续推进工业化、城镇化进程。

除了城乡二元结构模型，还有一种理论流派与其观点类似，那就是美国地理学家弗里德曼（Friedman）提出的“核心—边缘”理论[3]，该理论于1966年提出，主要阐释了区域经济发展与区域空间结构演变的关系。该理论阐释了两个互不关联的系统，在孤立发展

1　［圣卢西亚］W.A.刘易斯：《劳动力无限供给条件下的经济发展》，《现代国外经济学论文选》（第8集），商务印书馆1984年版。

2　Boeke, Julius H., *Economics and Economic Policy of Dual Societies As Exemplified by Indonesia*: International Affairs,1953.

3　Friedman, J.R., *Regional Development Policy: A Case Study of Venezuela*, Cambridge: MIT Press, 1966.

之后出现失衡状况，再逐渐发展成为相互联系、相互制约的区域系统。在经济关系上，不发达的边缘国家供养着核心发达国家，为其提供劳动力，同时又依赖着核心国家的经济置换以实现其自身的发展。在全球化发展阶段，国家之间存在着国际劳动分工，掌握着科技的发达国家工业化程度更高，得以垄断全球资本，使得全球发展非常不平衡；许多国家都是由核心城市区和边缘农村两个鲜明的地域组成，这种二元结构特征越发明显。在市场经济背景下，资本、人员、科技等生产要素会流向获利更高的工业化生产部门，在此过程中产生极化效应，更多的发展机会、生产资料流向了城市，所以城市发展得更快，乡村的发展则越来越滞后。

中华人民共和国成立后，国家经济基础薄弱，数百年来坚持着低效率的小农经济，没有发展工业的基础条件，使得我国的轻工业、国防工业、交通运输业都没有建设的基础，所以当时的工作重心是为恢复国民经济发展、实现工业化发展打好基础。以随后召开的七届二中全会为标志，开启了城市领导乡村的发展阶段。为了能够尽快恢复生产，追赶上世界其他国家，我国提出了实现“先进工业国”的奋斗目标，选择了重工业优先发展的战略。

优先发展重工业的发展策略是基于时代背景做出的最佳选择，它在较短时间内提升了我国的国防和军事防御能力，用和平手段完成了社会主义改造，为社会主义建设夯实了基础。与此同时也带来了几点问题，其中就包括城乡二元结构日趋固化，“三农”问题面临巨大困境。农村的资源被大量吸收进城市，对农村征收高额农业税，农民的利益被牺牲，农业被过度剥夺，农村发展落后于城市，并且差距不断加大，城乡二元结构形成并日益僵化。

那么，城乡二元结构的困境将如何破解呢？早期的发展经济学和区域经济学强调了两个部门之间的对立和矛盾，存在着发达地区将获得更多发展机会的“极化”现象。二元结构理论认为这是市场自发行为，发展到一定阶段时，农业劳动力过多流入工业部门，导致粮食产量下降，当粮食减产影响到工业部门的发展时，工业部门的部分劳动力又会转移到农业部门，完成工农之间的置换，工业即以这样的方式反哺农业，所以不需要通过政府的力量进行调整。

随着后来学者的深入研究，尤其是观察到二元结构固化对发展中国家带来的负面影响之后，部分学者认为城乡二元结构不利于发展中国家的经济发展。[1]德国地理学家克里斯塔勒（Christaller）的“中心地理论”[2]是研究城市化的基础理论之一，该理论认为，城市和乡村必须在一个一体化的循环系统内，国家的经济社会才能良性运转。在系统中工业和农业可以良性置换、互相服务，以推动市场正常运转。

经济学家拉尼斯和费景汉继承了刘易斯二元结构理论，并在此基础上有所延展。“拉尼斯-费”模型[3]，进一步阐释了农业在经济发展中的重要作用。该理论认为，农业的存在有其自身的发展前景，不应只是为工业生产输送劳动力。农业生产率提高，从而产生剩余劳动力，这才是农业劳动力流入工业部门的前提。如果农业部门只为工业发展服务，停止自身发展，那么剩余劳动力便不会转移到工业部门中。所以只有农业部门和工业部门保持同步增长，才能实现工业部门的扩张，达到动态平衡。所以，农业在社会经济发展中具

1　贺雪峰：《城乡二元结构视野下的乡村振兴》，《北京工业大学学报（社会科学版）》，2018年第5期。

2　Walter Christaller, *Die zentralen Orte in Süddeutschland,* Jena: Gustav Fischer, 1933.

3　Gustav Ranis and J. C. H. Fei, *The American Economic Review*, 1963, 53(3): 452-454.

有基础性地位，为保障工业化和城镇化的顺利进行，必须提高农业生产率，释放更多农产品和劳动力。

二、城镇化理论

18世纪以来，以家庭为单位的小农经济格局被打破，形成了以城镇为中心的规模经济，城镇的工业生产成为推动社会经济发展的主要动力。“城乡融合”是马克思和恩格斯在其著作《共产主义原理》中最先提出的，这一理论阐述了城镇化的重要性。马克思主义经济学对城镇化的核心思想可以表述为：消除由产业分工形成的城市和乡村对立、福利差异。

关于城镇化理论，国外学者的研究领域集中于四个议题，即区位理论[1]、城乡结构转换理论、非均衡发展理论和协调发展理论[2]。区域理论（Location Theory），是关于人类社会事物的空间位置及其结构关系的理论。区位论包含古典区位论和地域生产综合论，该理论建立在德国农业学家杜能的“农业圈层”理论[3]（又名“农业同心圆”理论）基础上，认为经济要素是城乡空间格局形成的根本原因，而资本的聚集又是规模经济、运输成本决定的。城乡转换理论着眼于人口迁移的内在规律，从地域空间结构分析城镇化发展的规律。非均衡发展理论以“核心—边缘”理论为代表，强调了区域增长极的重要性。协调发展理论以城乡融合理论为代表，又包含田园城市

1 Marshall, Alfred, *Principles of Economics*, Prometheus Books, 1997, p.189.

2 肖万春：《我国农村城镇化发展探析》，《改革与开放》，2005年第8期，第27—28页。

3 Johann Heinrich von Thünen, Der isolierte Staat in Beziehung auf Landwirtschaft und Nationalökonomie, Hamburg: Wirtschaft & Finanz, 1826.

论[1]、卫星城市论[2]、有机疏散论[3]等，理论从人与自然的和谐发展出发，倡导经济、生态环境的可持续发展。

除了对发展中国家的研究，也有学者研究了发达国家的城乡问题。美国学者库茨涅兹（Kuznets）研究了发达国家中农业、工业和第三产业在经济发展中的自身发展及其相互作用，指出这三种产业之间存在结构性的协调关系。国民经济三次产业部门的产值、就业和收入的结构性变化关系，间接强调了乡村建设对于整个国家经济正常运转的必要性，要实现经济增长，就必须重视农业的基础性地位。[4]

新型城镇化理论，内涵包括人本性、协同性、包容性和可持续性四个方面，实现从“人口城镇化”到“人的城镇化”的转变。对城镇化议题的研究，以往的着眼点在于人口城镇化率[5]，但是这个指标并不能客观全面地反映城镇化的实质。现在所提倡的新型城镇化更加关注个人的城镇化，更强调个体的权利，城镇中的基本公共服务是否满足人的需求、人地关系是否协调、人的权利是否能得到满足，这在价值和理念上无疑是现今新型城镇化的追求。[6]

三、乡村振兴战略的选择

有学者认为，乡村振兴战略的理论在马克思主义经典文献中早

1 Ebenezer Howard, *Garden Cities of Tomorrow*, Swan Sonnenschein & Co., Ltd, 1902.

2 Milller, M. and Raymond Unwin, *Garden Cities and Town Planning*, Leicester: Leicester University Press, 1922.

3 Saarinen, Eliel, *The City: Its Growth, its Decay, its Future*, New York: Reinhold Publishing Corporation, 1943.

4 张军：《乡村价值定位与乡村振兴》，《中国农村经济》，2018年第1期，第2—10页。

5 人口城镇化率，即城镇人口占总人口的比重。

6 姚毓春、梁梦宇：《新中国成立以来的城乡关系：历程、逻辑与展望》，《吉林大学社会科学学报》，2020年第1期。

有体现。根据马克思的《资本论》[1]，“资本主义私有制会导致劳动的异化”。技术的发展提高了生产效率，同样的工作不需要那么多工人，所以产生相对过剩的人口，而农民的平均受教育水平不高，除了农业劳作并不具备其他技能，从而导致部分农民失业，失业也就导致了贫困。马克思与恩格斯认为，乡村振兴能促进农业发展，使乡村摆脱落后的面貌，是实现个体自由而全面发展的根本要求。

马克思和恩格斯十分关注农村议题，包括农村发展、城乡关系、社会分工等议题，并在著作中做出解释。马克思和恩格斯强调了农业的基础性地位，无论传统农业社会还是现代工业社会，农业的基础性地位关系到社会稳定，农村和城市的关系应当是统筹协调发展而不是孤立发展。

马克思认为，农村和城市的分离是暂时的，随着农村生产力进一步发展及城镇化进程的加速，城乡会逐渐由分离走向共荣。

习近平总书记提出的乡村振兴战略是马克思主义的体现。马克思主义认为，资本主义释放了生产力，创造了社会财富，但与此同时也带来了很多问题，比如，贫富差距持续加大、农村衰败、经济危机循环发生等。资本主义不可避免地导致城乡发展失衡。以工业生产为中心的城市吸收农村的资源，不断扩张，最终造成城乡发展的不平衡。乡村衰败的内在逻辑是旧有的运转方式导致的城乡对立，乡村振兴需要培育乡村的内生动力。所以马克思主义提出城乡融合的观点，通过推动生产力发展，人为地打破城乡对立的二元格局，促进人才和资源的合理流动，才能消灭城乡之间的对立冲突。

乡村振兴理论建立在马克思、恩格斯唯物辩证法理论基础之

1 Marx, Karl, *Das Kapital: Kritik der Politischen Oekonomie*. Vol. 1: Der Produktionsprozess des Kapitals(1 ed.). Hamburg: Verlag von Otto Meissner, 1867.

上，是化解社会主要矛盾、促进农村现代化发展的重要方式，也是唯物辩证法对农村问题的指引。我国乡村振兴战略还面临几大难点：第一，我国的乡村振兴战略始终坚持以绿色生态发展为本，生态是发展的前提与底线；第二，我国是社会主义国家，乡村振兴要建立在公有制基础之上，这一点是显著区别于其他国家的；第三，我国独有的城乡二元体制壁垒限制了城乡融合发展，这一现状亟须改变；第四，我国乡村人口众多，贫困人口聚集，每个地区都有不同的问题，需要有针对性地解决，乡村振兴战略实施起来更加困难。

四、乡村振兴与脱贫攻坚有效衔接

随着2020年的到来，脱贫攻坚战圆满收官。在此契机下，学界有越来越多关于乡村振兴与脱贫攻坚二者关系的研究，主要集中于以下两个方面：首先是“互斥性”，互斥关系强调乡村振兴与脱贫攻坚的差异性，两者存在目标上的差异，脱贫攻坚是兜底性质的，在政策上更加微观、具体；而乡村振兴则是更高层次的乡村治理，目标上的不同导致两者在战略设计上存在差异。其次是“过渡性”关系，这种观点强调脱贫攻坚是乡村振兴战略实施的前序性政策，脱贫攻坚包含于乡村振兴重大战略之内，乡村振兴战略具有指引性，这为乡村振兴与脱贫攻坚相衔接的理论研究提供了指引。

“五个一批”举措中提到，要通过发展特色产业脱贫、引导劳务输出脱贫。其中，发展生产脱贫一批是“五个一批”的重点，这种脱贫方式，使乡村发展路径变被动“输血”为主动“造血”，不依靠国家扶持就能独立运转，而乡村振兴恰好是助力产业扶贫的政策工具。实施乡村振兴策略有利于通过发展产业带动贫困地区脱贫，实现农民的稳定增收。在脱贫攻坚战即将取得胜利之际，学界出现了许多关于乡村振兴如何与脱贫攻坚政策实现良好衔接的研究。乡村振兴战略的顶层政策设计，应借鉴脱贫攻坚时期积累的宝贵经验，为城乡协调发展提供新动能。

脱贫攻坚和乡村振兴原本就应紧密衔接，前者是后者的前提，后者是前者的更高要求。在解决了绝对贫困问题之后，农村工作的重心将转变为帮助农村建立产业，制定合适的政策帮助农村找到长效发展的方式。

第三节　国外乡村振兴实践

一、国外乡村振兴概况

世界上许多国家都面临过或正在面临农村发展滞后的问题。欧洲、美国等发达国家最早实施工业化，在200多年的现代化演进历程中，欧洲最先建立起了可持续发展的乡村体系。19世纪末，荷兰打破了传统的土地所有和继承制度，推动土地整理，规划设计乡镇土地，使得农业发展更加集约高效，从而改变了荷兰乡村的景观。

进入20世纪，美国开始了轰轰烈烈的乡村建设。美国经济社会飞速发展，城市化水平从19世纪70年代的25%快速上升到20世纪20年代的50%。在这段时间内，各方面资源不断涌入城市，从而引发“大城市病”问题。大城市繁荣的反面就是乡村人口和资源不断流失，当时的美国存在着巨大的城乡差距。后来，美国大力发展城市交通网络，同时汽车也开始普及，交通出行变得异常方便，因此有了“逆城市化”现象，农村的住房条件、生活环境都优于城市，所以逐渐形成郊区住宅包围城市商业区的格局。美国政府积极顺应要素流动的趋势，最终实现了城乡融合发展。

第二次世界大战后，日本为解决农村落后问题，开展了以“一村一品”为代表的“造村运动”和“六次产业化运动”，通过发掘本土特色农产品，并形成产业链，从而提升其附加价值。到20世纪70年代，韩国为推动农村现代化建设发起了“新村运动”，在政府主导下积极推进基础设施建设，鼓励村庄自助和彼此协作，培养现代化农民。这场运动实现了韩国农业和农村的现代化转型。

世界各国的乡村振兴实践，因基于本国国情，具体举措各有不同，但全部实现了乡村发展、农民致富的目标，而且都涉及农村建设规划、基础设施建设、产业培育、改善文化教育水平、提高公共服务水平这几个方面。

二、国外乡村振兴举措

（一）农村建设规划

以荷兰为例，其农业发展面临的主要问题是人多地少、土地资源稀缺。荷兰政府为实现土地的高效利用，主导了土地整理运动，通过颁布一系列法规调整土地产权，化零为整，减少碎片化农田，促进农业机械化发展。这项举措有效缓解了第一次世界大战后荷兰国内粮食紧缺的困局。在农业生产效率有效提升后，面对农业快速发展导致的历史遗产消失和生态破坏问题，荷兰政府又颁布法案倡导土地规划、多元高效利用和生态保护。由于规划理念与方法得当，荷兰充分利用了乡村的自然条件和人文条件，创建了可持续发展的现代农村产业。在乡村振兴战略指导下，我国农村土地规划也需结合国情，由政府主导，鼓励更多专业人员参与到乡村规划和建设中，为不同的乡村赋能，帮助乡村选择适合其发展的道路。

（二）推进基础设施建设

20世纪70年代，韩国政府为促进乡村发展主导了“新村运动”，其首要任务就是完善农村基础设施建设，包括：道路建设、村民住房条件改善、卫生环境改善。

在基础设施改造以前，韩国农村的通村道路狭窄不平，农用器械和各种车辆很难顺畅通过，这不但不利于农村居民出行，同样不利于农产品的运输以及农业产业的发展。新村运动后，韩国农村的交通状况得到很大改善。在改善农户住房条件方面，政府为农户修整住房、建造新房的工程提供贷款支持，十几年内农户的居住条件明显改善。此外，在新村运动中，政府还实施饮用水改造工程，使90%以上的农民用上了自来水，农村的卫生环境也明显改善。

韩国“新村运动”给我们的启示：首先是鼓励村庄自助和彼此协作，根据前期资助款的使用情况和建设效果决定今后的资助等级，村庄间的竞争机制极大调动了本村农户合作的积极性，自发投入家园建设中；其次是培养现代化农民，对农民进行职业培训，提升其专业技能，同时开展新村领导人培训。

（三）农村产业培育

随着乡村的发展，对农业发展定位问题的讨论也日益重要。许多国家的农村都经历过由第一产业向第三产业过渡的过程。日本乡村发展经历了三个阶段：第一阶段是提升粮食产量、解决温饱问题；第二阶段是以工业反哺农业、缩小城乡差距；第三阶段是营造美丽和谐的乡村环境。日本政府非常重视乡村物质及非物质文化遗产的保护，尤其是传统村落。日本曾发起“一村一品”运动，即每个村镇依托自身优势，推出一到两种特色产品。例如，熊本县就推出了独立设计的卡通形象“熊本熊”，这只可爱的小熊成了熊本县的吉祥物，火遍全球，为当地带来巨大收益。日本每个村推出的产品都不同，经过精心设计和营销后，实现了不同赛道错位发展，进而促进了整体的繁荣发展。根据自身条件打造合适的产品，并对其内涵进行挖掘、深加工，日本农村由此延长了产业链，实现可持续发展。

此外，发展乡村旅游有利于调整农村产业结构，延伸农业产业链，并实现农民增收。法国自20世纪70年代以来颁布了多个和乡村旅游相关的政策，通过设置乡村旅游常设会议机构，专门负责规划设计乡村旅游业。法国每个城市和村庄都设有咨询处和旅游行会，负责指导和培训农户，农户、政府、行业三方合作，最终共同打造出高质量的产品，推动乡村休闲旅游行业积极健康发展。

（四）提高公共服务水平

20世纪90年代，澳大利亚推行公共服务改革，通过政府引导、市场参与和社区自助相结合的方式，建立起一套多主体配合、全方位服务的乡村地区服务体系。澳大利亚的公共服务体系打破了城市和农村的界限，公民无论身在城市还是农村，都可以平等享受医疗保险和其他公共服务。在教育质量上，城市和乡村的差距也很小。

在澳大利亚的乡村地区服务体系中，分联邦、州、地方政府三级进行管理，分别制定各级的发展规划。这三级政府的权责有着清晰的界限，并且三级政府均有财权。最高的联邦政府负责公共卫生、重大基础设施建设和维护；各州政府为对民众生活有重大和长期影响的服务提供支持，例如，教育、交通、医疗急救；地方政府则负责和民众日常生活直接相关的服务，包括绿化、住房审批、道路清洁等。在此模式下，三级政府的服务涵盖了教育、交通、住房、急救、供水等各项公共服务，且能覆盖全体居民。三级政府各自有独立的财政来源，得益于澳大利亚政府在公共服务改革中采取了私有化和市场化相结合的政策。乡村公共服务供给是对市场开放的，政府会向市场购买社会服务，这也提升了市场的积极性。

澳大利亚政府非常注重农民文化素质的培养，也投入了专项资金来支持这项事业。文化教育体现在两个方面：一是对农村居民进行素质教育，缩小城乡教育差距，提升人口素质；二是为农民群体提供职业教育服务，旨在培养符合农村产业发展需求的职业化、专业化农民。

澳大利亚政府为缩小城乡教育差距，联邦政府设立了专项基金，专门用来资助乡村学校，改善办学水平。除了硬件设施，政府也重视乡村师资队伍的建设，比如，政府会出资委托大学教师协同培养乡村教师。联邦政府和州政府也都出台了具有吸引力的利好政策，吸引优秀教师到乡村任教，为他们提供丰厚的工资补贴。

澳大利亚的职业培训也走在世界前列，对乡村建设起到了深远影响。由政府出资对农民进行职业培训，加强其专业能力，农民具有一技之长，可以胜任更加复杂的农业生产工作，跟上了农业升级的水准，农产品的质量和规模化生产水平都得到了提升。这项工程全部由政府出资，虽然有较大投入，但是从长期发展来看，收益远大于成本，同时能够解决生产力水平低下、缺乏农业专业化人才的问题。

第四节 中国乡村振兴实践

乡村振兴战略提出于2017年，并成为国家七大战略中的一项新战略。乡村振兴战略是脱贫攻坚战略之后又一个解决农村地区发展问题的重大战略。与以往的乡村建设不同，乡村振兴战略的主体、内涵都有着全新变化，对我国“三农”问题的解决有着重要意义。

1956年“社会主义新农村”建设时期，农村改革涉及最关键的土地产权问题，中国共产党领导的土地革命先后实践了农民土地私有化、合作化、人民公社运动、农村包产到户等生产经营方式，土地改革标志着乡村振兴实践由村民自治转变为政府主导。这一阶段为农村产业发展留下了宝贵经验，同时，农村的农田水利工程得到完善，医疗教育水平提升，农民的生活水平也迈上了新台阶。

1978年，我国进入改革开放新时期，针对农村现状实行经济改革，乡村建设以建立市场经济为核心，以破除城乡二元结构为主要内容，强调城乡统筹发展，体现在三个方面：第一，在保持农业基础性地位的基础上，破除农业单一粮食生产结构，农民可以自由选择种植经济作物，获得更多经济收益，推动了农、林、牧、副、渔业的多元化发展；第二，改变了农村单一的农业种植模式，允许农民延展产业链，发展农副产品，并孵化了一大批乡镇企业；第三，统筹城乡均衡发展，实行城市反哺农村，推动美丽乡村建设，缩小城乡居民收入差距，乡村发展迎来了前所未有的历史机遇。

2005年，中国乡村建设更上一个台阶，国家开始进行新农村建设。国家工业化建设基本完成，农业为工业建设提供了原始性积累，农业在国民经济中的比重逐渐降低。在新农村建设中，各地涌现出经典案例，河北秦皇岛“田野车间”以“公司+农户”的生产模式带动农村经济；上海集体资产管理制度改革，为农民构建了持续创收的机制，诞生了一批既有薪金又有其他收益方式的新型农民；河北青县则积极探索基层村民自制，通过党组织领导农村民主治理，以党建带动基层治理。

2017年11月，乡村振兴战略被提升为国家战略，而且是国家七大战略之一，20字的总要求成为中国解决“三农”问题的新起点，是对以往乡村振兴实践的继承和超越。十九大报告中提出，中国城乡发展理论的核心也由统筹城乡发展转变为城乡融合发展。城乡融合、产业振兴与四化同步是这一阶段发展的三大主要任务。

我国实施乡村振兴战略有以下具体举措。第一，提升农业现代化程度，增加农民收益。黑龙江省甘南县兴十二村依托当地特色产品，建立起生物、化工、乳制品产业链，走上了农业现代化的道路。第二，修整村容村貌，改善乡村人居环境。河北省卢龙县打造“中国葡萄酒第一山谷”，促进了休闲旅游业的发展。第三，重视乡村传统文化价值内涵。浙江省多地农村建立了农村文化礼堂，使村民更有身份认同感。第四，完善乡村治理体系，提高村民自治意识。陕西袁家村成立了农民学校，每个村民都能平等参与本村业务的经营，农民的积极性被充分激活。

在新时代，部分乡村依托地理环境，通过乡村旅游带动美丽乡村建设，推动乡村振兴。生态旅游业的发展不仅有助于改善农村景观、营造良好环境，还可以增加就业岗位，助力农民增收，提高生活水平。农业生态园、规模企业的建立，实现了全产业链发展，从农作物的加工与销售、餐饮消费，到商贸流通、民俗体验、观光旅游，农民走上了新型农业之路。

近年来，电商扶贫走入大众视野，得到广泛关注。受新冠肺炎疫情影响，线下购物的人数大幅减少，不少人选择网上购物，正是在此契机下，本来就有的直播形式受到广泛欢迎，许多农产品也通过直播带货的方式进行销售。不少村级干部也因此有了一个新身份——本村农产品的直播带货员。许多乡村为助力本地农产品销售，借助电商平台，在本村搭建物流点，发展完善的电子商务产业链。2018年中央下发一号文件，着重强调了农村大力发展电子商务的广阔前景，农村物流链的搭建、电商直播平台的高参与度，将有力推进涉农产业的营销。农村电子商务产业链包括市场拓展、产品生产、物流运输、销售等几大环节。比较经典的成功案例是沙集“淘宝村”，该村农民自发利用电子商务平台，从货源地直接对接市场，打通“农户+网络+公司”的思路，相互作用、滚动发展，通过网络平台，农民获得了更多收入。

当然，目前电商扶贫尚处于起步阶段，还有很多问题亟待解决。第一是资金，特色农产品开发需要大量启动资金，电商的起步阶段也需要品牌培育；第二是电商发展需要依托强大的产业基础；第三是宣传推广，需要有专门的人才对农村电商从业人员进行专门的培训，“酒香也怕巷子深”，掌握了曝光量就掌握了销路；第四是技术受限，目前，许多农产品的生产加工过于简单，产品同质化竞争也是缺乏市场竞争力的原因。解决这些问题都需要经过专业的培训，传统农民如何向职业化转变，需要政府的帮扶。

从乡村建设到新农村建设，再到乡村振兴，是一种继承和超越，是对之前乡村治理体系的一种升华。从城乡二元结构到城乡一体化发展，再到十九大报告中提出的城乡融合发展，政策上的调整是顺应时代的需要。

第五节　本书研究内容

本章主要介绍了乡村振兴这一选题的研究价值，通过国内外学者对“乡村振兴”这一议题的研究，可以看到中外学者普遍对“乡村振兴”这一领域给予了很多关注，产生了非常深厚的理论成果。通过对理论的溯源和分析，读者能够对中国特色的乡村振兴道路有一个较为全面的认识，理论脉络也逐渐清晰。走过2020年，脱贫攻坚战取得了显著成果，解决了绝对贫困问题，经过全党全国各族人民共同努力，我国脱贫攻坚战取得了全面胜利。我们仍在进一步推进乡村振兴战略，刺激农村及相对落后地区的进一步发展，筑牢返贫防护堤。曾任国务院扶贫办主任的刘永富认为，从历史的角度看，贫困问题会长期存在，贫困人口仍然是有的，因此扶贫工作的重点已经发生转变，消除绝对贫困的任务已经完成，现在的主要任务是防止返贫以及减少相对贫困。民族要复兴，乡村必振兴。

本书将围绕“乡村振兴”这一研究目标展开，以理论研究结合实际案例的方式进行阐述。本书的前三章是对乡村振兴的总领性论述，通过概念辨析让读者更好地理解乡村振兴战略的由来及意义。第二章解释了乡村振兴的内涵和外延，以及乡村振兴的目标定位、总体框架、政策措施和行动指南。第三章为乡村振兴基础理论综述，包括城镇化理论、城乡二元结构理论、产业分工与融合理论、可持续发展理论、乡村治理理论。本章节对上述理论进行了梳理，并且针对我国目前在乡村振兴实践中出现的重点问题进行探讨，试图为乡村振兴战略的制定提供理论参考。

由于乡村振兴战略具有很强的实践性，世界范围内也有不少长期的乡村振兴实践活动，因此积累了丰富经验。本书第四章，将对世界各国的乡村振兴实践进行具体案例分析，通过比对欧洲、北美、澳洲、东亚等地区的乡村振兴经验，从理念、政策、实践三个方面对其乡村发展和治理模式进行深入分析，总结出乡村发展的客观规律，为我国乡村振兴战略提供一定的政策参考，具体涉及农村产业发展、农村公共服务供给、健全农村金融体系、加强农村人才队伍建设等方面。

本书第五、六、七章为乡村振兴战略的顶层设计，主要论述乡村振兴的模式选择、机制设计、路径选择。第五章将从“产业兴”“农民富”和“村庄美”三个目标出发，在国家治理的视域下梳理并阐述我国乡村振兴的制度安排，在此基础上从“合理性”“有效性”的角度对其进行深入探讨。第六章将围绕三个议题展开：乡村振兴如何运行？乡村振兴运行中如何进行治理与维护？怎样对乡村振兴的结果进行评估并反馈？文章会进一步介绍其中所涉及的乡村振兴的运行机制、治理机制、维护机制、评估以及反馈机制。第七章根据十九大提出的乡村振兴战略20字总要求，分别叙述乡村振兴战略中“五大振兴”的相关发展现状、路径内涵、路径意义及路径选择与优化，旨在说明每一种振兴路径提出时所面对的现实背景，解释这种路径本身的内涵、意义，对整个乡村振兴战略的影响，以及可以采取的推进办法。

第八、九、十章则更具实践指导意义，对实际工作中的组织保障、能力建设、政策体系进行了细致的规划。本书第八章讲述乡村振兴的组织保障，主要从城乡统筹、社区建设、村集体组织、农民合作组织和农村社会化服务组织等五个维度出发，评析其对乡村振兴的重要意义，并结合实施过程中存在的问题，提出未来发展的建议。本书第九章讲述乡村振兴能力建设，该章节从基础设施建设、公共服务能力、乡村治理网络、民俗文化，以及生态环境建设等方面分析和总结现阶段中国乡村振兴战略的能力建设状况，深入分析乡村振兴战略在实际落实过程中亟待解决的问题，并在此基础上结合现阶段已有的研究提出具有针对性的优化建设思路，力求为乡村振兴战略具体化实施提供有效的理论支持。第十章讲述乡村振兴政策体系，该章节的主要理论依据是《国家乡村振兴战略规划（2018—2022年）》这一核心政策文件，同时结合各项学术研究成果，联系2017—2020年全国范围内颁布的各项具体政策和实践案例，从政策目标、实践与效果评估等多个维度对乡村政策体系进行探讨与分析。

本书的难点在于理论与实践的结合，不只是理论性的论述和文献分析，还引入了大量的案例分析。在这些工作的基础上，形成一本对乡村振兴工作有启发、指导意义的著作，做到具有前瞻性、理论性、创新性、实用性是我们的主要目标。

参考文献

[1]曹斌:《乡村振兴的日本实践、背景、措施与启示》,《中国农村经济》,2018年第8期。

[2]陈放:《乡村振兴进程中农村金融体制改革面临的问题与制度构建》,《探索》,2018年第3期。

[3]陈龙:《新时代中国特色乡村振兴战略探究》,《西北农林科技大学学报(社会科学版)》,2018年第3期。

[4]丁奇、刘玲、张立:《日本战后乡村规划建设的政策演进及启示——经济社会变迁的视角》,《小城镇建设》,2018年第4期。

[5]董菁、毛艳飞、张良:《乡村振兴战略视角下乡村旅游产业的优化升级研究》,《农业经济》,2018年第9期。

[6]高刚:《脱贫的逻辑》,贵州人民出版社2018年版。

[7]郭晓鸣、张克俊、虞洪等:《实施乡村振兴战略的系统认识与道路选择》,《农村经济》,2018年第1期。

[8]何仁伟:《城乡融合与乡村振兴：理论探讨、机理阐释与实现路径》,《地理研究》,2018年第11期。

[9]贺雪峰:《关于实施乡村振兴战略的几个问题》,《南京农业大学学报(社会科学版)》,2018年第3期。

[10]姜长云:《实施乡村振兴战略需努力规避几种倾向》,《农业经济问题》,2018年第1期。

[11]李创、吴国清:《乡村振兴视角下农村金融精准扶贫思路探究》,《西南金融》,2018年第6期。

[12]李雪:《乡村振兴战略与脱贫攻坚联动关系审视》,《湖北第二师范学院学报》,2019年第7期。

[13]李余、蒋永穆:《中国连片特困地区扶贫开发研究》,经济管理出版社2016年版。

[14]刘晓雪:《新时代乡村振兴战略的新要求——2018年中央一号文件解读》,《毛泽东邓小平理论研究》,2018年第3期。

[15]龙晓柏、龚建文:《英美乡村演变特征、政策及对我国乡村振兴的启示》,《江西社会科学》,2018年第4期。

[16]彭晓烈、高鑫:《乡村振兴视角下少数民族特色村寨建筑文化的传承与创新》,《中南民族大学学报(人文社会科学版)》,2018年第3期。

[17]秦中春:《实施乡村振兴战略的意义与重点》,《新经济导刊》,2017年第12期。

[18]索晓霞:《乡村振兴战略下的乡土文化价值再认识》,《贵州社会科学》,2018年第1期。

[19]王景新:《中国乡村振兴及其地域空间重构——特色小镇与美丽乡村同建振兴乡村的案例、经验及未来》,《南京农业大学学报(社会科学版)》,2018年第2期。

[20]王培刚、庞荣:《国际乡村治理模式视野下的中国乡村治理问题研究》,《中国软科学》,2005年第6期。

[21]萧子扬、黄超:《新乡贤:后乡土中国农村脱贫与乡村振兴的社会知觉表征》,《农业经济》,2018年第1期。

[22]徐勇:《县政、乡派、村治:乡村治理的结构性转换》,《江苏社会科学》,2002年第2期。

[23]杨希:《日本乡村振兴中价值观层面的突破:以能登里山里海地区为例》,《国际城市规划》,2016年第6期。

[24]银元、李晓琴:《乡村振兴战略背景下乡村旅游的发展逻

辑与路径选择》,《国家行政学院学报》, 2018年第5期。

[25]张军:《乡村价值定位与乡村振兴》,《社会科学文摘》, 2018年第7期。

[26]张立栋:《打赢脱贫攻坚战、实现乡村振兴需处理好“七个关系”》,《今日海南》, 2018年第10期。

[27]张明皓、叶敬忠:《脱贫攻坚与乡村振兴有效衔接的机制构建和政策体系研究》,《经济学家》, 2021年第10期。

[28]张薇:《韩国新村运动研究》, 博士学位论文, 吉林大学, 2014年。

[29]张晓山:《实施乡村振兴战略的几个抓手》,《人民论坛》, 2017年第33期。

[30]赵光勇:《乡村振兴要激活乡村社会的内生资源——“米提斯”知识与认识论的视角》,《浙江社会科学》, 2018年第5期。

[31]赵毅、张飞、李瑞勤:《快速城镇化地区乡村振兴路径探析——以江苏苏南地区为例》,《城市规划学刊》, 2018年第2期。

[32]周立:《乡村振兴战略与中国的百年乡村振兴实践》,《人民论坛·学术前沿》, 2018年第3期。

[33]朱启铭:《脱贫攻坚与乡村振兴：连续性、继起性的县域实践》,《江西财经大学学报》, 2019年第3期。

[34]庄天慧、孙锦杨、杨浩:《精准脱贫与乡村振兴的内在逻辑及有机衔接路径研究》,《西南民族大学学报(人文社科版)》, 2018年第12期。

[35]左停、刘文婧、李博:《梯度推进与优化升级：脱贫攻坚与乡村振兴有效衔接研究》,《华中农业大学学报(社会科学版)》, 2019年第5期。

第二章

乡村振兴*

* 感谢陈韵涵为本章所做工作。

本章从乡村振兴战略涉及的一些常见概念着手，梳理和辨析乡村振兴战略的内涵外延、目标定位、总体框架、政策措施和行动指南，并通过回顾和解读近年来党和国家在该领域出台的最具代表性的政策文件，来探究乡村振兴战略的历史渊源、时代背景和未来走向，从总体上阐释乡村振兴战略的内涵和价值，从而回答乡村振兴究竟“是什么”。

第一节　内涵外延

2017年，党的十九大报告中提出实施乡村振兴战略，作为新时代“三农”工作的总抓手。2018年，中共中央、国务院印发《乡村振兴战略规划（2018－2022年）》，明确了实施乡村振兴战略的目标任务，包括以2020年、2022年为节点的发展目标，以及到2035年和2050年的远景谋划。[1]2021年脱贫攻坚目标任务完成后，“三农”工作重心将转向全面推进乡村振兴。[2]

一、乡村振兴的内涵

对乡村振兴战略的理解可以从字面拆解入手，分别对“乡村”“振兴”“战略”三个关键词的内涵进行解读。[3]其中，“乡村”是地域限定，是乡村振兴战略的服务对象；“振兴”是目标概括，是乡村振兴战略的价值指向；“战略”是政策高度，是乡村振兴战略的核心要义。

（一）乡村振兴战略的服务对象是“乡村”[4]

在中国，乡村主要指县城以下的广大地区，是具有行政区划意义的空间概念，不仅代指主要从事农业生产的生产单位和经济体，更内含着血缘关系和邻里关系，内含着共同的风俗习惯、文化和价值体系，是集生活与生产、社会与文化、历史与环境多元要素于一

1　《中共中央 国务院印发〈乡村振兴战略规划（2018－2022年）〉》，中国政府网，2018年9月26日。

2　《脱贫攻坚战，全面胜利！》，中国政府网，2021年2月25日。

3　王健睿：《新时代解决“三农”问题的关键——乡村振兴战略研究述评》，《河南科技学院学报》，2020年第40卷第3期，第23—30页。

4　陈东、豆晓甜：《乡村振兴战略的科学内涵、时代内涵与理论逻辑研究》，《理论观察》，2019年第11期，第79—81页。

体的人类文明体[1]。

服务乡村具有必要性。首先，乡村为我国早期的城市化、工业化和现代化进程做出了重大贡献。在工业化发展初期，我国采用“剪刀差”的形式从农业部门向工业部门转移了大量资金，从而为工业现代化发展奠定了基础。[2]“剪刀差”是指把工农业产品交换纳入国家控制的非市场渠道，从而把农产品价格控制在价值以下，而把工业品价格控制在价值以上。1952—1977年，我国重工业产值增长了28倍，轻工业增长了16倍[3]，而农业才增长了1.1倍，这是造成我国城乡二元结构的经济根源[4]（见图2-1）。

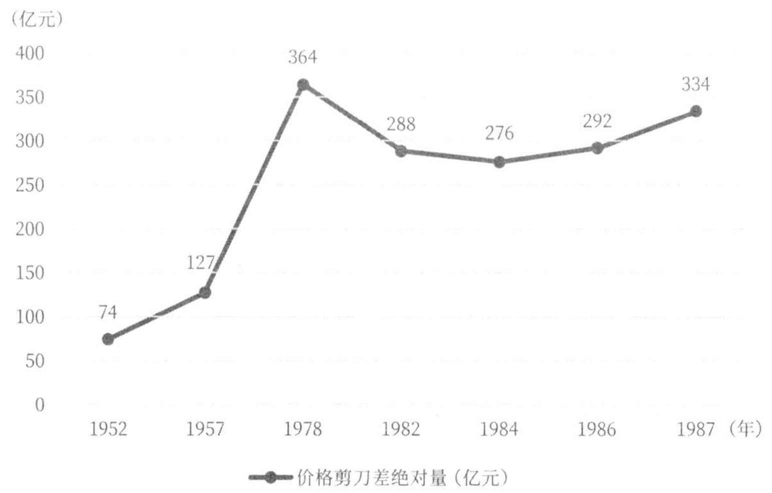

图2-1　我国工农业价格剪刀差绝对量

数据来源：《中国工农业产品价格剪刀差的现状、发展趋势及对策》

1　崔伟：《以乡村发展新思维助推乡村振兴新跨越》，《中小企业管理与科技（下旬刊）》，2019年第2期，第53—54页。

2　符源、郑炎成：《不平等交换对农民收入的影响研究》，《农村经济》，2009年第11期，第65—68页。

3　许经勇：《我国农民收入增幅减缓的症结：剩余农业劳动力转移受阻》，《财经问题研究》，2001年第7期，第3—8页。

4　严瑞珍、龚道广、周志祥等：《中国工农业产品价格剪刀差的现状、发展趋势及对策》，《经济研究》，1990年第2期，第64—70页。

其次，在生产要素交换方面，我国存在土地、资本和劳动力等生产要素的城乡间不平等交换；在公共服务供给上，我国长期在基础教育、公共医疗卫生资源分配和社会保障体系等方面实行城市偏向战略。[1]

最后，从现状来看，多年来我国重视“三农”问题，大力扶持乡村发展，2019年与1978年相比，第一产业增加值累计增长473%，粮食总产量累计增长117.8%，农民人均可支配收入累计增长19.7倍。[2]2021年取得了脱贫攻坚全面胜利，近1亿人脱贫，832个贫困县全部摘帽[3]；另外，目前部分地区脱贫质量不高，其长效产业培育、农村现代化建设、乡村治理水平等方面仍处于低中水平，产业基础薄弱、同质化严重、就业不够稳定等问题依然存在，离开主要扶持政策和帮扶力量后返贫风险较大。[4]我国城乡差距仍然明显，具体体现在居民收入、教育资源、医疗条件、消费水平、就业状况、政府公共投入等方面。[5]因此服务乡村仍然具有必要性。

服务乡村具有重要性。首先，从农业在经济中的地位来说，农业是国民经济体系的基础，农业的发展是国民经济其他部门进一步发展的基础。其次，从农业发展的战略重要性来说，我国人口众多，粮食的自给能力不仅关系着国民经济，更关系着国家的安全、社会的稳定。最后，从乡村的重大意义来说，乡村是中国现代化建设中

1　郭熙保、崔文俊：《我国城乡协调发展：历史、现状与对策思路》，《江西财经大学学报》，2016年第3期，第58—71、131—132页。

2　叶兴庆：《迈向2035年的中国乡村：愿景、挑战与策略》，《管理世界》，2021年第37卷第4期，第98—112页。

3　《脱贫攻坚战，全面胜利！》，中国政府网，2021年2月25日。

4　尹业兴、贾晋：《脱贫攻坚与乡村振兴有效衔接的总体思路和政策设计》，《农业经济》，2021年第3期，第37—39页。

5　胡绍雨：《我国财政政策在和谐社会建设中的运用》，《改革与战略》，2013年第29卷第2期，第67—71页。

的“稳定器”和“蓄水池”[1]，关系着亿万乡村人口的幸福，关系着国家能否继城镇化推动发展之后，背靠乡村打造持续增长的新引擎，进行新旧动能转化，持续推进高质量工业化、信息化发展，跨越中等收入陷阱。

（二）乡村振兴战略的价值指向在“振兴”

“振兴”是对乡村的最新发展要求和目标指引，是振兴战略的价值指向。“振兴”可以从时间和空间两个维度来理解，从时间维度上讲是“三农”工作的延续和强化，从空间维度上讲是缩小城乡差距、促进城乡协同发展、提高全球竞争力。

1.时间维度

乡村振兴战略在十九大上首次被提出，但它不是凭空产生的，也不是与过去政策相割裂的。“振兴”蕴含的思想、洞见和判断，早在多年来的“三农”工作中即有所孕育和形成，对乡村“振兴”的目标和导向也一脉相承。

改革开放以来，党和政府把“农业、农村、农民”问题视为全党工作的重中之重，1982—1986年连续5年、2004—2020年连续17年发布以“三农”为主题的中央一号文件，不同时期的乡村政策之间存在着前后相继的历史联系，体现了对乡村发展根据国内外环境逐步调整、不断提高的要求。例如，2005年社会主义新农村建设提出的20字方针为“生产发展、生活富裕、乡风文明、村容整洁、管理民主”，而乡村振兴战略的20字总要求是“产业兴旺、生态宜居、乡风

---

1 赵晓峰、许珍珍：《农民合作社发展与乡村振兴协同推进机制构建：理论逻辑与实践路径》，《云南行政学院学报》，2019年第5期，第6页。

文明、治理有效、生活富裕”，联系各自提出的历史背景，社会主义新农村建设时期我国处于刚刚实现总体小康并向全面小康迈进的阶段，城乡发展不均衡现象依旧严重，提出的新农村建设目标既要鼓舞人心，又不能脱离社会生产力发展的实际水平。如今，我们所处的历史方位与社会主要矛盾都发生了重大变化，乡村政策目标需要与中国特色社会主义新时代国家的目标相符合。

除了在之前的政策中频频出现的“产业”“生态”“组织”与乡村振兴战略有关的关键词，“人才”和“文化”被放在和前三者同等重要的位置上说明了乡村振兴战略中的“振兴”是多层次、全方位的，谋求的是人才驱动而非简单的资金扶持，谋求的是文化治理而非单一的法律法规治理，是在时间维度上顺承过去的“三农”工作成果，同时顺应新时代要求达到的新高度。这既是我国农业农村发展到新阶段实现改革再出发的历史呼唤和内在要求，也集中体现了党中央对“三农”问题的深入思考和科学把握。

在时间维度上最能体现乡村政策之间顺次关系的是乡村振兴战略和脱贫攻坚战略之间的衔接。脱贫攻坚是以消除绝对贫困为目标，对特定群体采取精准扶贫和精准脱贫的微观施策。而乡村振兴则是在脱贫攻坚的基础上消除相对贫困，采取整体谋划，着力促进城乡融合，实现政治、经济、文化、生态的全面发展。[1]2020年既是脱贫攻坚的收官之年，也是全面实施乡村振兴战略的重要起点。[2]习近平总书记在中央农村工作会议上对此进行了特别强调：“要坚决守住脱贫攻坚成果，做好巩固拓展脱贫攻坚成果同乡

1　卫志民、吴茜：《脱贫攻坚与乡村振兴的战略耦合：角色、逻辑与路径》，《求索》，2021年第4期，第164—171页。

2　王文彬：《由点及面：脱贫攻坚转向乡村振兴的战略思考》，《西北农林科技大学学报（社会科学版）》，2021年第1期，第52—59页。

村振兴有效衔接，工作不留空当，政策不留空白。"[1]党和国家对这一政策衔接工作给予高度重视，并多次在文件中作出指示（见表2-1）。

表2-1　重要文件中对脱贫攻坚与乡村振兴衔接工作的表述

发布时间	文件名称	相关表述
2018年	《中共中央　国务院关于实施乡村振兴战略的意见》（中央一号文件）	"乡村振兴，摆脱贫困是前提"
2018年	《国家乡村振兴战略规划（2018—2022年）》	"推动脱贫攻坚与乡村振兴有机结合相互促进"
2019年	《中共中央 国务院关于坚持农业农村优先发展做好"三农"工作的若干意见》（中央一号文件）	"做好脱贫攻坚与乡村振兴的衔接，对摘帽后的贫困县要通过实施乡村振兴战略巩固发展成果"
2020年	《中共中央 国务院关于抓好"三农"领域重点工作确保如期实现全面小康的意见》（中央一号文件）	"抓紧研究制定脱贫攻坚与实施乡村振兴战略有机衔接的意见"
2020年	《中共中央关于制定国民经济和社会发展第十四个五年规划和二〇三五年远景目标的建议》	"实现巩固拓展脱贫攻坚成果同乡村振兴有效衔接"

截至2020年底，全国所有贫困县实现了脱贫摘帽，区域性整体贫困得到有效改善，绝对贫困问题基本得到解决。[2]目前脱贫攻坚和乡村振兴衔接工作面临的主要问题是，如何通过工作重点的稳步承接、相关政策的优化调整，建立健全解决相对贫困问题的长效机制，进一步巩固拓展脱贫攻坚成果，破解相对贫困问题[3]，并推进乡村全面振兴。

1　习近平：《坚持把解决好"三农"问题作为全党工作重中之重 促进农业高质高效乡村宜居宜业农民富裕富足》，《人民日报》，2020年12月30日，第1版。

2　尹业兴、贾晋：《脱贫攻坚与乡村振兴有效衔接的总体思路和政策设计》，《农业经济》，2021年第3期，第37—39页。

3　张琦：《巩固拓展脱贫攻坚成果同乡村振兴有效衔接：基于贫困治理绩效评估的视角》，《贵州社会科学》，2021年第1期，第144—151页。

2.空间维度

乡村并非孤立的存在，而应与其他区域形成互动。乡村振兴战略的“振兴”是城乡之间的协同发展、共建现代化，也是全球视野下的创新突破、全面复兴。

第一，城乡维度上，“乡村振兴”要缩小城乡差距、融合城乡发展。城市和乡村都是文明的载体，城乡等值互补，而非用城市代替乡村、实现全盘城镇化。正如在20世纪，城市的工业化发展离不开乡村的支持，如今乡村的“振兴”也离不开城市的反哺，离不开农业农村现代化与中国特色新型工业化、信息化、城镇化的协调发展，离不开城乡共生共荣的发展。城乡各自有其不可替代的功能，“振兴”强调的是重视和发掘乡村的价值，促进城乡之间资源高效双向流动，实现城乡互动、相互促进、共赢互补。

第二，全球维度上，“乡村振兴”是置于全球治理体系中，用以提升国际竞争力、提高国际地位的重大战略选择。在全球化时代，我国要提高农产品在全球贸易体系中的竞争力，并全方位增强农业、工业、服务业有机组成的国民经济实力，就需要把乡村振兴放在全球化市场的视阈下考量，作为全面复兴这个系统工程的一部分。

（三）乡村振兴战略的核心要义在“战略”

“乡村振兴”战略是党对“三农”发展新形势、新任务、新目标的重大判断、重大决策，[1]有别于以往任何一个农业农村发展政策，是一个宏观的、系统的、综合性的、全局性的发展战略。

在战略高度方面，乡村振兴是关于乡村未来发展过程中全局

1　廖彩荣、陈美球：《乡村振兴战略的理论逻辑、科学内涵与实现路径》，《农林经济管理学报》，2017年第6期，第795—802页。

性、长远性、根本性问题的谋划，着眼全局、立足长远、面向多维，是党在农业农村发展理念和实践上的一个重大飞跃。在战略特点方面，乡村振兴的特点是循序渐进、层层推进、久久为功。不理解战略的特点，就可能造成政策落实的简单化、粗浅化、表面化问题，以及用“规模化经营”代替“产业兴旺”，用“一窝蜂”推进、“一刀切”实施代替因地制宜、循序渐进的弊病。乡村振兴战略特点是顶层设计与地方规划相结合，是全局要求与实际情况相适应，而不是“速战速决”“立竿见影”、快速完成短期项目或追求政绩指标。

二、乡村振兴的外延

乡村振兴的外延可以从振兴主体的外延、待振兴乡村的外延、待振兴产业的外延三个方面展开，涵盖社会多主体、乡村多类型、产业多层次的范畴。

（一）振兴主体的外延

狭义上说，乡村振兴的主体是农民；广义上说，乡村振兴的参与主体还包括党和政府、新型农业经营主体和其他社会力量。第一，党和政府是乡村振兴的推动者，通过相关政策激励引导其他各类主体有计划、有步骤地推进乡村振兴进程。党和政府对于公共资源有一定的支配权，各级党组织和政府可以优先安排资金投入、优先保障公共服务，帮助解决农民缺乏科学指导、积极性不高、能力不足的问题。第二，农民是乡村振兴的主体和基本力量，也是乡村振兴最直接的受益者和最广泛的参与者。第三，新型农业经营主体是乡村振兴实践的引领者和先行者，是实现小农户联结现代农业发展的重要载体[1]，在乡村产业振兴中发挥带头作用。例如，龙头农业企业等新型农业经营主体，可以促进小农户生产和现代农业发展的衔接，为农民提供更多就业机会和创业经验，指导、促进农民增收，还能发展地方特色优势产业；合作社可以带领农民增收，是农民实现反脆弱性发展的载体[2]。第四，专家学者、工商业企业家、医生教师等专业技能人才积极参与乡村振兴不可或缺。这些社会力量可以提供公共服务、文化产品、技术支持、管理能力，以此为乡村振兴贡献智慧和力量，提升乡村建设效率。乡村振兴需要全社会力量各尽所长、广泛参与、互为补充（见图2-2）。

图2-2　乡村振兴中的多主体协作

（二）待振兴乡村的外延

我国幅员辽阔，各地的地理、经济、人文特征和发展历史各不相同，乡村内部有不同程度的分化、分层。乡村振兴要实现因

1　叶敬忠、豆书龙、张明皓：《小农户和现代农业发展：如何有机衔接？》，《中国农村经济》，2018年第11期，第64—79页。

2　向德平、刘风：《农民合作社在反脆弱性发展中的作用和路径分析》，《河南社会科学》，2017年第5期，第120—124页。

地制宜、精准施策、多元化发展，首先要对村庄进行合理分类。《国家乡村振兴战略规划（2018—2022年）》从未来发展方向的角度，将乡村分为：集聚提升、城郊融合、特色保护、搬迁撤并四大类。

集聚提升类村庄指的是现有规模较大的集聚型村落，它们是乡村中的大多数，仍将以村庄形式存续。这类村庄需要在保留乡村风貌和基本特点的同时选定科学的发展方向，在原有规模基础上有计划、有主次、有先后地推动转型提升，激活产业、提振人气、增添活力，建设成更为宜居宜业的乡村。

城郊融合类村庄指的是全部或部分农居点位于城镇开发边界内的村庄，这一部分用地将会被纳入城镇的规划与管辖区域内。这一类村庄需要根据城镇的发展规划方向和时序、乡村发展意愿、具体项目的落地实施等制定村庄发展规划。

特色保护类村庄指的是具有特色自然风景或历史文化资源的村庄，这类乡村无论是从文化遗产保护角度，还是发展乡村旅游业的潜力角度，都不能统一整改，而应保留其选址、格局、建筑特点、自然景观等空间形态和环境的整体风貌。

搬迁撤并类村庄指的是需要易地搬迁的村庄，需要集中建设新的居住地，统筹解决民生民计、居住环境等问题。其中，一类是受自然条件限制，生存条件恶劣、交通极为不便、自然灾害频发，因此不适合发展产业的乡村；另一类是人口流失、空心化严重的村庄。

（三）待振兴产业的外延

乡村产业的振兴路径是多样化的，不只是振兴农业生产，更是振兴植根于乡村、从乡村衍生出来的全领域、全方位的产业形态，既有传统的农产品加工业，也有顺应消费升级趋势的休闲业态、收益率较高的服务业态和技术密集程度较高的创新业态。

如表2-2所示，乡村振兴的相关业态主要分为：产业形态、生产业态、流通业态、休闲业态、服务业态和创新业态几大类。其中，生产战略是对传统农业在生产能力上的进一步科技化、标准化，在提升农产品产量的同时注重质量，提升产品的竞争力，包括相对于国际上农产品的竞争力。流通业态是建立在生产能力的基础上的，同时不再局限于传统意义上的“农村负责农业生产”的思路，而是为农产品的流出铺设好渠道，建立好机制，提升物流、营销能力，延长产业链。休闲业态和服务业态则将注意力放在农业的周边，例如，三产融合、农业生态产品、农技服务供给、农业金融产品、旅游康养产业等。而创新业态则走出了乡村环境的桎梏，将原本从城市和工业中发展起来的元素嫁接到乡村、融合到农业中，如信息化产业、科技产业。

表2-2　乡村振兴相关产业形态的振兴路径

产业形态	生产业态	流通业态	休闲业态	服务业态	创新业态
振兴路径	提升农业生产效率； 实施质量兴农战略	农产品加工物流 农产品营销渠道 农产品交易机制 农产品国际贸易	构建农村三产融合发展体系； 增加农业生态产品和服务供给； 加强农村公共文化建设	科技服务 农技服务 专业服务 金融服务 康养服务	农业科技 农业环保 农业信息化 乡村创业

“智慧农业”打通传统农业和创新业态[1]

随着乡村的发展，生产业态、流通业态、休闲业态、服务业态和创新业态逐渐变得不可分割。以农业农村信息化为例，在全国信息化的大环境下，局域网等农村信息化基础设施在乡村逐渐充分普及，农业农村信息化的应用呈现出多面化、全域化和综合化的特点，专业公司和农户们采用农业信息管理系统和农业科技为农业生产赋能，包括农业生产的温度和水分控制、运输和物流管理等，驱动着农业调整结构、转变粗放的发展模式，开始跟上瞬息万变的市场，从生产端主导到需求端主导。

在此基础上，更有先行者提出了“智慧农业”。在2020年9月举办“中国智慧农业高峰论坛”上，与会者介绍了智能信息服务等计算机新技术在农业领域的应用，阿里巴巴、浪潮、华为等公司提出利用大数据、5G和互联网聚合平台等“数字引擎”，以实现“智‘惠’农业”的效果。

1 李海涛、刘杰:《未来农业是啥样？听听大咖们怎么说》,《云南农业》, 2019年第11期，第15—16页。

第二节　目标定位

一、时序规划

按照党的十九大提出的决胜全面建成小康社会、分两个阶段实现第二个百年奋斗目标的战略安排，党中央明确了实施乡村振兴战略的目标任务：到2020年，乡村振兴取得重要进展，制度框架和政策体系基本形成；到2035年，乡村振兴取得决定性进展，农业农村现代化基本实现；到2050年，乡村全面振兴，农业强、农村美、农民富全面实现。乡村振兴的战略定位、目标任务，和在21世纪中叶实现建成富强、民主、文明、和谐、美丽的社会主义现代化强国的历史使命高度一致（见图2-3）。

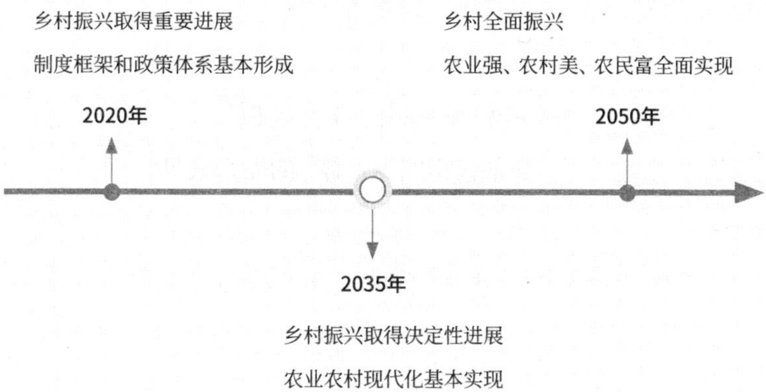

图2-3　乡村振兴的时序规划

（一）近期目标及成果

乡村振兴的近期目标是“到2020年，乡村振兴取得重要进展，制度框架和政策体系基本形成”，该目标已经完成。

自2018年以来，各地各部门将实施乡村振兴战略作为做好新时代“三农”工作的总抓手，乡村振兴工作已经取得诸多成果，包括：资金支持方面，各地把乡村振兴作为财政支出的优先保障领域；组织振兴方面，省（自治区、直辖市）、市、县、乡、村五级书记抓乡村振兴的工作格局初步形成[1]，现代乡村治理体制逐步完善；产业兴旺方面，各地推进粮食生产核心区、农产品加工业、现代农业园区和示范基地等产业的建设；人才培育方面，各地实施乡村本土人才培育计划，积极培育新型农业经营主体和现代化农民，并鼓励“市民下乡，能人回乡，企业兴乡”；文化建设方面，各地推动文化基础设施下乡，增强乡村公共文化服务供给，同时开展移风易俗活动，建立“一约四会”制度，改善乡村陈规陋习；生态宜居方面，各地推进生活垃圾和污水处理、废弃物资源化利用、“厕所革命”、饮水安全巩固提升、宽带互联网覆盖等工程。

乡村振兴的“齐鲁样板”

——“压油沟田园综合体”的振兴成果[2]

“压油沟田园综合体”位于山东省临沂市兰陵县，是依托山东省扶贫重点村——压油村建设开发的项目，对当地的乡村振兴起到了极大的拉动作用，是农商文旅融合发展的典范。

压油沟的“田园综合体”定位灵活应用了“城市综合体”概念，提出了一种乡村文旅开发新形态，立足于“农”，提升

1　唐勇：《依托都市区城乡融合高质量推进乡村全面振兴》，《浙江经济》，2018年第12期，第28—30页。

2　高雯雯、刘雪峰：《压油沟田园综合体：打造齐鲁样板 助力乡村振兴》，《中国旅游报》，2020年11月13日。

于“田园”，衔接传统农业和新兴产业，实践了以产业兴旺主导乡村振兴的发展思路。

压油沟村原本以传统种植业为主，产业单一、利润微薄，且受地理条件限制和不断外流的劳动力影响，发展趋势不尽如人意。在乡村振兴战略实施过程中，压油沟村采用“合作社+农户”的模式，成立合作社并进行市场化运作，对耕地、水库、山地等土地资源实行流转分红，用资源入股、投工投劳等形式增收创收；采用“公司+农户”的模式，公司开发旅游示范项目、扶贫产业项目，辐射带动周边农户，生产旅游业需要的新型农副产品；以“一村一业”“一村一品”为指导，在“压油沟田园综合体”内布局了多个产业基地。“压油沟田园综合体”注重培育区域性特色品牌、建设现代化和标准化的农业园区，实现“科技强农”“品牌兴农”，让盆景、芍药、菊花等新型产业在村里打下基础、长久扎根，而且农业产业品牌和旅游品牌互相促进、相得益彰，例如，小东山村家家做盆景、建设盆景产业园，如今已成为同时具有产品销售意义和旅游意义的“中国盆景艺术村”。

在产业兴旺的同时，压油沟村实实在在地做到了“发展成果由人民共享”，在乡村振兴的另一个维度——生活富裕方面有所作为。在就业机会方面，压油沟村尽可能为乡村贫困人口提供就业岗位，例如，旅游业带来的安保、酒店、环卫、绿化、建筑等工作岗位，同时为贫困户提供经营场所，鼓励他们开展土特产、小吃餐饮等个体经营。在政策惠农方面，压油沟村利用富民生产贷、致富带头人贷等金融扶贫政策和旅游扶贫专项资金帮扶群众，其中，山东省旅游扶贫专项资金，投资于基础设施建设并作为集体产权的固定资产租给景区使用，产生的收益划归建档立卡贫困户，发挥了扶贫资产的长期效用，体现了扶贫资金的聚集优势。在收入提升方面，仅2016—2017年，土地流转收入和旅游产业项目的收益就为贫困人口带来人均2万元的收入。

此外，文旅项目的建设也带动了传统乡村的文化传承和环境美化，在乡村振兴的“乡风文明”和“生态宜居”方面起了带动作用。通过发掘传统民俗文化、提升乡民文化素质，同时尊重田园风貌、保护生态环境、完善基础设施，压油沟田园综合体真正实现以旅游业著称，有能力在2017年开放以来吸引并接待300多万人次的国内外游客，被评为“中国最美乡愁旅游目的地”。

最后，“压油沟田园综合体”项目的成功推进和对村庄的转型改造，都离不开压油沟村人民明智的决策和有力的组织，这体现了乡村振兴战略中追求“治理有效”的一面。

综合来看，“压油沟田园综合体”已经较全面地体现了乡村振兴五个维度的成果，不愧被称为“齐鲁样板”。

（二）远景规划

远景规划分两步：“到2035年，乡村振兴取得决定性进展，农业农村现代化基本实现；到2050年，乡村全面振兴，农业强、农村美、农民富全面实现。”[1]

1 《中共中央 国务院印发〈乡村振兴战略规划（2018—2022年）〉》，中国政府网，2018年9月26日。

以2035年为第一个节点，未来15年内，农业小部门化的推动因素将更加多元，农业增长区域分化程度将更加显著。2035年的乡村愿景可以概括为“四高”：高品质农产品生产空间、高活力创新创业空间、高品质居住生活空间、高颜值生态空间。[1]

到2050年，现代化农村与城市将形成体系上互相融合、功能上各具特色的格局。在城乡人才交融互动的基础上，以现代信息技术为基础的新产业、新业态将在农村蓬勃发展。城乡之间的公共服务将迅速趋同，农民转移就业和市民化问题将得到更好解决，各级政府也将形成公共服务成本的合理分担机制，城乡全面融合的态势基本形成。在此基础上，乡村居民逐渐成为农村社会治理的主人，不断优化自下而上的治理秩序，逐步形成以自治为主要形式、以法治规范各类关系、以德治降低社会运行成本的乡村良治体系。中国农村居民家庭人均可支配收入将在现有基础上翻番，和城镇居民收入水平差距不断缩小。在基础设施不断完善和互联网等信息化技术不断普及的同时，农耕文化所蕴藏的优秀思想观念、人文精神和道德风尚得到更充分的挖掘，乡村文化将展现出并未与新时代脱节的巨大魅力与风采。农村生态环境将实现全面恢复，农业农村绿色发展制度创新基本完成，未来的中国大地上将是村容村貌整洁、生态居住条件宜人的美丽乡村。[2]

二、实现五大振兴

乡村振兴战略总要求是“产业兴旺、生态宜居、乡风文明、治理有效、生活富裕”，涉及农村经济、政治、文化、社会、生态文明

1　叶兴庆:《迈向2035年的中国乡村：愿景、挑战与策略》,《管理世界》, 2021年第4期，第98—112页。

2　王亚华、苏毅清:《乡村振兴——中国农村发展新战略》,《中央社会主义学院学报》, 2017年第6期，第49—55页。

和党的建设等多个方面，彼此相互联系、相互协调、相互促进、相辅相成。[1]

第一，产业兴旺要求乡村产业振兴，这是经济建设的重要基础。乡村产业不能局限于传统意义上的农业，而要从乡村的发展惯性和思维定式中突围，打通产业之间的壁垒。这就要求：一是在业态上进行创新，例如，发展旅游业、康养业、文创产业，拓展和丰富乡村的产业生态，提升整体活力；二是延长产业链，例如发展乡村电商、冷链物流等，将农产品的下游加工、运输、销售等纳入乡村产业体系内，提升产业附加值；三是要求从注重产量到注重质量，打造现代化农业生产经营体系，使农业规模化、产业化、组织化，进而提升竞争力和抗风险能力。

第二，生态宜居要求乡村生态振兴，这是生态文明建设的首要任务。宜居的乡村生态环境不仅是满足乡村人民生活需求的生态环境，也应该是能实现城市居民对美好生活向往的宜居环境[2]，使生态宜居的乡村成为“绿水青山就是金山银山”和“留得住乡愁”的所在地。这就要求：一是提升对乡村生态环境的重视程度，避免传统工业化进程中的“先污染后治理”做法，而要从开发利用之初就维护乡村生态环境的自然平衡，选择兼顾环境利益和经济效益的方案，走可持续发展道路；二是设计和重塑相关的底层机制，对生态环境相关的产权、交易等体制机制进行改革创新，从源头上遏制由经济利益驱使的环境破坏行为，以实现乡村自然生态环境保护与开发利用的和谐统一；三是对既有的环境破坏现象进行补救和修复，例如，退耕还林、退耕还湖、污染治理等，从与自然相对抗以争取

1　袁绍光：《新时代中国共产党农业发展的战略思想研究》，博士学位论文，华中师范大学，2019年。

2　黄祖辉：《科学把握乡村振兴战略的内在逻辑与建设目标》，《中国农民合作社》，2018年第3期，第32—33页。

更多发展空间，到向既有空间要效益，进行精细化、高效化发展。

第三，乡风文明要求乡村文化振兴，这是文化建设的重要举措。乡风文明是乡村振兴的文化基础，既要传承千年农耕文明和乡土社会的人文底色，又要汲取与现代工业化、城市化、信息化社会发展相适应的现代文明的新鲜血液，成为体现传统文明和现代文明融合发展的“乡风文明”。这就要求：一是重视乡村的科、教、文、卫等社会事业，在改善乡村硬件的同时注重软环境的建设，满足乡村人民的精神需求；二是在盛行传统愚昧陋习的地区推行移风易俗，维护乡村和谐的人际关系和社会风气；三是向缺乏科学文明生活方式认知的地区推广健康的生活方式，提升乡村人民的综合素质。在乡风文明的基础上，广大农民的主人翁意识才能提高，乡风文明是其积极参与乡村公共事务、遵守乡规民约、推进乡村基层组织有效运行的无形支撑。[1]

第四，治理有效要求乡村组织振兴，这是政治建设的重要保障。乡村治理是国家现代化治理体系的重要组成部分，它不等于简单粗暴的管理。治理与管理的区别在于，治理强调的是多元主体的广泛参与和有效协同，而管理强调的是上对下的直接主导和下对上的服从。乡村的“有效治理”应该考虑到乡土社会的传统特征，在治理手段的选择上实现刚柔相济。这就要求：一是乡村有清晰的自治边界，并对乡村社区组织进行必要的赋权，构建法治、德治、自治“三治合一”的乡村治理体系，三者充分协调、共同作用，才能使乡村治理调动各方力量，实现高效与和谐；二是增强基层组织的主导力、战斗力，使乡村社会在多方参与的情况下保持活力

1　张华伟:《乡风文明建设的理论与实践》,《农村工作通讯》, 2018年第17期, 第20—23页。

同时井然有序。

第五，生活富裕要求乡村民生振兴，这是社会建设的根本要求。居民收入水平是生活富裕最重要的衡量标志，但生活富裕不仅体现在收入方面，还体现在居民生活质量方面。这就要求：一是支持农民充分就业创业，提高农民收入水平；二是逐步缩小城乡区域发展差距和居民社会保障的差距，实现公共服务均等化，使乡村人民享受到现代化发展的成果，由此逐步实现共同富裕。

乡村振兴战略20字方针所明确的五大目标任务并不是相互孤立和割裂的，而是有其内在逻辑性和关联性，把握五大目标任务各自要求的同时把握好目标之间的内在关系，有助于在乡村振兴战略实施中做到统筹兼顾、整体设计、轻重得当，由一点而撬动全局，避免从不同目标出发做出相悖的决策。具体而言，在乡村振兴战略推进过程中，要明确“生活富裕”是根本出发点和最终旨归，是“产业兴旺”所直接指向的结果。与“生活富裕”共同构成乡村振兴的不同侧面的还有“乡风文明”和“生态宜居”。“生态宜居”与“产业兴旺”紧密相连，良好的生态环境是乡村绿色有机农业、旅游业和康养业等新兴产业的发展前提；“治理有效”与“乡风文明”紧密相连，文明的乡风有助于有效的治理，有效的治理能促进乡风的建设。五大目标相互联结，共同指导着乡村振兴的前进方向。

第三节　总体框架

乡村振兴战略可以从产业、人才、文化、生态和组织五个维度来解读[1]，可以阐述为：在乡村提高农业等各产业的竞争力，使乡村经济体系结构适应现代化需求，实现乡村产业发展兴旺；在乡村培育高质量、扎根本土的人才队伍，增强人才向心力，实现乡村人才充足；在乡村传承发扬良好家风、文明乡风、淳朴民风，实现乡村文化兴盛；在乡村推行绿色发展理念、打造宜居环境，实现乡村生态良好；在乡村发扬基层治理优势、带动共创共富，实现乡村组织有力。

实施乡村振兴战略，要对各地区不同发展阶段的乡村进行合理定位和全面评估，做好顶层设计，制定具体的计划安排。总体框架可以归纳为三条路径："五个激活"驱动、"五位一体"协同和"五对关系"把控（见表2-3）。

表2-3　总体框架[2]

三条路径同步协调		
"五个激活"驱动	"五位一体"协同	"五对关系"把控
激活市场 激活主体 激活要素 激活政策 激活组织	农民主体 政府主导 企业引领 科技支撑 社会参与	乡村与城市 政府与市场 人口与流动 表象与内涵 短期与长期

1　石玉新:《实施与推进乡村振兴战略的重要意义》,《区域治理》, 2019年第27期，第32—34页。

2　黄祖辉:《准确把握中国乡村振兴战略》,《中国农村经济》, 2018年第4期，第2—12页。

一、“五个激活”的驱动路径

乡村振兴是在现有乡村发展的基础上进一步提升和突破的，需要更多的动力支持，不能沿袭现有的发展轨道，因此要激活市场、主体、要素、政策、组织，实现市场驱动、主体驱动、要素驱动、政策驱动、组织驱动，使现有资源禀赋充分发挥效用。

第一，激活市场。就乡村振兴的诸多目标任务而言，如果单纯靠各级政府以行政力量主导和投入，那么乡村振兴只能是短期政策行为，无法形成内生动力，发展势必不可持续。激活、引导市场的自发力量，能够为乡村产业转型升级注入源源不断的动力。激活市场包括两方面的改革：一是推进发挥市场作用机制的改革，尤其是完善产权制度和要素市场配置的改革，明确产权的归属、责任和收益分配，实现“保护严格、流转顺畅”，用产权激励带动市场主体的积极性，同时让市场引导农村稀缺要素流入农村；二是推进政府职能转变的改革，即改变政府行政干预与过度包办的状况，厘清政府的角色定位和责任边界，消除各类显性或隐性障碍，推进构建统一、公平的市场体系，对金融、土地、技术、劳动力乃至数据等新老市场因素进行规范，推动公平、充分的市场竞争，降低政府行政垄断造成的僵化、低效等负效应。

“农改超”政策背景下永辉超市带动新疆乡村振兴的例子[1]

“农贸市场超市化”（简称“农改超”）是指将生鲜农副食品从农贸市场转移到超市中进行销售，从而实现生鲜农副食

1　《永辉助力新疆贫困地区农产品卖向全国 现场签约1.2亿！》，联商网，2020年8月3日。

品经营主体的组织化、产业的集约化、定价的透明化、产品的标准化和服务的规范化，推动农业现代化。“农改超”的浪潮中最具有代表性的就是上市企业永辉超市。2002年，国务院考察永辉超市，并在全国范围内推广永辉模式。依托政策支持的东风，永辉超市逐渐成长为区域性生鲜零售龙头企业。

永辉超市对乡村振兴的助力作用，主要体现在它以“源头直采”为主的采购模式上，这一模式带动了许多偏远乡村地区的农业“走出去”，突破地理条件限制，借助永辉超市的物流链走向全国市场。例如，永辉超市与新疆喀什地区的麦盖提县达成深度合作，采用“农科院+技术专员+农户”的种植推广模式，开展当地特色水果“刀郎土瓜”的订单农业。“刀郎土瓜”已帮助当地350户建档立卡贫困户成功脱贫。

永辉超市是市场自发内驱力被激活后推动产业振兴的典型案例，农产品对接超市渠道得到政策支持并畅通后，以前农贸市场的粗放式、批发式农产品销售模式，很快转向顺应消费升级趋势的精细化超市生鲜销售模式，这一新的市场得到激活。永辉超市带来的订单农业助力新疆当地乡村特色产业走上基地化、品质化、规范化、体系化、品牌化的发展道路，符合现代农业的要求。

利用市场的力量推动我国农业更新升级，不仅能更好地满足人们日益增长的消费需求，而且有助于促进农产品流通的规模化、提高农产品的质量和安全性、构筑更加高效的农产品供应链，最终实现农业现代化。

第二，激活主体。乡村振兴的主体目前是且在未来一段时间内仍然是小农户。农业农村部2015年底的数据显示，我国农村经营规模在10亩以下的农户逾九成，据估算，2020年小农户约为2.2亿户，到2030年约为1.7亿户，到2050年仍将有1亿户左右。[1]我国小农户数量大、占比高这一特点将长期存在，这一群体将何去何从关系着乡村振兴的未来发展。近年来，我国重要文件中多次提及“实现小农户和现代农业发展有机衔接”这一目标，但两者并非可以天然衔接，现代农业的概念从技术等硬指标扩展到服务水平、市场模式、政策体系等软指标，对农业的发展水平提出了越来越高的要求，这与小农户当前的弱势地位相矛盾（见表2-4）。

表2-4 小农户发展产业的弱势地位

生产弱势	资本弱势	市场弱势
剩余劳动力老龄化 技术水平和生产效率低 高技术风险 产品质量难规范 不适应市场机制	自有资产少，变现能力差 融资能力弱，成本高	缺乏产销对接渠道 流通断层 议价能力不足 小农户和新型农业经营主体之间的利益联结机制不完善 部分合作社合作效果不佳

因此，激活主体就需要赋权主体、改变其弱势地位，通过产权制度和经营制度的改革，赋予广大农民更多的财产权益和经营权利，使其能在市场竞争中拥有与城市居民平等的主体权利。[2]

第三，激活要素。要素指的是土地、劳动力、资本、技术这些基本生产要素，激活要素是激活市场和生产要素所有者的前提与关

1 屈冬玉：《以信息化加快推进小农现代化》，《人民日报》，2017年6月5日。

2 黄祖辉：《准确把握中国乡村振兴战略》，《中国农村经济》，2018年第4期，第2—12页。

键。归根到底，还是需要深入推进要素市场化配置的改革，破除原有的体制机制弊端，赋予不同市场主体平等的准入门槛和市场待遇，并灵活地开展对各类生产要素所有者的认定和扶持工作，从而使一切土地、劳动、资本、技术的活力充分迸发，一切创造社会财富的源泉充分涌流，共同为乡村振兴战略服务。例如，激活承包地、宅基地和经营性建设用地“三块地”[1]，盘活土地存量资源，让土地收益更多地用于乡村发展。

第四，激活政策。一个具备了现代化治理体系与治理能力的政府，应该既能及时弥补“市场失灵”，又能有效发挥“市场作用”。[2]相关政策措施可以分为两类：一类是颁布惠农兴农政策的直接措施，能够统筹组织人力、物力资源精准投放，直接有效地改善乡村发展现状；另一类是改革体制机制的间接措施，能够改变利益分配、调动多方力量，并引领整体工作的施力方向。此外，除了乡村振兴的配套政策措施，政府还应当在乡村振兴过程中积极履行好经济调节、市场监管、社会管理与公共服务等基本职能，为各类市场主体和生产要素发挥作用营造良好的政策环境，避免以往市场中经常出现的“一拥而上”“各行其是”等混乱现象，指导各类惠农强农政策的实际落地，评估落地效果，保证政策不跑偏、不变味，确保乡村振兴战略始终运行在正确的轨道上。

第五，激活组织。基层党组织是党的“神经末梢”，也是乡村振兴的基层战斗堡垒和先锋队。[3]激活组织要提升基层党组织的活力，发挥其在宣传和发动群众上的优势，并向外开展乡村振兴政策宣讲、

1　杨群义：《激活土地资源 助力乡村振兴》，《农场经济管理》，2018年第8期，第45—47页。

2　黄祖辉：《准确把握中国乡村振兴战略》，《中国农村经济》，2018年第4期，第2—12页。

3　田耿：《夯实农村基层党组织根基助推乡村振兴》，《南方农业》，2019年第20期，第100—102页。

“七五”普法、环境整治、扫黑除恶、抵制陈规陋习、共学乡规民约等活动，向内成立乡村振兴领导小组，优化组织干部结构、提升人才素质，同时打击“小微腐败”、肃清风气、扫除侵犯村民利益的现象。

除了激活党组织，还要激活经济组织。经济组织结构低效、冗余，会降低农民和农村产业的活力、阻碍发展，而有效的组织架构能为乡村产业和乡村治理提供便利、增添动力。激活组织就是要通过组织制度的改革与创新，促进农户家庭组织、农民合作组织、农业企业组织、农业行业组织等多种产业组织和社会组织的协同发展，实现现代农业经营主体与经营体系的良性融合。[1]激活组织既能实现规范化管理，又能实现小农户与现代农业的衔接，有利于农业现代化的实现。由表2-5中小农户和现代农业衔接的不同类型可以看出，不同组织起着将零散的小农户资源集聚起来对接市场，从而使其发挥最大效用的作用。

表2-5　小农户与现代农业衔接的不同类型

类型	个体型	组织型	关系型
细分类型及特点	①农户自主联合型 ②中小规模新农民型 ③新农人+小农户型	④合作社带动型 ⑤公司+农户型（具体又可细分为四种：公司与农户的松散联结型、订单农业型、公司+基地+农户型、公司和农户股份合作型）	⑥市场对接型（例如家乐福、沃尔玛均是通过“超市+农民合作社+农户”或“超市+龙头企业+农户”的方式实现小农户生产和内部化市场的衔接） ⑦城乡对接型（一是以农社对接为主体的模式，即在城市社区设立直销点，将农户生产者和消费者联结起来的直销模式；二是以替代性食物体系作为城乡对接，包括社区支持农业、巢状市场、食品短链以及农消对接等实践）

1　黄祖辉:《准确把握中国乡村振兴战略》,《中国农村经济》, 2018年第4期，第2—12页。

二、“五位一体”的协同路径

推进乡村振兴战略需要全社会各类主体、各方力量的密切协同，这种协同是由农民主体、政府主导、企业引领、科技支撑、社会参与所构成的“五位一体”[1]。

第一，“农民主体”就是让广大农民成为乡村振兴的主体力量，而不是旁观者和跟随者。历史上我国农民自下而上的力量一直是推动变革的关键因素，农民是乡村振兴原动力最广泛、最深层的来源。农民的切身利益是乡村振兴的核心关切，农民是乡村振兴最直接的受益人，因此农民主体能动性的调动十分重要。首先，进一步完善乡村治理的体系和结构，赋予农民作为主体的权利和责任，以此唤醒村民的自主意识，提高村民自治积极性；其次，必须提升农民的组织化程度，分散经营的农民难以满足现代农业发展的要求，需要促进农民合作组织、乡村社区集体组织等组织的发展，建立利益联结机制，切实提高农民的组织化程度。

第二，“政府主导”是指政府在乡村振兴战略实施中应发挥多层次的引导作用。首先，中央政府应当对战略的实施步骤和推进方法进行科学全面的顶层设计与规划，将乡村振兴的内涵、推进思路、发展目标、阶段任务等界定清晰，确保乡村振兴战略沿着正确的方向推进；其次，各级地方政府根据顶层设计，结合本地实际，制订具体的实施规划和工作计划。政府主导的具体落地方式可以分为政策引导、示范引导、投入引导三种。政策引导，是指通过制订优惠扶持计划、制定发展规划等政策，指引发展方向并提供政策动力。示范引导，是指通过重点打造示范区域、典型案例来树立可以

1　黄祖辉：《准确把握中国乡村振兴战略》，《中国农村经济》，2018年第4期，第2页。

学习的标杆。投入引导，是指政府对重点关注的领域、产业、地区进行资金、人才等的投入，带动更多社会资源向其倾斜，从而起到“四两拨千斤”的效果。

第三，“企业引领”是指与乡村相关的各类企业应发挥龙头引领作用。企业的引领作用分为以下三类。一是投资农业的引领。农业具有投资回报周期长、风险高的产业特点，农民的抗风险能力也较弱，需要企业和社会资本将资金注入适宜的领域，在对抗农业生产中的不确定性的同时达到规模效应。二是产业融合的引领。企业是产业链中的核心和引领者，能够起到影响地方产业发展方向的作用。产业融合程度不仅受到产业链相关主体利益机制的影响，也受到产业链中核心主体的引领效果的影响。要实现产业融合、企业与广大农民主体合作共赢的局面，应在发挥企业龙头作用的同时，注重企业与农民之间利益联结机制的完善，使得大小主体结成利益共同体、形成发展合力。三是带动小农户的引领。企业能为小农户带来更适应市场需求的新技术、新理念、新渠道，引领小农户突破传统销售习惯的限制、融入现代农业的大潮，例如，前面提到的“公司+农户”模式，以及永辉超市与新疆地区合作开展订单农业的成功实践案例。

第四，“科技支撑”就是要让乡村发展搭上科学技术的快车，而不是与科技发展水平日新月异的城市地区拉开距离。首先，针对最为基础同时也是核心命脉的农业，要发挥农业技术对现代农业的支撑促进作用，在乡村建立全面的现代农业技术体系。对标国际一流水平的同时，兼顾中国的地理环境、人力资源禀赋；提高劳动生产率和土地产出率的同时，重视资源利用效率和农产品质量安全。其次，针对新兴业态和不断延长的产业链，要发挥互联网技术对农业、农村发展的加速作用。不少分散化、小规模、组织化程度不高的小农户不适应互联网技术及其业态的渗透和冲击，为寻求发展，需要迎难而上将挑战转化为机遇，通过知识普及和能力培训提高农民对科学技术的适应能力；同时推动与技术推广应用相关的体制机制变革，适应农村需要的信息化服务体系的建构、线上与线下的协同等配套措施也应加快跟进。

第五，“社会参与”是乡村振兴的支持来源。社会参与的主体包括企事业单位、社会团体、民间组织与志愿者等，社会参与能为乡村振兴注入更多活力，例如，高校与科研机构具有人才和科技上的优势，具有乡村情怀的能人贤达是返乡带动产业发展的积极力量[1]，对于他们都应予以积极鼓励和引导。社会参与有多种形式，例如，创业、服务、援助、投资等，因此需要针对不同参与主体，建立和完善鼓励参与的体制机制，使得社会参与的热情有回应、有渠道、可持续。例如，针对高校与科研机构，建立乡村研发基地和科技平台；针对大学生、返乡创业人员、能人和志愿者，建立对接平台和优惠扶持体系；针对企事业单位，完善社会责任的考核与约束机制；针对社会团体，整理并披露乡村振兴的社会帮扶项目与激励措施，并建立信息公开和共享平台；等等。

三、“五对关系”的把控路径

乡村振兴战略涉及五组概念，包括：乡村与城市、政府与市场、人口与流动、表象与内涵、短期与长期。[2]对这五组概念彼此之间关

1　中国财政科学研究院课题组、韩凤芹：《财政支持乡村振兴战略实施的政策建议——基于防范风险和以人为本的理念》，《当代农村财经》，2020年第3期，第14—20页。

2　陈润羊：《作为承继的乡村振兴研究演化路径与未来展望》，《云南农业大学学报（社会科学）》，2019年第5期，第12—19页。

系的把控是保障乡村振兴战略平稳和谐推进的重要前提。

第一，把控乡村与城市的关系。在传统发展理念中，城市与乡村如同天平的两端，一端的升高以另一端的下沉为代价，即便是当前，城乡二元结构下产业和就业的不协调问题依然存在，二者关系的平衡不仅关系着乡村的振兴，也关系着城市发展的可持续性。因此要在提高对乡村地区发展重视程度的同时，逐步消除城乡二元结构这一根本制约因素，建立健全城乡融合发展体制机制和政策体系，实现乡村振兴和新型城镇化的有机衔接，促进乡村和城市的互促共进和互利共赢。

第二，把控政府与市场的关系。在推进乡村振兴战略的进程中，政府运行机制的主要优势在于通过稳定的制度安排，降低市场交易中的不确定性和交易成本。而市场运行机制的优势在于通过竞争体系的制度安排提高效率，并降低科层体系下的组织控制成本。政府发挥主导作用和市场对资源配置的决定性作用并不矛盾，处理好政府和市场的关系，能够发挥“1+1>2”的效果。事实上，政府和市场并不是互斥的，二者在实践中能够实现有机结合，例如，政府提供公共服务或公共产品，市场进行具体的运营。此外，政府和市场可能存在同时低效的情况，这时还需要充分发挥行业组织制度的作用，形成政府、市场、行业组织“三位一体”但有所侧重、责任分配得当的经济治理结构。

第三，把控人口与流动的关系。改革开放以来，随着工业化和城市化的发展，中国大量乡村人口逐步非农化并向城市转移，但受限于城乡二元结构，转移得不彻底，进而导致乡村留守老人、留守儿童、留守妇女的“三留”人口的常态化和村庄的“空心化”，给乡村家庭和乡村社会的稳定与和谐带来隐患，也给乡村的治理和建设带来人力资源特别是高素质人才资源缺乏的挑战。[1]要解决这一问题，关键在于：一是推动城乡一体化发展，逐步实现乡村人口在城乡之间的自由流动和择业；二是结合不同乡村的差异化发展，不断优化乡村人口在乡村空间的分布。

第四，把控表象与内涵的关系。乡村振兴体现在表象与内涵两个层面，表象是乡村的外在形态，内涵是乡村的内在本质。在乡村振兴战略实施过程中，可能会出现注重“面子”而忽视“里子”的现象，并且在“面子”上追求统一化、标准化，将千姿百态的中国村庄风貌统一为标准化形态，甚至以对城市的模仿和趋同作为成功“振兴”的标志，这些都是对表象的过分重视和对内涵的轻视、误解。乡村的内涵才是决定衡量乡村振兴成效的标准，内涵体现为乡村发展的体制机制，比如，治理有效的乡村自治体系，激励与约束相融的乡村生态环境保护与利用机制，和谐有序的文明乡风，产权界定清晰并且具有活力的村集体产权制度，完善的乡村社保制度和农民财产权益制度，等等。当然，注重内涵并不意味着不需要表象建设，乡村的风貌很大程度上反映了硬件设施、公共服务的层次，这是提高居民生活水平的重要前提。把控好表象与内涵的关系，是要以内涵建设促进表象建设，以底层的产业基础、体制机制的升级完善向上推动表层的村容村貌的焕然一新，同时从区域的特点出发，进行因地制宜的规划与设计，避免造成乡村振兴过程中“重物不重人”的倾向，甚至使乡村振兴走偏或迷失方向。

第五，把控短期与长期的关系。我国乡村地域广、人口多，涉及的问题和利益主体纷繁复杂，因此实现乡村振兴是一个漫长的

1　石洪斌：《谁来振兴乡村？——乡村振兴人力资源支撑体系的构建》，《治理研究》，2019年第6期，第115—121页。

过程，不可能一蹴而就，要有足够的耐心和战略定力，克服急于求成的急躁心态，避免粗暴地采取行政手段对乡村振兴下指标、定任务，切忌求多求快、求大求全，超越现实基础，不充分考虑区域差距和差异的现实约束，人为提档加速、弯道超车，追求短期速效。或者避免简单化地采用熟悉的老思路和旧方法，统一要求、一刀切推进[1]。而是要在中央有关乡村振兴战略的三阶段发展要求基础上制定短期目标和长期规划，循序渐进、详略得当，“一张蓝图绘到底”，同时根据振兴目标分类分析，精准施策，有的放矢，“久久为功搞建设”。

1 郭晓鸣：《乡村振兴战略的若干维度观察》，《改革》，2018年第3期，第59页。

第四节　政策措施

目前，乡村振兴战略政策体系已经初步建立，大致可划分为乡村产业政策、乡村生态政策、乡村文化政策、乡村治理政策和乡村社会保障政策五大类[1]，对应着乡村振兴的五大总要求。

一、乡村产业政策

在产业兴旺总目标的指引下，乡村产业政策重点关注农业生产水平和能力提升、经营主体扩大、资金支撑夯实，同时引导产品流通渠道拓宽、产业转型升级。

第一，农业生产水平和能力提升。农业生产能力提升、全要素生产率提高是产业兴旺的动力源泉，目前政策导向在于通过技术、组织和市场三方面的创新，提高要素的组合效率；政策重点是提升农业装备信息化水平和农业科技水平，可细分为建立农业科技创新平台基地、加快转化科技在农业领域的应用成果等一系列具体政策。

第二，农业经营主体扩大。要实现产业兴旺的总目标，需提高生产社会化、组织化程度，这对扩大新型经营主体与完善多元化农业经营体系提出了要求。为此我国出台了许多政策推动基本经营制度、农村土地制度、集体产权制度的创新，通过细分产权来放活土地的使用权，并坚定遵循“坚持集体所有权、稳定农户承包权、放活土地经营权”的政策方向。此外，我国还提出了培育农业生产服务的新型农业经营主体战略，致力于为乡村产业发展培育新型职业

1　卢向虎、秦富：《中国实施乡村振兴战略的政策体系研究》，《现代经济探讨》，2019年第4期，第96—103页。

农民，为经营体系的优化提供人力资本支撑。

第三，资金支撑夯实。为解决乡村产业发展存在的较大资金缺口问题，我国一方面加大对支农扶农的投入；另一方面则致力于盘活农村外部资本。首先，在支农扶农的投入方面，相关政策着力于完善农业支持保护制，在财政中对农村产业发展进行必要倾斜，如农业补贴政策、农产品收储制度。其次，我国推出了一系列“开源”政策，为社会资本流入农村减少壁垒、拓宽渠道，并完善商业性保险与政策性保险联合体系，以分散涉农资本风险。此外，我国为发挥农业保险对农业的支持和保护作用，逐步建立起农业保险的法律政策框架体系。

第四，产品流通渠道拓宽。首先，互联网与农业的结合有助于拓宽农产品流通渠道，解决农产品的销路问题。[1]我国大力发展农村电子商务，以电信通信基础设施建设作为基础，开展农产品电商出村试点，打造农产品电商供应链，健全农产品质量检测和追溯体系。同时，为农村电子商务提供人才支持、技术支持，实施农村电商百万带头人计划，强化电子商务、大数据等在农产品销售方面的应用。此外，在保证粮食安全的方针前提下，实施农业对外合作政策。开拓国外市场、鼓励农产品国际贸易，是疏通农产品流通渠道的另一个方向。

第五，产业转型升级。产业转型升级政策，一方面，致力于传统第一产业本身的转型与升级以推动农村产业深度融合，例如，提高第一产业标准化、数字化、机械化与集约化程度，加强工业生产的属性，提高生产力；另一方面，挖掘第一产业食物供给功能之外

1　杨路明、卢彦霏：《乡村振兴背景下农产品网络营销研究——以云南蒙自为例》，《学术探索》，2019年第8期，第84—97页。

的休闲、文化功能，探索融合服务业的可能性。具体政策包括农业结构调整政策、质量兴农政策、特色农业政策、农业数字化政策等。

二、乡村生态政策

在生态宜居总目标指引下，乡村生态政策以建设生态宜居的美丽乡村为目标，旨在构建人与自然和谐共生的乡村发展新格局，主要关注受污染环境的修复治理、生态环境保护与农业绿色发展以及人居环境优化。

第一，受污染环境的修复治理。治理既存的农村环境突出问题，修复已遭破坏的生态资源是建设生态宜居乡村的重要要求，为此我国颁布了多项关于环境修复治理的政策与法规，并开展相关行动，如化肥农药施用量零增长行动、推进养殖粪污综合治理行动、秸秆综合利用行动等，强调将修复与安全利用相结合。此外，我国环境治理修复政策呈现出鲜明的地域针对性特点。

第二，生态环境保护。在健全生态系统保护机制过程中，我国出台了生态红线制度，水、耕地、草原等资源保护政策（比如，河湖长制、草原禁牧、水源地保护），生态搬迁政策，生态补偿政策，等等，不断提高生态环境保护的重要性，提高环保意识普及力度。

第三，农业绿色发展。农业绿色发展既能节约资源、保护生态，也能提高产品质量，我国出台了农业清洁生产政策、农业节水政策、循环农业政策、农业废弃物资源化政策、农药化肥减量化政策、轮耕轮休政策等。各项政策旨在提高农业生产各环节的技术，加快生产方式变化转型，提高生产要素利用效率。

第四，人居环境优化。为整治农村人居环境，我国推出了“厕所革命”、农村生活垃圾治理、生活污水处理、乡村绿化、乡村规划、村庄景观开发、完善建设和管护机制等对策，改善了村容村貌和卫生设施水平，美化了人居环境。

三、乡村文化政策

在乡风文明总目标的指引下，乡村文化政策以繁荣发展乡村文化、建立良好乡村文化环境、满足农民精神文化生活需求为目标，主要关注思想道德建设、乡村教育、乡村文化传承与发展、乡村公共文化服务。

第一，思想道德建设。为在广大乡村用中国特色社会主义文化和思想道德巩固思想文化阵地，我国推出了价值观与思想培育、诚信道德建设、群众思想文化教育等政策，通过教育引导、实践养成和制度保障三部分培育社会主义核心价值观，通过家风建设和农村文明家庭等的表彰评选，发挥模范带头作用，达到移风易俗的效果。

第二，乡村教育。在《乡村教师支持计划（2015—2020年）》《教育脱贫攻坚"十三五"规划》等综合类纲领性文件之下[1]，我国推出了继续普及义务教育、完善学生资助、学校基础设施建设、教师队伍建设等政策，实施对象包括学生与老师，实施阶段覆盖学前教育与高中教育，实施领域包括普通教育与职业教育等教育全阶段，形成了服务于全年龄段教育的政策循环。

第三，乡村文化传承与发展。乡村文化传承与保护，既包括文化的保护政策，可具体到文物、古迹、民族村寨、非物质文化遗产的保护等，也包括从传统中推陈出新、挖掘商业价值等政策，鼓励

---

1 袁利平、万江文：《我国教育扶贫研究热点的主题构成与前沿趋势》，《国家教育行政学院学报》，2017年第5期，第58—65页。

乡村发掘特色文化资源、探索特色文化产业并形成产业群。

第四，乡村公共文化服务。乡村公共文化服务是向乡村居民提供公共文化产品与服务、保障农民文化权利、丰富乡村居民的文化生活的制度总称。具体政策包括加强基层文化产品供给、文化阵地建设、文化活动开展和文化人才培养，还倡导根据当地特点开展文体活动。

四、乡村治理政策

在治理有效总目标的指引下，乡村治理政策以加强党领导基层乡村组织、健全乡村现代化治理体系、打造共建共治共享的现代社会治理格局为目标，主要关注基层党建和基层政权组织体系、法治建设、政务服务、人才队伍建设及相应的考核评价体系。

第一，组织体系。我国完善了村党组织领导乡村治理的体制机制政策，推行村“两委”班子成员交叉任职、换届候选人县级联审机制，同时加强村民自治、丰富村民议事协商形式，还重点关注了与特殊群体帮扶直接相关的团支部、妇联（中华全国妇女联合会）、残协（中国残疾人联合会）等组织，完善了农村社工队伍建设。

第二，法治建设。乡村法治建设政策着眼于法治文化推广与法治服务供给的结合，主要包括法律服务供给（法律基础设施建设、服务方式创新、多方主体动员、机制设置完善等）、法律业务培训（针对农村基层干部、执法人员，通过培训提升农村基层行政执法程序的规范化、职责和权限严格化水平）、乡村矛盾纠纷化解机制、“民主法治示范村”创建活动、平安乡村建设以及农村法治宣传教育工作。

第三，政务服务。推动建立有效的乡村治理格局，意味着减轻村级组织负担，规范村级政务工作，更好地对接政府服务与农民需求，以真正发挥便民与治理的目的。具体政策主要分为规范村级组织工作事务、乡村便民服务、村级事务阳光工程、行政审批下移政策几类。

第四，人才队伍。乡村振兴依靠“人”来实现，人才队伍建设政策在整个乡村振兴战略中发挥着保障作用。我国积极在乡村中聚合本地和引进的人才资源，完善已有的人才队伍管理，分层分类推进培训工作，保证队伍的积极性并不断提升工作水平。[1]

第五，考核评价。各项具体政策设计都应重视考核评价环节，把握注重科学性、系统性、导向性以及硬指标与软指标相结合的构建原则。《国家乡村振兴战略规划（2018—2022年）》的开篇就列出了一系列量化指标，覆盖五个总要求下各政策模块。这些指标点对点地明确了五年内的重点任务，分成约束性指标、预期性指标两大类，标志着乡村振兴指标体系的首次建立，为政策体系搭建了精细的评估机制。[2]

五、乡村社会保障政策

在生活富裕总目标指引下，乡村社会保障政策以提高农民收入水平、巩固脱贫攻坚成果、改善农村民生为目标，涵盖生活基础设施政策、社保政策、农民增收政策以及农村劳动力就业政策。

第一，农民增收。一方面，农业产业化联合体、惠农富农的利益联结机制、联农带农激励机制等政策均是针对提高农民家庭经营性收入而提出的方案，这些政策一般与产业政策结合，在促进产业

1 张逸芳、陈国申：《乡村振兴背景下农村组织建设研究的新趋势》，《领导科学论坛》，2018年第19期，第13—16页。

2 纪中强：《乡村振兴战略中农村基层党组织绩效评价体系构建》，《党政研究》，2018年第4期，第64—70页。

链发展的同时带动农户获取红利；另一方面，我国农村人均转移性收入不断提高，各类直接补贴、大县奖励政策、农业保险补贴政策不断为提高农民收入提供基础支撑。

第二，社会保障。社会保障政策在农村社会建设和福利供给中承担重要作用，有助于保障乡村居民的基本生活水平、调节农村收入分配、促进农村社会和谐稳定。农村社会保障政策主要包括：农村基本医保建设、基本养老保险建设、社会救助体系建设、特殊群体社会保障建设几个方面。

第三，农村劳动力就业。一方面，农村流动就业制度在逐步推进并不断完善，国家推出城乡劳动者同工同酬、劳动就业服务和技能培训、劳动保险、农民工权益保护等政策，为进城务工人员解决实际困难；另一方面，国家政策有意识地引导农村劳动力融入城市和反向创业的双向流动的良性循环，推动城乡共同融合发展，包括提供招聘、培训、维权等信息，为农村劳动力转移就业、返乡创业提供坚实支持。

第四，生活基础设施。在改善民生目标的引导下，与村民衣食住行息息相关的交通、物流、能源利用、信息化等生活性基础设施建设是工作重点。主要政策有：乡村硬化路建设及维护、供电系统优化、供水安全保障体系建立等。此外，农村信息化基础设施建设被作为重点政策推行，这可以促进农村数字经济发展[1]。

1　薛国琴、项辛怡：《以农村信息化基础设施建设促进农业农村数字经济发展》，《农业经济》，2020年第12期，第39—41页。

第五节　行动指南

一、指导思想

党的十九大报告中贯穿乡村振兴的指导思想，包括创造性地提出了乡村振兴的总要求，提出了坚持农业农村优先发展、城乡融合发展、加快推进农业农村现代化、实现小农户和现代农业发展有机衔接的新思想（见表2-6）。

表2-6　新农村建设和乡村振兴总要求对比

社会主义新农村建设的总要求	乡村振兴的总要求
生产发展	产业兴旺
村容整洁	生态宜居
管理民主	治理有效
生活宽裕	生活富裕
乡风文明	乡风文明

对比社会主义新农村建设和乡村振兴的总要求，可以看出乡村振兴战略总要求是在新农村建设基础上的进一步提高，乡村建设目标不断升级，指导思想也随之调整完善。

2018年初发布的中央一号文件《中共中央 国务院关于实施乡村振兴战略的意见》，进一步为乡村振兴提供提纲挈领的指导性意见；2018年7月，中共中央、国务院出台《乡村振兴战略规划（2018—2022年）》，承接党的十九大报告和一号文件的思路，部署了若干重大工程、重大计划、重大行动，形成了关于乡村振兴战略完整的顶层设计，成为推进乡村振兴的行动指南。

二、行动路径

2017年底召开的中央农村经济工作会议首次提出了中国特色社会主义乡村振兴道路，从七个方面全面分析和阐述了乡村振兴道路的内涵和要求。这“七条道路”指出了实施乡村振兴战略的具体行动路径。

第一，重塑城乡关系，走城乡融合发展之路。这强调从顶层设计角度协调城乡共同发展，构建新型城乡关系。在我国城镇化高速发展的背景下，游走于乡村和城市之间的大批农民工并未实现市民化，而乡村却日渐空心化，部分地区乡村的衰败和城市的繁荣形成了鲜明对比。其根源在于城乡二元体制，资金投入、干部配备、要素配置、公共服务等都优先考虑城市，城市和乡村之间是不平等的关系。党的十九大提出走城乡融合发展之路，其内涵是科学引导城市和农村资源配置，创造城乡要素双向流动、相互融通的新格局，改变以往资本、技术、人才等要素在城市和乡村间的单向流动的状态，做到要素平等交换、资本频繁互动、人才双向对流、产业双向促进，让城市助力乡村解决发展的“人、地、钱”三大难题。

第二，巩固和完善农村基本经营制度，走共同富裕之路。这强调完善农村经营制度、维护农民及集体经济利益的重要性、必要性和紧迫性。为了激发经济活力而引入新的体制机制不代表能够动摇农村基本经营制度，习近平总书记强调“农村基本经营制度是农村政策的基石”，“集体经济是农民共同致富的根基，是农民走向共同富裕道路的物质保障”，因此要做的是“不断探索农村土地集体所有制的有效实现形式”。巩固和完善农村基本经营制度，包括进一步推进土地所有权、承包权、经营权“三权分置”改革，深化农村集体产权制度改革，以此发展壮大集体经济、增进农业农村发展动能，让乡村的经济发展实实在在地惠及乡村人民，使乡村居民人均可支配收入持续稳定增长，使乡村人民走上共同富裕的道路。

第三，深化农业供给侧结构性改革，走质量兴农之路。这强调实施质量兴农战略对乡村振兴的重要性。激发传统农业的活力，需要发掘消费者对农产品的实际需求，抓住消费升级的发展契机。当前消费者对农产品的需求结构和层次已经转变，全球市场中的消费者对农产品的绿色、安全和高质量更为看重，这必将带动农业供给侧的巨大变化。推进农业供给侧结构性改革需要从农业科学技术、政策措施、体制机制等多方面着力，提升农业综合效益和资源利用率，培育具有专业技术和商业头脑的新型职业农民，加强质量监管和标准统一，打造农产品特色化、差异化和品牌化的新优势，推动农业发展走“质量兴农、绿色兴农、品牌强农”之路，提高我国农业在全球的竞争力。表2-7为农业部部长韩长赋对推动农业供给侧结构性改革的意见。

表2-7　从九大方面推动农业供给侧结构性改革

方面	推进抓手
种植业	以玉米为重点
畜牧业	以生猪和草食为重点
渔业	以保护资源和减量增收为重点
一、二、三产业融合	以扶持农民工和大学生返乡创业为重点
农产品质量安全	以推进标准化和可追溯为重点
生产方式转变	以节本增效为重点
经营方式转变	以发展多种形式适度规模经营为重点
流通效率	以发展电子商务为重点
资源环境保护	以打好农业面源污染治理攻坚战为重点

第四，坚持人与自然和谐共生，走乡村绿色发展之路。这强调乡村振兴是以绿色发展引领的乡村生态振兴。坚持人与自然和谐共生、提高乡村振兴的质量是农业农村可持续发展的应有之义。要实现绿色发展，一要整治旧有环境，二要借助技术力量，三要转型发展方式。首先要加大整治力度，做好农村垃圾治理、污水处理和厕所改造“三大革命”，改善农村生活环境；其次是要在技术支撑和创新驱动下，对农村的环境保护技术进行更新迭代，并且制定合理可行、简单易学、便于监督的操作标准和规范。最关键的是，要想避免简单依靠行政规定和处罚压制污染、最后逐步走向松懈或疏漏这一常见误区，就要建立健全激励机制，推动农业绿色产业发展，使农民从绿色发展中得到长期稳定的收入来源，使绿色的生产和生活方式逐步成为农民根植于心的自觉行动和习惯。

第五，传承发展农耕文明，走乡村文化兴盛之路。这强调提高乡村社会文明程度是乡村振兴的内涵。一方面，乡土社会的人文底蕴是中华民族农耕文明的精华所在，要传承优秀传统文化和淳朴乡风并为其注入时代新风，而不是完全抛弃旧有文化，将城市文明生硬移植到乡村土地上；另一方面，要加大农村基础设施领域的资金投入，促进农村教育、科学、文化、卫生等领域事业的发展，优化乡村文化软环境，破除愚昧旧习、推进移风易俗，提升农民综合素质和农村文明程度。

第六，创新乡村治理体系，走乡村善治之路。这强调以良好的组织管理能力和社会环境推动实现乡村振兴。随着城乡融合发展之路的推进，资本、技术、人才等要素将不断流向农村，农民群体的分化、乡村主体的多元化和权力诉求、利益期待的多样化，对乡村治理能力、理念、方法、机制都提出了更高要求。首先，要强化基层党组织的领导作用，全国100多万个基层党组织是乡村治理最坚实的基石，各地不同乡情允许各地有不同的治理侧重点，但村级党组织压舱石的角色不可替代，软弱松散的党组织难以承担带领乡村完成振兴目标的重担；其次，要通过自治、法治、德治“三治合一”，在提高民众对乡村治理的参与度和积极性的同时，以德治弘扬优良乡风、提升文明程度，在软环境方面为乡村振兴战略提供可靠的支撑，并以法律为准绳和框架保证各项治理有条不紊地运行。

第七，打好精准脱贫攻坚战，走中国特色减贫之路。这强调通过减贫来为乡村振兴做好铺垫（见表2-8）。

表2-8　打赢脱贫攻坚战和乡村振兴的对比

	打赢脱贫攻坚战	乡村振兴
地位	党中央提出的三大攻坚战之一	党的十九大提出的七大战略之一
时间节点	到2020年	到2050年
目标	确保现行标准下的农村贫困人口全部脱贫，贫困县全部摘帽，解决区域性整体贫困	乡村全面振兴，农业强、农村美、农民富全面实现
意义	确保全面建成小康社会的底线要求和硬任务	开启全面建设社会主义现代化国家新征程的重大战略举措
一致性	指向实现共同富裕	

脱贫攻坚以解决乡村绝对贫困为目标，是乡村振兴的前提，为实施乡村振兴战略奠定坚实基础，二者应当有效衔接，在脱贫攻坚的产业扶贫、人才帮扶、文化扶贫、生态扶贫、党建扶贫、跨区域合作扶贫等实施路径基础上打通衔接渠道、建立衔接机制，做好观

念、规划、制度上的对接。[1]

从“脱贫”到“振兴”的有机衔接，体现在目标理念、规划布局两方面。

在目标理念方面，习近平总书记多次强调：“消除贫困、改善民生、逐步实现共同富裕，是社会主义的本质要求，是我们党的重要使命”[2]，实行乡村振兴战略和脱贫攻坚战略都是在社会主义本质要求和党的重要使命引导下做出的重大决策，在推进顺序上有先有后，但其核心目标是一以贯之的。其理念上的核心区别在于，从脱贫攻坚工作的推进经验中，可以科学地认知和总结多维贫困的发生与治理规律，由“政府主导、粗放帮扶、专项开展”向“政府与市场作用协同发挥、区域发展与扶贫开发相结合”理念转变，从而达到从脱贫攻坚中以政府主导为主的“外嵌”行为转向更多激发乡村各主体的内生动力的目的，实现乡村“发展自觉”。[3]

在规划布局方面，首先存在发展逻辑的承接和升级，在坚持“精准”原则、不断完善资源优化配置机制、保证其发挥延续作用的同时，在更高层次、更广领域的异质空间融合中推进“要素组合优化驱动的高质量发展”。[4]在发展逻辑升级的同时，政府的行政逻辑和乡村的治理逻辑也应当有相应的升级。在政府行政逻辑方面，脱贫攻坚进程中采用的“中央统筹、省负总责、县抓落实”[5]的一把手负责制，在乡村振兴政策推进中需要持续完善权责体系、更新考核

1　魏后凯：《如何实现全面脱贫与乡村振兴的“有效衔接”》，《山东经济战略研究》，2020年第4期，第45—47页。

2　中共中央党史和文献研究院：《习近平扶贫论述摘编》，中央文献出版社2018年版，第6页。

3　郑瑞强、郭如良：《“双循环”格局下脱贫攻坚与乡村振兴有效衔接的进路研究》，《华中农业大学学报（社会科学版）》，2021年第3期，第19—29、183页。

4　王玉柱：《生产要素组合优化驱动高质量发展的逻辑和改革路径》，《上海经济研究》，2020年第7期，第40—48页。

5　卫志民、吴茜：《脱贫攻坚与乡村振兴的战略耦合：角色、逻辑与路径》，《求索》，2021年第4期，第164—171页。

指标、创新督查方式。在乡村治理逻辑方面，需要“重塑基层组织的治理责任”[1]，让乡村振兴政策的总体要求层层抽丝剥茧、拆分到每个“责任连带化”的乡村治理主体（乡镇政府、村两委、村民以及其他组织），让乡村振兴政策的顶层设计在乡村治理中得到完全的、切实的体现。例如，延续和强化脱贫攻坚阶段实行的驻村第一书记制度，同时改善相关权力配置设计，协调好第一书记与乡村治理能人之间的关系[2]，依托第一书记在乡村基层嵌入国家意志、执行国家政策的同时，尊重以村干部和地方能人为主的地方治理主体，鼓励他们带动乡村发展内生动力。

江西赣州在脱贫攻坚与乡村振兴衔接上的探索实践[3]

江西赣州作为著名革命老区，是我国集中连片特殊困难地区之一，2020年实现了贫困县全部摘帽、贫困村全部退出，累计减贫人数100多万，贫困发生率从2011年之前的20%以上降低到了2020年的0.37%。在脱贫攻坚取得巨大成就的同时，赣州制定了2019—2022年的乡村振兴战略规划，分为四个方面：产业扶贫向产业振兴升级、扶贫干部向振兴先锋转变、特惠政策向普惠政策过渡、基础设施向城乡一体发展。

在产业扶贫向产业振兴升级方面，赣州在支持贫困户的同时也制定了对非贫困户和新型农业经营主体的优惠政策，

1　杨华、王会：《重塑农村基层组织的治理责任——理解税费改革后乡村治理困境的一个框架》，《南京农业大学学报（社会科学版）》，2011年第11卷第2期，第41—49页。

2　卫志民、吴茜：《脱贫攻坚与乡村振兴的战略耦合：角色、逻辑与路径》，《求索》，2021年第4期，第164—171页。

3　《围绕“五个振兴”推进脱贫攻坚与乡村振兴有效衔接——专访全国人大代表，赣州市委副书记、市长曾文明》，中国发展门户网，2020年5月25日。

用“农业产业振兴信贷通”对他们提供信贷支持，保障产业带头群体的产业发展资金需求。

在扶贫干部向振兴先锋转变方面，对扶贫的村干部加强培训、提升待遇。另外，创新工作机制，实施动力、能力、绩效“三提升”工程；同时，人才培养机制逐步转向了培育乡村振兴紧缺型人才，例如，乡村医生、乡村教师的定向培养。

在特惠政策向普惠政策过渡方面，赣州探索实行差异化医疗保险政策，对兜底保障人群、贫困边缘人群和一般人提供全部、50%、25%三种不同比例的医疗保险缴费补贴，同时针对脱贫不稳定和边缘易致贫人群，创新性地推出精准防贫保险。

在基础设施向城乡一体发展方面，赣州的基础设施建设规划，包括城乡供水一体化、城乡环卫治理一体化，为城乡居民提供同质同服务的基础设施，同时推进乡村人居环境的整治，逐步缩小城乡在居住环境上的差距。

参考文献

[1]《脱贫攻坚战，全面胜利！》，中国政府网，2021年2月25日。

[2]《中共中央 国务院关于打赢脱贫攻坚战三年行动的指导意见》，中国政府网，2018年6月15日。

[3]《中共中央 国务院关于坚持农业农村优先发展做好“三农”工作的若干意见》，中国政府网，2019年2月19日。

[4]《中共中央 国务院关于抓好“三农”领域重点工作确保如期实现全面小康的意见》，中国政府网，2020年2月5日。

[5]《中共中央 国务院中共中央国务院关于实施乡村振兴战略的意见》，中国政府网，2018年9月26日。

[6]《中共中央关于制定国民经济和社会发展第十四个五年规划和二〇三五年远景目标的建议》，中国政府网，2020年11月3日。

[7]陈东、豆晓甜:《乡村振兴战略的科学内涵、时代内涵与理论逻辑研究》,《理论观察》，2019年第11期。

[8]陈润羊:《作为承继的乡村振兴研究演化路径与未来展望》，《云南农业大学学报(社会科学)》，2019年第5期。

[9]崔伟:《以乡村发展新思维助推乡村振兴新跨越》,《中小企业管理与科技(下旬刊)》,2019年第2期。

[10]符源、郑炎成:《不平等交换对农民收入的影响研究》,《农村经济》，2009年第11期。

[11]郭熙保、崔文俊:《我国城乡协调发展：历史、现状与对策思路》,《江西财经大学学报》，2016 年第3期。

[12]郭晓鸣:《乡村振兴战略的若干维度观察》,《改革》，2018年第3期。

[13]胡绍雨:《我国财政政策在和谐社会建设中的运用》,《改革与战略》,2013年第2期。

[14]黄祖辉:《科学把握乡村振兴战略的内在逻辑与建设目标》,《中国农民合作社》,2018年第3期。

[15]黄祖辉:《准确把握中国乡村振兴战略》,《中国农村经济》,2018年第4期。

[16]纪中强:《乡村振兴战略中农村基层党组织绩效评价体系构建》,《党政研究》,2018年第4期。

[17]李海涛、刘杰:《未来农业是啥样? 听听大咖们怎么说》,《云南农业》,2019年第11期。

[18]廖彩荣、陈美球:《乡村振兴战略的理论逻辑、科学内涵与实现路径》,《农林经济管理学报》,2017年第6期。

[19]卢向虎、秦富:《中国实施乡村振兴战略的政策体系研究》,《现代经济探讨》,2019年第4期。

[20]屈冬玉:《以信息化加快推进小农现代化》,《人民日报》,2017年6月5日,第7版。

[21]石洪斌:《谁来振兴乡村?——乡村振兴人力资源支撑体系的构建》,《治理研究》,2019年第6期。

[22]石玉新:《实施与推进乡村振兴战略的重要意义》,《区域治理》,2019年第27期。

[23]唐勇:《依托都市区城乡融合高质量推进乡村全面振兴》,《浙江经济》,2018年第12期。

[24]田耿:《夯实农村基层党组织根基助推乡村振兴》,《南方农业》,2019年第20期。

[25]王健睿:《新时代解决"三农"问题的关键——乡村振兴

战略研究述评》,《河南科技学院学报》, 2020年第3期。

[26]王文彬:《由点及面：脱贫攻坚转向乡村振兴的战略思考》,《西北农林科技大学学报(社会科学版)》, 2021年第1期。

[27]王亚华、苏毅清:《乡村振兴——中国农村发展新战略》,《中央社会主义学院学报》, 2017年第6期。

[28]王玉柱:《生产要素组合优化驱动高质量发展的逻辑和改革路径》,《上海经济研究》, 2020年第7期。

[29]卫志民、吴茜:《脱贫攻坚与乡村振兴的战略耦合:角色、逻辑与路径》,《求索》, 2021年第4期。

[30]魏后凯:《如何实现全面脱贫与乡村振兴的"有效衔接"》,《山东经济战略研究》, 2020年第4期。

[31]习近平:《坚持把解决好"三农"问题作为全党工作重中之重 促进农业高质高效乡村宜居宜业农民富裕富足》,《人民日报》, 2020年12月30日，第1版。

[32]向德平、刘风:《农民合作社在反脆弱性发展中的作用和路径分析》,《河南社会科学》, 2017年第5期。

[33]许经勇:《我国农民收入增幅减缓的症结：剩余农业劳动力转移受阻》,《财经问题研究》, 2001年第7期。

[34]薛国琴、项辛怡:《以农村信息化基础设施建设促进农业农村数字经济发展》,《农业经济》, 2020年第12期。

[35]严瑞珍、龚道广、周志祥等:《中国工农业产品价格剪刀差的现状、发展趋势及对策》,《经济研究》, 1990年第2期。

[36]杨华、王会:《重塑农村基层组织的治理责任——理解税费改革后乡村治理困境的一个框架》,《南京农业大学学报(社会科学版)》, 2011年第2期。

[37]杨华、王会:《重塑农村基层组织的治理责任——理解税费改革后乡村治理困境的一个框架》,《南京农业大学学报(社会科学版)》,2011年第2期。

[38]杨路明、卢彦霏:《乡村振兴背景下农产品网络营销研究——以云南蒙自为例》,《学术探索》,2019年第8期。

[39]杨群义:《激活土地资源 助力乡村振兴》,《农场经济管理》,2018年第8期。

[40]叶敬忠、豆书龙、张明皓:《小农户和现代农业发展:如何有机衔接?》,《中国农村经济》,2018年第11卷。

[41]叶兴庆:《迈向2035年的中国乡村:愿景、挑战与策略》,《管理世界》,2021年第4期。

[42]尹业兴、贾晋:《脱贫攻坚与乡村振兴有效衔接的总体思路和政策设计》,《农业经济》,2021年第3期。

[43]袁利平、万江文:《我国教育扶贫研究热点的主题构成与前沿趋势》,《国家教育行政学院学报》,2017年第5期。

[44]袁绍光:《新时代中国共产党农业发展的战略思想研究》,博士学位论文,华中师范大学,2019年。

[45]张华伟:《乡风文明建设的理论与实践》,《农村工作通讯》,2018年第17期。

[46]张琦:《巩固拓展脱贫攻坚成果同乡村振兴有效衔接:基于贫困治理绩效评估的视角》,《贵州社会科学》,2021年第1期。

[47]张逸芳、陈国申:《乡村振兴背景下农村组织建设研究的新趋势》,《领导科学论坛》,2018年第19期。

[48]赵晓峰、许珍珍:《农民合作社发展与乡村振兴协同推进机制构建:理论逻辑与实践路径》,《云南行政学院学报》,2019年

第5期。

［49］郑瑞强、郭如良：《“双循环”格局下脱贫攻坚与乡村振兴有效衔接的进路研究》，《华中农业大学学报（社会科学版）》，2021年第3期。

［50］中共中央党史和文献研究院：《习近平扶贫论述摘编》，中央文献出版社2018年版。

［51］中国财政科学研究院课题组、韩凤芹：《财政支持乡村振兴战略实施的政策建议——基于防范风险和以人为本的理念》，《当代农村财经》，2020年第3期。

第三章

乡村振兴理论基础*

---

*　感谢陆铭为本章所做工作。

乡村振兴战略是关于中国乡村发展理论和实践的一次重大飞跃，在解决我国乡村问题上起到了关键作用。在进行乡村振兴具体内容的论述之前，首先要明确乡村振兴战略的理论基础。本章从城镇化理论、城乡二元结构理论、产业分工与融合理论、可持续发展理论以及乡村治理理论五个视角，对乡村振兴战略的理论基础进行了简要分析。其中，城镇化理论从整体角度出发，为乡村振兴战略提供了切实且有效的理论指导。乡村振兴战略提出的“产业兴旺、生态宜居、乡风文明、治理有效和生活富裕”的总要求，也顺应了新型城镇化建设的衡量维度，即高效、绿色、人文、善治和包容五个方面。在此基础之上，乡村振兴战略中的“生活富裕”部分顺应了城乡二元结构理论的发展要求，“产业兴旺”部分顺应了产业分工与融合理论的发展要求，“生态宜居”与“乡风文明”部分顺应了可持续发展理论的发展要求，“治理有效”部分则顺应了乡村治理理论的发展要求。各节首先介绍不同理论的基础性内容，并指出当前我国乡村发展中面临的一些重点问题，在此基础上将理论内容与乡村振兴战略进行有机结合，试图为乡村振兴战略的制定提供理论参考。

第一节　城镇化理论

一、城镇化的内涵

我国国家建设部公布的《城市规划基本术语标准》曾明确定义城镇化的概念：城镇化指的是人们的生产与生活方式从原本的乡村型转化为城市型的过程。我国的城镇化主要表现在两个方面：一是人口性质的转变，农村人口逐渐转变为城市人口；二是城市自身不断地进步与发展，同时将文明扩散到非城市区域。我国的城镇化发展过程具有三个主要特征：一、农村人口和农村剩余劳动力明显向城镇转移；二、第二产业与第三产业多向城镇聚集发展；三、乡村等非城市地区更广泛地接受城市意识与文明的扩散与传播。[1]

二、城镇化理论

国内外对城镇化理论的研究十分丰富，各位专家学者主要从城镇化发展阶段理论、城镇化的道路选择以及城镇化的发展问题等几个视角探究城镇化。其中，发展阶段理论根据中西方历史现实的差别，可以采用不同的分段方式。因此，发展阶段理论分为西方城市化发展阶段理论与中国城镇化发展阶段理论两方面进行介绍。在此基础上论述我国在不同的阶段探索出的独特发展道路，以及城镇化发展过程中面临的困境，以此为新型城镇化理论奠定理论与实践背景。

（一）城镇化发展阶段理论

对于西方城市化发展阶段的分割，不同研究人员采取了不同的

1　赵伟:《城市经济理论与中国城市发展》，武汉大学出版社2005年版。

方式。美国地理学家诺瑟姆于1979年提出城市化发展阶段理论，他将城市发展阶段归纳为一条“S”形曲线，分别有三个阶段：第一阶段属于初期阶段，这时农业人口占很大比重；第二阶段，农业劳动力不断转化为非农劳动力，城市化比例逐渐提高；第三阶段，农村人口完成大范围转移，同时农村与城市之间的差距越来越小。最终城市化进程可能会慢慢减退，城乡人口趋于平衡。[1]不同于诺瑟姆的划分，马克思、恩格斯的城市化理论认为，城乡之间的关系是存在过程性的，这一过程包括从城乡差别到分离，再到对立等多个阶段。“第一次社会大分工建立了现代大工业城市，带动了农村和农业的发展，人口大量向城市聚集。城市不断发展，商业与服务业出现，形成新的社会与阶级分层，从而实现城市与乡村的对立。”[2]我国学者周跃辉也从历史演变进程的角度将城市化分为三个阶段：第一阶段是工业城市化时期（18世纪中叶—1950年），是由西方的工业革命带来的；第二阶段是逆城市化阶段（1950—1990年），西方发达国家的人口迁移方向发生逆转，郊区成为主要人口聚集区；第三阶段是再城市化阶段（20世纪90年代以来），此时发达国家迎来了成熟的城市化水平，出现人口重返较大城市及中心城区的现象。[3]

自中华人民共和国成立以来，中国的城镇化发展经历了不同阶段，在这一问题上，不同学者有不同看法。朱文明认为中国的城镇化进程主要分为三大阶段，即工业起步阶段、人民公社阶段和改革

1 Northam, R.M. ,*Urban Geography*. New York: J. Wiley Sons, 1975, p.65.

2 马克思、恩格斯：《马克思恩格斯选集》（第3卷），人民出版社1995年版，第646—647页。

3 周跃辉：《西方城市化发展的三个阶段》，《理论导报》，2013年第2期，第42页。

开放阶段。[1]古杰、岳隽、陈小祥则从城市人口和乡村人口两个变量的相对关系入手，将中国城镇化发展分为五个阶段，即正常发展阶段、起伏波动阶段、停滞阶段、快速发展阶段以及极速发展阶段。[2]不同的发展阶段呈现出不同的特征和问题，因此我国也在不同阶段探索出了独特的发展方式和道路。

（二）城镇化的道路选择

城镇化的衡量标准主要包括两个方面：第一，依附于农村土地的农业劳动力向城镇非农产业的大范围转移；第二，城市的文明和生活方式逐步扩散到农村。而为了达到城镇化的最终目的，我国发展出了三种典型的城镇化道路，分别为：小城镇发展方式、大城市发展方式以及多元城镇化发展道路。我国的小城镇发展理论最初是由费孝通先生提出的，他认为中国应该主要发展小城镇，以推动农村工业化和乡镇企业的发展。但到了发展后期，小城镇逐渐失去了发展动力，这时多位学者提出了大城市发展模式。该模式强调发展大城市的重要性，并且提出在一定程度上还要发展特大城市，将区域内高密度的大中型城市与小城镇有机结合起来，形成相应的都市圈。但单一的小城镇化与大城市论均无法满足我国城镇化发展的实际情况，于是一些学者提出了“多元城镇化”的概念，强调要实现农村城镇化与城市化的共同发展，同时保证大都市圈的建设。[3]

1　朱文明：《中国城镇化进程与发展模式》，《国土资源科技管理》，2003年第2期，第17—20页。

2　古杰、岳隽、陈小祥：《新中国城镇化的发展阶段及政策分析》，《规划师》，2015年第10期，第74—81页。

3　杨昌鹏：《贵州城镇化理论与实践研究》，博士学位论文，华中师范大学，2012年。

（三）城镇化的发展问题

城镇化对我国城乡发展的促进作用是十分明显的，在一定程度上使城乡基础设施和服务设施更加完善，同时户籍制度也得到重大变革。但目前城镇化的发展依旧存在很多问题。莫神星和张平指出，目前我国面临着城市治理压力大的问题，许多地方城市空间无序开发，出现日益严重的能源短缺问题。同时，我国的城镇化发展没有很好地注重环境和生态的保护，出现生态资源利用水平总体不高的问题。[1]李琪指出，随着我国城市化进程的不断加快推进，城市顽疾问题愈加突出，提高了城市的治理难度。例如，城市公共服务供给水平不高，城市住房、就业、养老、子女教育等公共服务成为较高的“进城门槛”。同时，城乡发展不平衡、不充分问题突出，导致县域经济内需不足，缺乏发展后劲。[2]沈忻昕指出，伴随着城镇化进程的不断加快，城乡基本公共服务的规模、质量和保障能力的发展都难以满足人民群众日益增长的需求。[3]

总体来看，我国学者认为我国城镇化发展的问题主要集中在三个方面：其一，我国的城镇化发展依旧是粗放型发展，缺少精细化设计；其二，城镇化发展问题忽略了环境与生态的保护，生态文明建设水平需要进一步提升；其三，城镇化发展进程中，城乡发展不平衡、不充分，乡村的经济发展水平与生活水平依旧较低。这三方面的问题导致城乡之间的差距越来越大。这种差距是接下来推进我国城镇化进一步发展亟须解决的问题，也是推进乡村振兴需

---

1 莫神星、张平：《新型城镇化绿色发展面临的几个重要问题及应对之策》，《兰州学刊》，2021年第1期，第152—167页。

2 李琪：《高质量发展阶段城镇化建设的重点及策略》，《社会科学战线》，2020年第11期，第254页。

3 沈忻昕：《城镇化进程中城乡基本公共服务政策存在的问题》，《农业经济》，2020年第6期，第29—32页。

要重点关注的层面。

三、新型城镇化理论

为应对目前城镇化发展面临的各种问题，我国提出了新型城镇化发展战略。新型城镇化不同于传统的粗放型城镇化模式，是一种采用精细化方式提高城镇发展质量的城市化模式。

苏小庆、王颂吉和白永秀指出，新型城镇化的衡量指标主要有五个方面：高效、绿色、人文、善治和包容。高效城镇化指的是要提升产业发展活力，发挥城镇对周边区域经济发展的带动作用；绿色城镇化指的是要将生态文明理念融入城镇化发展过程，解决环境污染与资源浪费问题；人文城镇化指的是要促进文明的现代化发展，把城镇建设为人文气息浓郁的魅力空间；善治城镇化是要完善城镇的治理结构，实现有效治理；包容城镇化是要提升城镇的承载能力，促进城乡居民的共同富裕。[1]

为达到新型城镇化的五项指标，须遵循五个方面的实践要求。第一，改变城镇产业支撑不足的现状，扩大城市产业的经济活力与就业容量，而小城镇的建设要坚持以产兴业的道路，通过增加产业收入，走出一条高质量发展的新型城镇化道路。第二，要加强生态文明建设，坚持绿色发展，促进城镇物质文明与生态文明同步建设，实现二者的协调双赢。[2]第三，要促进城市向更加健康、安全、宜居的方向发展，打造和谐舒适的宜居城市，建设人与自然和谐共生的现代化城镇。第四，要提升城市的治理水平，实现城市的可持

1　苏小庆、王颂吉、白永秀：《新型城镇化与乡村振兴联动：现实背景、理论逻辑与实现路径》，《天津社会科学》，2020年第3期，第99页。

2　莫神星、张平：《新型城镇化绿色发展面临的几个重要问题及应对之策》，《兰州学刊》，2021年第1期，第152—167页。

续发展，健全社会治理体系，完善相关配套机制改革。第五，要推动城乡的统筹发展，完善县城交通等公共设施建设，提高县城承载能力，以满足包容性城镇化的指标要求。

四、新型城镇化理论与乡村振兴

目前我国农村依旧存在发展滞后的问题，这是长期实行传统城镇化发展模式以及城市偏向政策带来的必然后果。想要进一步缩小城乡差距，必须走新型城镇化之路，这就要求将乡村与农业置于优先发展的地位，补齐乡村发展短板，具体包括促进农业产业发展、优化乡村居住环境、提高村民科学文化素养、改革完善乡村社会治理体制、促进农民增收以及加强乡村基础设施建设和基本公共服务供给等方式，这些新型城镇化道路的实现方式也是解决乡村发展问题的重要把手。为进一步促进乡村地区的发展与振兴，改善乡村地区的发展面貌，乡村振兴战略提出了20字战略总要求，正顺应了新型城镇化建设的五个衡量维度，具体如图3-1所示。

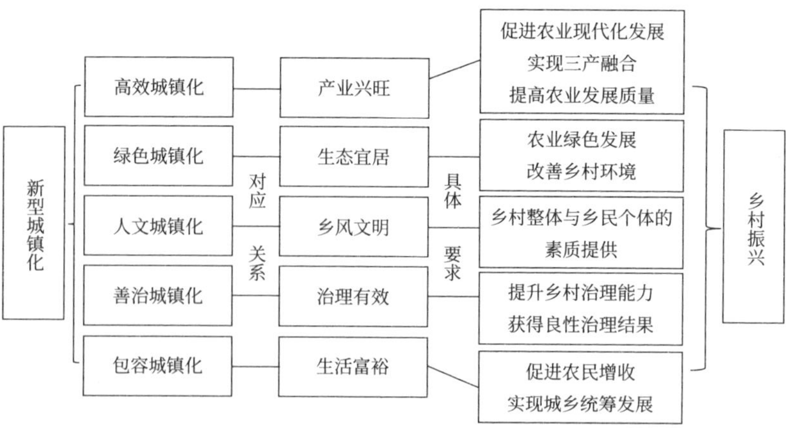

图3-1　新型城镇化指标与乡村振兴战略的对应关系

乡村振兴战略中的产业兴旺，顺应了新型城镇化理论中的“高效城镇化”指标。要想高效促进乡村的发展，首先要将乡村产业的振兴放在核心地位，乡村产业的发展是改善乡村发展面貌的基石。产业的繁荣可以为乡村的发展提供全面、持久、系统的动力。如前文所述，发展“高效”产业要注重增强乡村产业的支撑能力，同时促进小城镇“以产兴业”道路的发展，这样的高效发展路线才能激活乡村产业振兴的活力。因此，乡村振兴战略以产业兴旺为首要任务，要求盘活乡村的产业发展要素，同时提升产业的劳动效率，保证产业的发展质量，以此促进乡村产业的振兴。具体来说主要有三方面的要求与举措——第一，乡村的产业振兴要做到农业生产能力的提高，以及与农业生产相关的基础设施建设水平的提升，促进农业新业态与新模式的蓬勃发展。第二，乡村的产业振兴要在城乡之间建立更加广泛的要素互换平台，促进城市人才、资金、技术以及信息等生产要素向农业农村领域延伸。同时，要促进农村第一、二、三产业之间更加广范围与深层次地融合，增加农民增收的新途径。第三，要推动农业生产质量的稳步提升，使乡村的农作物产品及复合产品能更好地满足消费者的需求，以此实现新型城镇化的高效指标。

生态宜居体现了新型城镇化理论框架中的“绿色城镇化”指标。新型城镇化理论强调保护生态资源以及适应环境承载力的重要性。因为良好的水土资源环境，能够为乡村提供更加充足的发展空间，同时为村民提供更加宜居的生活环境。而根据资源环境的承载能力，进一步优化乡村产业的空间布局，则有助于适应当地特色，在保护当地生态环境的基础上加强城镇化与环境资源保障的共同发展。在此基础之上，乡村振兴战略提出“生态宜居”的要求，主要包括两方面的内容：第一，实现农业产业的绿色发展；第二，改善乡村的生活环境，构建高水平的宜居村落。从绿色城镇化的角度出发，乡村生态宜居体现为农村生态环境问题的逐步改善，以及农村人居环境整治工作水平的提升。[1]二者的改善过程需要共同推进，从而实现乡村的生态振兴。

乡风文明与生态宜居紧密联系，顺应了新型城镇化理论中"人文城镇化"的发展指标。从新型城镇化理论角度来看，乡村的人文建设是十分重要的，这一过程可以进一步提升农民的科学文化素养和思想道德水平，这种懂技术、有文化的新型农民作为乡村的建设主体，可以提高乡村自主性发展的能力，探索出乡村自主发展的新道路。因此，乡村振兴战略提出了乡风文明的要求，主要有两个层面的内容：第一，乡村整体拥有良好的道德风尚和风气，营造良好的人文乡村环境；第二，乡民个体拥有良好的品德状态、文化素养和精神风貌，为乡村振兴提供人才支持。从人文城镇化的要求来看，乡村振兴中的乡风文明就是要实现乡村良好氛围的建设，以此实现乡村精神文明层面的现代化发展。

乡村振兴战略中的治理有效顺应了新型城镇化理论中的"善治城镇化"指标。新型城镇化理论点明了实现城乡善治的重要性：实现城乡社会的统筹治理能够为乡村发展提供更多的空间与机会，而城乡的善治能够为乡村进一步发展提供稳定的制度保障。因此，善治城镇化要求城镇实现有效治理，关键点在于创新城镇治理方式，提升城镇治理的现代化水平。所以，乡村振兴战略提出治理有效的发展要求。程瑞山和任明明指出，乡村振兴战略中的治理有效有四

1 彭娟娟：《乡村振兴战略的科学内涵及实施路径》，《乡村科技》，2020年第30期，第46页。

个方面的体现：第一，治理主体呈现多元化的良性互动；第二，决策质量和水平的提升；第三，决策的贯彻落实；第四，良性的治理结果，通过乡村振兴中其他几项目标的实现程度来检验乡村治理的有效性。[1]能够实现以上四个方面的要求，就能实现乡村的有效治理，从而落实新型城镇化的"善治"要求。

最后，乡村振兴战略中的生活富裕体现了新型城镇化理论中的"包容城镇化"指标。新型城镇化战略强调实现城镇包容性发展的重要性：城镇发展提高其包容性，能够更有效地解决农业转移人口市民化的问题，使城乡居民能够共享现代化发展成果。因此，包容城镇化要求提升城市承载能力，促进城乡居民共同富裕，其关键点在于加强城镇基础设施建设和提升公共服务能力。乡村振兴战略在此基础上提出了生活富裕的发展要求，要想实现生活富裕，必须保证农村基础设施建设趋于完善，教育、医疗、交通以及卫生等各要素得到基本保障。乡村振兴中的生活富裕战略能够促进农民增收，同时实现农村基础设施建设水平的进一步提升，满足农民生活的切实需要，为进一步实现城乡共同富裕提供要素保障。

从上述角度来看，新型城镇化理论的五项衡量指标为乡村振兴战略的设计奠定了理论基础，而乡村振兴的五大战略也迎合了新型城镇化理论的要求，有利于城镇化的稳步发展与质量提升，因此具有显著的战略合理性，为我国乡村发展提供了进一步的努力方向。

1　程瑞山、任明明：《乡村"治理有效"的意蕴与考量》，《科学社会主义》，2019年第3期，第118页。

第二节 城乡二元结构理论

一、城乡二元结构的内涵

城乡二元结构，指的是城乡在生产和组织等层面体现出的一种不对称状态。城乡二元结构最明显的表现是现代工业与传统农业并存，同时比较繁荣的城市面貌与相对落后的农村面貌并存，实际上是一种差距比较明显的经济和社会状态。城乡二元结构可以分化为城乡二元经济结构和城乡二元社会结构。

城乡二元经济结构实际上是传统农业和现代产业之间产生的一种二元对立状态，这种二元对立体现在：城市以工业化的现代产业为主要经济来源，而农村则以落后的农业等传统产业为主要经济来源。[1]城乡二元经济结构最突出的表现就是城乡居民收入呈现二元性，这一点可以通过农村与居民人均纯收入的差距中表现出来。以2020年前三季度的数据为例，城镇居民人均可支配收入是32821元，而农村居民人均可支配收入为12297元，城乡居民收入比为2.67，二者差距十分明显。[2]从经济发展的角度来看，发展中国家从传统农业社会走向现代化工业社会的进程中，城乡二元经济结构是必经的过渡状态。但随着经济与社会的发展与进步，城乡之间的差距会不断缩小，城乡二元经济结构也会逐步化解。

城乡二元社会结构主要体现在城市居民与乡村居民各自享受的福利制度存在较大差距，包括就业、教育、公共事业投入以及基础设施建设等多个层面。这种二元性导致国家福利制度存在很明显的“城市偏向”，体现在以下两方面——第一，农村居民在就业、社

---

1 王丽宁:《论我国城乡二元结构的体制特征及其改革路径》，硕士学位论文，燕山大学，2009年。

2 数据来源：国家统计局。

会保险、教育以及住房等方面依旧面临很多不平等待遇。以养老保险为例，2019年城镇人口参保的城镇职工基本养老保险的基金收入是52063.1亿元，基金支出是48783.3亿元；而农村人口参保的城乡居民基本养老保险的基金收入是4020.2亿元，基金支出是3113.9亿元，由此可以看出城乡之间的养老保险制度存在巨大差异。[1]第二，农村的基础设施建设水平远不及城市的基础设施建设水平。2018年城市用水普及率为98.36%，人均公园绿地面积为14.11平方米；而乡村用水普及率为79.2%，人均公园绿地面积为1.5平方米。[2]这两组数据明显表现了基础设施建设在城乡之间的巨大差距。

二、我国城乡二元结构的形成原因及体制特征

城乡二元结构的内涵，实际上也点明了二元经济与二元社会结构带来的两方面困境：收入差距的鸿沟以及居民福利的不平等，这是乡村发展亟须解决的重要问题。在探讨解决措施之前，首先要明确二元结构的形成原因及其存在特征，以此为分析二元结构的破解奠定理论基础，这样方便我们探索出更加具有针对性的化解政策。

产生城乡二元结构的体制性原因主要有两个方面：土地所有权主导的二元化以及户籍制度的二元化。[3]土地所有权主导的二元化是建立在生产资料公有制的基本经济制度之上的，这种制度规定农村和城市郊区的土地除集体所有外都归国家所有，这一制度的实施导致城乡土地市场的人为割裂，使农民难以舍弃土地而进入城市。而户籍制度的二元化是指农民和居民被割裂为两种身份，这种

1　《2019年人力资源和社会保障统计快报数据》，人力资源和社会保障部网，2020年1月21日。

2　《2018年城乡建设统计年鉴》，住房和城乡建设部网，2020年3月27日。

3　毛快：《共性与特性：试论我国二元结构的具体表现》，《时代金融》，2013年第15期。

身份上的区别导致城市对农村地区的资源掠夺更加严重，也加大了农民成为城市居民的难度。

然而，形成这两种制度二元化的原因是久远的，也加大了化解城乡二元结构的难度。在中华人民共和国成立初期，我国采用重工业优先发展战略，把大部分资源集中于大型工业项目，当时的重工业总产值年平均增长高达25.4%，而农业仅有4.5%。[1]由于大规模的工业化建设，当时粮食供不应求的问题越来越严重，所以中央采取了统购统销制度，以此进行资金积累。相关数据显示，1952—1989年，国家通过工农业产品价格“剪刀差”和税收，从农村获取资金7000多亿元，导致农村市场几乎处于瘫痪状态，城乡差距越来越明显，一种行政主导型的二元结构逐渐定型。[2]在改革开放之后，伴随着经济的发展，人们的生活水平不断提升，农村产品的消费吸引力越来越小。同时，受到城市虹吸效应的影响，农村的土地与劳动力等资源不断被汇集到城市，而城市的科技人才与资本却难以流入农村，农村的农业发展因此难以获得基础支持。这种市场型主导的城乡二元结构会加剧城乡之间的社会断裂，导致城乡之间发展差异化越来越大。

以上体制性及历史性原因，导致我国的城乡二元结构表现出高强度和双重性的特征。[3]高强度指的是城乡之间的收入差距巨大。美国经济学家库茨涅兹做过相关研究，指出除中国外，世界发展中国家工农业二元结构的最大强度为4.09倍。[4]1970年，中国的工农业

1 罗荣渠：《现代化新论》（增订本），商务印书馆2004年版，第513—514页。

2 刘乃星、关变娜：《城乡二元结构的形成特色、民生绩效及对策分析》，《十堰职业技术学院学报》，2012年第6期，第57—61页。

3 王勇：《中国城乡二元结构成因探析》，《社科纵横》，2012年第4期，第42—44页。

4 Kuznets, S., *Economic Growth of Countries*, Beijing: Commercial Press, 1985.

二元结构强度高达7.64倍，改革开放后工农业二元结构强度有所降低，但大多数年份仍大于4.09倍这一世界极值。[1]所谓双重性，是指中国的城乡二元结构包括经济和社会两个层面，是典型的城乡双重二元结构。由于双重二元结构的存在，农村的组织化程度较低，且缺乏有效的自身利益表达机制，导致在与外界的交流过程中处于劣势。这种低组织化造成农户行动分散化，无法在面对市场的过程中形成自己的优势地位，造成农民应得利益受损。而且城乡二元结构带来的公共服务上的巨大差距也阻碍了农村教育事业的发展。这种教育资源上的缺乏导致农民的素质较低，难以适应高技术含量、高质量的产业发展模式，也就无法获得新型产业带来的高利润，这阻碍了农村的进一步发展，导致城乡差距越来越大。

三、破除二元结构的方法与策略

正因为我国城乡二元结构有着深刻的体制原因与历史原因，并且阻碍了农民增收，限制了农村进一步发展，所以破除城乡二元结构就成为我国一项任重而道远的任务。许多学者对此进行了广泛而深入的探究。厉以宁认为，要想彻底打破城乡二元结构，政府必须加强对农村的转移支付，在农村迅速建立和完善社会保障制度和教育保障制度。[2]在此基础上，刘祖云和周家明提出为破除城乡二元结构，必须把"包容性发展"理念引入制度设计和政策制定过程中。具体来说，"包容性发展"的理念要求社会做到工业反哺农业、城市支持农村、市民包容农民，其本质是使农民或农民工在"参与"和

1　王国敏：《城乡统筹：从二元结构向一元结构的转换》，《西南民族大学学报（人文社科版）》，2004年第9期。

2　厉以宁：《走向城乡一体化：建国60年城乡体制的变革》，《北京大学学报（哲学社会科学版）》，2009年第6期，第5—19页。

“共享”中获得发展，由此获得更多的收益。[1]

包容性发展的首要前提是解决农民与城市居民之间存在的巨大收入差距。农民应该和其他主体一样取得经济发展带来的收益，这是其生存和发展最起码的权利之一。因此，要逐步将农民纳入共享式发展的策略中，促进农民增收。在此基础之上，要保证农民发展权的平等，即让社会成员尤其是农民群体拥有更公平、均衡的发展机会。只有当“农民”或“农民工”在社会政治活动、经济活动、文化活动以及社会建设等领域都具有参与的资格与权利时，他们才能获取相应的社会资源，以此实现其自身利益。

具体来讲，要想有效化解我国的城乡二元结构，需要做到以下两个方面：第一，以多种形式促进农民增收，其基础是继续加强土地管理制度改革，加强完善土地使用权流转以及管理制度，形成新型的、适应农村发展的土地管理体系；第二，要加强对乡村的转移性投入和社会性吸纳程度，加强中央与地方政府对农村的资金和资源支援力度，同时加强城市对乡村的吸纳程度，使农民尤其是农民工在城市化进程中能够逐步融入城市，从而被城市社会接纳和认可。这两方面要求，需要国家确保农民能够在农业活动中获得稳定且渐增的收入，同时要保证将劳动就业、社会保障、子女教育等基本公共服务逐步向农村农民以及农民工群体覆盖，使他们能够享受与城市市民同等的权利。

四、城乡二元结构理论与乡村振兴

综上所述，城乡二元结构理论点明了乡村发展落后的根源，并

1　刘祖云、周家明：《我国城乡二元结构破解之道：基于包容性发展的视角》，《南京工业大学学报（社会科学版）》，2012年第1期，第5—12页。

提出了破除城乡二元结构的策略，其关键在于促进农民增收，以及提高农村基础设施及基本公共服务的建设水平。城乡二元结构的破除不仅能够解决农村的稳定与发展问题、实现城乡协调发展，还能够使广大农民的利益得到根本保护，从而充分调动农民的发展积极性和创造性，激发潜在的经济与社会发展潜力。[1]而乡村振兴战略是旨在促进乡村地区发展的系统性、综合性的战略，乡村振兴的“生活富裕”战略旨在实现乡村的民生振兴，使乡村居民的生活富裕起来，稳步提升乡村居民的生活质量是“生活富裕”的核心所在。因此城乡二元结构的相关理论可以为乡村振兴战略中“生活富裕”部分的制定提供重要的理论参考。

具体来说，第一个方面就是促进农民增收，即破除城乡间的二元经济结构。促进农民增收是实现乡村生活富裕的基础，因为乡村振兴战略的核心在于农民，只有作为乡村主体的农民获得了更稳健的收入，才能有积极性投入更多形式的产业生产当中，从而获得更多收入。因此，《国家乡村振兴战略规划（2018—2022年）》（以下简称《规划》）要求构建长效政策机制，通过发展农村经济、增加农民财产性收入等多种途径，不断缩小城乡居民收入差距。为实现此目标，乡村振兴战略首先要做到增加农民的经营性收入。因此《规划》指出以下三方面的发展措施：第一，要加快农业现代化的发展步伐，根据自身农业资源禀赋特点，选择合适的农业现代化模式；第二，要提高农业用地的数量和质量，对此，《规划》明确指出要大规模推进高标准农田建设，提升耕地质量；第三，要提升农业机械化和信息化水平，根据《规划》要求，乡村振兴要大力推进农业机械化转

1　李学：《城乡二元结构问题的制度分析与对策反思》，《公共管理学报》，2006年第4期，第112页。

型升级和数字农业发展，推广“互联网+”现代农业行动。[1]从以上三方面增加广大农民群体的经营性收入，使农民能够在经济层面上逐步缩减与城市居民的收入差距，达到破解城乡二元经济结构的基础性要求。

第二个方面是增加对乡村以及农民的资金投入，即增加农民的工资性收入，在此基础之上，要不断加强农村基础设施建设及提高基本公共服务的建设水平，这也是破除城乡二元社会结构的核心策略所在。乡村基础设施的建设是乡村各项产业向好发展的基础，只有完善的基础设施才能保证产业源源不断地生产，其重要性不言而喻。因此，乡村振兴战略提出了以下三方面的针对性策略。第一，完善对“三农”领域的多元投入保障机制，加强对农村经济社会发展关键领域和薄弱环节的金融配置。第二，加快农村基础设施提档升级，这不仅是调整农业结构的需要，也是提升百姓生活质量的基础保障。要坚持把基础设施建设重点放在农村，加快农村公路、供水、供气、环保、电网、物流、互联网、广播电视等方面的建设。开发适应新型农业的信息技术、产品和服务，为乡村新兴产业的发展提供科技基础。第三，完善统一的城乡居民基本医疗保险制度和大病保险制度，建立城乡居民基本养老保险待遇和基础养老金标准正常调整机制，统筹城乡社会救助体系。同时着力提高农村医疗卫生服务质量，倡导推广全民健康生活方式。从以上三方面入手，乡村振兴战略能够在拓宽农民收入渠道的基础上，实现基础设施和公共服务的提档升级，这不仅能满足破除城乡二元社会结构的需要，而且能满足乡村生活的多元化需求，从而实现乡村的进一步发展。

1 郭艳、林源:《乡村振兴战略下西部地区农民增收路径研究——以贵州为例》,《遵义师范学院学报》, 2020年第6期, 第60页。

第三节　产业分工与融合理论

一、产业分工与融合的内涵

“产业”指的是具有同类产出结果和相似产出方式的同质性经济活动，产业融合与产业分工都是在这个概念基础上发挥作用的产业行为。产业分工是指同一产业内两个及以上企业之间的分工，在产业分工战略下，产业的最终产品由处于寡头地位的大企业来提供，背后是大量的中小企业为其提供中间产品或配套服务。与产业分工不同，产业融合指的是在开放的产业系统中，出现不同产业构成要素之间相互竞争与协作的过程，本质上是不同产业之间进行相互作用的结果，最终会使产业边界逐渐模糊甚至消失。

与乡村振兴紧密联系的是乡村产业分工与产业融合的概念。乡村产业分工主要是指乡村农业的分工，即农业生产不再局限于种植和养殖环节，产业链不断向前和向后延伸，构成一个高度社会化的分工体系。乡村产业分工深化到一定程度就会带来乡村产业融合。乡村产业融合主要是对第一产业进行细分，同时与第二、三产业在农村实现内部化的产业间分工过程。[1]具体来讲，乡村产业融合指的是农业生产经营主体（即农民）在统筹利用农村的自然与生态资源进行农业生产的基础上，以农业的多功能性作为依托，综合发展农产品加工、餐饮、休闲、观光、旅游等产业形态，积极拓展与延长农业产业链，从而获得增值利益的一种经营方式。[2]

1　苏毅清、游玉婷、王志刚：《农村一二三产业融合发展：理论探讨、现状分析与对策建议》，《中国软科学》，2016年第8期，第18页。

2　王兴国：《推进农村一二三产业融合发展的思路与政策研究》，《东岳论丛》，2016年第2期，第32页。

二、产业分工理论

本节将产业分工理论划分为：产业分工的动力、产业分工的方式和产业分工的优势效应三部分内容。产业分工的动力点明了分工的内在激励效用，抓住了产业分工的动力就等于获得了激励产业分工过程的杠杆，可以促进产业分工的进一步深化。而根据实际发展现状，不同产业可以选择不同的分工方式来扩大自己的优势效应，从而达到增收的目的。

（一）产业分工的动力

产业分工本质上是产业链的延伸，这可以带来更多的就业机会和收入，也可以促进原有产业链不断升级革新，因此深化产业分工是促进产业繁荣发展的重要措施。尤其是对乡村农业而言，产业分工意味着农业产业链的延长与细化，这可以推动农业相关企业的发展，从而为村民带来更多的收入。因此，产业分工在乡村产业发展中起着重要作用。要想进一步推动产业分工的深化，我们需要明确产业分工的动力所在，从而在源头找到促进产业进一步分工的方式。

产业分工理论经历了一系列的演化，不同学派的学者对产业分工的动力有着不同认识。斯密认为，分工深化一方面有利于扩大市场；另一方面，市场扩大又促使分工进一步深化。同时斯密还指出，分工过程中以技术改进带来的知识累积是报酬持续增加的动力。[1]美国经济学家阿林·杨格进一步强调了市场规模对产业分工的重要影响。他认为产品生产链条逐步分解为多个部分的过程就是产业

1 ［英］亚当·斯密：《国民财富的性质和原因的研究》，郭大力、王亚南译，商务印书馆1975年版。

的分工与专业化过程。而生产率的大幅度提高、市场范围的迅速扩大，又驱使分工进一步深化，由此形成了一个良性的动态过程。[1]澳大利亚经济学家杨小凯则将分析重点放在了分工和专业化上，发展了新古典经济学，该理论认为市场扩大是产业进行分工的核心动力所在。同时，专业化生产加速了经验积累和技能改进过程，使生产效率提高，市场范围进一步扩大，这样就形成了良好的循环累积过程，使分工演进越来越快。[2]

虽然不同经济学派的学者对产业分工的阐释不尽相同，但我们能够从中提炼出产业分工的核心动力因素，即广阔的市场、先进的技术、劳动生产率的提高以及生产的专业化。因此，想要进一步推动产业分工，需要从以下几个方面进行努力：(1) 保证产品拥有广阔的交易市场，提高产品交易效率；(2) 推动产业生产技术的革新；(3) 不断提升产业劳动生产率，保证产业的生产能力及生产优势；(4) 推动产业生产向专业化、规模化演进。

(二) 产业分工的方式

产业分工有很多种类和层级，不同的分工方式具有不同的效用。因此，明确各产业分工方式的特性，从而选择适合产业发展的分工方式十分重要。

产业分工可以分为水平型与垂直型两大类。产业水平分工是指在产业链上，相同或者相似环境的企业提供出来的中间产品或最后产品是同质的，产业链条上任意环节上的企业之间形成了产业的水平化分工，以此来分别满足市场不同数量的需要。在水平化及多样

1　[美] 阿林·杨格：《报酬递增与经济进步》，贾根良译，《经济社会体制比较》，1996年第2期。

2　[澳] 杨小凯：《经济学：新兴古典与新古典框架》，张定胜、张永生、李利明译，社会科学文献出版社2003年版。

化分工下，大量不同类型的产业会在空间范围内形成产业多样性状态，以此来满足市场的多样化需求。[1]以乡村农业生产为例，水平型产业分工就是指农产品生产可以划分为种植、养殖、林业等大类产品，种植大类产品又可分为粮食作物和经济作物等细分类别产品，粮食作物细分产品下还能进一步分成水稻、小麦等具体产品种类，此种分工表现为农业产品种类分工，即经营主体在所有农产品之间进行生产划分，专门只从事某种具体农产品的生产。

产业垂直分工与水平分工相反，指的是不同价值链上的不同产业提供异化的产品与服务，或者生产同一个产品的不同部件，抑或对产品的不同制造阶段进行加工。产业垂直分工指的是在生产过程中将某一产业链上的某个产品或某个生产过程单独分离出来，专注于此分离产业链的生产。以农业生产为例，农业产业链可以先粗略划分为产前、产中和产后等生产环节，又可以进一步细分为耕种、播栽、施肥、灌溉、收获、储运等具体生产环节。而垂直型分工就表现为农业生产环节分工，即经营主体在整个农业生产环节上进行划分，专门针对某个生产工序进行劳动工作，例如专门负责灌溉或运输等环节的工作。[2]

（三）产业分工的优势效应

从产业的角度来看，产业分工可以积聚更多的技术资本以及人力资本，而在专业分工基础上进行的多样化分工，又可以使产业间的信息交流更加畅通，由此促进新式产业以及新型生产活动的发展。而从经营者的角度来看，产业分工带来的产业链细化可以提供

1 周锐：《产业多样化分工、产业专业化分工与山西经济增长》，硕士学位论文，山西财经大学，2016年。

2 刘晗：《农户生产分工差别化影响研究》，博士学位论文，西南大学，2017年。

更多的就业机会和收入渠道。具体来讲，产业分工有以下三方面的优势。第一，产业分工可以促进迂回生产方式的发展。所谓迂回生产方式是指在原料供应商和最终消费者之间，插入多个中间产业链的厂商，从而带来产业链的纵向延伸。迂回生产方式带来的优势就是扩大了市场规模，这也是产业分工的动力所在，能够促进产业分工的深化。第二，产业分工可以促进规模经济的形成。一方面，产业可以通过分工扩大其产能范围，增加产业收入；另一方面，对一些生产工序和技术相对复杂的产业来说，将其生产过程分解为不同的产业链，不仅能降低成本，而且还能获得规模经济效益。第三，产业分工使产业利益向产业链的两端聚集，由此促进产业增收。产业分工使高收益的生产过程不再被单一企业垄断，因此更多的企业可以参与生产过程，由此获得更多的收益。

由此可见，产业分工的优势十分明显，它可以通过资源的合理配置以及规模效益产生更多的收益。随着科学技术的不断发展，新型产业分工也逐渐踏入经营舞台。新型产业分工最明显的表现是进行跨区域合作，从而形成一个分离化的产业链协作模式。这种分工方式通过结合不同地区的生产优势，能够为经营者带来更加直观的收益。以农业生产分工为例，整个生产过程被分为若干工序环节的集合，农户可以选择将部分生产环节外包，实现经济效率的最优化。我国各地农业生产的自然气候条件不尽相同，各地出产的农产品种类和数量差别也较大，但我国东部一些人口稠密的农业发达地区在农产品深加工方面有着明显的技术和资金优势，若将农产品区域的种植优势和东部工业发达地区的人才、资本和技术优势结合起来，便可以有效降低农业的生产和经营成本。[1]

三、产业融合理论

虽然产业分工拥有很明显的优势效应，但农业生产规模小且分散的产业特性导致农业分工深化的空间十分有限。因此，为促进产业增收，不仅要进行产业分工，还要进行一定程度的产业融合。本节将产业融合理论划分为产业融合的动力、方式以及优势效应三部分，以此来更加细化地分析产业融合理论的相关内容，为实现乡村产业振兴奠定理论基础。

（一）产业融合的动力

产业融合的基础在于形成产业公地，即挖掘出共同的技术基础，之后不断通过技术的融合与管制的放松来促进产品与业务的融合，从而最终实现整个产业的融合，其作用过程如图3-2所示。

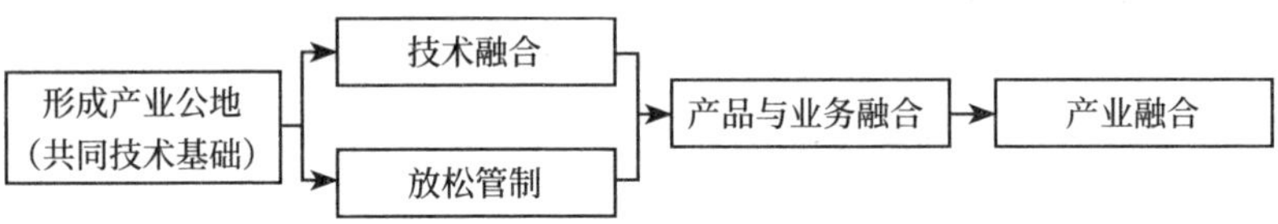

图3-2　产业融合的动力[2]

从产业融合发展过程来看，共同的技术基础与技术革新产生了产业公地，这是进行产业融合的前提条件。[3]而在此基础之上进行的

1　金福子、苏燕华：《现代农业发展中产业链的区域分工与协作研究》，《农业经济》，2019年第9期，第20页。

2　苏毅清、游玉婷、王志刚等：《农村一二三产业融合发展：理论探讨、现状分析与对策建议》，《中国软科学》，2016年第8期，第17—28页。

3　Pisano, G, Shih W., *Producing Prosperity: Why America Needs a Manufacturing Renaissance*, Harvard Business Review Press, 2012.

技术研发以及管制松化则成为产业融合发展的动力因素。第一，技术革新可以为产业融合提供技术支撑，使产业融合成为可能。从产业发展的演变过程来看，技术的不断创新是不同产业间的联结纽带，因为技术革命可以将产业带入新的发展阶段，打破原有的产业边界，实现与不同产业的融合。第二，在技术创新基础上，产业融合会创造出新的市场需求和新的经营模式。政府为维护经营者的生产积极性会进行制度改革，以减轻相关制度的约束力。管制的放松使产业竞争门槛有所降低，相关产业有更多机会加入其他产业的竞争中去，从而促进产业融合的发展。

除此之外，市场需求的多样化也是促进产业融合的外在动力。随着我国经济的快速发展，广大消费者对产品和服务的需求层级上升，这就要求产业突破先前的生产模式，不断提升自己的产品质量。同时，经营主体的创新也是产业融合的重要动力。一方面，新型经营主体不断参与产业融合发展，建立起新的利益联结机制来获取收益；另一方面，新型经营主体通过合作来降低生产成本，从而达到规模生产，获取规模效应，从而推动下一轮产业融合的发生。

综上所述，不断创新生产技术，同时适当放松相关产业的管制与约束就成为促进产业融合的核心动力。在此基础上，要对市场需求有清晰认知，不断创新经营主体来满足市场多样化、多层次的需求，从而推动产业的进一步融合。

（二）产业融合的方式

差异化的产业融合方式可以为产业带来不同程度的收益。因此，明确各类产业融合方式的作用以及特征对经营者而言十分重要。根据产业融合产生的不同产业形态，产业融合可以分为纵向、横向和立体融合三种类型。

纵向产业融合是一种比较浅层的产业融合模式，也可以称作产业链延伸型融合。与产业分工带来的产业链延长类似，纵向产业融合指的是以经营主体为中心，根据企业发展和市场需求，不断延伸当前产业链，形成产业链较为齐全的现代产业体系，从而实现产业内部的协作与循环。以农业生产为例，纵向产业融合主要指农业经营者由单一的农产品种植与养殖的生产链，延伸至产品加工直到销售的后续产业链，即以农业生产为源头，向第二、三产业方向进行融合。

横向产业融合是一种中等程度的融合方式，是不断开发多功能产业链的一种融合过程，也可以称作多功能拓展型融合。这种交叉型的产业融合模式旨在拓展产业的多种功能，发展出与产业相关的新业态模式，激发出新的消费市场，从而提升产品的价值。以农业生产为例，横向产业融合是指通过拓展农业的其他功能，发展出新型的休闲农业、乡村旅游等新业态，培育出具有当地特色的休闲农业和旅游品牌，以此来增加农业的附加产值。

立体产业融合是一种深度融合方式，是产业不断进行技术渗透的过程，也可称为技术渗透融合模式。这种融合模式依靠新技术向其他行业不断渗透，使整个行业的链条发生改变，最终提高产品科技含量，带来更高的附加值。[1]以农业生产为例，立体产业融合可以推动农村形成"高新技术企业+科研机构+基地+农户"的产业化组织形式，加强与电商平台的合作，带动特色农产品基地的发展，提高农业生产经营的技术含量，从而带动农村的产业升级。[2]

1 张媛：《乡村振兴背景下的农村产业融合问题研究》，硕士学位论文，西北师范大学，2020年。

2 许红：《农村一二三产业融合：理论分析、实践探索及对策建议》，《开发研究》，2020年第4期，第114页。

不同经营者及其在产业链上的位置决定了产业能够采取的特定融合方式。例如，横向产业融合方式更适用于基础设施较好、交通更加便利的地区，便于整合产业间的资源；而立体产业融合方式则更适用于资源丰富、环境优良，但经济发展受制于交通或区位因素的地区，这样能方便当地形成特色的产业聚集地，凸显其生态优势。因此，产业应该根据其实际情况进行融合方式的选择，以此来达到效益的最优化。

（三）产业融合的优势效应

产业融合是产业提高生产率和竞争力的一种发展模式和产业组织形式，旨在帮助产业获得更多收益，它所产生的优势效应是多方面的。

第一，产业融合有助于促进传统产业结构的优化发展。产业融合过程中产生的新产品、新服务在客观上提高了消费者的需求层次，同时产业融合催生出的新技术可以融合更多的传统产业部门，促使其产品与服务结构的升级。

第二，产业融合能够使产业的竞争力不断增强。产业融合能够提高产品的质量，或者发展出新业态与新服务，以适应消费者不断提高的需求。因此产业需要不断提高其市场竞争力，发挥其更高的创新性与灵活性。在这场技术革命与产业变革中，一些无法满足上述要求的企业只能被迫退出市场竞争。

第三，产业融合可以利用更加广泛的市场平台实现业务重组，从而打破部门与行业间的壁垒，使不同产业之间的关联更加紧密，促使更加全面的产业体系得以建成。

综上所述，产业融合的优势是十分明显的。以农村产业融合为例，“三产”的融合可以给农业、农村以及农民创造出更多样的收入渠道，通过农业功能的扩展来提高资源的利用效率，使农民作为产业融合的经营主体和收益体，获得更细化的产业链价值，最终实现农民增收。因此，在产业发展尤其是农村发展过程中，要合理运用产业融合的相关作用机制，以此推动乡村产业的进一步发展，达到振兴乡村的目的。

四、产业分工、产业融合与乡村振兴

乡村振兴战略提出了产业兴旺、生态宜居、乡风文明、治理有效和生活富裕五方面的要求，其中，产业兴旺是乡村振兴战略的基础与前提，也是解决我国乡村经济与社会问题的关键。产业兴旺可以从重要农产品、人力资本、技术及农业现代化等方面为乡村方面提供新动能。产业兴旺不仅能够实现农民增收，为其他四大方面打下经济基础，还可以对其他四大方面起到带动作用。

目前，我国乡村产业发展面临着农业发展水平低、基本要素供给不足、产业结构单一和农业与二、三产业融合度低的困境。这些难题阻碍了乡村经济进一步发展，而化解此障碍的核心在于促进乡镇企业的发展，这离不开产业分工与产业融合的重要作用。前文已经提到，产业分工与产业融合具有比较明显的优势效应。在乡村发展过程中，农业产业分工能够促进农业机械化与现代化水平，以及农业生产性社会化服务水平的不断提升。[1]农业产业分工的不断深化可以促进农村产业的融合，而农村产业融合的优势性则更加突出。首先，农村产业融合可以促进当地农业的繁荣发展，为农民提

1 苟兴朝、范云峰：《产权细分、分工深化、产业融合与农民增收——基于四川崇州实践的考察》，《开发研究》，2020年第2期，第88—94页。

供更多的就业机会和盈利渠道。其次，农村产业融合可以通过产业链的延伸，开拓出农业产品的新价值，促进农民增收。李云新、戴紫芸等从实证角度出发，基于农户实地调研数据进行分析，结果显示相较于传统的单一发展模式，农村产业融合产生的农户增收效应在50%以上。[1]由此可见，农村产业融合与农民增收是相辅相成的。综上所述，农村产业的分工与融合能顺应农村农业和产业的发展需要，真正促进乡村产业的发展，从而实现乡村经济的进步。

乡村产业融合实际上就是农村一、二、三产业间的交叉融合，即在“三产”之间进行调整重组和相互渗透，延伸出新的发展业态，这是更加贴合乡村实际发展状况的产业融合方式。这种产业发展方式同样具有明显的优势效应。第一，农村的一、二、三产业融合可以使农村产业不再受限于农产品生产的单一机构，种植、养殖也可以与当地其他产业相融合，从而提升资源利用率，为农民带来额外收益。例如，乡村休闲旅游产业的发展，这是农业与旅游业相融合的一种新形式，能够为乡村吸引更多的资金、信息以及人才。第二，农业与二、三产业的融合以及新技术在农业上的应用，能够促使农业产生“新产品”“新服务”与“新业态”，这种融合可以延长产品的生命周期，从而推动农村经济的发展。总体来讲，乡村三产融合发展，能够使乡村农民与本地产业有机结合，直接增加农民收入，还能够促进产业链的延伸融合，为农民提供更多农业领域的创业机会，使新业态与新产业得到更多的发展空间。[2]

正因农村三产融合有着突出优势，构建农村一、二、三产业融

1　李云新、戴紫芸、丁士军：《农村一二三产业融合的农户增收效应研究——基于对345个农户调查的PSM分析》，《华中农业大学学报（社会科学版）》，2017年第4期，第41页。

2　孔祥利、夏金梅：《乡村振兴战略与农村三产融合发展的价值逻辑关联及协同路径选择》，《西北大学学报（哲学社会科学版）》，2019年第2期，第10—18页。

合发展的现代农业产业体系就成为实现乡村振兴的关键。因此，乡村振兴也将农村产业的分工与融合纳入战略体系，并突出强调农村三产融合的重要地位。因此，乡村振兴战略提出了乡村产业融合的具体措施，从中也体现出了产业融合的理论要求：第一，发掘农业的新功能与新价值。实施农产品加工业提升行动，支持开展农产品生产加工、综合利用关键技术研究与示范，推动初加工、精深加工、综合利用加工和主食加工的协调发展，实现农产品多层次、多环节转化增值。这种对农业功能的拓展是产业融合的高效方式之一。第二，培育农村的新产业与新业态。加强农商互联，密切产销衔接，发展农超、农社、农企、农校等产销对接的新型流通业态。实施休闲农业和乡村旅游精品工程，发展乡村共享经济等新业态。这种产业链之间的分工、延长与衔接是产业分工与产业融合的共同作用。第三，打造农村发展的新载体与新模式。促进农业内部融合、延伸农业产业链、发展农业新型业态等多模式。第四，强化农业科技支持，提高农业科技自主创新水平和成果转化水平，为农业发展拓展新空间、增添新动能。这种农业科技的研发与进步是实现产业融合的动力所在。

由此可见，乡村振兴战略中的一些重点做法体现了产业分工与产业融合理论中的核心思想，即通过产业链的分化、延长与融合，农业功能的拓展以及科技的研发与进步为乡村产业的发展提供助力。而在实际发展过程中，三产融合也为农村发展做出了相当大的贡献。

单县高韦庄：三产融合示范园建到家门口[1]

2020年11月，位于鲁西南黄河故道的单县高韦庄三产融合示范园顺利奠基，标志着园区建设正式启动。

单县高韦庄三产融合示范园由恒丰银行、单县人民政府、菏泽金地集团联合创建，规划发展规模化青山羊、肉牛养殖，果、蔬、菌类等经济作物培育与种植，辐射带动饲料种植加工和种养循环、体验农业发展，园区配套建设加工、冷藏、冷链物流等设施。示范园的建设，创新了合资公司与入园龙头企业的合作模式，从单一拎包入住模式向资源共享、优势互补、利益共享模式转变。

在园区，青山羊养殖基地、大棚水果基地、菌菜循环基地、蔬菜加工基地、肉牛养殖基地正在兴建，一批批富有地域特色的乡村产业正在茁壮成长。示范园建成后，将吸纳该镇1000余人就业，解决了老百姓在家门口就业的问题。

在该案例中，单县高韦庄三产融合示范园以农村三产融合为路径，形成了产业互补、链条相通的良性产业发展模式，为当地村民带来了实实在在的好处。村民通过三产融合的乡村农业发展模式，获得了更多的就业机会，也因此获得了更多的现实收益。农民的增收、乡村产业的现代化发展则进一步推进了乡村振兴战略的实施。

1　《三产融合示范园建到家门口 恒丰银行助力农民念好"致富经"》，中国山东网，2020年11月4日。

在接下来的实施过程中，要想进一步推动乡村产业融合，还要在以下方面进行努力——第一，提高乡村资源利用率，加强乡村要素的整合。这要求乡村继续加强农业功能的拓展，推动传统农业与旅游休闲、健康养生、文化传承等产业的有机融合。[1]第二，不断促进乡村产业结构的升级，进一步深化乡村体制改革。同时要优化乡村的行政管理环境与公共服务水平，为多种形式的产业融合实践提供相应的环境与政策支持。除此之外，要进一步夯实农业基础，稳定农业的地位，在农业发展拥有一定竞争力的基础上，再推行农业与其他产业的融合发展，避免由于发展其他产业而挤压农业发展空间与资金的问题，让农民真正能在土地上增收。

1 苏毅清、游玉婷、王志刚等：《农村一二三产业融合发展：理论探讨、现状分析与对策建议》，《中国软科学》，2016年第8期，第17—28页。

第四节　可持续发展理论

一、可持续发展的内涵

可持续发展是指以资源、环境、生态与人口为要素基础，以制度创新为政治保障，以科技进步为技术支持，以经济发展为核心内容，达到现代与后代的全体人类能够在地球上持续生存、发展下去的道路模式。[1]这一发展过程强调了代与代之间、国家与地区之间发展的公平性，也对人与自然的协调相处提出了硬性要求。在此基础之上，我们可以将可持续发展的内涵分为狭义和广义两种类型：狭义的可持续发展强调对自然资源与环境的保护，将合理利用和保护人类赖以生存的自然资源及生态环境视为可持续发展的唯一内容；而广义的可持续发展则强调环境、经济与社会三者可持续的协调并重。这表明，可持续发展超越了单纯的环境保护层面，而是将环境问题与发展问题有机结合起来，成为一个有关社会经济发展的全面性战略。

二、可持续发展理论

（一）可持续发展的基本原则

可持续发展的基本原则是用来衡量人们生活是否满足可持续发展要求的标准，也是各国家和地区制定各种可持续发展准则的基本依据，主要包括公平性原则、持续性原则以及共同性原则。

可持续发展的公平性原则包括两方面内容：一是横向公平，即同一代人之间要实现公平发展；二是纵向公平，也就是代际公

1　冯华：《可持续发展理论在中国的思想渊源考察》，《复旦学报（社会科学版）》，2002年第4期。

平。可持续发展的公平性原则要求当代人在考虑自己需求的同时，对未来各代人的需求要承担起历史责任。持续性原则指的是要保证资源的持续利用和生态系统的可持续性，达到与生态协调发展的可持续状态。共同性原则强调可持续发展是事关全人类生存与发展的共同目标，也是全人类最重要的利益所在，要求人们做出共同的努力。[1]

（二）可持续发展的主要研究内容

可持续发展的主要研究内容可以根据其广义内涵划分为三个理论方向：生态学方向、经济学方向与社会学方向。因此，要想实现真正的可持续发展，需要从生态、经济与社会三方面进行努力。

生态可持续发展的核心在于保持环境承载力与经济发展之间的平衡状态。生态可持续发展要求我们在平时的活动过程中，必须考虑到生态的可持续承载力和生态系统具有的弹性力，在促进经济发展的同时，对海洋、淡水资源、大气、森林、土地等赖以生存的资源开展有效的保护，为后代继续提供生存发展的自然条件。

经济可持续发展是指既满足当代人的福利要求，又满足后代发展要求的一种经济发展方式。经济的可持续发展要求在发展过程中将人的利益放置在第一位，提高发展的质量水平，兼顾数量与效益，同时减少对资源与能源的消耗。因此，必须打破对粗放式经济增长方式的路径依赖，以此来实现经济的可持续发展。

社会可持续发展指的是人类通过对社会资本进行有效组织与配置，在不超越资源环境承载力的情况下，给予人类发展更多选择

1 刘芃岩:《环境保护概论》，化学工业出版社2011年版。

和机会，促进社会文明的进步。[1]社会可持续发展的核心与终极目标在于实现人的全面发展，通过社会保障机制的完善以及人力资本的积累实现人与人之间的和谐与进步。

（三）中国特色可持续发展理论

中国的可持续发展道路是基于我国国情做出的战略选择，具有鲜明的独特性，即在吸收上述三个主要研究方向的基础上，开创出可持续发展的“系统性”。中国特色可持续发展理论将自然、经济与社会融合为一个体系，建立出一套“人与自然”“人与人”关系的统一解释框架。[2]通俗来讲，这种系统性从环境安全、经济增长、社会进步、观念更新以及文明发展等多个目标出发，全方位地涵盖了资源、环境、人口、发展等多方面的辩证关系，试图达到多个体系之间的协调。

根据我国的实际发展情况，中国的可持续发展理论主要涵盖以下四大主题：第一，保护自然资源，维护环境与发展的平衡关系。这需要我们改变传统产业结构，采用绿色、节约、可持续的生产方式进行产业经营，同时改善生态环境，提高人们的环保意识。第二，保持经济的理性增长，关注科技创新为经济带来的红利。要改变现有的粗放型经济增长方式，向依靠科技创新以及人力资本积累的可持续经济增长方式转变，实现科研成果向经济增长动力的积极转化。第三，实现人的全面发展，大力提升人口素质。完善多层次人才培养机制，防止人力资本的流失，充分利用教育提升人力资本积累效率。第四，努力实现效率与公平的最优关系，既要保持效率的

1　余劲松：《中国社会可持续发展研究》，硕士学位论文，安徽医科大学，2011年。

2　牛文元：《中国可持续发展的理论与实践》，《中国科学院院刊》，2012年第3期，第281页。

增长，也要保持社会的和谐与公平。因此要实现二者的有机结合与均衡协同，为可持续社会的发展提供基础条件。

三、乡村的可持续发展

对于我国来说，乡村在发展过程中具有非常重要的地位。乡村地区不仅提供了农产品的生产空间，而且为城乡居民提供了生态休闲空间，承担着保障国家粮食、农产品和生态安全的重任。改革开放以来，我国农村经济发展取得了巨大成就。但就目前来看，我国乡村发展依旧存在诸多方面的问题。例如，我国乡村农业的生产率较低，农民的收入渠道受限且增收难度较大，这导致农业进一步缺乏发展动力。而且农村基础设施比较薄弱，公共服务水平严重落后，环境污染问题日益严重。因此，统筹城乡生态环境保护，全面提高农村可持续发展能力对于振兴乡村发展具有十分重要的战略意义。

乡村的可持续发展指的是，乡村通过技术进步和制度改革对农村进行生态、经济、政治、文化等方面的建设，使乡村发展达到生活环境优美、资源永续利用、经济与环境协调发展、人与自然协调共处、传统文化得以延续的目标。乡村的可持续发展需要保证乡村农业的可持续发展，同时要实现乡村文化以及社会的可持续，并且需要保证发展模式不会造成环境与资源的破坏，满足代际公平发展的要求。

乡村的可持续发展是具有中国特色的一种乡村发展模式，并以中国特色可持续发展理论为依据。与中国特色可持续发展理论的主题相对应，乡村的可持续发展涵盖了以下几方面要求，这也为我国接下来的乡村发展提供了努力方向。

（1）实现乡村生态环境的可持续发展，是促进乡村整体可持续发展的基础条件。要求农村发展合理利用自然资源，保护和改善农村生态环境，以满足经济发展和农村居民生活的需要。

(2) 实现农村经济的可持续发展，其中的首要任务就是实现农业的可持续发展。要依靠农业科技进步发展农村经济，从而促进农民增收，提高农民生活水平与质量。

(3) 实现农民的可持续发展，为农村可持续发展提供人力资本。加强农村人口的教育和培训，提高农民的整体素质，培养高素质、有文化、懂技术的新型农民。

(4) 实现农村社会的可持续发展，加强农村精神文明和政治文明建设，促进农村公共事业发展，改善农民的居住环境，实现农民真正地当家做主。

四、可持续发展理论与乡村振兴

可持续理论的提出，主要目的在于应对当前人们不断增长的需求与短缺资源之间的矛盾。在当前发展过程中，要重视对生态环境的保护，从而为满足以后的发展做出合理安排，最终实现不同时期的和谐发展。而乡村的可持续发展也十分重要，无论是当前还是未来乡村的建设，必须既保留金山银山，也保护绿水青山，实现乡村经济发展与生态建设的协同共进。因此，借鉴可持续发展理论，乡村振兴战略也要处理好经济发展与生态环境关系。为实现这一目标，乡村振兴战略提出了“生态宜居”的要求，为乡村的进一步建设提供了努力方向。生态宜居实际上包括两方面的发展要求：一方面要建设生态型乡村，保护乡村生态环境；另一方面要建设宜居型乡村，改变村容村貌，使人们的生活环境更加舒适。这就要求乡村在发展过程中坚持绿色思维，促进乡村农业的可持续发展，用绿色经济建设和生态保护为乡村居民生活提质，在乡村全面振兴中凸显乡村生态宜居。[1]

对此，乡村振兴战略提出了一些具体要求，包括推进农业绿色发展、加强乡村生态保护与修复等多方面举措。面对目前乡村发展日益严重的资源浪费以及环境恶化问题，乡村振兴战略提出要强化资源保护与节约利用，集中治理农业环境突出问题，加强农业资源污染的综合防治，以此来实现乡村生态环境的可持续发展。乡村振兴战略提出要实现投入品减量化、生产清洁化、废弃物资源化、产业模式生态化，以此来提高农业可持续发展能力，这满足了乡村生产与经济可持续发展的要求。除此之外，乡村振兴战略也强调持续改善农村人居环境的重要性，以农村垃圾、污水治理和村容村貌改善为主攻方向，开展农村人居环境整治行动，全面提升农村人居环境质量。其中涵盖了推进农村生活垃圾治理、加快推进入户道路建设、建立健全整治长效机制等多方面具体措施，以期实现宜居型乡村的建设。

在实际的乡村建设过程中，对乡村环境以及污染的治理，以及可持续性生态农业的发展，使乡村走上绿色发展道路，在增进经济效益的同时，也增加环境与生态效益。以东源县的具体情况为例。

东源：乡村振兴生态美　产业发展百姓富

走在东源县曾田镇玉湖村，随处可见与垃圾分类有关的宣传展板，上面展示着垃圾分类示意图及处理流程图。2021

1　韩康宁:《乡村振兴战略背景下生态宜居建构及其法制保障》,《安徽农业科学》, 2020年第21期，第263页。

年6月30日，玉湖村正式启动垃圾分类减量工作，打造乡村垃圾分类新模式，建设社会主义新农村。

与此同时，东源县还利用当地的特色景点，发展多形态的新型农业。缺牙山是东源县县级自然生态保护区，生态、旅游资源非常丰富，方圆几十里山清水秀，翠山竹海相掩映，是河源的网红打卡点。接下来，曾田镇还将依托缺牙山及“岑田抽水蓄能项目”，分步骤打造有曾田特色的乡村旅游及乡村健康养生养老产业，形成民宿、农家乐为一体的田园综合体旅游发展模式。同时，连片规划蒲田、银坑、横坑三个山区村的生态农业和休闲观光产业发展，打造一批休闲农业村、特色民宿、农家乐等乡村休闲度假产品。

在东源县的案例中，玉湖村推进全域农村人居环境的整治工作，以此增强村民对垃圾分类的认识，敦促村民自觉进行分级，这使该镇农村环境卫生质量得到显著提升。同时，东源县充分利用独特生态资源禀赋，打造有曾田镇特色的乡村旅游产业。由此使得村集体和村民收入双提高，让乡村振兴战略在实践中取得实效，真正实现曾田镇的可持续发展。

乡村的可持续发展除了需要实现生态以及经济上的可持续，还需要实现农民以及农村社会的可持续发展，乡村振兴战略中的“乡风文明”部分正好顺应了以上要求。乡风文明是乡村振兴的精神支撑，是丰富和发展农村文化建设的重要举措。因此，乡村振兴战略强调繁荣发展乡村文化的重要性，主张通过推进农村精神文明建设以及弘扬中华优秀传统文化来实现新农村的塑造。具体措施包括深入实施公民道德建设工程、保护利用乡村传统文化、发展乡村特色文化产业、增加公共文化产品和服务供给等方面，力图通过多方面的教育和扶持机制来重塑乡村文化生态，真正实现乡村生态及文化层次的可持续发展。

第五节　乡村治理理论

一、乡村治理的内涵

乡村作为诸多需求不同的个体汇聚而成的社会共同体，在发展过程中会出现许多现实性问题，解决这些问题从而维持乡村稳定和谐状态的过程就是“治理”的过程。对于乡村治理的内涵，不同学者给出了不同的解释。徐勇指出，乡村治理就是通过解决乡村面临的各种矛盾和问题，实现乡村社会和谐发展和稳定。[1]贺雪峰认为，乡村治理指的是对中国的乡村进行管理，或中国乡村如何通过自主管理，从而实现乡村社会的有序发展。[2]党国英则认为，乡村治理是以乡村政府为基础的国家机构和其他权威机构给乡村社会提供公共物品的活动过程。[3]总结几位学者对乡村治理的定义可以得出，乡村治理指的是对那些处理乡村公共事务的机构进行权力划分的过程，包括机构内的横向与纵向治理关系。因此乡村治理的范围比较广泛，包括村民自治、乡村建设等多个层面，以期最终实现乡村的有序发展。

二、乡村治理理论

（一）乡村治理理论的核心观点

乡村治理是一个具有中国特色的概念，学界对乡村治理的研究主要涉及乡村治理的主体、过程、权力配置与目标等方面，而对这些问题做出的解释便构成了乡村治理理论的独特观点，其中最为核

1　徐勇:《城乡一体化进程中的乡村治理创新》,《中国农村经济》, 2016年10月，第23—26页。

2　贺雪峰:《乡村治理研究的三大主题》,《社会科学战线》, 2005年第1期，第220页。

3　党国英:《我国乡村治理改革回顾与展望》,《社会科学战线》, 2008年第12期，第3页。

心的观点体现为以下几个方面。

第一，乡村治理主体呈现多元性。郭正林指出，乡村治理的主体十分广泛，包括乡镇党委政府及其附属机构，党支部、团支部、村委会等村级组织，以及慈善基金会等民间团体与组织。[1]第二，乡村治理体系强调自主化治理的过程，以此来缩小治理盲区。[2]这要求乡村治理主体一方面贯彻国家以及政府下达的各类政策方针；另一方面则要更加积极地参与乡村的自治工作。第三，与多元化的乡村治理主体相配套，乡村治理的权力配置也应趋于多元化。苏敬媛认为，乡村治理的多元化权力配置承认社会私权力的重要作用。各种得到村民认可的民间组织和村民个人都可以使用乡村治理的公共权力。[3]第四，乡村治理理论的目标设置十分明确，即实现乡村公共利益的最大化。因此，所有帮助村民利益最大化以及增加村民福祉的行动都可以纳入乡村治理的过程。

（二）乡村治理的关键点

乡村治理的主体强调多元化，这是乡村能够实现有效治理的前提。因此乡村治理的关键点之一就是保证多元主体行为的有效性，释放乡村治理主体的潜力。

第一，在多元治理主体中，乡镇政府和乡村基层组织是乡村治理的正式主体。其中，乡镇政府的作用主要体现在政策保障、基础设施建设保障、制度保障、资金保障等方面；而乡村基层组织既是

---

1 郭正林：《乡村治理及其制度绩效评估：学理性案例分析》，《华中师范大学学报》，2004年第4期。

2 王新心：《乡村治理理论的来源及其核心观点》，《无锡商业职业技术学院学报》，2015年第2期，第44—46、53页。

3 苏敬媛：《从治理到乡村治理：乡村治理理论的提出、内涵及模式》，《经济与社会发展》，2010年第9期，第73—76页。

各治理主体沟通的桥梁，又是民意的代表者，发挥着组织协调者的作用。因此，实现乡村治理的前提在于提高乡镇政府以及乡村基层组织的治理能力，为村民参与乡村建设奠定体制性基础。

第二，乡村治理要注重发挥村民的重要作用。乡村治理主体是多元化的，其中作为治理主体的村民包括普通民众和精英分子。普通民众是乡村建设发展的受益者，因此广大村民应该保持强烈意愿去参与治理事务，这样才能保证自己的权益不受侵犯；而精英分子是乡村中见多识广、具有资金和管理优势的能人。在相对弱小而分散的农民个体中，乡村精英的存在和壮大，已成为村庄公共参与和村民自治的重要主体。由此可见，村民的主动参与和乡村精英能力的发挥是实现村民自治的关键。因此，要想保证乡村治理主体潜力的发挥，关键在于调动出村民参与乡村治理的积极性和主动性，这也是进一步实现乡村有效治理的重要举措。

第三，乡村治理还需要发挥乡村民间组织的重要作用。乡村民间组织在治理过程中承担的是技术指导者的角色，能够将各类人力、资本和技术资源引入乡村经济项目中，以此来丰富乡村发展的可用资源。乡村民间组织既可以为乡村建设提供服务支持，还能拓宽社区公共活动空间，实现农村社会资源的整合利用。由此可见，在乡村治理实践中，合理运用乡村民间组织的资源整合作用十分关键。

实现乡村有效治理的另一关键在于树立起积极正确的治理理念。我国的乡村社会是典型的熟人社会，乡村社会内部有错综复杂的宗族、家族、亲戚等关系，这不仅会制约乡村党组织的发展，同时会影响村民深度参与村庄自治的积极性。如果农民群体对乡村治理认识不深，就无法参与事务治理过程；而如果基层组织中的工作人员思想禁锢，在处理村政的过程中大搞“一言堂”也将无法发挥出其应有的作用。可见，乡村治理中法治观念缺失较为普遍，这无疑对乡村治理现代化造成严重的障碍。因此，加强乡村治理中法治观念的建设十分重要，这也是实现乡村善治的思想支撑。

（三）乡村治理的有效措施

综上所述，乡村治理的关键点在于有效发挥出多元治理主体的作用，同时加强乡村治理主体的法治观念，通过治理体系和治理观念两方面的互动作用推动乡村走向善治。从乡村治理的关键点出发，可以发掘出乡村治理的一些具体措施。

第一，要发挥基层党组织在乡村治理过程中的领导作用。基层党组织要实现“服务型”转变，不断推动乡村治理体系和治理能力现代化。[1]首先是提升基层党组织的组织力与凝聚力，发挥党的政治优势。除此之外，乡镇政府的体制机制要不断创新，理顺基层政府和村民自治之间的权能职限。例如，村党支部书记领导的村党支部就要发挥好带头作用，而村委会就做好日常村里的各项具体事务管理，维护好农民群众的根本利益。[2]

第二，要加强村民的主人翁意识，提高村民参与治理的积极性。乡村治理离不开村民的广泛参与，所以应该激发村民的主体意识，调动村民参与自治的主动性。这一方面需要加强村民的素质教育，引导广大村民群体参与到乡村治理当中；另一方面需要拓宽村民参与社会治理的渠道，建构并完善村民利益表达机制，实现协商

1 蔡文成：《基层党组织与乡村治理现代化：基于乡村振兴战略的分析》，《理论与改革》，2018年第3期，第65页。

2 吴玲玲、郑兴明：《乡村振兴战略下乡村治理创新的内在逻辑、现实困境与路径选择》，《云南农业大学学报（社会科学）》，2020年第4期，第12页。

民主和选举民主的有机结合。

第三，要创新乡村治理机制，发挥社会组织的重要作用。创造出根植于乡村特色和实际发展需要的社会组织，以适应乡村治理的发展需求。一方面，政府要通过政策、法律等形式来引导社会组织积极参与乡村治理；另一方面，各类乡村社会组织要提高自己的公共服务水平，以满足乡村治理的多元化需求。

第四，要深化开展法治宣传教育，打造乡村法治大环境。关于乡村治理中的法治问题，国家要积极了解各类乡村的具体实情，针对性制定适合实际情况的法律法规。在此基础之上要加强农村的普法教育工作，培养村民懂法、遵法、用法和守法意识，使法治观念深入民心。

三、乡村治理的模式

中华人民共和国成立以来，我国的乡村治理方式经过了几次更替，从“人民公社”时期到“乡政村治”时期，再转入新农村建设下的“新型乡村”治理时期。受不同时期经济体制、村民政治参与程度等多方面因素的影响，无论哪一种乡村治理方式都存在着不可避免的缺陷。当前形势下，中国乡村到底应该采取何种模式进行治理？针对这一问题，学者从不同角度给出了不同的答案。郑法认为，应当构筑以农民自治体和农民组织为基本架构的乡村农民组织制度，建立农民自治体意味着在目前实行村自治的基础上实行乡镇民自治。[1]温铁军提出应该实行村镇并列自治的乡村治理模式，把乡政府改成乡公所这一上情下达的机构。[2]王海侠与孟庆国提出从“党

1　郑法:《农村改革与公共权力的划分》,《战略与管理》,2000年第4期。

2　温铁军:《如何进行新一轮农村改革》,《山东农业》,2003年第3期。

建+村民自治”的角度来进行治理探索，强化农村基层组织建设，提高村民自治水平。[1]在不同学者提出的不同治理方式的基础上，乡村治理模式可以根据治理主体以及治理特征的不同分为官治与自治、“一核多元”模式以及“三治结合”等四种主要治理模式，其主要特征如表3-1所示。

表3-1 不同乡村治理模式的主要特征对比

治理模式	治理主体	治理特征
官治模式	单一参与者：国家行政为主体	官治是单轨运行的治理模式。官治模式下农村事务的管理都划归为国家的政权事务，政府权威在村民心目中的位置是第一的
自治模式	国家行政与自治组织的简单合作	自治模式下，政府部门与农村各种非官方组织团体之间的协调与合作方式主要是双向互动的关系
“一核多元”模式	“一核”+“多元”五个主体进行多轨运作	中国共产党作为领导核心，其他正式或非正式组织作为其他多元主体，各治理主体有其各自的义务，能够充分调动出各主体的积极性
“三治结合”模式	多元治理主体	实现乡村自治、法治与德治的结合，为乡村治理奠定治理基础和良好氛围

（一）官治与自治模式

按照乡村治理主体的类型进行划分，包括：官治模式和自治模式。魏光奇指出，官治模式指的是由国家选官进行治理，达到完善国家行政的目的；而自治模式主要是在国家行政框架下建立的“本地人办本地事”的行政系统。[2]官治与自治模式有很明显的区别：官治模式下，基层不具有人事权和独立的财政权，农村民间组织等社会团体不够活跃；而自治模式下，县级以下的乡村各级都是自治决

1 王海侠、孟庆国：《乡村治理的分宜模式：“党建+”与村民自治的有机统一》，《探索》，2016年第1期，第130页。

2 魏光奇：《官治与自治：中国近代的县乡行政体制》，《中国改革》，2002年第11期，第63—64页。

议机构，此时政府部门与乡村组织的合作方式主要是双向互动的关系。需要强调的是，官治与自治模式是乡村治理模式中的两个端点模式，单纯的官治模式或自治模式是无法协调国家政权与公民社会之间的利益冲突的。在现实生活中，乡村治理通常采用官治与自治相结合的模式。

（二）“一核多元”模式

“一核多元”模式主要是将乡村治理主体进行了一种地位上的核定：中国共产党是乡村治理的领导核心，乡镇政府是乡村治理的指导力量，村民委员会是乡村治理的重要力量，村民是乡村治理的重要主体，在此基础之上，其他乡村经济社会组织为乡村治理提供动力。“一核多元”模式有一些显著特征：（1）资源整合性强，通过党的领导，各类治理主体的力量可以得到有效整合，以此来提升治理水平；（2）强调党的指导性作用，将党的领导与具体的治理体系充分结合；（3）明确各治理主体的职责，在中国共产党的领导下，各治理主体有各自的义务，多元主体之间可以创造出平等对话的可能，减少治理主体在职责上的冲突与矛盾，便于实现对乡村的有效治理。

显然，“一核多元”模式将乡村政府、村委会、村民以及其他乡村经济社会组织都纳入乡村治理体系，充分调动了多个治理主体的积极性，为乡村治理贡献出属于自己的力量。但在实际过程中，“一核多元”模式中的一些环节容易出现执行偏差，村民能否真正参与到乡村治理的过程中依旧存疑，因此在实践中需要采取各类保障措施，保证各多元主体在治理过程中能发挥功用。

(三)“三治结合”模式

乡村治理的“三治结合”模式依旧保持治理主体的多元性，在此基础之上强调对乡村自治、法治与德治的结合。其中，乡村自治是一种范围广的群众自治，是建设新农村的必经之路，为乡村振兴夯实了治理基础；乡村法治是乡村治理的基石，是保障乡村稳定治理秩序的基础前提；乡村德治指的是通过道德约束来实现乡村善治，是一种运用道德与文化软手段进行引导与治理的方式，立志于对乡风和民风进行道德化重塑，为乡村振兴营造良好氛围。

“三治结合”模式作为一套内外合一、刚柔并举的现代治理理念，它给予了乡民最大限度的自治权限，规范了乡村公正的法治范式，营造了乡风淳朴的德治氛围，符合乡村发展的实然要求，在现实治理过程中发挥着巨大的效用。

四、乡村治理理论与乡村振兴

改革开放以来，中国乡村的面貌有了极大的变化，乡村的经济与社会发展飞速。但目前的乡村治理过程中仍然存在一些问题与困境，阻碍乡村的发展。一方面，我国乡村的基层民主建设滞后性比较明显，一些贿选与不合理决策的现象时有发生，且村民的主人翁意识与自治能力需要进一步增强；另一方面，乡村治理主体的权力分工也不是很明确，进一步导致政府与村民出现管理上的冲突。因此，乡村振兴战略也将改善乡村治理作为重要目标，提出了“治理有效”的振兴要求。农村要成为农民群众安居乐业的美好家园，离不开科学有效的治理。而乡村振兴中的治理有效，就是要加强农村的社会治理，营造良好的社会氛围。为实现这一目标，乡村振兴战略实施过程中采用的是一种新型的合作治理模式，这一模式结合了

“一核多元”以及“三治结合”模式的优势性，在此基础之上有意加强新乡贤在治理过程中的重要作用，以此达到乡村的有效治理。

在合作治理模式下，政府以及相关部门、公民个体、社会组织以及机构等多元治理主体平等信任、共同参与，政府积极发挥引导者作用，依照一定的合作秩序共享公共权利和资源，共同管理社会事务，以此实现公共利益的最大化。在乡村振兴治理过程中，乡村治理主体由县乡政府、乡村基础组织、乡村民间组织和村民等构成，形成多元主体治理的网状结构，实现乡村自我管理、自我服务、自我创造的社区自治。在实现乡村自治的基础上，合作治理模式还强调对乡村法治以及德治的建设。在乡村治理过程中，法治能够高效地解决大部分村内现实问题，而德治是法治的一种补充，能够通过温和的手段对村民进行约束。乡村振兴战略通过增强村民法治观念来强化乡村法治工作，同时加大德治教育宣传力度，重塑乡村文化认同来夯实乡村德治基础。在保证乡村法治与德治建设的基础上，合作治理模式还强调新乡贤参与乡村治理的重要性。所谓新乡贤是指一些有知识、有道德、有能力的群体，他们重新参与到乡村治理当中去。《乡村振兴战略规划（2018—2022年）》也指出要培育富有地方特色和时代精神的新乡贤文化，积极引导发挥新乡贤在乡村振兴，特别是在乡村治理中的积极作用。由此可见，乡村振兴战略采取的合作治理模式可以实现治理主体的多元化以及治理方式的平等协商，通过对乡村自治、法治以及德治的综合治理来实现治理目标的公共利益最大化。[1]

如前文所述，乡村治理的首要关键点就是发挥基层党组织在乡

1　黄涛、秦密密：《合作治理在乡村振兴中的运用研究——以郝堂村模式为例》，《信阳师范学院学报（哲学社会科学版）》，2021年第1期，第26页。

村治理过程中的领导作用。因此，乡村振兴战略也指出要加强乡村基层党组织对乡村振兴的全面领导。包括健全以党组织为核心的组织体系、加强农村基层党组织带头人队伍建设、加强农村党员队伍建设、强化农村基层党组织建设责任与保障等具体措施，以此为基础建立健全党委领导、政府负责、社会协同、公众参与、法治保障的现代乡村社会治理体制，推动乡村组织振兴。除此之外，增强村民的主人翁意识、加强村民的法治教育也是实现乡村善治的有效措施。因此，乡村振兴战略强调自治、法治与德治的有机结合，包括完善农村民主选举、民主协商、民主决策、民主管理、民主监督制度；健全农村公共法律服务体系，加强对农民的法律援助、司法救助和公益法律服务；强化道德教化作用，建设平安乡村等具体措施，达到以德治滋养法治、涵养自治的乡村治理境界。在此基础之上，乡村振兴战略还强调强化乡村振兴人才支撑的重要性，指出要培养新一代爱农业、懂技术、善经营的新型职业农民，同时要加大“三农”领域实用专业人才培育力度，提高农村专业人才服务保障能力，鼓励社会人才投身乡村建设。这也能够满足乡村振兴多元化主体参与的要求，为乡村治理提供更多的人才资本。由此可见，乡村振兴战略中“治理有效”部分的一些具体措施能够满足乡村治理的实际要求，为新时代乡村的建设与发展贡献力量。

参考文献

[1]陈慈、陈俊红、龚晶:《农业产业融合发展的理论与实践》，中国经济出版社2020年版。

[2]陈明星、叶超、陆大道等:《中国特色新型城镇化理论内涵的认知与建构》,《地理学报》，2019年第4期。

[3]陈小坚:《城镇化转型中的乡村振兴》，东南大学出版社2019年版。

[4]陈兆清、徐昕:《乡村振兴背景下发展农村经济的探索与建议——基于产业融合视角的分析》,《安徽农学通报》，2019年第5期。

[5]董晓峰、杨春志、刘星光:《中国新型城镇化理论探讨》,《城市发展研究》，2017年第1期。

[6]董长瑞、孔艳芳:《中国城乡二元结构变迁与治理研究》，经济科学出版社2019年版。

[7]付翠莲、紫金港:《乡村振兴战略背景下的农村发展与治理》，上海交通大学出版社2019年版。

[8]耿小烬:《乡村振兴战略可持续发展路径研究》,《学术探索》，2019年第1期。

[9]郭远智、周扬、刘彦随:《贫困地区的精准扶贫与乡村振兴:内在逻辑与实现机制》,《地理研究》，2019年第12期。

[10]何立胜:《我国城乡二元结构模式的制度安排与创新》,《中共福建省委党校学报》，2010年第2期。

[11]何雪峰:《大国之基：中国乡村振兴诸问题》，东方出版社2019年版。

[12]靳晓婷、惠宁:《乡村振兴视角下的农村产业融合动因及

效应研究》,《行政管理改革》,2019年第7期。

[13]柯涛:《乡村振兴视角下的乡村治理有效探析》,《现代化农业》,2020年第12期。

[14]孔祥利、夏金梅:《乡村振兴战略与农村三产融合发展的价值逻辑关联及协同路径选择》,《西北大学学报(哲学社会科学版)》,2019年第2期。

[15]孔祥智:《乡村振兴的九个维度》,广东人民出版社2018年版。

[16]李佳佳:《新型城镇化与乡村振兴战略融合研究》,《大庆社会科学》,2020年第6期。

[17]李龙熙:《对可持续发展理论的诠释与解析》,《行政与法(吉林省行政学院学报)》,2005年第1期。

[18]李娜、李文生:《新时代背景下乡村人才振兴的路径探析》,《山西农经》,2020年第24期。

[19]李婷:《开放与整合:乡村振兴战略下“治理有效”的实现路径——以江苏省D村为例》,《中共乐山市委党校学报(新论)》,2020年第6期。

[20]刘德浩:《我国城乡社会保障制度的发展与演进——从“城乡二元”走向“城乡融合”》,《中国劳动》,2020年第3期。

[21]刘鸿明、邓久根:《可持续发展理论研究的两种范式述评》,《经济纵横》,2010年第4期。

[22]牛文元:《可持续发展理论内涵的三元素》,《中国科学院院刊》,2014年第4期。

[23]曲延春:《从“二元”到“一体”:乡村振兴战略下城乡融合发展路径研究》,《理论学刊》,2020年第1期。

[24]盛广耀:《新型城镇化理论初探》,《学习与实践》,2013年第2期。

[25]苏敬媛:《从治理到乡村治理:乡村治理理论的提出、内涵及模式》,《经济与社会发展》,2010年第9期。

[26]苏毅清等:《农村一二三产业融合发展:理论探讨、现状分析与对策建议》,《中国软科学》,2016年第8期。

[27][圣卢西亚]W.A.刘易斯:《劳动力无限供给条件下的经济发展》,《现代国外经济学论文选》(第8集),商务印书馆1984年版。

[28]王留鑫:《农村一二三产业融合机制与路径分析》,《陕西行政学院学报》,2018年第3期。

[29]王新心:《乡村治理理论的来源及其核心观点》,《无锡商业职业技术学院学报》,2015年第2期。

[30]魏后凯、关兴良:《中国特色新型城镇化的科学内涵与战略重点》,《河南社会科学》,2014年第3期。

[31]吴清海:《为全面实施乡村振兴战略提供坚强政治保障》,《中国纪检监察》,2020年第21期。

[32]徐小东、张炜、鲍莉等:《乡村振兴背景下乡村产业适应性设计与实践探索——以连云港班庄镇前集村为例》,《西部人居环境学刊》,2020年第6期。

[33]徐勇:《乡村治理的中国根基与变迁》,中国社会科学出版社2019年版。

[34]张继兰、李良中:《治理的含义及我国乡村治理的基础》,《乐山师范学院学报》,2009年第7期。

[35]张举:《实施乡村振兴战略,加快推进农业农村经济发展》,《现代农业研究》,2021年第1期。

[36]张明斗、赵满满:《乡村振兴战略下城乡融合发展框架与路径研究》,《东北农业大学学报(社会科学版)》,2019年第5期。

[37]张宥澈:《乡村振兴战略下的城乡关系构建探究》,《学理论》,2020年第5期。

[38]中国国际经济交流中心、美国哥伦比亚大学地球研究院、阿里研究院:《可持续发展蓝皮书:中国可持续发展评价报告(2019)》,社会科学文献出版社2019年版。

[39]周杰:《新时期乡村振兴与城乡融合发展研究》,《农业经济问题》,2020年第4期。

[40]朱辰龙:《乡村振兴战略背景下的新型现代化农民现状研究》,《新农业》,2020年第21期。

[41]曾凡军、韦彬:《整体性治理:服务型政府的治理逻辑山》,《广东行政学院学报》,2010年第1期。

第四章

乡村振兴比较研究*

---

* 感谢陆晓敏为本章所做工作。

许多国家尤其是发达国家都曾面临乡村发展滞后的情况。为推动乡村建设，不同国家结合自身实际情况采取相应的政策和措施，探索出了各具特色的发展模式，在乡村振兴领域积累了丰富经验。因此，本章选取了欧洲、北美、澳洲和东亚地区具有代表性的国家，从理念、政策、实践三个方面对其乡村发展和治理模式进行深入分析，发掘先进做法，总结有效经验，为推进我国乡村振兴建设提供政策建议。

第一节　欧　洲

一、荷兰土地整理与农村金融

荷兰人均耕地面积与我国相当，也面临人多地少的问题。从20世纪初开始，荷兰政府持续推进土地整理和土地规划的政策法案，推动土地资源的集中利用和乡村土地的综合规划，为高效集约的农业生产奠定基础。另外，荷兰经过长期探索，逐步形成了完善的产业链金融服务，从金融层面为农业生产提供稳定的资金支持。

得益于土地整理的举措和农业产业链金融服务，荷兰农业发展迅速，形成了以家庭农场为基础的高度集约化生产模式。荷兰的农业生产效率全球领先，并且长期稳居欧洲第一大农业出口国的位置。与此同时，荷兰也创造了独具特色的干预式乡村景观，成为欧洲景观农业最为典型的代表。

在人多地少、农业资源贫乏的背景下，荷兰依靠土地整理和农村金融逐步发展为农业发达国家，其经验值得我国借鉴。

（一）土地整理

1.土地整理的阶段和典型成果

在土地整理问题上，荷兰一手抓土地产权重新分配，一手抓土地利用方式规划调整，有效提升了土地利用效率。其具体举措包括整理和集中乡村土地产权，提升土壤质量，兴修水利和交通等基础设施，后期的举措包括对乡村土地进行综合性的利用规划。

荷兰乡村地区的土地整理和规划行动始于20世纪初期，如今已有近百年的历程。受不同时期社会现实的影响，荷兰土地整理与规划的历程有明显的阶段性特征，大致可以分为三个阶段：20世纪初至40年代为第一阶段，该阶段土地整理和规划注重农业生产效率，目标较为单一，重点推进了土地产权集中化和农业基础设施建设；20世纪40—70年代为第二阶段，该阶段的土地整理和规划具有过渡性，在追求提升农业生产效率的同时，也开始拓展土地利用方式；20世纪70年代至今为第三阶段，该阶段土地整理和规划具有综合性的特征，注重农业和环境的和谐发展。下文将详细介绍荷兰土地整理和规划三个阶段的主要措施和成果。

(1) 第一阶段（20世纪初至40年代）

受传统的土地所有制和继承制的影响，19世纪末的荷兰乡村地区耕地属权碎片化，难以进行大规模机械化农业生产。20世纪初期，受第一次世界大战的影响，荷兰国内出现粮食危机。为了提高农业产出，解决粮食危机，荷兰政府推出政策法案积极干预乡村土地整理。

荷兰大规模的土地整理开始于1924年，著名的《土地整理法》于该年通过。该法案聚焦于土地整理，以促进农业规模化生产为主要目标，进行了系统性乡村规划。法案鼓励和引导土地所有者交换或买卖土地以合并地块，减少土地碎片化，同时也鼓励地方社区兴修水利、道路，优化土壤。但该法案规定的土地整理过程过于复杂，且缺少相关的财政配套措施。作为补充，1938年第二版《土地整理法》正式出台。根据新法，土地整理项目的行政手续大幅简化，同时，大量项目获得了财政支持。

两部法案促进了土地合并和乡村基础设施的建设，降低了农地碎片化程度，为推进农业机械化创造了条件，提升了农业生产效率。以阿姆斯特丹附近的农场为例，经过土地整理，农场数量由原来的1100个降到520个；地块数量由原来的4000多块，降到701块；每个农场的地块数由过去的平均3.5块降到平均1.8块；每块地由过去的1.6公顷扩大到6.3公顷以上[1]。但第一阶段的土地整理行动以提高农业生产效率为前提，目标较为单一，在一定程度上导致乡村生态和人文景观被破坏。

(2) 第二阶段（20世纪40—70年代）

第二次世界大战后，荷兰部分地区基础设施损毁严重，生态环境亟待恢复，乡村面临空前规模的重建。而原土地整理法案显然无法匹配日益旺盛的乡村土地规划和整理需要，衍生出大量现实矛盾，于是新的土地整理法案应运而生。

1947年，为指导饱受战火摧残的瓦赫伦岛重建，荷兰出台了《瓦赫伦岛土地整理法》。虽然该法案的核心目标依旧是提高农业生产效率，但在土地整理过程中兼顾了公共住宅、基础设施和乡村景观的建设，由此有效推动了由土地整理向土地规划的积极转变。1954年，荷兰政府结合瓦赫伦岛的经验，推出了全国性的第三版《土地整理法》。该法案将土地整理视为农业政策的基础，除了继续鼓励农业生产，还明确提出允许地方预留5%的土地用于非农项目的建设。

在政府大力引导下，20世纪40年代至70年代末，荷兰土地整理的进程加速，整理规模不断扩大，为现代化、规模化的农业生产创造了条件。荷兰形成了以家庭农场为基础的农业生产格局。截至2016年，荷兰共有5万多个农场，农场平均面积约为35平方千米。

1　[荷兰] 扬·范·瑞能：《荷兰的土地整理与农业发展》，《中国土地》，2017年第5期，第43—44页。

这一时期土地整理的行动仍然以发展农业为基本目标，但也开始拓展乡村土地的利用方式。不过，大规模的快速土地整理运动也产生了负面效应，乡村地区出现了生态环境、历史景观被破坏等问题。

(3) 第三阶段（20世纪70年代至今）

进入20世纪70年代后，农业生产效率稳步提升，生产足够的农产品不再是乡村发展的重心。荷兰社会也开始重点关注此前因大规模土地整理破坏了的自然生态和人文景观问题，并试图探索乡村规划如何在发展农业生产和保护生态、人文景观之间实现平衡。

1985年，荷兰政府颁布了第四版《土地整理法》。新法要求在土地整理与开发过程中，注重协调发展和环境之间的关系，强调了生态保护、历史遗产保护和非农产业发展的重要性。和此前的法案相比，该法案为非农用地的开发提供了更大的空间，标志着第三阶段的土地整理和规划的开始。2007年，为了加强私人和政府在土地开发过程中的合作，荷兰颁布第五版《土地整理法》。该法案注重土地规划过程中农户、政府和社会团体等各方利益的平衡，进一步简化了土地整理和开发的程序。

第三阶段的土地利用以综合性开发为主，关注生态保护、人文景观塑造等非农领域的综合发展。

羊角村位于荷兰东北部，隶属上艾瑟尔省，与首都阿姆斯特丹相距120千米。1979年，羊角村土地委员会开始实施综合性的土地规划。这项规划覆盖约5000公顷土地，一部分土地用于集约化的农业生产，一部分土地则用于生态环境保护和休闲旅游。该村土地整理主要采取了以下几种具体措施：首先，提升当地基础设施，拓宽道路，提高交通效率；其次，修建水利系统，提升农业生产效率；最后，按照农业、生态保护、休闲旅游用地分离的原则，调整农业布局，对保护区和旅游区占用的农地提供补偿金。生态保护区保留当地原生植被，停止农业开发，限制旅游开发。原有的河流和湖泊及邻近的村落被划为旅游娱乐区，保留了当地特色民居、传统的水运交通方式，保护了运河河网和176座小木桥。

由于规划理念与方法得当，羊角村的自然景观得到保护，旅游休闲业的价值也逐步显现。如今羊角村被视为公园式田园社区，享有“荷兰威尼斯”的美誉。每年吸引的观光客流量超过50万人次。

总的来说，羊角村的土地整理和规划具有多元化、综合性的特征。它兼顾了乡村土地农业生产、生态保护和休闲旅游三种功能，是荷兰土地整理第三阶段较为典型的案例。

2. 典型经验总结

一是政府积极引导。荷兰政府在土地整理进程中扮演了“引路人”和“推动者”的角色，其土地政策和法案既与时俱进又有延续性，为各时期的土地整理项目的顺利开展提供了政策依据和法律保障，详见表4-1。

表4-1 荷兰土地整理相关法案

阶段	土地整理法案	主要内容及举措	目的
第一阶段	1924年《土地整理法》	该法案首次在立法层面将土地整理纳入乡村规划，其举措主要包括协调产权、修建基础设施、提高土地利用效率	提高农业生产效率，解决第一次世界大战后的粮食短缺问题
	1938年《土地整理法》	提升土地整理项目的实操性，简化法律手续，并提供财政补贴	推动农业发展，降低失业率
第二阶段	1947年《瓦赫伦岛土地整理法》	对瓦赫伦岛的土地进行规模更大、利用方式更为复杂的规划	推动农村地区大规模重建，恢复和调整农村产业结构，进一步提升土地的利用效率
	1954年《土地整理法》	乡村区域战后重建的重要政策。注重农业生产力的提升，同时也开拓土地的非农用途，例如村居改造、发展旅游、生态保护等	调节农村产业结构，增加农民收入，提升农业、园艺、养殖业及林业的生产力
第三阶段	1985年《土地整理法》	提供更多可选的土地开发形式，更加关注乡村第一产业和第二、三产业的综合性发展。土地整理和规划从服务于农业生产转变为兼顾生态保护、景观营造、经济发展	对第二阶段出现的乡村环境污染和景观破坏问题进行回应，形成乡村土地规划的新方法
	2007年《土地整理法》	该法案不仅进一步简化土地整理项目的程序，而且协调土地整理中的利益关系，中央政府下放土地整理和规划的权力，兼顾私人所有者和政府之间利益分配	调动地方社区土地整理的积极性，协调土地整理过程中政府、社区和私人所有者之间的风险分担和收益分配

从表4-1中可以看出，荷兰不同时期的《土地整理法》有着不同的立法目的与政策导向。在粮食紧缺和社会重建的背景下，法案始终坚持农业优先，提升农业生产效率，增加农民收入；在农业效率得到有效提升后，法案开始倡导土地规划多元利用和生态保护。荷兰政府在近百年的土地整理运动中积极作为、与时俱进，将每一阶

段的社会发展目标融入乡村土地整理之中。

除了推进立法工作，荷兰政府在土地整理规划过程中，还建立了国家和地方两个层面的系统性执行体制。国家层面以中央土地整理委员会（Central Land Consolidation Committee）为核心，承担根据土地整理需要制定政策与法案，审核批准各地土地整理项目的职能。地方层面则由各地乡村土地开发委员会（Rural Land Development Committee）牵头，包含乡村土地和水资源管理部、地籍管理部和农业管理局等职能部门。1946年，为规范相关财政工作，荷兰政府还专门设立了"土地管理基金"（Foundation of Land Management），负责收购土地，为计划实施和正在实施的土地整理项目提供支撑。

二是地方社区积极参与。在政府行政力量介入和指导的同时，地方社区也是土地整理项目开展过程中不可或缺的角色。地方社区的个人和团体是相关项目规划、具体实施、监督和验收的全流程重要参与者，也对相关利益分配产生重要影响。

土地整理项目一经批准，各地便会选举产生名为"土地整理委员会"的社会组织。该组织通常由当地农户代表、水资源管理委员会代表、市政府代表以及其他相关利益团体代表组成，且其中土地所有者和使用者代表占绝大多数。该组织首先负责在项目实施前进行规划设计，并在方案确定后组织地方社区的听证会和投票表决，基于听证会意见对方案进行调整，在获得当地大多数人的最终支持后确定方案。在此后的项目开展过程中，土地委员会还负责监督工作进展和成果验收工作。总的来说，地方社区的参与是荷兰土地整理项目推进过程中的重要部分。

3. 对我国乡村振兴建设的启示

合理的土地整治及高效的规划利用是我国实施乡村振兴战略的重要保障，有助于提高农业生产效率、改善农村人居环境、推动农村产业调整、促进城乡融合。

荷兰在土地整理推动乡村经济社会发展方面取得的成果，一方面在于政府持续且灵活地进行政策干预；另一方面在于充分调动了地方社区的力量。当前中国农村土地仍存在资源粗放利用、设施配套滞后和经营管理乏力等问题，亟待提高土地利用效率。参照荷兰的经验，我国土地整理和规划可以从土地整理政策、乡村规划方案和公众参与三方面来着手。

一是乡村规划政策要注重连贯性和适应性。荷兰土地整理取得的亮眼成绩离不开政府的有效干预。荷兰的乡村土地规划注重政策和法案的继承性，同时也不断吸纳新时期的社会发展目标，与时俱进。农村土地管理和规划同样是我国新时期农村改革、发展的关键工作。一方面，我国政府在农村土地规划和管理上扮演的角色和荷兰政府较为相似，都是主动的规划者、指导者。党的十八大以来，农村土地确权、土地流转、宅基地制度改革、集体土地入市的政策逐步推进，并遵循从试点到推广的科学流程。在乡村振兴战略提出后，土地政策、法规的出台和修改更需要与时俱进，围绕乡村振兴战略中“产业兴旺，生态宜居，乡风文明，治理有效，生活富裕”的20字方针进行综合设计，通过立法的方式细化和落实土地整理的手续和程序。另一方面，我国幅员辽阔，尤其是乡村地区，当前“南北差异”“东西差异”等问题突出，不同地区的农村面临着不同的禀赋条件，这就要求各地在发展乡村规划和土地管理时，既要把握住中央政策的方向，也要根据自身条件选择适合的发展道路。在制定土地整理的具体方案时，应综合考虑自然条件、人文条件和社会经济条件，做到全面把握；注意区分城郊农村、历史文化类乡村、特殊生态保护类乡村等不同类别，做到因地制宜。

二是统筹规划，激发乡村内部发展动力。荷兰的土地整理内核在于提升农村土地利用效率，强调村庄全域的整体性规划，对乡村整体、综合发展的关注度逐渐提高。在各个阶段，荷兰都注重从每个乡村的自然条件、人文环境去挖掘和培养乡村更为高效的发展方向。我国在全盘推进农村发展、紧抓美丽乡村建设时，也需要综合考量政治、经济、社会、生态等各个方面，从而进行较为全面的规划。乡村规划应该覆盖乡村全域，注重整体的功能和景观。切勿停留在给乡村输送外部资源以创造政绩的层面上，要注重培育乡村内部发展动力，充分研究和利用乡村原有的自然和人文条件，推动传统农业向现代化高效农业转型升级，打造具备“造血能力”的良性乡村地区产业。

三是推进社会参与。荷兰土地整理的另一项重要经验在于中央、地方及各个利益相关方的共同参与和协商，以及一大批专业的景观园林规划师的力量贡献，这对我国的启示是乡村发展和规划的最终服务对象和受益主体是村庄的成员，最重要的力量也是乡村群众。乡村振兴战略下，推进农村土地规划和管理需要调动农村群众的积极性，结合国情，发挥好村民自治制度的优势，团结和引导基层社会组织参与乡村规划和建设；另外，我国也需要动员和培养更多的专业人员参与乡村规划和建设，甚至可以建立专门的“乡村规划师”制度，设专人在调查村庄状况、搜集村民意见的基础上，制定出既专业又符合当地群众需要的发展规划。

（二）农村金融服务

荷兰的土地整理和规划为集约高效的现代农业发展提供了土地要素保障。经过长期的土地整理和规划，荷兰乡村地区涌现出众多规模经营的家庭农场。2016年，荷兰全国的农场总数超5500个，平均面积35平方千米。此类家庭农场在规模上介于个体农户和农业企业之间，在产业化经营的过程中通常需要大量的资金支持。为了满足家庭农场的资金需求，荷兰逐渐形成了合作信贷体系，其中，规模最大、最具代表性的机构就是荷兰合作银行。

荷兰合作银行（Rabobank）由数家农村信用社合并而成，主要为农业机械、农产品生产和加工等行业提供金融服务，是该国农业领域最大的贷款机构，农业贷款约占市场份额的90%。荷兰合作银行逐步发展成一家颇具影响力的国际涉农金融机构，在农村金融服务方面积累了丰富经验，下文将详细展开。

1. 荷兰合作银行（Rabobank）农业产业链金融的经验

一是独特的合作制运营机制。荷兰合作银行经过长期的实践探索，逐渐形成了独具一格的合作运营机制，由最初的农村合作金融组织，发展成如今包含总行、众多成员行和直属金融机构的庞大集团，如图4-1所示。

集团总行和成员行均有独立法人，成员行通过联合持股自下而上控股中央合作银行，并可以根据所在区域的情况灵活自主地处理日常业务。而中央合作银行则在信贷风险管理方面，自上而下地对各成员行进行监管。[1]

---

1 刘建华、楚洪雷：《荷兰合作银行组织和公司治理结构对我国农村合作金融机构的启示》，《吉林金融研究》，2008年第1期，第30—32页。

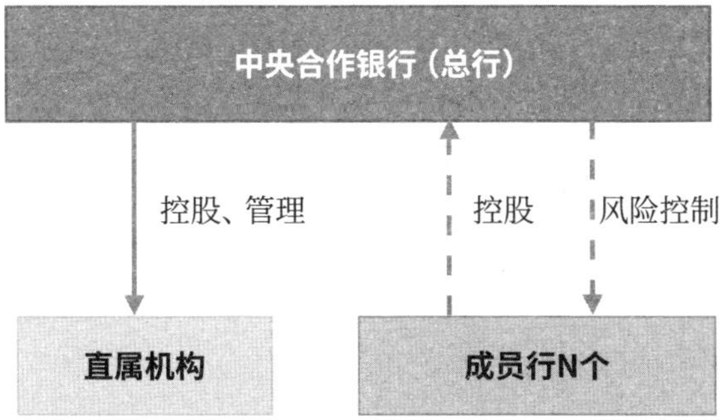

图4-1　荷兰合作银行（Rabobank）的组织架构

荷兰合作银行的运营机制具体遵循以下规则。

- 各个成员行划分业务区域，仅和自己业务区内的机构和个体客户建立义务关系，提供服务；
- 各个成员行拥有独立开展业务的能力，无须总行的批准即可根据本地具体情况进行日常决策；
- 各个成员行之间建立交叉担保制度，当一家成员行面临资金支付困难或其他金融问题时，其他成员行必须承担担保责任，迅速在资金方面提供支持。

相对于国内银行较为常见的垂直管理模式，荷兰合作银行管理机制既有合作性又有相对独立性。一方面各成员行在各自业务范围内自主经营；另一方面所有成员行共担风险，共同接受总行的风险管控。这种机制大大提高了纵向的资金融通、信息交流和风险管控效率，有利于提高农村金融服务质量。

二是聚焦农业的准确定位与产业链金融支持模式。荷兰合作银行（Rabobank）国内业务的主要服务对象为家庭农场和中小农业企业。以2016年为例，该银行为荷兰90%的农民提供贷款。[1]该银

1　李建英、李柳颖：《荷兰家庭农场产业链融资对我国的启示》，《武汉金融》，2016年第1期，第43—45页。

行注重农业产业研究，组建起金融、农业生产和加工领域的专家团队，设立专门部门负责研究农产品产量、价格走势，搜集业务对象的经营状况、财务信息。同时，荷兰合作银行还为客户提供行业分析信息，在降低银行贷款风险的同时帮助农户优化生产决策。这种独特的经营理念在荷兰合作银行与农民之间建立了长期互利关系，并推动良好运作体系的形成。[1]

在长期实践中，荷兰合作银行创造了独特的农业产业链金融机制。其内涵包括促进农业产业链上下游的客户进行商业合作，以及依托产业链的商业信息进行风险控制两个方面。总行及成员行分别负责建立农业事业部，把家庭农场与农业产业链上下游客户联结起来，以及加强包括农业生产商、小微企业和家庭农场在内的辖内客户联系，为他们定期组织商业聚会等。带动农业生产者和农业产业链企业合作，既便于上下游客户进行商业合作、建立商业信用，也便于银行掌握更多客户经营状况和信用的信息。此外，荷兰合作银行高度重视产业链金融的风险控制，对产业链各主体的现金流进行系统性分析和管理，针对其中的风险点做好防范。例如，荷兰合作银行有能力基于所掌握的产业链生产信息，对客户的投入产出进行全面准确的分析，并将单户的生产效率、收益率等信息与行业平均水准进行对比评价，最大程度避免风险发生。

2.对我国金融支农组织体系的启示

伴随着乡村振兴战略的推行，农业、农村、农民对资金的需求急剧增长，这使我国农村现有金融支持体系面临严峻挑战，但也为

1　刘洁：《农业产业链金融的国际经验——以荷兰合作银行为例》，《中国农村金融》，2014年第2期，第38—39页。

农村的金融支持系统创造了更大的创新空间和成长机会。目前我国农村金融体系仍存在供给不足、农民和农村中小企业贷款难的问题。从荷兰合作银行的成功经验来看，其服务农业的理念、独特的合作组织形式以及产业链式融资最值得我国借鉴。下文将结合我国国情具体展开。

一是推动农村金融体制改革，再造农村信用合作社运营机制。在我国，以农村信用社为代表的农村合作金融机构受自身发展历史的影响，存在股权结构虚化、信贷权限不完整、抗风险能力弱等问题。我国可以借鉴荷兰合作银行成员行和中央总行的合作关系。首先，适当提升县级农村信用合作社在日常业务、人事管理方面的独立决策权，减少地方政府对于信用社信贷业务的干预，鼓励农村信用社根据所在区域乡村的实际情况和发展需要灵活开展业务；其次，建立规范严谨的管理框架，加强自上而下的风险管控，更好地发挥省联行对于基层合作社运营状况的监督；最后，探索建立县级农村信用合作社之间的交叉担保机制，同时建立完善的监督和惩罚措施，推动信用社之间分摊风险，提升总体实力。

二是围绕农业产业链布局金融服务创新链。我国农户和农村中小企业普遍存在信用信息难以获得的问题，在金融机构的信用评级偏低。此外，农户和农村中小企业都缺乏有价值的抵押物，这些问题都增加了其信用风险，阻碍了其把握融资的机会。荷兰合作银行建立的农村金融产业链式融资模式是一条值得考虑和实践的路径。目前，国内已有部分商业银行围绕产业链融资先行先试，开展了应收账款融资、保兑仓融资和动产质押融资等创新业务[1]，这些经验也

1　李建英、李柳颖：《荷兰家庭农场产业链融资对我国的启示》，《武汉金融》，2016年第1期，第43—45页。

可以运用到农村金融业务中。农村金融机构可以开发一种新的信贷模式，将农户和农村中小企业放到产业链中进行信用评价。打通农业产业链上下游，鼓励并指导农户和企业全面加强合作，构建商业信用体系。农村金融机构可以引入保险和商业信用等信贷手段，用产业链中的企业订单、农业保单部分代替不动产抵押。

二、法国特色乡村旅游

法国乡村旅游业始于20世纪60年代，历经50多年，形成了较为成熟的经营模式和系统的行业规范。自2005年起，法国乡村地区每年接待超过3500万人次的观光客，创造200多亿欧元的经济收入。[1]发展乡村旅游有助于乡村产业结构升级、农产品产业链延长、农民收入增加等，对于实施乡村振兴战略具有重要意义。回顾总结法国乡村旅游业发展的历史背景，研究提炼其具体措施和典型案例，能为推动我国乡村旅游业高质量发展、农村产业融合提供有益借鉴。

（一）法国乡村旅游发展背景

第二次世界大战之后，法国城镇化进程提速，大量乡村居民涌入城市，城市人口进入高速增长期，生活环境恶化等矛盾加剧。城市居民对前往郊区和乡村亲近自然、休闲观光、体验乡村生活的渴望日渐加深。随着法国带薪休假制度的完善，法国在20世纪六七十年代兴起户外运动浪潮，激发了巨大的乡村旅游消费需求。

与此同时，农村空心化、产业衰退的问题也开始引起社会关注。1960年，法国《农业指导法》正式出炉，提出大量国土整治规划，

1　马潇：《法国乡村旅游及对我国的启示》，《上海农村经济》，2019年第1期，第35—37页。

发展现代化农业成为全国重点工作。随后的十几年间，在政府的不断推进下，乡村地区的交通、通信、水电等基础设施明显提升，农村风貌大幅改善，为乡村地区旅游业的发展打下了基础。

（二）法国乡村旅游发展特征与成效

1.采用农户+政府+协会的模式

法国乡村旅游业最经典的发展模式就是“农户+政府+协会”。如图4-2所示，农户作为乡村旅游业的经营者参与到该模式中，直接向游客提供服务；法国政府负责制定乡村旅游业的指导性政策和法案，提供公共补贴，进行行政监督；乡村旅游行业协会则起到联结个体经营者和政府的作用，为政策制定建言献策，协助政府执行政策，为个体经营者提供培训、宣传服务。

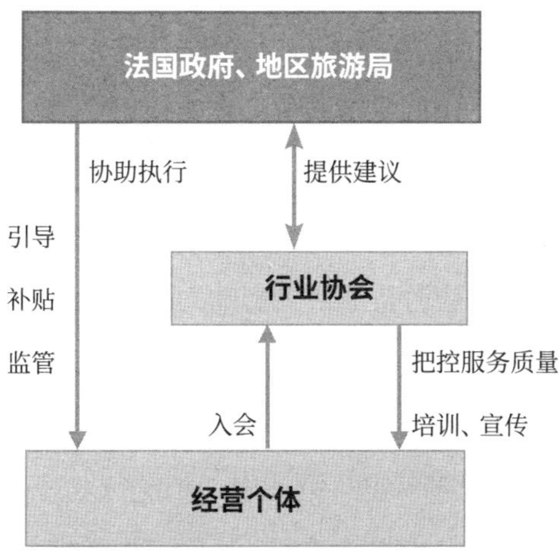

图4-2　法国乡村旅游模式

乡村旅游的经营主体是当地乡村居民。农户通常以家庭农场作为经营载体。法国约有60万个家庭农场，专业化程度高。农户一般会选择经营一种特定的农产品，以突出自身特色，开发独特的旅游项目。农户的经营内容丰富，涉及住宿、餐饮、休闲娱乐活动和各类特色产品的销售。

法国政府则扮演"引路人"的角色，从宏观政策层面对乡村旅游业发展给予引导和支持。20世纪70年代以来，法国政府颁布了众多和乡村旅游相关的政策，推动乡村基础设施建设，促进旅游资源开发与保护。在机构设置上，法国在各地都设有旅游局，负责监督和管理地方旅游业。2001年，为进一步支持乡村旅游业的发展，法国成立了乡村旅游常设会议机构进行高位谋划。同时，政府也动用财政手段为乡村旅游业发放公共补贴，鼓励农户开发乡村旅游资源。例如，为促进民宿行业的发展，1955年法国政府制订了乡村家庭式接待服务微型企业计划，设定民宿经营标准，对于达标的民宿政府予以修缮补助。据学者统计，法国获得过公共资金补贴的家庭旅馆占比接近40%。[1]除了产业政策和公共补贴，法国陆续制定了乡村旅游的管理条例，包括住宿服务标准、销售定价规范、行业管理规范等，以规范乡村旅游业的经营状况。

数目众多的各类行业协会也是法国乡村旅游业高水平发展的强劲动力，其中乡村旅游行业协会影响力最大。该协会是一个有效促进政府和个体经营者之间联动的公共职业机构，致力于推动法国乡村旅游向规范化与标准化发展，不仅代表乡村旅游行业向政府提意见，还协助政府开展落实政策法规，制定行业规范及管理条例。法国各省的城市都设有乡村旅游行业协会，构建起了一套完整的组织网络，负责对协会成员开展业务培训和法规指导，同时也负责监

1　林主添：《法国乡村旅游的成功经验对福州乡村旅游的启示》，《现代农业研究》，2019年第10期。

督和把控协会成员的服务质量。每个主要乡镇都设有乡村旅游服务接待处，为旅客提供旅游咨询服务，发放经典宣传手册。除了公共性质的协会，法国民间也自发组成了各种行业协会，制定规范相互监督，形成了行业自律的氛围。例如，“法国独家别墅协会”“友人之屋协会”等都制定了法国乡村民宿的服务标准。

农户、政府和行业协会共同协作，分工明确，推动整个行业实现可持续发展。一方面，该模式充分调动了经营者和协会的参与积极性，既保证了政府乡村旅游政策的贯彻落实，也形成了高度自律的良好行业氛围，为法国乡村旅游规范发展提供了坚强支撑；另一方面，当地农户的家庭农场作为主要经营主体，既保留了本土特色，又使农民直接分享了乡村旅游业带来的经济收益，提高了农民的参与积极性。

2.注重乡村旅游产品的本土特色

法国乡村旅游业，以产品服务的本土性与体验性为核心，主要提供休闲娱乐、文化参观、村居民宿和特产品尝等旅游产品。本土性体现在旅游项目因地制宜，最大程度上保留地方特色。家庭农场和旅馆的经营都需要地方社区的同意，经营项目要与社区的自然环境和人文环境相融合。例如，在一般美食品尝类旅游项目中，原材料均来自当地农场，并使用当地的加工方式保证特色。体验性注重旅客在项目中的参与感，以及对地区文化、风俗的融入感。例如，大多数葡萄酒产区的旅游项目中，游客可以参与葡萄酒酿造的全过程，了解其中的工艺和文化等。

普罗旺斯乡村地区本土化的旅游产业[1]

普罗旺斯大区坐落于法国东南部，20世纪70年代，依托当地的薰衣草景观开始打造特色乡村旅游。普罗旺斯逐渐成为远近闻名的“薰衣草之乡”，形成了品牌特色，是乡村旅游的典型案例。其经营的主要理念包括以下几方面。

一是突出特色。当地依托原有的薰衣草种植园，扩大种植范围，充分开发以薰衣草为主题的旅游资源。同时，当地还推出薰衣草主题旅游产品，如薰衣草香包、精油、花草茶等，增加旅游收入。如今薰衣草花海已成为普罗旺斯最具魅力的标签。

二是注重体验。当地薰衣草种植园推出特色香水作坊体验游，游客可以体验用薰衣草制作香水。当地葡萄种植园则设计了“参观葡萄园—亲自酿造葡萄酒—作坊品尝葡萄酒—临走时赠送自制葡萄酒”一条龙旅游服务，游客可以深度参与葡萄园的生产活动。

三是营造景观。普罗旺斯大区将农业生产打造成一种特色景观。该地区将乡村的各项产业进行整合，将绿色农业与旅游业所需要的资源结合起来，使各项产业健康协调发展。同时普罗旺斯也始终坚持保护自然和人文景观不放松，通过地方立法明令禁止在高山、沿海以及村庄外围随意修建住宅，土地整治和建筑工程不得破坏遗产、景观和环境等。部

1　张乐、蔡婷婷：《国内外旅游扶贫实践比较及启示》，《中国包装》，2017年第7期，第83—89页。熊芳芳：《重返乡村：法国普罗旺斯地区休闲旅游业的发展》，《经济社会史评论》，2018年第2期，第81—87、127页。

分村庄在区域整体规划的基础上，对住宿方式、可提供的休闲旅游项目、基础设施等进行了调整和改善。

总而言之，普罗旺斯地区乡村旅游业之所以能够形成品牌效应，是因为该地区充分挖掘了地方特色，将地方的物产、景观打造成自身的亮点，同时也是因为该地区的旅游项目为游客提供了深度体验乡村生活的服务。从这个案例中可以看出，乡村旅游业要立足本土资源，充分挖掘自身独特的吸引力，要关注游客的需求，增强旅游项目的体验性。

（三）对我国乡村旅游的启示

从法国乡村旅游业的发展历程中，可以提炼出两方面经验做法。在宏观产业层面，“农户+政府+协会”的运作模式充分发挥了农户、政府和行业协会的能动性，三者相互配合推动了行业规则的建设、自律氛围的形成以及政策的科学化。在微观的经营中，法国乡村旅游项目的核心竞争力在于坚持本土化、注重体验性的策略，创造了品牌效应。

我国的乡村旅游业方兴未艾，目前仍存在一些发展短板。首先，各地的乡村旅游业大部分缺乏政府的统筹规划，基础设施不够完善，缺乏行业标准，服务质量参差不齐；其次，多数农村旅游项目缺乏本土特色，旅游产品单一，同质化严重，影响旅游体验。参考法国经验，做优做强我国乡村旅游业发展可以从以下三个方面着手。

一是积极出台乡村旅游业发展政策，加强引导和支持力度。政府需明确乡村旅游业的定位和功能，平衡农村地区保护生态和发展经济的目标，加强乡村旅游的统筹规划，因地制宜出台乡村旅游的产业规划，用好用足政策杠杆，撬动农民积极参与旅游服务业。继续推进乡村基础设施建设，重点完善旅游地区的交通、通信、安全设施的建设，大力改善农村人居和景观环境。同时，也应加强对乡村旅游行业的监管，针对乡村旅游业的消防安全、服务价格等问题出台法案或管理细则，引导行业健康有序发展。

二是培育乡村旅游行业协会等社会组织，创新管理机制。发挥行业协会等社会组织在制定行业服务规范、监督行业运营方面的积极作用，提高行业服务质量，营造自律的行业氛围；发挥社会组织在指导、培训个体经营者方面的正面作用，提高乡村旅游业经营者的专业技术和管理能力，提升行业整体服务水平；借力行业协会等社会组织，加强消费者和经营者之间、经营者和政府之间的互动。

三是挖掘本土特色，促进旅游产品转型升级。立足乡村旅游的本土文化，充分挖掘和利用乡村生态环境、农业生产、历史文化方面的资源，在此基础上明确乡村旅游发展的重点和方向。开发体验好、本土特色足的旅游产品，延长产业链。各地应当以特色培育为引领，大力发掘本土资源，打造一批覆盖面积大、辐射带动强、经济收益好的精品乡村旅游景点和线路，形成金字招牌，树立示范标杆。

第二节　北美与澳洲

一、美国：城乡融合背景下的乡村发展

第二次世界大战后，美国的城乡关系逐步由对立走向融合。这一时期，美国城市化深度发展，人口、产业的逆向流动给乡村带来了发展的机遇。与此同时，联邦政府不断推动农村政策法制化，构建乡村发展管理机制，大力推动乡村产业发展。总结美国的乡村发展经验对于我国统筹城乡发展、实现乡村振兴有着重要意义。

（一）背景：战前城乡社会状况

19世纪末，伴随工业化的发展和道路交通的完善，美国城市化进程不断加快，一批拥有百万人口的大城市如芝加哥、费城、纽约等开始涌现。[1]资源、人口迅速从乡村地区流向城市，在农村地区逐渐走向衰败的同时，城市地区的“城市病”不断加重。20世纪二三十年代，美国的大型城市不同程度地出现污染、住房拥挤、土地成本高昂、治安混乱等问题。大城市逐渐出现“离心力”，逆城市化趋势初见端倪。而农村地区则出现人口老龄化、基础设施落后、产业衰败和贫困等社会问题，农民联盟等乡村利益集体开始呼吁保护乡村。

战前美国社会存在城乡差距大的问题，但同时也蕴含着城乡融合的动力。逆城市化的“推力”加上保护乡村理念的“拉力”，使得城乡融合发展的契机逐渐成熟。联邦政府迈出了乡村地区基础设施大建设的步伐。1936年，联邦政府出台《农村电气化法》，成为乡村地区电气普及的推进器。20世纪40年代联邦政府推动的全国道路网

1　徐和平：《郊区化和逆城市化下的美国乡村发展与振兴》，《中国名城》，2019年第10期。

络建设则成了战后美国城乡融合发展的基石。

（二）美国城乡融合的乡村发展经验

1. 推动乡村发展的阶段性立法

第二次世界大战后，美国联邦政府持续出台多项举措加快乡村发展，并大力推动立法。根据不同阶段的城乡发展特点，美国联邦政府不断调整和完善政策法规。这个过程大致可以分为三个阶段。

第一阶段为战后初期。提高粮食生产量、减少乡村贫困人口数量是该阶段美国乡村发展最主要的目标。1955年，联邦政府首次提出“乡村发展”的概念，计划扩大财政支出解决乡村贫困。以联邦财政在农业公共设施建设上的支出为例，第二次世界大战以前该项支出约为10亿美元/年，到20世纪50年代则达到50亿美元/年，实现了5倍增长。

20世纪70—90年代为第二阶段。美国乡村粮食生产不再成为问题，但农村贫困问题仍待解决。美国的乡村政策理念由此发生变化，不再将乡村问题视作单纯的农业生产问题，而是试图通过在乡村创造良好的投资环境，来吸引城市的非农产业和资本，实现产业结构升级。1972年国会通过《农村发展法》，推进农村政策立法工作，成立专门负责研究和制定乡村发展政策的部门。此后联邦政府陆续推出《农业和消费者保护法》《乡村发展政策法》《农业和食品法》《住房与社区开发法》等一系列法案，鼓励乡村地区发展农产品加工和销售等非农产业，提高乡村地区人居条件，并且从财政资金、农村信贷等多方面助力乡村发展。这一时期乡村地区非农产业迅猛发展，农业收入占农村地区家庭收入的比重持续下降。

20世纪90年代之后为第三阶段。全球化加速导致农产品价格波动变大，美国国内制造业逐步衰落，乡村地区的农业和制造业面临挑战。这一阶段，美国再次调整乡村发展政策，开始采取多元化、市场化的政策导向。1990年，为加快基础设施建设，推动商业服务合作和社区可持续发展，《粮食、农业、保育和贸易法案》浮出水面。同年，美国成立乡村发展署负责制定乡村发展规划，逐步将乡村管理的权限下放到各州政府。2002—2014年，国会陆续通过了《农场安全和农村投资法案》《粮食、保育和能源法案》《食物、农场和就业法案》。这些法案旨在推动乡村地区商业发展、增加就业机会、增加农户家庭收入，通过商业保险等手段降低农业的经营风险，刺激市场资本投入农村建设，拉动乡村新兴产业发展繁荣。

总体而言，第二次世界大战之后的几十年里，美国政府注重乡村发展政策和立法工作的结合，虽在各阶段有所侧重，但都围绕着增加农户收入、提升乡村经济展开。其效果也较为显著，美国农户家庭平均收入与全国家庭平均收入的比值自20世纪60年代以来波动上升，从1990年起基本保持在1以上，实现了对全国平均水平的弯道超车，在缩小城乡收入差距方面取得了十分突出的成果（见图4-3）。

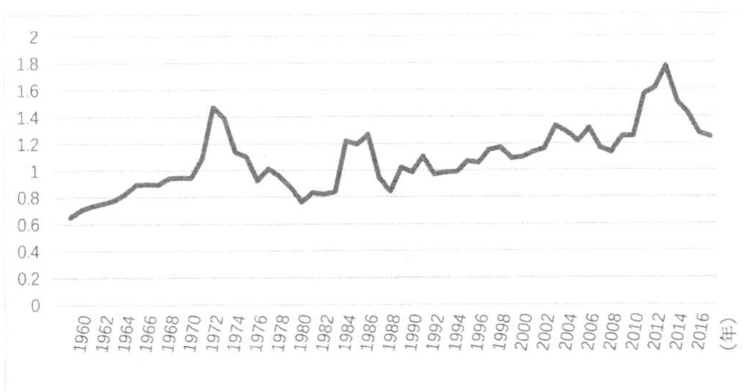

图4-3　美国1960—2016年农户家庭平均收入与普通家庭平均收入的比值变

数据来源：美国农业部网

2. 完善农村发展的管理机构

为了实现乡村经济振兴、城乡融合发展的长期目标，美国政府设立了专门的管理机构，形成了覆盖领域广、政策工具多样化的管理体系。

美国研究和推行乡村发展政策的核心部门是农业部乡村发展署，其重要的下属机构包括商业与合作发展局、公共事业服务局以及住宅服务局，三者分别承担着不同领域的乡村发展任务，负责各自领域的重大发展项目，如图4-4所示。

商业与合作发展局旨在帮助乡村地区产业发展，为乡村地区提供商业贷款，推动基础设施建设，创造就业机会。该机构运作的重大项目包括农村商业计划、合作社区计划和社区发展计划。其中，农村商业计划是最核心的项目，主要通过信贷手段和补助金支持乡村地区的中小企业发展。公共事业服务局的核心工作目标是推动乡村地区基础设施建设、提升乡村地区公共服务水平。具体而言，该机构主要负责农村电力计划、农村通信计划、水和环境计划，为农村社区提供财政支持、信贷担保。住宅服务局旨在提升乡村住房安全和改善社区生活环境，具体负责执行独户住房计划、多户住房计划、社区设施计划。总体而言，三个管理机构分工明确，在职能上相互补充，以财政补贴和信贷的方式共同支持乡村发展。

美国乡村发展管理机构的设置，会根据社会不同发展阶段进行调整。例如，20世纪30年代，美国为推进乡村地区电气化的普及工作，曾设立电气化管理局。随着乡村基础设施的完善，该机构的职能被纳入公共事业服务局的农村电力计划。2017年随着乡村向多元化发展，美国成立了乡村发展事务的跨部门联合工作小组，专门负责对乡村发展政策落地工作的监督和调整（见图4-4）。

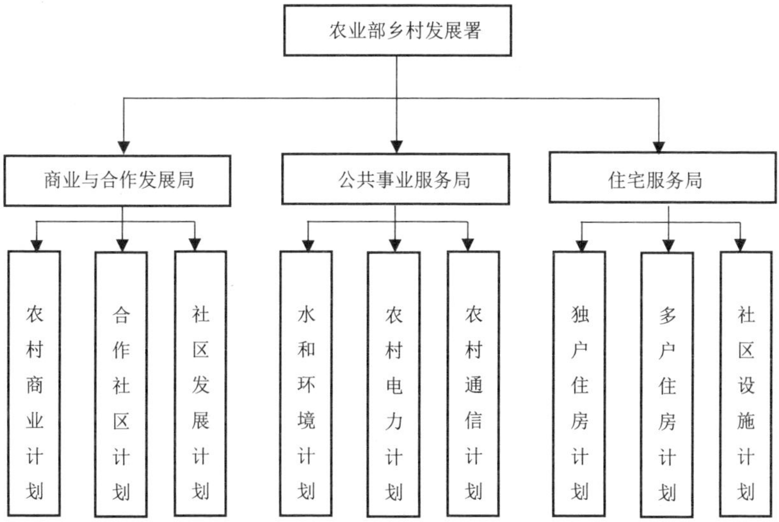

图4-4　美国乡村发展政策实施机构[1]

3. 构建多层次的城镇体系

第二次世界大战后的几十年间，美国逐渐形成了“中心城市—区域性中心城市—地方小城市—边缘城市—中心城镇”等不同层次的城镇体系。“中心城市”是具有城市经济和服务功能的地带，处于城镇体系的核心位置；“边缘城市”通常地处交通沿线，属乡村绿化地带，但向周边提供一定的就业和商业服务；“中心城镇”则是非都市区人口聚集点。

美国20世纪50年代开始的“逆城市化”进程和政府的城乡融合政策，是多层次城镇体系形成的两大动力。20世纪20—50年代，随着城乡交通路网逐渐完善，汽车等交通工具不断普及，“郊区化”和

1　胡月、田志宏:《如何实现乡村的振兴？——基于美国乡村发展政策演变的经验借鉴》,《中国农村经济》, 2019年第3期，第130—146页。

“逆城市化”开始启动。在20年代，第一批向郊区迁移的是富有阶层，他们为了追求更宜居的环境而从中心城区搬到郊区居住。50—60年代，城市制造业为了追求更廉价的用地成本开始大规模向外转移。1960—1980年的20年间，美国郊区和乡村小镇出现了2000多个工业园区，改变了乡村产业和就业结构[1]，大量人口随着制造业向乡村迁移，传统服务业也随之大规模外迁，交通节点和乡村小镇上迅速出现商业区和大型购物中心。到了80年代，美国城市的新兴服务业也开始向郊区和小镇转移，郊区乡镇产业更加多样。

美国政府在此过程中通过政策来引导和加速城乡融合。首先，美国税收政策长期向非城市区倾斜。20世纪70年代，美国联邦政府税收分享政策出台，财政转移支付呈现向郊区和小镇倾斜的趋势。其次，美国政府也有计划地推动人口和产业均衡分布。20世纪30年代，美国各地区实施了分区规划，重新规划城市的人口和产业布局，推动了城市产业向外围转移。20世纪60年代逆城市化如火如荼，美国政府顺势推行“示范城市”实验计划，结合各地区位优势和特色，建设富有个性化功能的小城镇，建立带动乡村发展的人口中心和经济中心。[2]

多层次城镇体系形成过程中，郊区和乡村小镇的生活水平和产业经济发展水平逐渐提高，城乡差距逐渐缩小。同时，城市尤其是中心城区的人口和环境负担逐渐降低，城市病得到缓解。不过逆城市化的发展也造成了部分旧城区的衰弱，陷入人口外流、治安混乱的不利局面。

---

1 徐和平：《郊区化和逆城市化下的美国乡村发展与振兴》，《中国名城》，2019年第10期。

2 中国农业银行三农政策与业务创新部课题组、李润平：《发达国家推动乡村发展的经验借鉴》，《宏观经济管理》，2018年第9期，第69—77页。

（三）美国经验的启示

2019年，我国城镇化率超60%，仍处于上升阶段，现阶段人口、资本、能源等要素向城市倾斜。而广大乡村地区基础设施落后，公共服务不足，城乡不平衡发展的矛盾显现。部分乡村地区农村劳动力严重向城市流失，引发了农村经济衰败，空心村庄、留守儿童增多等一系列社会问题。城乡居民收支差距尤其突出，2019年农村居民人均可支配收入不到城镇居民可支配收入的40%，消费支出也不到一半（见图4-5）。

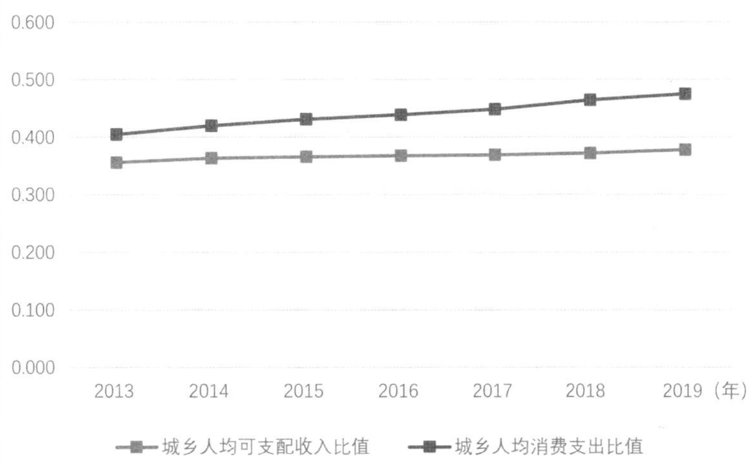

图4-5　中国2013—2019年城乡居民收入消费差距

数据来源：国家统计局

现阶段，缩小城乡发展差距、促进城乡融合发展，有利于我国更好地激发农村内部发展活力、优化农村外部发展环境，是我国实现乡村振兴的重要途径。美国在战后70多年间不断推进城乡融合，提升了乡村地区的经济实力。美国的经验可以给我国带来以下启示。

一是坚持政府导向，推进乡村振兴政策法制化，分阶段、分地区推进农村地区经济发展。城乡融合最关键的举措是培育乡村内部的发展动力。这是一个长期过程，需要连续且灵活的政策支持。我国当前乡村振兴政策的立法层次较低，容易引发政策执行的规范性不足、落实不到位等问题，因此需要做好顶层设计，加快农村发展法制化建设，加强政策执行落实和监督。此外，我国农村发展地域差距大，需要依据实际情况差异化落实乡村振兴战略。基础条件薄弱的乡村地区要注意推进基础设施建设、加强公共服务，重点突出交通通信、教育、能源方面的建设，为乡村产业发展提供良好基础；对于基础条件较好的乡村地区，要鼓励其发展新兴产业，激发内部经济活力，培养长效竞争力。

二是要完善乡村振兴的管理体系，明确权责，开发更加多元的政策工具。设立权责明确的管理机构是美国在乡村发展方面值得学习的成功经验之一。管理机构的职能覆盖了乡村建设的各个方面，拥有财政和信贷等多种政策工具。我国乡村振兴战略和美国乡村发展相比内容更丰富，涉及面更广，政府的作用更加突出。但是中国农村的发展状况更加多样复杂，因此我国更应该完善乡村振兴的管理体系，明确各级政府落实乡村振兴战略的责任。我国在这方面迈出了坚定的步伐。十三届全国人大批准撤销了农业部，整合农业部和其他部委关于农村投资项目管理的职责，调整成立农业农村部，以求在统筹和推进乡村振兴战略上取得更多工作成果。另外，由于基础条件较为落后等原因，我国乡村建设的资金压力较大。这一点可以借鉴美国的政策工具，在发挥公共财政作用的同时，鼓励金融资本、社会资本支持乡村发展，为乡村振兴提供更充足更多元的资金支持。

三是要结合乡村振兴和城市化、工业化，走城乡融合的发展之路。美国在乡村发展的过程中注重城乡融合，在逆城市化过程中既尊重要素自由流动，又采取宏观调控，用城市化和工业化的力量促进乡村振兴。我国的城乡差距相较于美国更大，但我国城市化和工业化仍处于上升阶段，拥有更大的发展空间。我国应该两手齐抓，既要充分发挥市场机制，又要用好宏观调控指挥棒，完善城乡布局结构，努力强化城市地区对乡村的辐射带动能力，构建大、中、小城市和小城镇协调发展的城镇格局。党的十八大已经提出“科学规划城市群规模和布局，增强中小城市和小城镇产业发展功能”，在顶层设计上指出了发展方向。在落实城乡融合的城镇化建设时，我国应当注重将乡村振兴战略和城市化工业化相结合，推进乡村社区的建设，吸引城市产业和资本引导新兴产业发展，培育小城镇和农村中心集镇，促进城乡融合。

二、澳大利亚：乡村地区公共服务体系

20世纪90年代，澳大利亚推行公共服务改革，通过政府引导、市场参与和社区自助相结合的方式，在乡村地区形成了一套涵盖面广、效率高、配套完善的服务体系。澳大利亚的公民无论身在城市还是乡村，都享有同等的公费医疗待遇和社会福利。在教育水平上，城市和乡村的差距不断缩小。现阶段，我国乡村地区的公共服务体系亟待整体提升，澳大利亚在乡村发展上的成功经验对我国有借鉴价值。

（一）背景：不平衡的发展与公共服务改革

澳大利亚是典型的地广人稀的国家。过去的半个世纪，澳大利亚城市化率不断上升，于20世纪90年代初就已达到86%。全国人口大规模向东南沿海大城市集聚，一些乡村地区由此陷入人口密度过低、公共服务提供难度和成本陡增的困境之中。受小政府和经济理性主义思潮的影响，20世纪七八十年代，澳大利亚政府在教育、卫生等公共服务领域的投入不足，乡村地区出现医疗资源匮乏、教育资源枯竭的重大民生问题。

20世纪90年代，澳大利亚联邦政府向责任型、实用型政府转变，公共服务改革作为重要政治举措被提上日程。联邦政府和州政府提出“乡村发展策略”，增加乡村地区的财政资金投入，并引入市场力量来提升公共服务质量，鼓励地方社区共同参与乡村地区的社会经济发展。[1]

（二）乡村公共服务体系建设的模式和具体措施

1.推广“政府+市场+社区”的协作模式

20世纪90年代以来，澳大利亚在乡村复兴领域探索出一种政府、市场和地方社区三者有效合作的运作模式。具体来说，该模式主要依靠政府统筹、市场参与和乡村社区自助来提升乡村地区的公共服务（见图4-6）。

1　［澳］杰森·土耳其：《澳大利亚公共服务改革及其对中国的启示》，《探索》，2015年第2期，第92—95页。

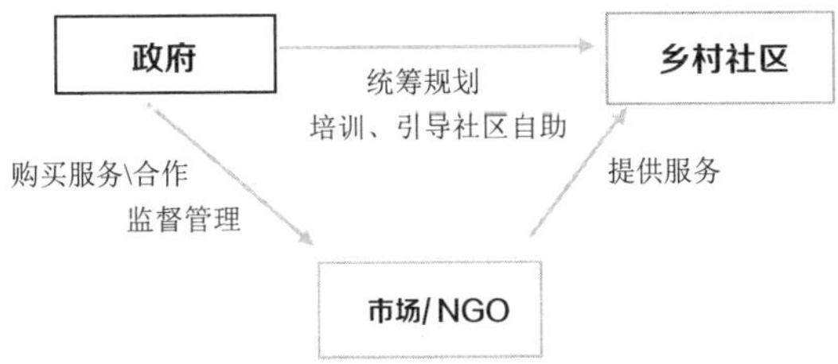

图4-6　澳大利亚乡村公共服务体系的建设模式

经过澳大利亚政府长期的统筹规划和推进，乡村公共服务体系逐步建立且不断完善起来。澳大利亚有联邦、州、地方三级政府管理体制，各级政府均设立管理机构，分别制定各级规划。在公共服务体系的建立上，最关键的是三级政府的事权和财权有着明确的界定和划分。联邦政府主要承担公共卫生、重大基础设施建设和维护的职责；各州政府主要负责提供对民众生活有重大和长期影响的服务，例如，教育、交通、急救；地方政府则负责和民众日常生活直接相关的服务，包括绿化、住房审批、道路清洁等。三级政府的服务足以覆盖全体居民，涵盖了教育培训、交通运输、应急救灾、供水供电等各项公共领域。在财权上，澳大利亚采取分税制，三级政府都有各自稳定的财源，并且设置了针对公共服务的专项转移支付。专项转移支付主要用于支持政府间合作项目和提供上级政府倡导的乡村公共服务。[1]

澳大利亚政府为追求低投入高质量，使效益最大化，在公共服务供给上引入市场机制。20世纪90年代，澳大利亚在公共服务改革中采取了私有化和市场化的政策。乡村公共服务对市场开放、允许私人企业或机构参与供给，政府向具备一定资质的机构或企业购买

1　丁国光、黄小彦、赵登发等:《澳大利亚乡村地区公共服务体系建设情况及其借鉴》,《预算管理与会计》,2013年第3期，第53—56页。

社会服务。与此同时，政府通过立法实现对财政支出的监管强化，从而保障政府能购买更高质量的社会服务。进入21世纪，澳大利亚政府继续深化改革，开始通过合作管理的方式加深非营利性组织和私人企业的合作。

澳大利亚乡村复兴强调地方社区和成员的责任，注重调动乡村社区的内部资源，鼓励社区将政府的外在支持转化为社区内生力量。澳大利亚州政府、地方政府和乡村社区联系组织“农村未来发展会议”，专门安排乡村发展专家和政府专员参与社区公共服务，培养训练一批乡村社区能人，激发成员自我服务意识。在自主型的乡村社区中，社区的建设能人是各种项目的主要参与者，政府则负责提供资源、培训和正确引导的工作。[1]

2.健全乡村医疗体系的措施

面对地广人稀的国情导致的农村和偏远地区医疗资源严重不足的问题，澳大利亚建立了完善的乡村医疗管理服务体系，制定了卫生人力政策，并且采取以基础医疗为基础、合作远程医疗为补充的执行方式。

首先是完善医疗管理和服务体系。在联邦政府层面，设立了专门负责农村医疗卫生服务的部门，其主要职责是制定农村卫生项目的各级标准，统筹全国农村卫生医疗项目，并通过持续加大项目资金投入来实现项目目标。

其次是建立完善的区域划分标准，依托标准制定卫生人力政策，整合医疗资源。澳大利亚政府从1994年开始建立体系化的地理

1　武小龙、刘祖云:《社区自助、协同供给与乡村振兴——澳大利亚乡村建设的理念与实践》,《国外社会科学》,2019年第1期，第31—40页。

分级标准，根据地区人口密度、到周围城市直线距离等指标将全国划分成城市、偏远地区和乡村三个等级，同时参照地区医疗资源可及性、人均占有全科医生数量等指标划定医疗资源丰富程度。在此基础上，联邦政府设立专项资金鼓励全科医生和药剂师在各等级区域流动，设立专项奖学金鼓励医学生到乡村地区服务一定年限、在偏远社区定向培养医学生。[1]

此外，澳大利亚在农村卫生工作中采取了以基础医疗为重点，以合作和远程医疗为补充的方式。澳大利亚政府将乡村地区的传染病防治、饮水安全、妇幼保健等基本医疗和公共卫生项目作为重点，建立起初级医疗卫生系统。[2]与此同时，澳政府积极推动地区间合作医疗。在人口相对集中的地区，政府鼓励有条件的初级保健机构进行合作，促进人力资源和信息共享。同时，通过优惠政策鼓励农村地区之间以及农村和城市之间的医疗机构进行合作，依靠电子信息系统构建医疗资源网络。在初级保健的基础上，联邦政府联合州政府针对乡村偏远地区制订及时的紧急救助计划，制定远程医疗机制。例如，"飞进飞出计划"会定期安排一些优秀的医护人员前往偏远地区提供卫生服务。

3.扶持乡村教育的发展

20世纪80年代，伴随着人口和资源向城市集中，澳大利亚乡村地区教育人才流失严重，教育质量不高。面对这样的情况，澳大利亚政府从乡村教育基础设施和教育人才入手，采取了以下几种措施

1　毛瑛、朱斌、刘锦林等:《依托地理分级标准的卫生人力资源配置——澳大利亚经验对我国的启示》,《中国卫生事业管理》,2015年第10期，第758—760页。

2　付非、郑锴、王辉等:《澳大利亚农村医疗卫生服务可及性分析》,《中国农村卫生事业管理》,2017年第10期，第1197—1198页。

来扶持乡村教育发展。

一是大力推行“乡村地区计划”（Country Areas Program）[1]。计划的实施途径主要有两种。首先是创办乡村地区计划基金。联邦政府提供乡村教育专项资金，并制定严格标准，评定基金资助学校；各州各自负责辖区内农村中小学校的校舍建设和设备采办，优化提升教学环境和其他硬件。其次是基于地方文化和社区特色开发一系列适合乡村教学的课程，做强软实力，全面提高教育质量。

二是重视乡村教师队伍的建设。从20世纪90年代开始，澳大利亚逐步建立起乡村教师协同培养模式。政府出资，大学承担培训任务，企业、慈善组织和志愿教师共同参与培养乡村教师。此外，联邦政府和州政府出台各种形式的补贴，激励有能力的教师赴乡村任教。同时，政府建立了教师资源流转制度，鼓励城乡公立学校间开展合作，安排城市地区的教师定期前往乡村地区开展教学。

（三）对中国的启示

增加农村地区公共服务供给，提升服务质量对于促进农村经济健康发展、提升农民的生活水平有着重大意义，这也是落实乡村振兴战略的重要措施。由于受城乡二元体制的长期影响，农村地区的公共服务资源供给长期不足，教育、医疗、社会保障等民生短板明显。以城乡医疗卫生资源为例，在每万人拥有卫生技术员人数、职业医师数、护士数等方面，城市地区比农村有着2倍以上的优势（见图4-7）。

1 陈娜：《澳大利亚发展农村教育的重要举措——乡村地区计划述评》，《外国中小学教育》，2007年第8期，第12—15页。

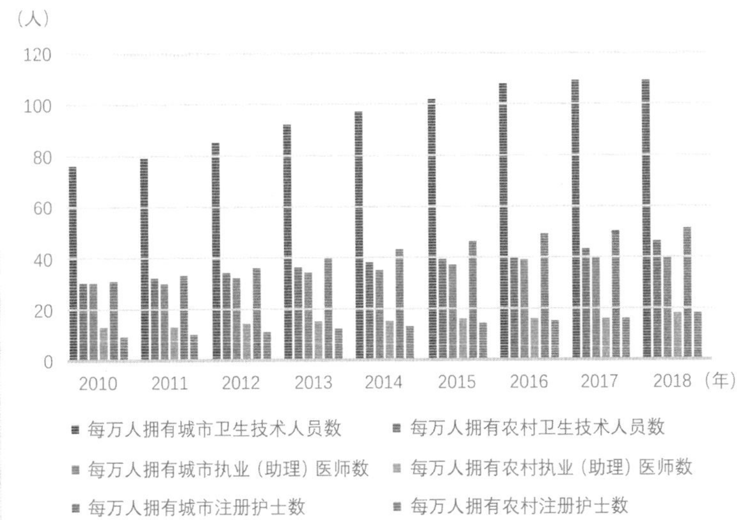

图4-7　2015—2018年中国 城乡医疗水平对比

数据来源：国家统计局年度统计数据

澳大利亚从20世纪90年代开始推进公共服务改革，其乡村地区卫生、教育等公共服务数量和质量在20多年间显著提升。该国采取的特殊发展模式和具体的发展手段，可为我国提升农村公共服务、落实乡村振兴战略提供借鉴。

一是明晰政府职权和责任，提升政府服务的能力和效率。澳大利亚的三级政府权责明确，形成互为补充的良好体系。我国当前在公共服务领域，存在政府财权和事权失衡的问题，地方政府尤其是县乡基层政府的职责过大、财政压力过大。因此需要进一步梳理各级政府的职责范围，合理划分相关责任和管理区间，形成统一、互补、高效的管理体系；同时，增强县乡基层政府在公共服务领域的执行能力，进一步优化服务质量，提高群众的满意度，深耕税收体制改革创新、推动财力向下倾斜。

二是充分调动市场和社会组织的力量，力求公共服务供给多元化。澳大利亚在乡村地区公共服务领域最具特色的发展经验就是建立政府、市场和社会组织的三方合作体系。澳政府通过从非营利性组织和私人企业购买服务，有效降低公共服务成本的同时，还借由市场竞争显著提高了公共服务的效率，增强了乡村地区群众的满意度和获得感。目前，我国乡村地区的公共服务供给的来源比较单一，缺乏企业和社会组织的支持，还有很大提升空间。因此，我国可以在坚持政府主导的前提下，充分发挥财政政策对社会资本的引导作用，培育新兴社会组织，在公共服务招投标过程中引入市场竞争，引导更多社会资源投入农业农村基本公共服务领域，提升乡村公共品供给的效率和质量。但我国也需要注意不能盲目参照澳大利亚的经验，在购买共公共服务的同时也要加强对服务质量和财政资金的监督。

三是培育乡村内生发展力量，鼓励公众参与、社区自助。澳大利亚对乡村社区内部资源进行了有效调动和利用，因而能够形成内部自助的社区氛围。当下，我国政府在乡村地区的基础设施和公共服务等方面缺乏改革魄力，普遍依赖政府财政补贴和优惠政策，很多地区的发展思维依然停留在“等、靠、要”的旧层面上。我国应当推动乡村基层自治制度的建设和完善，形成自助互助的氛围，推动社区成员积极参与乡村活动，实现自我治理、自我建设、自我服务。发挥好基层党组织的带头示范作用，利用好村集体的组织功能，团结乡贤、热心村民参与社区公共事物之中，提升农村的社会凝聚力，开发农村建设的内部动能。

四是推进乡村卫生和教育等重点事业的发展，注重培育乡村地区专业人才队伍。澳大利亚注重乡村地区医疗和教育的提供，以培育专业人才为突破口解决乡村地区医疗、教育资源缺乏的难题。我国同样需要增加对乡村地区教育事业的资源投入，让更多的资本和人力资源下沉，提高乡村教师的工资待遇，加强乡村教师队伍建设，推动城乡师资的定期流动，从软硬两方面着手提高办学质量。同时，要抓住目前互联网和5G发展的浪潮，充分利用现代信息技术手段，发展远程教育，实现优质教育资源的共享。在卫生保健方面，需要以加强医疗卫生人才队伍建设为核心，培养并引导更多医护人员投身乡村建设，推动基础医疗的普及和全覆盖，提高乡村医疗的质量和水平，进一步健全乡村医疗卫生服务体系。此外，要做好疾病预防和控制的工作，广泛开展健康教育活动，大力宣传新时代的卫生健康理念，持续完善城乡居民基本医疗保险制度，做好大病救助工作。

第三节 东 亚

一、日本："造村运动"与"六次产业化"

20世纪60年代开始，日本为了解决国内农村经济活力下降、城乡差距加大等问题，先后推行了多次乡村建设运动。其中，最具代表性、规模最大的为70年代开展的"一村一品"建设运动，以及90年代开展的"六次产业化运动"。这两次"乡村建设运动"大大提高了日本乡村地区的现代化水平，使农民享受了第二次世界大战后日本经济发展的成果，形成了独特的日本乡村发展模式。

中国与日本都属于东亚小农式农业经营结构，日本的乡村建设经验对我们而言具有重要的参考价值。

（一）日本推进乡村建设的背景

受益于朝鲜战争及美国的资源投入，日本在20世纪50年代后期进入经济高速增长期。伴随着工业化和城市化的快速发展，日本城乡发展的差距逐渐扩大，并催生了一系列社会问题。

首先，由于第二次世界大战后日本采取工业优先的发展政策，限制农产品价格上升，农业收入和农业资源报酬率呈现下降趋势，城乡居民收入差距逐步扩大。日本乡村地区大量人口进入城市，许多农村劳动力流失严重，逐渐走向衰落。1955—1965年，日本农业从业者减少了400多万人，占总人口的比例也从38.2%下降到22.8%。[1]乡村劳动力高龄化与农户兼业化现象日趋严重，土地抛荒、半抛荒的景象较为普遍。村落数量锐减，农村经济趋于停滞。

1 曹斌：《乡村振兴的日本实践：背景、措施与启示》，《中国农村经济》，2018年第8期，第117—129页。

其次，日本大量进口农产品给日本国内的农业产业带来负面冲击。1955年，日本加入关贸总协定，成为正式成员。国外的低价农产品大量涌入日本，大大削弱了国内农民农业生产积极性，日本社会开始忧心粮食安全问题。最后，城市产生的大量工业垃圾和生活垃圾被转移到农村，对农地和水源造成严重污染。加之农村处理垃圾能力不足、相关设施建设滞后，农村生态环境日益恶化，对区域内居民的健康构成严重威胁。

（二）20世纪70年代“一村一品”建设运动

基于上述背景，日本社会开始关注乡村发展，于1955年和1967年两度提出“新农村建设”政策。自此，日本发起了一场以振兴乡村产业、提升乡村长远发展能力为目标的乡村建设运动，其中最具代表性的当数1979年开始的“一村一品”建设运动，该运动由日本大分县最早提出并开展，随后推广至全国。政府引导并鼓励各地农村，根据自身优势，发展有特色且有销路的产品，例如，地方农业特产、特色文化旅游产品，以此形成特色产业基地。下文将从四方面概括和分析日本“一村一品”建设运动中的重要措施。

一是立足本地，开发地域农特产品。“一村一品”措施的核心在于立足地区优势资源，创造具有地域文化的产品。村庄的“一品”由本村村民商议决定，政府则为村民提供市场调查信息和资金支持。大分县是该运动的成功典型，它位于九州地区，多丘陵山地，林业资源丰富，因此农业生产类型多样，具有独特优势。大分县的各町根据本地农业生产的资源和优势来确定特色产业，例如，朝地町、九重町有牧场资源和牛养殖经验，因此建立了丰后牛产业基地；大田村和国见町以山地地形为主，拥有丰富的林业资源，因此发展了香菇种植业。

二是发展1.5次产业，增加农产品附加值。“一村一品”运动提出“1.5次产业”的概念，尽可能在本地对农产品进行初级加工，增加农产品的附加值，增加当地农民收入。在农村地区对农产品进行深加工较为困难，但发展1.5次产业对农产品进行简单加工，增加其附加值相对容易。这种1.5次产业投资少、周期短、成本低，符合日本小农经营的模式，很快被日本村民接受。

三是开拓市场，打造品牌效应。“一村一品”运动特别重视特色农产品的营销环节。各村在政府的指导和帮助下努力打造自身品牌，向市场推广特色农产品。以大分县为例，政府通过电视宣传节目，依次介绍各个村庄的特色产品，并推出“一市町村一早市”的线下运动，创造特色产品和消费者直接接触，从而提升特色品牌的知名度。同时，大分县还注重与学界、政界的交流，邀请各界人士来当地参观，打造示范村，进一步提升知名度。此外，各村都非常重视与市场联结。农村地区普遍设立了农业协会，并形成了从地区中心会到基层会的组织结构。这些农业协会制订了相应的农村事业发展计划，在平时会负责收集市场信息，及时传递给农户，让农户及时了解市场行情，以此安排指导农业生产。各地农村也纷纷举办大型群体活动，例如，音乐节、马拉松大赛等，打造“吉祥物”形象，吸引都市消费者的关注。

四是举办培训活动，培养专业人才。“一村一品”运动强调培养本地专业人才，注重人力投资。政府和农会定期举行各类讲习班，开展跨地区学习和交流活动，培养本地农业人才。以大分县为例，当地政府针对农业协会成员和合作社成员，先后开展了农业技术培训班、产品运营学习班、海产品养殖技术学习班、妇女技能培训班等培训活动。1981年，该县成立了“一村一品”推进基金，选拔表现突出的农户进行表彰并提供国内外进修资金。

“一村一品”运动帮助日本乡村地区挖掘自身资源优势，发展支柱产业，在此基础上改善了农民收入状况，改变乡村衰败的局面。以大分县为例，“1980年，大分县开发了143项特色农产品，到2001年已经达到了336项。这些特色产品为大分县创造了1400多亿日元的总产值，其中126种单项产品产值超百万美元，15种产品产值超千万美元”。[1]

在大分县成功经验的引领下，日本开始在全国范围内推广“一村一品”运动，成功缩小了城市和乡村的发展差距。20世纪50年代，日本城乡居民人均可支配收入之比超过1.44倍，实施“一村一品”建设运动以后，“城乡居民人均可支配收入之比保持在0.86~0.97之间”[2]。不过，该运动仍未能解决乡村地区人口流失的问题，乡村产业对于年轻一代缺乏足够的吸引力。

（三）21世纪“六次产业化”战略

日本学者今村奈良臣在20世纪90年代提出了“六次产业化”的概念。他提出“六次产业=第一产业+第二产业+第三产业”，主张通过农业生产、加工、销售和服务一体化发展，实现乡村地区三次产业间的互动，在此基础上形成农业全产业链和延长其经济价值链，创造更多就业岗位，增加农民收入。

日本政府吸收了六次产业的概念，并运用在乡村政策的制定之中。日本政府于2008年提出《农山渔村第六产业发展目标》，并

1　陈磊、曲文俏：《解读日本的造村运动》，《当代亚太》，2006年第6期，第29—35页。

2　曾国安、胡晶晶：《城乡居民收入差距的国际比较》，《山东社会科学》，2008年第10期。

在两年后制定了《六次产业化·地产地消法》，正式在全国范围内推行“六次产业化”战略，推进乡村区域三产融合，其重要举措如下。

一是加强制度保障。日本政府依靠行政权力，发挥引导作用，完善管理机制，出台保护政策，在政策上全力支持农业“六次产业化”的实施。首先，日本主管农业事务的农林水产省根据农业生产的各个环节设立了十几个职能部门，确保“六次产业化”顺利进行。举例来说，内阁官房负责各项农业基本政策的制定；统计局负责处理和分析农业、林业和渔业政策制定所需的信息；消费安全局负责保障消费者权益，对农产品的质量和生产环节进行安全监督。其次，日本政府出台了针对农业生产和农产品的补贴政策，为农业发展提供充足的资金支持。具体来说，为农村水利、道路等基础设施建设和农业生产提供低息贷款；对重点农产品进行最低限价保护。此外，政府联合企业共同设立了“农林渔业成长产业化基金”，为特定项目提供资金补助、股权投资和低息贷款。2017年该基金总额达733.02亿日元。

二是开展三大特色行动。所谓三大特色行动，一是农、工、商充分合作。例如，2008年出台的《农工商合作促进法》强调工商企业和农业生产者加强合作，“以工带农，以商促农”，增加农产品附加值。同时，该法案还特别要求工业、商业的资本占比不得超过49%，以支持农、林、渔业生产者成长为经营主体，而非工商资本整合兼并农业，确保农户得以分享产业融合发展带来的红利，实现农民增收。二是“地产地消”，即提倡地方生产和加工的农产品由该地区消费，这也是日本“六次产业化”的战略核心。“地产地消”主要采取三种形式，一是尽量用本地生产的农产品作为原料来加工生产，提高本地化农产品的自给率；二是促进本地对外输出的农产品由加工原转变为土特产品；三是“推动技术革新，加强人才培训”。日本专门推出了“农林水产技术研究计划”，该计划旨在鼓励研发并推广农业新技术，加强知识产权保护。对于开发新技术、新产品的公司，政府给予最高50%的研发补助，或提供低息贷款。

“六次产业化”运动改善了农业从业者的收入状况，七成参与者在加入“六次产业化”计划后收益明显上升。另外，该运动也优化了农业产业结构。日本农业产业结构出现了“三大转变”：由第一产业占主导地位转向第二、三产业占主导地位；由劳动密集型产业占优势地位转向资金密集型、技术密集型产业占优势地位；由以初级农产品加工为主转向以中间、终端农产品加工为主。乡村产业的技术水平、农业和农产品生产效率得到明显提升。

（四）日本经验对中国的启示

日本农村发展的背景和我国较为相似，传统农业生产为人多地少的东亚小农模式，一度面临城乡差距扩大的社会问题。因此，日本乡村建设的举措值得我国学习借鉴。实际上，我国已经开始借鉴日本的“一村一品”运动和“六次产业化”战略，并且形成了具有中国特色的农村发展策略。

在“一村一品”运动方面，2007年中央一号文件提出因地制宜大力发展特色农业，倡导“一村一品”建设。基于“一村一品”建设，我国在2019年又提出“一县一业”的概念，鼓励在县域范围内推动现代农产品加工业的发展。目前，我国特色农业的发展取得了一定成果。截至2019年，全国范围内经评选和认定的各类“一村一品”专业镇达到2.6万个，创造了10万多个乡土特色品牌，专业镇的农民人均可支配收入超过平均水平，达到了1.5万元。[1]在农村产业融合方面，2015年《国务院办公厅关于推进农村一二三产业的融合发展指导意见》正式出台，该文件倡导农村三产融合发展，旨在促进农业现代化，提升农村可持续发展能力。

我国这两项乡村建设的政策设计和落实工作也存在一些不足之处。首先，两项农村建设工作都是自上而下推动的，尤其是“一村一品”的工作是将扶贫作为首要目标展开的，政府常常越位或缺位，没有准确把握市场需求，造成了部分区域盲目跟风，选择发展热门或见效快的农产品，导致大量同类型产品激烈竞争；其次，没能充分调动乡村社区的参与热情，缺乏社区带头人，部分地区的建设趋于停滞。[2]

结合日本乡村振兴的制度框架和举措，我国推动农村建设、促进三产融合的工作可以从以下几方面进行优化。

一是发挥好政府引导和服务的职能，充分发挥市场和地方社区的力量。日本政府在推进乡村建设的过程中，一方面注重政府政策的引导，帮助农村进行产业规划和品牌建设；另一方面充分尊重乡村自决，注意激发乡村内生经营动力，帮助乡村和消费市场建立联结。我国政府也应当做到在宏观层面积极引导，制定农村产业规划，优化市场化境。在微观层面尊重市场的作用，帮助农民做好市场调研工作，推动城市工商资本与乡村社区展开合作。同时，政府应当调动乡村社区参与的积极性，充分发挥我国基层民主自治组织的作用，激发农民的主体意识，充分挖掘农村社区的内生发展力量。

---

1 常伟、王微、阚庆云：《日本“一村一品”运动对中国乡村振兴的启示——基于政府职能转变视角》，《改革与战略》，2020年第5期，第111—118页。

2 常伟、王微、阚庆云：《日本“一村一品”运动对中国乡村振兴的启示——基于政府职能转变视角》，《改革与战略》，2020年第5期，第111—118页。

二是完善产业发展规划，树立本土化、品牌化意识。日本"一村一品"运动最核心的要义是"立足本土"，具体而言，就是各村按照资源禀赋和经验优势发展特色产品，同时通过品牌宣传提升竞争力。我国在推动农村特色产业发展、促进三产融合时，需要做好整体规划，必要时政府还应该做好各方的协调引导工作，推动农村产业和产品差异化发展，避免同质产品的恶性竞争。政府需要鼓励乡村挖掘自身的发展资源、文化历史，立足本土寻找新的发展方向。同时，我国也要引导乡村产业转型和融合，延长产业链，扶持新兴产业，引进先进技术，提升专业化水平。在此基础上树立品牌意识，严格把控特色产品质量，通过多种宣传渠道提升品牌知名度。

三是建立乡村专业人才培育机制，扩大对乡村地区人力资源的投资。日本乡村建设运动中，政府特别注重乡村社区人力资源的投资，通过培训班、教育基金等多种方式培养人才。我国目前乡村地区人才流失、乡村发展缺乏专业技术支持的问题普遍存在。因此，我国需要加大对乡村人才培养的投入，向农户提供专业知识和技术培训，提高农民的整体素质，积极培育职业农民，鼓励乡村社区和院校合作培养农业和农村建设的专业化人才，为乡村振兴储备专业人才。

二、韩国："新村运动"

20世纪70年代，面临城乡差距扩大、农村发展停滞的困境，韩国当局开展了"新村运动"，该运动以"勤勉、自助、协同"为口号，致力于推动农村现代化发展，提高农民收入水平。这场运动成功地推动了韩国农业和农村的现代化转型，同时也留下了一些农村建设的经验教训，被认为是发展中国家乡村建设的样本。

（一）韩国“新村运动”的背景和阶段

20世纪60年代末，韩国经济进入高速发展期。韩国政府的经济计划过度侧重工业发展，导致工农业发展严重失调。由此，城市居民和农民的年平均收入差距不断扩大，1962年的农户年平均收入是城市居民的71%，而到1970年又降至61%。农村的交通、信息、饮水、教育和医疗卫生等基础设施严重落后于城市。城乡差距的扩大导致大批农村人口向城市流动，这又进一步导致农村劳动力老龄化、弱质化，农业后继无人等社会问题，阻碍了工业化和城市化的进程。为了缩小城乡差距、提高农民收入，时任韩国总统朴正熙于1970年正式提出“新村运动”的构想，并于1970年底开始在全国推行。

韩国“新村运动”的发展目标和具体措施具有明显的阶段性特征，学者一般将其发展历程划分成五个阶段（见表4-2）。[1]

表4-2　韩国新村运动的发展阶段

阶段	时间	内容
基础建设阶段	1970—1973年	在物质支持方面，初期的核心工作是改善农村居住条件，具体措施包括为农村提供砖瓦、钢筋等房屋建设材料，支持村庄开展公共基础设施建设。 在组织层面，根据村庄建设成效对全国农村进行等级评定，奖励和表彰表现突出的村庄。同时在村庄建立“研修院”，挖掘和培育乡村建设的骨干和领导者

1　卢玉志、顾维萍、贾哲：《韩国新村运动对我国实施乡村振兴战略的启示与借鉴》，《河北金融》，2019年第7期，第62—66页。

（续表）

阶段	时间	内容
全面发展阶段	1974—1976年	在组织和思想层面，由中央内务部统筹管理“新村建设”运动，抽调行政机关的干部前往农村进行指导和监督，针对村民开展新村政策宣传教育 在经济生产层面，鼓励农民调整农业结构和产业结构，财政补贴发展专业化生产，建立工厂调整种植结构，推广农业技术，大力提倡重点发展的21个经济作物品种；安排高校和科研机构的专家到农村普及科学和文化常识，推广农业生产技术
充分提高阶段	1977—1980年	支持农村社区发展具有本土特色的农业生产、农产品加工业，在金融服务方面，推广农业商业保险。 大力推动农村文化建设，更加注重农村社区的公众参与、建设自主性
国民自发运动阶段	1981—1988年	政府角色由组织者转变为指导者，新村运动开始由政府主导向民间主导转变。具体举措包括培育“新村运动”的社会组织，让其负责新村运动的组织培训、宣传教育工作。政府进行规划、协调，以及提供一些经济、物质、技术支持等手段
自我发展阶段	1988年至今	“新村运动”进入自我发展阶段，农村社区和社会组织发挥更大作用。政府为新村运动项目提供一般公共服务、宏观政策指导。社会组织负责项具体项目运作。 加强国民教育，提升国民的共同体意识，致力于国民伦理道德建设，推动民主法治教育和宣传

（二）韩国新村运动的特色内容

一是推进基础设施建设。在韩国政府的主导下，全国农村在交通、住房、电气化和饮水安全等方面进行了长期的基础设施建设，全面改善了乡村的面貌。韩国大约有33000个村庄从一系列综合工程的建设中受益。

改善乡村公路是最早的措施。在新村运动开始之前，韩国农村的村级道路无法通过农机具和各种车辆，道路狭窄不平，交通不便。新村运动初期，韩国乡村地区对道路和桥梁进行了大规模修建，交通状况大为改善。对农村住房条件的改善紧随其后。政府为农户改善屋顶、修建新房的工程提供贷款支持，仅仅十几年间，韩国大部分农户就搬出20世纪70年代的茅屋，住上瓦片房。同期进行的还有农村电气化建设，韩国自70年代中期开始在全国农村开展电气化普及，到90年代，农村家庭基本实现普通家电普及。此外，政府在新村运动中实施改造饮用水工程，使90%以上的农民饮用上了自来水，农民的卫生环境得到了明显改善。

二是开发村庄自助和协作。韩国政府在新村运动实施过程中，通过开展村际竞争和协作，充分调动了村庄的内生发展力量，激发了村民之间的合作意识。

韩国政府在开展村庄建设时，一般只提供有限的物质资源，并规定这些资源只能用于村庄公共建设。同时政府还会考察和评价村庄建设的情况，根据建设效果划定等级，此后将按等级提供资助。这大大激发了村庄内部的合作精神，同时也加大了村际竞争，从而提升了各村的建设效率。

与此同时，韩国政府规定每个村选举两名新村领导人负责项目开展，吸纳村庄优秀农民和乡贤组建村庄发展委员会，两者联合其他村内组织，如妇女会等，共同投身村庄建设。这种合作机制广泛存在于韩国各个乡村，村庄内部由此形成了合作团结的氛围。

三是培育现代化农民。在新村运动实施的过程中，韩国特别注重改变农民陈旧和保守的意识，激发农民独立和自助的精神，提升农民的专业知识和技能。

韩国在乡村地区大力推广国民精神启蒙教育，兴建村民会馆，组织开展精神文化活动、实施普及教育活动。这些活动强调对国民的精神激励，引导国民和社会企业增强对乡村社区和国家的集体归属感，调动国民和社会企业积极投身农村社会经济建设。

与此同时，韩国政府建立了农村经营培训机制，开展大规模新村领导培训，将现代化理念应用到村庄建设中。该培训主要引导乡村精英创新发展思维，鼓励他们积极面对困难，勇于接纳社会的新变化。

（三）对中国乡村建设的启示

韩国新村运动跨度长、成效显著，是发展中国家农村发展政策的一个较为成功的典型。韩国的经验在于政府持续推进乡村地区基础设施建设，更在于激发村庄自主性，调动村民的建设积极性。我国历来重视农村的改造和建设工作，特别是进入21世纪，党和国家先后提出社会主义新农村建设、美丽乡村建设、乡村振兴战略等发展政策。我国农村社会经济水平、自然环境和农民生活质量都得到了显著提升。但目前，我国仍然面临农村基础设施和公共服务水平普遍不足的问题，以及农民建设积极性不高的问题。我国可以从以下几方面借鉴韩国的经验。

第一，坚持农民主体地位，激发村庄自主发展。韩国新村运动在发展初期依靠政府的政策引导和大力支持，后期该运动逐渐依靠村庄自主发展。我国的乡村振兴更多依靠政府和工商资本等外部力量的大规模资源投入，以此来补偿工业化前期对农村投入的不足。但农村社会毕竟是乡村建设的主体，不能完全成为被动的“接受方”，而应该更加积极地明确自身主体性，从而实现内外共同发力以推动乡村振兴。首先，农民是乡村建设的行动主体。尽管政策引导和制度支持是乡村发展的重要推动力，但来自农民的发展动力才是农村可持续发展的根本。相比于国外的农民，我国农民在主体意识与综合素质方面均有所差距，因此要为农民增权赋能，提升农民主体地位。首先要加强基层党组织和基层领导班子的建设，坚持群众路线，凝聚基层群众共识，调动群众参与村庄发展的积极性。其次是大力培育新时代的职业农民，提升农民在农业生产和市场化经营上的能力，让农民真正享受到市场化和农村改革带来的红利，从而调动农民对乡村振兴的支持和参与。

第二，提供公共保障的支撑。政府在乡村振兴中需要提供公共保障。一是体制机制保障。从根本上说，当前乡村发展面临的资源供给不足、共同体意识薄弱等问题是由城乡二元体制造成的。政府应当逐步消除城乡要素流动的一些体制性障碍，加强政府在农村市场资源配置中的引导作用并予以适当倾斜，深化农村土地产权制度等的改革，引导资金、技术、人才等回流乡村社会，同时激发乡村内部活力，实现城乡要素双向流动。二是公共服务保障，政府应该积极推动公共服务在农村的延伸和普及，逐步推动城乡公共服务一体化。三是协调监管，一方面要监督各利益主体的行为，随着农村政策的倾斜、财政投入的加大，各类利益主体纷纷进入农村产业，政府要警惕可能出现的经济纠纷和基层治理风险，做好监督工作，确保实现农业农村的优先发展，保障农民的利益；另一方面，协调各利益主体的矛盾，各类主体进入乡村引发的资源争夺等矛盾难以避免，当乡村社会发生纠纷、冲突，其内生调解机制失灵时，需要政府积极主动介入，做好作为裁判员的工作。

第四节　经验总结

前文我们分别介绍了荷兰、法国、美国、澳大利亚、日本和韩国的乡村振兴政策和实践，分析了各国的经典案例和成功经验。尽管各国面临的社会经济状况不同、乡村建设的重点领域不同，但我们仍然能从各国乡村振兴的实践中提炼出它们推动乡村发展的一些共同特点。各国在农村发展方面的普遍经验具有推广价值，可以指导我国落实乡村发展战略。下文将对这些普遍经验进行总结和分析。

一、尊重乡村发展的客观规律

各国发展乡村的共同点之一是尊重乡村发展的客观规律，在制定乡村发展的政策、规划和具体举措时，追求与时俱进、因地制宜。

农村建设工作需要与本国本阶段的经济社会状况相适应，与农村自身的资源和产业条件相匹配。各国乡村发展的动力都来自国民经济发展的内在需求，各国的乡村发展政策和措施都遵循各国经济社会的发展规律，顺应经济社会的发展趋势。具体而言，美国在面临城乡发展脱节、城市过度拥挤、乡村经济衰退的情况下，遵循城乡发展规律，顺应了“逆城市化”的发展趋势，通过财政倾斜和城乡规划引导人口、产业等要素向乡村转移，实现了乡村发展，推动了城乡融合。日本的乡村发展则充分把握了产业发展规律，立足于东亚精耕农业的发展模式，充分开发了各地独特的资源和发展潜力，通过推行“一村一品”“六次产业化”战略，促进乡村三产融合，延长了乡村产业链，改善了农民收入状况。荷兰在人多地少的条件约束下，通过土地整理运动实现了对农村土地的高效利用。荷兰土地整理运动尊重各阶段的社会发展需求，在粮食紧缺的背景下该运动以提升农业生产力为目标，在农业生产力有效提高之后，该运动开始兼顾生态保护和经济发展，推行综合性的土地整理和开发。

二、加强顶层设计，倾斜发展资源

各国乡村建设的举措，加强了顶层设计，发挥了政策、法规对乡村建设的指导作用，通过财政或者货币手段使资源适当向乡村地区倾斜，为乡村振兴注入发展动力。

对于产业、人口和资源的吸引力，乡村明显弱于城市，因此发展乡村离不开政府的适当干预。面对乡村地区因为城市化发展流失人口、资源，失去经济活力的问题，上述多国都实施了宏观调控，指导和支持乡村发展。例如，法国为推动乡村旅游业的发展，制定了一系列鼓励措施，成立了专门的负责机构，同时为乡村旅游业的个体经营者提供财政补贴。韩国的“新村运动”重视政府的政策指导和宣传，培养乡村基层领导者，用少量的财政资金和建设物资来撬动乡村建设、激发乡村发展活力。荷兰则通过立法手段为乡村建设提供法律支持和制度指导，促进乡村地区土地整理项目的开展。

三、重视基础设施建设，引领乡村规划

各国发展乡村的另一普遍经验是推动乡村地区基础设施建设，重视对乡村地区的规划引领，既保障乡村产业发展和经济建设，又保留和塑造乡村特色。

基础设施是乡村振兴的基石。乡村地区的基础设施建设有助于

实现农业现代化、促进乡村产业升级、改善村居环境。各国在建设乡村的初期阶段都积极推动基础设施建设，提升公共服务水平，为振兴乡村奠定坚实基础。例如20世纪初，美国开始推进乡村地区交通和水电等基础设施建设，全国交通网路的建设大大改善了城乡交通状况，乡村水电设施的建设则大大提升了乡村生活质量，促进了人口和产业从城市向教区和乡村转移，推动城乡融合发展。

科学合理的规划则是乡村建设工作效率的关键，是乡村可持续发展的前提。乡村规划既要脚踏实地，立足本土优势，又要放眼未来，在更大的地理尺度和时间尺度上，考虑经济、政治、社会、生态等多方面发展。日本“一村一品”运动倡导充分利用本地优势，开发了众多独具特色的产品，推动乡村产业升级。法国也立足于本地乡村资源，打造个性化、本土化的旅游项目，提升了乡村旅游业的市场竞争力。

四、促进城乡融合，推动乡村产业升级

各国在乡村振兴中都曾大力倡导城乡融合，引导人口、资金、科技等市场要素在城市和乡村之间流动，以城带村，推动农村产业振兴，增加农民收入。

城市和乡村互为资源、互为市场。城镇融合发展，是现代国家实现高质量城镇化和乡村振兴的重要手段。城乡融合发展需要统筹城乡规划，创造适宜的政策、基础设施和公共服务条件，让各种要素在城乡之间自由流动。各国乡村发展都和城乡融合有着密切的关联。例如，美国的城乡融合机制大大推动了乡村产业的复兴。美国城市的人口、产业等要素在市场和宏观调控的指挥下流入郊区和乡村，带动郊区、乡村城镇商业、工业的发展。法国乡村旅游业的兴

盛过程也印证了城乡融合对乡村产业的推动作用。法国乡村的优势在于其丰富的生态和农业景观资源，而城市的优势在于其拥有巨大的休闲旅游的消费需求。城乡的基础设施建设联结了城乡资源和市场，政府的引导措施加快了市场要素的流动，两者共同促进了法国乡村旅游业的兴起。

五、激发乡村内生动力，培育多元发展力量

各国的农村建设工作普遍注重培育乡村内生发展动力，充分调动农村社区、农民个体的参与积极性，积累乡村人力资本，同时注重培育多元发展力量，充分发挥社会组织整合资源、凝聚各方的作用。

农村社区、农民个体是农村建设的实践主体，也是乡村发展的最根本动力来源。各国在乡村发展过程中，一方面鼓励乡村社区参与；另一方面不断提升农民知识技能水平，引导人才资源流向乡村。具体而言，澳大利亚的乡村建设强调乡村社区的责任，提升公共服务过程中依托社区能人，创造了乡村自治、自助的良好氛围。澳大利亚政府通过政策规划和公共财政的手段引导医疗、教育领域的人才流入乡村地区，提高乡村地区医疗、教育水平，为乡村公共服务注入专业力量。日本和韩国的乡村建设同样注重激发村民自主性，增强村民的主人翁精神，同时注重培育现代农民，为乡村农民提供大量的知识技能培训机会，提升农民的综合能力。

社会组织作为政府和市场之间的第三方社会力量，在乡村振兴领域能够起到协调和凝聚各方力量、表达农民需求、提供多种社会服务的作用。举例来说，荷兰乡村地区的社会组织“土地整理委员会”参与了土地整理的规划、监督、验收等工作，协调乡村土地的

利益各方的意见，代表乡村社区发表意见，在荷兰乡村规划开发事业中扮演了重要角色。类似的还有法国乡村旅游业的行业协会，它们推动行业规范的建立，为经营旅游项目的农户提供教育培训，向政府建言献策，促进了政府和农户之间的互动和沟通，提高了行业整体服务质量。

第五节　政策参考

我国实施乡村发展战略仍面临不少现实困难。具体而言，农村发展工作中还存在农民增收难、城乡发展差距大、农村地区资金短缺和农村人力资源不足等发展难点。

一是农民增收难，农村脱贫攻坚任重而道远。如图4-8所示，从农户收入结构来看，收入增长主要依靠非农工资性收入和转移性收入拉动，而作为农户第一大经济来源的农业经营性收入占比较低，增速缓慢。这一情况反映出当前我国农业存在供给质量和效益偏低、农产品周期性供需不匹配等问题，也反映出农村地区第一、二、三产业发展协调性和融合度不足，农民对提升生产力和加强市场竞争的能力不足。

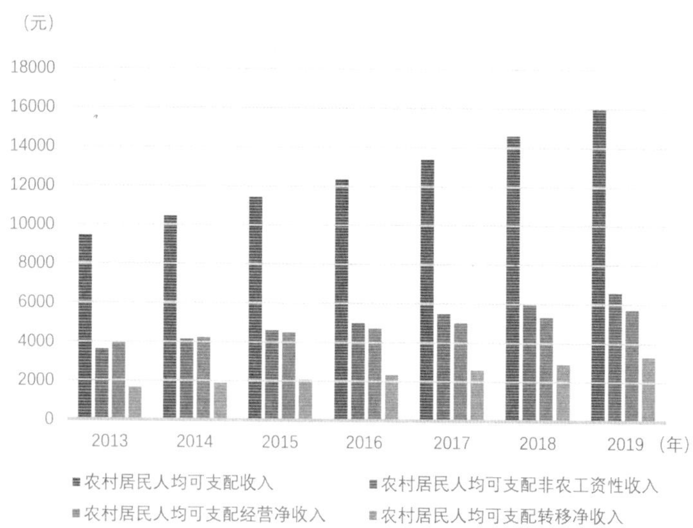

图4-8　2013—2015年农村居民人均可支配收入统计

数据来源：国家统计局年度统计数据

二是城乡发展差距大，在城乡二元体制的长期限制下，我国农村相较于城市发展明显滞后。一方面农村基础设施建设长期落后于城市，阻碍了农业现代化和农村产业升级；另一方面农村民生领域欠账较多，基础公共服务和收入水平与城市还有较大差距，使得农村居民生活质量提升难度偏大。

三是农村地区资金短缺，国家支农体系相对薄弱，以国家财政转移为主，农村金融体系仍然不完善，无法完全满足农村、农业和农民的发展需求。现行制度下，农村金融体系结构单一、服务落后、创新能力不足等问题长期存在，这使得农民和农村中小企业难以突破融资难、融资贵等困境。

四是农村人力资源不足，缺乏专业人才和群众力量。随着劳动力向城市集聚，乡村地区的“空心化”“老龄化”问题日益严重。加之农村产业从业者的受教育水平相对较低，难以满足农业现代化、农村产业升级对劳动力在知识、技术上的要求。农村发展没有充分发动群众力量，发展的带头人在数量和能力上还有所不足，农村发展缺乏强大的内动力。

借鉴国外的发展经验，我国可以从以下几方面来化解乡村振兴的实施困境，破解乡村发展难点。

一、推动城乡融合，促进农村产业兴旺、农民增收

农村产业兴旺是乡村振兴战略的重要抓手，是乡村各项发展的物质基础。农民增收则是产业兴旺的具体任务和核心指标，是提升农民生活质量的前提条件。当前我国城乡发展失衡，农村和城市在产业发展水平和居民收入水平上存在较大差距，其根本原因在于城乡二元体制的阻碍，土地、人口、产业、技术等要素在城乡间双向

流动受限。因此实现乡村振兴必然要在城市与乡村之间谋求新的平衡和协调发展，建立健全城乡融合的机制和农民增收机制。

城乡融合的机制要求在新型城镇化和乡村振兴之间建立起紧密的互动。首先，乡村的产业规划和布局需要充分考虑城镇化的发展趋势，乡村基础设施建设和公共服务提升工作需要充分考虑未来城乡人口流动、产业流动的情况。其次，乡村振兴应当尽量解放城乡二元体制的束缚，鼓励更多的人才投身乡村建设，引导更多的技术和市场资本等要素向农村汇聚，探索城乡土地和资源双向流动机制，进一步增强城镇经济对乡村地区的辐射力、带动力。

农民增收机制要求进一步调整农民收入结构，提升农村产业发展质量。我国应当继续加大政府引导与扶持力度，创新农业经营体系，全力推进农业供给侧改革和现代化转型。发挥改革动能，激发家庭农场、集体合作社、工商企业等新型农业经营主体发展活力，促进第一、二、三产业更好更快融合，让广大农村人口享受更多产业链增值红利。

二、加大农村公共服务供给，创造宜居宜业环境

农村公共服务涵盖医疗卫生、居住环境、文化教育、社会保障、劳动就业、便民服务等诸多领域，为农村产业发展和农民生活质量提高提供了条件。但我国当前的乡村公共服务仍存在供给总量不足、供给主体单一、供需不平衡、城乡差距较大等问题，成为乡村振兴战略的主要短板之一。因此，我国应在资源分配上适当向乡村地区倾斜，加快补齐农村公共服务短板。

首先，应结合我国实际矛盾，适当参考发达国家的做法，加大针对农村公共服务的财政投入、持续扩大供给规模。同时在组织上

推动各部门合作，加强农村公共服务的统一性，提升财政资金的使用效率。进一步协调好中央和地方之间、各地之间的资金投入和职责划分，尤其要重视中西部地区的发展短板。其次，我国政府应该以财政资金为引领，带动更多社会资金参与投资农村公共服务的体系建设和具体运营。我国应当凝聚各方力量，加快培育社会组织，引入市场力量，调动村庄建设积极性，以多元的方式提供公共服务。

三、健全农村金融体系，拓宽三农融资渠道

完善的金融服务是乡村振兴的重要助力，是农业现代化和产业升级的强效"催化剂"。当前，农村金融还存在资本支持不足，产品结构单一，体系不完善等难点、痛点，亟待推动金融服务体系改革。

首先，我国需要明确农村金融的定位，即聚焦农业，并制定清晰的合作运营机制。有针对性地服务农业产业链的各个环节，满足客户在贷款、项目融资、兼并收购等方面的多样化需求。我国可以在探索发展农业生产设备、设施抵押贷款业务的同时，把小额信用贷款、联保贷款作为扶持个体、贫困农户的特惠手段，加大对乡村振兴中长期低息信贷的支持，不断丰富针对不同人群的贷款产品。

其次，农村金融应当开拓投融资渠道，分层次构建金融支农体系。借鉴荷兰合作银行总行与成员行的关系，厘清政策型银行、商业型银行和合作型银行在乡村振兴中的权责。加紧完善产权制度，积极推动要素配置市场化，政府带头，鼓励各类金融机构广泛开展金融创新，分类分层强化信贷、保险等金融支持，打造高质量农村金融服务全链条。

四、加强农村人才队伍建设

乡村振兴离不开人才振兴。开发和利用好乡村人力资源可以为乡村振兴事业提供智力支撑，打好群众基础。目前我国乡村不断流失优质劳动力，缺乏留住人才的条件，乡村发展面临较大的专业人才缺口，缺少群众力量的加入。因此我国需要加强农村人才队伍建设，积极培育本土人才、引进外来人才。

首先，要大力培育新时代职业农民，帮助农民提升农业技能、经营能力，使农民适应机械化、市场化、网络化的时代背景，推动农村现代化转型。同时，乡村地区也要充分挖掘外在的人力资源，积极引导优秀农民工返乡就业、创业，吸引城镇工商业者回家乡投资指导，将城市中的新技术、新想法融入乡村建设之中。

其次，要充分调动乡村基层民众的建设热情。发挥好基层党组织战斗堡垒的作用，发挥好基层自治组织自我服务、自我管理的作用，凝聚乡村各方力量，提高乡村振兴事业的公众参与度。同时，乡村振兴也要注重培育“带头人”，把他们在乡村建设中的骨干作用用好用足，凝聚农村社区的“乡贤”力量，充分发挥他们对于民众的模范效应。

参考文献

[1]曹斌:《乡村振兴的日本实践：背景、措施与启示》,《中国农村经济》, 2018年第8期。

[2]常伟、王微、阚庆云:《日本"一村一品"运动对中国乡村振兴的启示——基于政府职能转变视角》,《改革与战略》, 2020年第5期。

[3]陈磊、曲文俏:《解读日本的造村运动》,《当代亚太》, 2006年第6期。

[4]陈娜:《澳大利亚发展农村教育的重要举措——乡村地区计划述评》,《外国中小学教育》, 2007年第8期。

[5]陈雪钧:《国外乡村旅游创新发展的成功经验与借鉴》,《重庆交通大学学报(社会科学版)》, 2012年第5期。

[6]丁国光、黄小彦、赵登发等:《澳大利亚乡村地区公共服务体系建设情况及其借鉴》,《中国财政》,2013年第7期。

[7]付非、郑锴、王辉等:《澳大利亚农村医疗卫生服务可及性分析》,《中国农村卫生事业管理》, 2017年第10期。

[8]苟文峰等:《乡村振兴的理论、政策与实践研究——中国"三农"发展迈入新时代》, 中国经济出版社2019年版。

[9]胡月、田志宏:《如何实现乡村的振兴——基于美国乡村发展政策演变的经验借鉴》,《中国农村经济》, 2019年第3期。

[10]姜丽:《法国乡村景观环境建设对中国的启示》,《中国农学通报》, 2009年第14期。

[11]姜长云等:《乡村振兴战略：理论、政策和规划研究》, 中国财政经济出版社2018年版。

[12][澳]杰森·土耳其:《澳大利亚公共服务改革及其对中国的启示》,《探索》,2015年第2期。

[13]李洪涛主编:《乡村振兴国际经验比较与启示》,中国农业出版社 2019年版。

[14]李建英、李柳颖:《荷兰家庭农场产业链融资对我国的启示》,《武汉金融》,2016年第1期。

[15]李水山:《韩国新村运动对农村经济发展的影响》,《当代韩国》,2001年第2期。

[16]李先德:《发展中的世界农业丛书:法国农业》,中国农业出版社2014年版。

[17]李云新、戴紫芸、丁士军:《农村一二三产业融合的农户增收效应研究——基于对345个农户调查的PSM分析》,《华中农业大学学报(社会科学版)》,2017年第4期。

[18]厉为民:《荷兰的农业奇迹——一个中国经济学家眼中的荷兰农业》,中国农业科学技术出版社2003年版。

[19]林主添:《法国乡村旅游的成功经验对福州乡村旅游的启示》,《现代农业研究》,2019年第10期。

[20]刘健:《基于城乡统筹的法国乡村开发建设及其规划管理》,《国际城市规划》,2010年第2期。

[21]刘洁:《农业产业链金融的国际经验——以荷兰合作银行为例》,《中国农村金融》,2014年第20期。

[22]刘志刚:《推进城乡一体化发展的财政政策研究》,博士学位论文,财政部财政科学研究所,2012年。

[23]龙晓柏、龚建文:《英美乡村演变特征、政策及对我国乡村振兴的启示》,《江西社会科学》,2018年第4期。

[24]马潇:《法国乡村旅游及对我国的启示》,《上海农村经济》,2019年第1期。

[25]王玉斌等:《中国乡村振兴——理论与实践与探索》,中国农业大学出版社2019年版。

[26]吴盛光:《金融支持乡村振兴的国外经验与启示》,《华北金融》,2018年第5期。

[27]武小龙、刘祖云:《社区自助、协同供给与乡村振兴——澳大利亚乡村建设的理念与实践》,《国外社会科学》,2019年第1期。

[28]熊芳芳:《重返乡村:法国普罗旺斯地区休闲旅游业的发展》,《经济社会史评论》,2018年第2期。

[29]徐和平:《郊区化和逆城市化下的美国乡村发展与振兴》,《中国名城》,2019年第10期。

[30]徐宏源主编:《发展中的世界农业丛书:荷兰农业》,中国农业出版社2015年版。

[31]许丹:《国外乡村建设经验及对我国新农村建设的启示》,硕士学位论文,黑龙江大学,2009年。

[32]闫坤、鲍曙光:《财政支持乡村振兴战略的思考及实施路径》,《财经问题研究》,2019年第3期。

[33]姚建红:《澳大利亚的农村卫生体制》,《中国初级卫生保健》,2006年第7期。

[34]于爱芝主编:《发展中的世界农业丛书:澳大利亚农业》,中国农业出版社2016年版。

[35]张驰、张京祥、陈眉舞:《荷兰乡村地区规划演变历程与启示》,《国际城市规划》,2016年第1期。

[36]张广胜:《发展中的世界农业丛书：美国农业》，中国农业出版社2015年版。

[37]张晋石:《20世纪荷兰乡村景观发展概述》,《风景园林》,2013年第4期。

[38]张晋石:《荷兰土地整理与乡村景观规划》,《中国园林》,2006年第5期。

[39]张乐、蔡婷婷:《国内外旅游扶贫实践比较及启示》,《中国包装》，2017年第7期。

[40]张薇:《韩国新村运动研究》，博士学位论文，吉林大学，2014年。

[41]中国农业银行三农政策与业务创新部课题组、李润平:《发达国家推动乡村发展的经验借鉴》,《宏观经济管理》，2018年第9期。

[42]祝捷、黄佩佩、蔡雪雄:《法国、日本农村产业融合发展的启示与借鉴》,《亚太经济》，2017年第5期。

第五章

乡村振兴制度安排*

---

* 感谢何琳为本章所做工作。

制度建设是推进乡村振兴战略的基础性工作，构建起完善的农业农村发展制度能够稳定农民预期，巩固农村根本，保障农村建设工作持续稳定开展。当前，我国农村基本经营制度不断深化创新，农村集体产权制度不断改革完善，城乡融合发展体制机制和政策体系不断健全，农村环境保护和生态保护制度也在实践中不断发展，已经建立起一套较为完整的乡村振兴制度体系。本章将以“产业兴”“农民富”“村庄美”三个目标为线索，在国家治理的视域下梳理并阐述我国乡村振兴的制度安排，以此为基础探讨现有乡村振兴制度的“合理性”与“有效性”。

第一节　产业兴

产业兴旺是解决农村一切问题的前提。乡村产业蓬勃发展是乡村振兴的重要表现，能够为农业农村现代化提供有力的物质支撑，也是实现农民富裕和改善农村环境的重要基础。乡村产业振兴是以农民为主体，以农村丰富的自然资源作为物质基础，在发展现代农业的基础上，实现农村三产融合发展，构建起现代农业产业体系。为实现乡村振兴目标，在完善农业基本经营制度的同时，创新农业经营体制机制，重构有利于提高竞争力和可持续发展水平的新型农业支持保护制度，并通过激活市场、主体和要素等推动农村第一、二、三产业融合发展，进一步促进乡村经济多元化，同步推进农村土地制度改革和农村金融制度改革，为农村产业发展提供土地、资本等必不可少的资源要素。在乡村振兴中，农业支持保护制度、农村基本经营制度、农村金融制度为乡村产业链发展提供了全方位支持，为产业兴提供了坚实的制度保障，如图5-1所示。

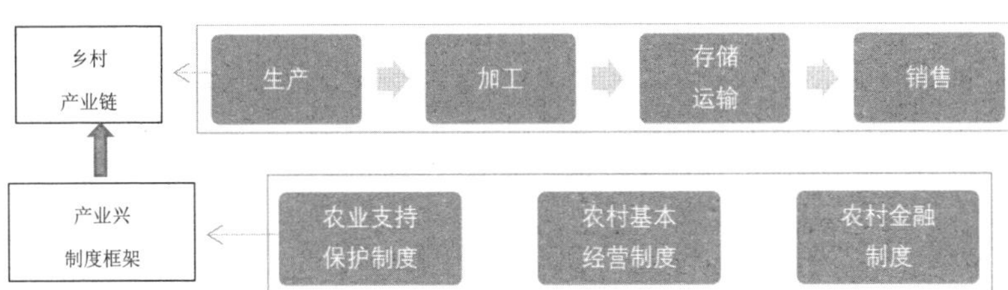

图5-1　“产业兴”制度框架

一、农村基本经营制度

农村基本经营制度是我国社会主义经济制度的基础，在农村经济中处于基础性地位，与农民基本权益、乡村稳定和发展直接相关，是“党的农村政策的基石”。农村基本经营制度分为农村土地和产权制度、农业经营主体以及农业经营方式三部分核心内容，而农村土地和产权制度是关键前提，农业经营主体和农业经营方式分别为制度运行主体与具体执行方式。[1]农村基本经营制度历史演变，如表5-1所示。

表5-1　中华人民共和国成立以来农村基本经营制度的变迁

时间	1949—1956年	1956—1978年	1978—1993年	1993年至今
农村基本经营制度	土地由农民所有，家庭经营；互助合作小组、初级合作社土地个人所有；高级合作社土地集体所有并统一经营	高度集中统一的“三级所有，队为基础”人民公社制度	以家庭联产承包为基础，统分结合的双层经营制度	以家庭联产承包为基础，统分结合的基本制度保持不变；土地承包期保持永久不变；实现土地所有权、承包权、经营权“三权分置”调整，规范土地经营权流转

在实施乡村振兴战略过程中，我国农村基本经营制度在不断变革。实行农村土地三权分置改革，坚持农民集体对农村土地的所有权，确保农民家庭的土地承包权，分离土地经营权并推动其市场化流转。坚持农村土地集体所有制目的在于确保国家宏观资源配置能力，保证充分满足农业生产需要，保障农民根本利益的实现。2019年11月，中共中央、国务院提出延长土地承包期，即农村土地承包关系经过三轮承包后能够稳定长达75年。此一举措能够更好地稳定农村土地承包关系，稳定农民预期，鼓励农民增加投入，改善生产条件，保障农业的可持续发展。同步推进农村土地承包经营权确权登记及颁证工作，以物权登记为基础明确农民对承包土地的各项权益，在清晰的产权关系下促进农村土地经营权流转，使大范围应用

1　蒋永穆、王运钊：《新中国成立70年来农村基本经营制度变迁及未来展望》，《福建论坛》，2019年第9期，第71页。

农业机械设备、发展规模农业成为可能，能够进一步提高土地利用效率，实现农业产业化。

2019年中央一号文件在“集体统一经营、农户分散经营”基础上，提出坚持家庭经营基础性地位，同时赋予双层经营体制新内涵，其新内涵主要体现在：首先，“农户”概念拓展，出现家庭农场、农民合作社等新型经营主体。其次，经营方式由农户承包后直接从事农业生产活动的“实物”经营方式，转变为以土地经营权为依托的“权利”经营方式。最后，利益格局由简单的“集体—农户”转向“集体—土地承包人—土地实际使用人”的复杂态势。

此外，农村产业经营也出现了一些新业态，越来越多的村民、村集体及村经济组织选择向第一、二、三产业融合的方向发展，结合网络新渠道，兴办地方特色产业。在农业经营方面，乡村振兴强调突出各村资源优势，重点发展本地特色产业、新型产业，让农村不仅只有农业、不仅只依赖初级农产品，才能做到提升产业质量、延长产品产业链、增加产品附加值，切实保障乡村振兴“产业兴”。

二、农业支持保护制度

由于农业具有外部性、弱质性、长周期性、准公共产品属性和多功能性等特殊性质，在工业化发展进程中，农业竞争力必然下降。而农业作为社会根基，必须出台相关农业保护制度以缓解农业发展水平较低的问题。

农业支持保护制度的设计初衷是保障农民收益，稳定粮食与农业生产，目前作为实现乡村振兴的重要制度安排，其作用具体包括两个方面：第一，乡村振兴要求农村社会转型，但社会转型过程漫长，在过渡期必须维护农村社会稳定，即为农业稳定发展持续提供良好的农业生产环境；第二，乡村振兴需要发挥农业支持保护制度的安全保障作用。基本粮食安全和稳定农产品供给，需要配套相应的农业支持保护措施，发挥政策支持作用，以推动农业现代化的可持续发展，实现乡村振兴。

但从中国历史来看，真正意义上的农业支持保护制度并未发展成形。农业税在中国存在了4000多年，最早可追溯至夏朝，然而在新的经济社会以及农业农村形势下，为解决种粮收益相对低、粮食生产能力衰退等问题，以“财政支农”为核心的农业支持保护制度，开始取代传统的农业租税制度。[1]2004年中央一号文件发布后，覆盖农产品生产、流通全过程的农业支持保护制度不断发展完善，如图5-2所示。下文将梳理农业支持保护制度演变历程，总结制度变革方向，以期进一步优化农业生产的资源配置方式、提升农业科技水平和完善农业基础设施，增强我国农业应对自然风险和市场风险的能力，争取早日实现乡村振兴战略目标。

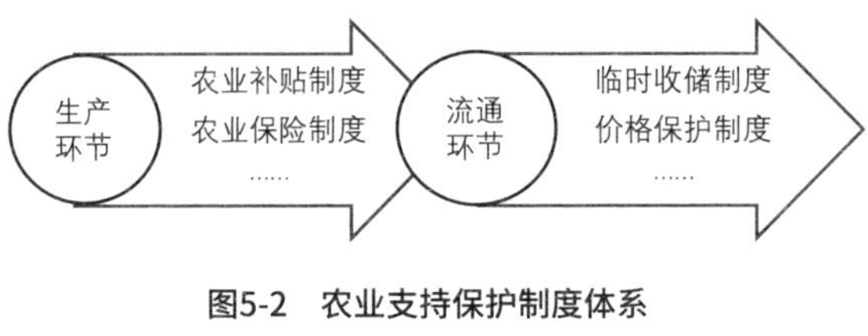

图5-2 农业支持保护制度体系

第一，农业支持保护制度体系的核心支柱是以“绿色生态”和“发展生产”为方向的农业补贴制度。自2002年起，我国先后推出“四项补贴”政策，以保障粮食安全、稳定农业生产，其制度演变如表5-2所示。日益完善的农业补贴制度、不断扩大的补贴规模和范

1 胡冰川:《改革开放四十年农业支持保护制度：脉络与发展》,《江淮论坛》,2019年第2期，第29—36页。

围对调动农民种粮积极性、提高粮食产量发挥了重要作用。

然而，由于农业补贴政策缺乏明确的针对性，逐渐与种粮脱钩，成为一项针对农民的普惠性收入补贴，未能充分发挥补贴的政策导向作用；此外，农资综合补贴在一定程度上刺激了化肥施用量，与乡村振兴提出的生态振兴目标背道而驰，以及在具体操作过程中，农民种粮补贴面积申报不实，而基层把关不严问题同时存在，影响补贴政策执行效果。因此调整现行补贴政策，以适应乡村振兴战略实施背景下的农业发展需求，显得尤为紧迫和重要。

表5-2　“四项补贴”政策的发展演变[1]

<table>
<tr><th>补贴类型</th><th>良种补贴</th><th>种粮农民直接补贴</th><th>农资综合补贴</th><th>农机购置补贴</th></tr>
<tr><td>提出</td><td>2002年试点；2004年中央一号文件要求扩大良种补贴范围</td><td>2004年《实行对种粮农民直接补贴，调整粮食风险基金使用范围的实施意见》提出建立种粮农民直接补贴机制</td><td>2006年《关于对种粮农民柴油、化肥等农业生产资料增支实行综合直补的通知》提出对种粮农民化肥、柴油等生产资料实行综合直补</td><td>2004年中央一号文件《中共中央国务院关于促进农民增加收入若干政策的意见》提出对农民个人、农场职工、农机专业户和直接从事农业生产的农机服务组织购置和更新大型农机具给予一定补贴</td></tr>
<tr><td rowspan="2">发展演变</td><td colspan="4">2016年，财政部、农业部印发《关于全面推开农业“三项补贴”改革工作的通知》，将良种补贴、种粮农民直接补贴与农资综合补贴合并为农业支持保护补贴</td></tr>
<tr><td colspan="4">2018年，中共中央审议通过的《国家乡村振兴战略规划（2018—2022年）》提出建立以绿色生态为导向的农业补贴制度，提高农业补贴政策的指向性和精准性，完善农机购置补贴政策，鼓励对绿色农业发展机具、高性能机具以及保证粮食等主要农产品生产机具实行敞开补贴</td></tr>
</table>

1　方言：《中国特色农业支持保护之路——70年中国农业支持保护制度变迁（下）》，《中国粮食经济》，2019年第12期，第11—16页。

第二，农业支持保护制度体系的重点内容，是以“规避风险”为导向的政策性农业保险制度。我国每年遭受农业自然灾害情况仍较为严重，大规模洪涝、干旱、冰雹等灾害的多发导致农业损失惨重（见表5-3）。

表5-3　2011—2020年受灾面积[1]

（单位：千公顷）

指标	2011年	2012年	2013年	2014年	2015年	2016年	2017年	2018年	2019年	2020年
受灾面积	32470	24960	31350	24890	21770	26220	18480	20810	19260	19960
水灾受灾面积	6860	7730	8760	4720	5620	8530	5410	3950	6680	7190
旱灾受灾面积	16300	9340	14100	12270	10610	9870	9870	7710	7840	5080
风雹灾受灾面积	3309	2781	3387	3225	2918	2908	2268	2407	2228	/
冷冻灾受灾面积	4447	1618	2320	2133	900	2885	525	3413	586	/

政策性农业保险是政府为防范农业风险，以保费补贴等政策扶持方式，通过保险公司市场化运作对因自然灾害或意外事故而遭受经济损失的种植业、养殖业的直接物化成本保险，扩展了政府传统意义上的政策责任，重新界定了风险防控的边界。[2]自2004年试点开设以来，在政府推动下，我国政策性农业保险保障范围不断扩大，保障程度不断提高，经营体系愈加完善，农户的参保需求也逐步提升，其演变如表5-4所示。后续将在政府引导的市场化运作模式下，建立政策性农业保险长效工作机制，以扩大农业保险覆盖面、提高

1　数据来源：国家统计局。

2　胡冰川：《改革开放四十年农业支持保护制度：脉络与发展》，《江淮论坛》，2019年第2期，第29—36页。

受灾补偿标准为方向，提高农户参保积极性，减少农民因灾损失，进一步分散现代农业发展风险，推动农业可持续发展。

表5-4　政策性农业保险制度的确立与变迁

阶段	内容
确立阶段	2004年中央一号文件提出，“加快建立政策性农业保险制度，选择部分产品和部分地区率先试点，有条件的地方可对参加种养业保险的农户给予一定的保费补贴”
	2005年，在宁夏、内蒙古自治区等9个省份的部分地市展开农业保险试点工作
初步发展阶段	2007年，中央财政在四川、湖南等6省对大豆、玉米等6个品种保险进行了保费补贴，并鼓励地方政府设立保险保费补贴
	2012年，农业政策性保险已扩大到全国
	2013年3月，我国第一部农业保险法规《农业保险条例》开始实施，逐步构建起我国农业保险制度框架
创新发展阶段	2014年8月，国务院通过保险业新“国十条”，要求积极发展农业保险，拓展“三农”保险的广度和深度
	2016年中央“一号文件”提出逐步扩大“保险+期货”试点，把农业、保险公司、期货市场有机结合起来
以乡村振兴为目标深入发展阶段	2018年8月，财政部联合三部委共同印发《关于开展三大粮食作物完全成本保险和种植收入保险试点工作的通知》，在保障种子、化肥等物化成本和地租成本的基础上，进一步覆盖劳动力成本或直接开展收入保险，提高农户种粮积极性
	2018年9月，中共中央、国务院印发了《国家乡村振兴战略规划（2018—2022年）》，提出完善农业保险政策体系，设计多层次、可选择、不同保障水平的保险产品，提高农业风险保障能力
	2019年5月，财政部联合四部委共同印发《关于加快农业保险高质量发展的指导意见》，提出到2022年，基本建成功能完善、运行规范、基础完备，与农业农村现代化发展阶段相适应、与农户风险保障需求相契合、中央与地方分工负责的多层次农业保险体系
	2019年中央一号文件要求，“推进稻谷、小麦、玉米完全成本保险和收入保险试点，扩大农业大灾保险试点和‘保险+期货’试点，探索对地方优势特色农产品保险实施以奖代补试点”

第三，农业支持保护制度体系的关键部分是以“价补分离”为导向的农产品价格保护制度。我国农产品价格保护制度的确立与变迁如表5-5所示。现有价格保护政策有利于保障粮食安全与农民增

收，避免了“谷贱伤农”，但是仍然存在诸如价格缺乏弹性、政策变化明显滞后、粮食产业链缺乏活力与效益、粮食库存较大、市场竞争力不足以及财政负担较重等问题，需要进一步改革完善。

未来农产品价格保护制度改革应坚持市场化方向，以恢复国内市场活力及提高补贴效率，分品种继续深入探索，渐进式推进制度改革，走出一条能够促进农业发展、保障农民利益，同时均衡中央地方财政负担以及方便政策执行的新路子。

表5-5　农产品价格保护制度的确立与变迁

1953年	中共中央通过《关于实行粮食的计划收购与计划供应的决议》，决定实行农业产品统购统销政策
1993年	国务院发布《国务院关于建立粮食收购保护价格制度的通知》确认建立粮食收购保护价格制度
2004年	国务院公布《粮食流通管理条例》，规定必要时对粮食实施最低收购价格政策
2008年	国家发展改革委发布《国家发展改革委关于对部分重要商品及服务实行临时收储价格干预措施的办法》，启动了对玉米等重要农作物的临时收储
2014年	中共中央、国务院印发《关于全面深化农村改革加快推进农业现代化的若干意见》提出，探索推进农产品价格形成机制与政府补贴脱钩的改革，逐步建立农产品目标价格制度
2018年	中共中央、国务院印发了《国家乡村振兴战略规划（2018－2022年）》提出深化重要农产品收储制度改革，完善市场化收购加补贴机制，增强政策灵活性和弹性，合理调整最低收购价水平，加快建立健全支持保护政策
2020年	中共中央、国务院发布中央一号文件强调调整完善稻谷、小麦最低收购价政策，稳定农民基本收益，以及完善新疆棉花目标价格政策

三、农村金融制度

农村金融制度居于农村市场经济制度的核心地位，以金融资金为纽带将农村其他生产要素联系起来，从而促进农村经济的持续发展，联结资源要素、融通配置农村资金、积累剩余资本等是其主要功能。[1]强有力的金融支持为农业农村发展“输血”，服务于农村实体经济发展，能够有效推动农村现代化进程，是解决农业农村发展问题的有力杠杆。长期以来，我国高度重视农村金融及其制度革新，中国农村金融制度改革历程如表5-6所示。

表5-6　中国农村金融制度改革历程[2]

1949—1978年，初步建立与停滞阶段	中华人民共和国成立初期，政府迅速启动了以培育农村信用社为标志的农村金融制度建设以恢复和发展农业，此时农村金融具有强烈的计划经济色彩
1979—1992年，起步与恢复阶段	1979年初，国务院发布《关于恢复中国农业银行的通知》，以此为开端，中国第一阶段的农村金融制度改革开始，即恢复各类农村金融机构，中国农业银行、农村信用社、邮政储蓄银行以及民间非正规金融得到了快速恢复及发展
1993—2003年，整合与转型阶段	1993年，国务院发布《国务院关于农村金融体制改革的决定》，此为我国农村第二轮金融制度改革开始的标志，确立了我国新一轮农村金融体制改革的目标是建立“三位一体”农村金融体系，即建立以合作性金融为基础、商业性和政策性金融分工协作的农村金融体系
2003—2017年，深化改革阶段	此阶段的改革重点包括进一步深化农村信用社改革，增强其对农业的支持能力，推进农村信用社商业化进程；降低农村金融市场的准入条件，允许各类民间资本进入农村金融领域，村镇银行、资金互助社等新型农村金融机构快速发展
2018年至今，创新发展阶段	2018年《国家乡村振兴战略规划（2018—2022年）》重点强调，“健全适合农业农村特点的农村金融体系，把更多金融资源配置到农村经济社会发展的重点领域和薄弱环节，更好满足乡村振兴多样化金融需求” 2018年及2019年中央一号文件强调提高金融服务水平，服务三农，服务乡村振兴 2020年及2021年中央一号文件强调运用多种政策工具、开发专属金融产品支持新型农业经营主体和农村新产业新业态

我国农村地区金融制度革新是在政府主导下，由上至下进行，

1　冉光和：《现代农村金融制度构建与创新》，科学出版社，2013年版，第1—3、60—62页。

2　张晓琳、高山、董继刚：《中国农村金融制度历史演进、现实困境与创新路径》，《西南金融》，2017年第7期，第61—65页。

其主要问题在于存在较为浓厚的行政色彩，体现在：第一，长期形成的政府主导型农村金融制度，固化了以中央政府、地方政府、农村信用社为代表的基本利益格局，抑制了金融创新，难以满足农村多样化的金融需求；第二，长期难以理顺的农村金融机构产权结构，如中国农业银行、农村合作金融机构产权结构不合理造成的政企不分，主体定位模糊，难以激发自身活力；第三，农业生产风险高但收益低、农村金融需求主体资质较差，导致农村金融市场更容易出现不良资产，民间资本离开农村金融市场而偏好进入城市金融市场，并不得不依靠行政手段使国有农村金融机构承担更多财政而非金融职能。

农村金融市场发展状况与城市仍有较大差距，是我国金融体系中最为薄弱的环节，进一步完善农村金融制度，助力乡村振兴要求：第一，鼓励社会资本参与设立适应乡村振兴建设需求的新型农村金融机构，通过财政手段补贴由于农村金融市场高风险导致其信贷利率高于城市部分，加大产业振兴投资融资力度；第二，推进农村金融机构产权改革，构建多元化的产业结构，保障民间资本话语权，进一步破除行政过度干预，保证市场化改革方向激发市场活力；第三，综合运用货币信贷、金融监管等政策措施，加强对“三农”的金融支持，通过鼓励多主体参与，完善农村普惠金融制度，为农村小微企业、农民个人提供方便、快捷、普惠的融资途径；第四，大力发展“金融扶贫”和“普惠金融”，优化扶贫再贷款管理，完善金融基础设施建设和数字普惠金融服务，进一步健全农村金融体系，更好地满足农村地区不同主体差异化金融需求，更好地服务乡村振兴。

第二节　农民富

整体看来，产业兴旺和农民富裕两大目标互相促进、互相补充，产业兴旺是实现农民富裕的途径之一，农民富裕往往伴随着乡村产业振兴。农民富裕的实现途径包括以发展当地产业为依托“家家入股，人人劳动，户户分红”的产业收益，通过生产经营活动而取得的经营性收入，以动产和不动产出租、出让或自然增值的财产性收入，以及通过农民受雇于单位与个人的雇佣关系而产生的工资性收入等。具体而言：第一，各地区因地制宜，充分利用本地特色资源，打造优势特色产业，延长产业链，提升价值链，让农民群众从产业增值中获得切实收益；第二，进一步发挥新型经营主体引领作用，并通过利润返还、股份合作等手段，建立农民与新型农业经营主体之间的利益联结机制，以更好地满足市场需求，从而降低农民经营风险、提高其经营性收入；第三，推动农村土地制度改革，促进新型集体经济蓬勃发展，以土地资产要素为基础提高农民财产性收入；第四，增强农民工职业技能培训和综合素质，提高农民就业创业能力，增加农民工资性收入。

如图5-3所示，要实现农民富裕目标，需要农村集体产权制度、新型职业农民制度、农村社会保障制度以及户籍制度的支持。其制度功能分别为：农村集体产权制度的完善有利于增加农民的经营性收入与财产性收入；新型职业农民制度，致力于提高现代农民的农业专业素养及综合素质从而提高其工资性收入；农村社会保障制度与户籍制度均能够从分配的角度上缩小城乡收入差距，以减少农民在养老、医疗及其他公共服务支出的方式推动“农民富”目标的实现。

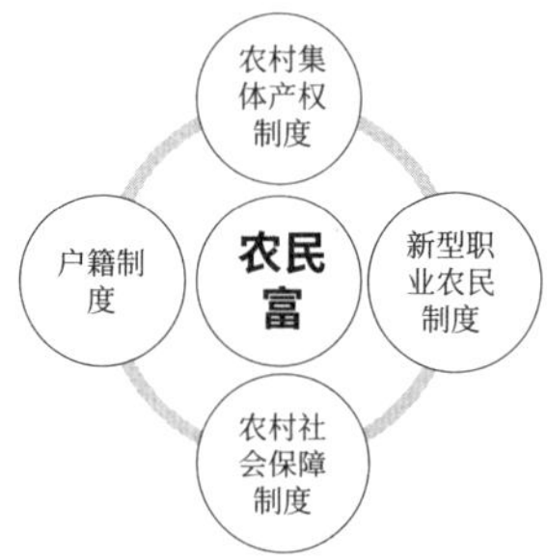

图5-3　“农民富”制度框架

一、农村集体产权制度

农村集体产权制度是指农村社会中，为实现集体财产的有效组合、保护和经营所制定的一系列产权规则，主要包含集体产权制度形式和集体产权组织形式两方面内容，二者相互依存。从初级农业合作社建立后出现“农村集体经济产权”，到人民公社的推进大大强化“农村集体产权”概念与安排，再到1978年农村改革以来的调整与创新，农村集体产权制度随着我国经济社会的发展不断演变。

我国农村集体产权制度，长期存在权责不明、归属未得到充分确定、对集体产权缺乏严格保护的问题，进而导致产权流转不畅、资源闲置，不能有效转化成生产力和经济效益。为推进农村经济持续健康发展，党和国家提出深入推进农村集体产权制度改革，摆脱制约农村经济发展的陈旧体制，盘活农村地区资源。而土地作为资源性资产，是农村发展中最重要的生产要素，要实现乡村振兴，就必须合理开发和利用土地资源，充分发挥土地资源的生产功能和市场价值，故此土地承包经营权及宅基地三权分置改革成为农村集体产权制度改革的重心。

土地承包经营权三权分置即农村集体、承包农户、经营业主分别拥有土地“所有权”“承包权”“经营权”。[1]目前，农村集体组织在农户生产经营过程中提供的服务不断减少；另外，农村当下大量青壮年劳动力拥入城市务工，“谁来种地”问题十分突出，以及长期存在的农产品质量提档升级困难等现实问题尚未解决。农业规模化经营将是我国解决现实问题，实现农业现代化、农村繁荣的必然选择。[2]农业现代化意味着大规模机械作业，对于土地流转连片程度要求较高，故此必须实行“三权”分置，使得农户可将土地“经营权”流转给新型经营主体，使得大规模现代化农业生产成为可能。在三权分置制度设计下，农村土地集体所有是基础前提，承包权由农村集体经济组织村民享有，在此基础上促进土地经营权流转，增强土地要素的流动，能够切实保障农民利益，增加农民收入，促进农民富裕目标的实现。

但在推进土地承包经营权“三权分置”的实施进程中仍存在诸多困境。第一，农村土地产权主体不明确。我国宪法已经对农村土地的产权归属作出规定，但由于所有权主体包括村民小组、村、乡镇三级单位，使得“集体组织”概念十分模糊，从而导致行权主体虚化。第二，农村土地经营权市场化流转不畅通。因土地确权工作还未完全完成，社会化服务体系也还未完全建立，农村土地经营权流转机制仍待进一步健全。要继续深入推进农村土地承包经营权“三权分置”改革，必须以产权清晰化及改革市场化为改革方向，才能实现经营权充分自由流转，使得土地能够顺畅流向农业企业、种植大户、家庭农场等主体，实现规模化经营，推动农业现代化进程，

1　孙玉娟、宣兆晶:《乡村振兴战略下农村土地流转的现实困境与路径探析》,《齐齐哈尔大学学报（哲学社会科学版）》,2021年第2期，第66—68页。

2　王敬尧、王承禹:《农业规模经营：乡村振兴战略的着力点》,《中国行政管理》,2018年第4期，第91—97页。

最终实现乡村振兴。

我国农村宅基地具有所有权与使用权分离的“公有私用”特征，但随着我国社会经济的快速发展，宅基地两权分立的产权结构日益成为乡村发展的壁垒。在城市化进程中，大量农民进城务工，2020年进城务工人数达到2.8亿人，致使农村建设用地中约70%的宅基地处于空置或低效利用状态。

2018年中央一号文件提出探索宅基地“三权分置”，成为新时代深化宅基地制度改革的关键，也是实现乡村振兴的重要抓手。[1]农村的宅基地市场规模极大，放活宅基地使用权，允许其自由转让能够吸引城镇的社会资本流入农村，破除城乡二元结构[2]，并有助于提升农民手中宅基地资格权的资产价值，缩小与城镇居民的财富差距，激活农村经济，助力乡村振兴。

在实践中，宅基地三权分置面临同土地承包经营权改革一样的现实困境，包括所有权主体虚化、资格权认定不明、使用权流转受限等问题。今后深化宅基地改革应着力于以下方面。第一，完善立法明确宅基地所有权行使主体。通过法律明确应当由农村集体经济组织或者村民委员会代表本集体成员集体行使，防止所有权弱化和虚置。第二，立法确认农户的宅基地资格权，补充现有法律仅确认农户成员权的缺陷，使农户的宅基地资格权有法可依。第三，放活宅基地使用权。宅基地使用权流转不畅主要在于缺乏成熟的流转市场以及完备的用途转换机制，因此需要探索建立完善的流转市场以及用途转换机制，便于市场各方主体进行信息交换，促进有效需求

1　李怀、陈享光：《乡村振兴背景下宅基地“三权分置”的权能实现与深化路径》，《西北农林科技大学学报（社会科学版）》，2020年第11期，第28—34页。

2　郑风田：《让宅基地“三权分置”改革成为乡村振兴新抓手》，《人民论坛》，2018年第10期，第75—77页。

的形成，充分激活各种土地要素。

二、新型职业农民制度

新型职业农民制度，是以农业领域人才培养为首要目标与主要内容的人才培育制度。新型职业农民与传统农民相同之处在于均以农业为专职及主要收入来源，但是新型职业农民具有更高水平的农业专业知识与技能，并且收入显著高于传统农民。乡村振兴脱离不了农业，而农业脱离不了农民，一批有知识、有能力的农业从业者将是乡村振兴的强大内部推动力，是实现乡村振兴的主力军与重点依托对象，必须将新型职业农民制度由顶层战略部署转化为具体的制度设计予以落实。我国农民培育制度发展前期围绕着新民主主义文化教育、科教兴农，目的在于提高农民素质、促进劳动力转移，后期则在乡村振兴要求下，转向职业化农民培育（见表5-7）。

表5-7　2012—2020年中央一号文件中关于“农民培育制度”的相关内容

2012年	基于我国农村劳动力结构的新变化以及现代农业发展的新需求，提出“大力培育新型职业农民”
2013年	提出大力培育新型农民和农村实用人才，准确把握新型职业农民主要类型及内涵特征，发展现代农业的人才队伍建设方向
2014年	提出加大对新型职业农民和新型农业经营主体领办人的教育培训力度，并建立培育制度
2015年	启动新型职业农民培育工程，集中力量、突出重点、迅速及时、有针对性地培育一批新型职业农民，支持新型经营主体发展
2016年	以农业供给侧改革为重点，以实现全面小康为目标，加快培育新型职业农民
2017年	以加快培育农业农村发展新动能为目标，优化农业从业者结构，深入推进现代青年农场主、林场主培养计划和新型农业经营主体带头人轮训计划，探索培育农业职业经理人，培养适应现代农业发展需要的新农民
2018年	全面建立职业农民制度，完善配套政策体系，强化乡村振兴、人才支撑

（续表）

2019年	实施新型职业农民培育工程，大力发展面向乡村需求的职业教育，加强高等学校涉农专业建设
2020年	将职业农民培育纳入国家教育培训发展规划，把职业农民培养成建设现代农业的主导力量；建立健全职业农民扶持制度，相关政策向职业农民倾斜

自乡村振兴战略实施以来，政府不断增强针对新型农民的职业技能培训力度。2019年，农业农村部继续落实农村创业创新激励扶持政策，大力培养创新创业人才，组织开展“百县千乡万名带头人”培育行动，为乡村产业振兴培育人才。各省区市纷纷响应政策号召，与各大高校科研机构合作，深入推进农村青年创业致富的“领头雁”培养计划。同时，各地方政府也在加快研制与新型职业农民制度配套的政策措施，加大对新型职业农民的扶持力度，例如，农业生产补贴、政策性保险以及金融支持等助农政策的倾斜。

自2012年提出“大力培育新型职业农民”以来，我国实施了一系列政策推进农民职业化进程，现已取得显著成效，农村人力资本结构已得到相当改善，但依然存在诸多现实挑战，包括新型职业农民队伍发展不均衡不稳定、职业教育培训体系不完善且培训内容针对性和有效性不强、管理体制机制运行不畅等。[1]乡村振兴的主体是农民，必须建立起一支均衡稳定的新型职业农民队伍，依托乡村人才资源推动乡村治理现代化，确保农业走高质量发展的路子。后续还需进一步推进以下方面。

第一，加强财政投入，落实扶持政策。目前我国农产品价格较低，农业生产收益不高，青年农业劳动力参与意识较弱。财政投入不足也将极大影响农村职业教育培训效果，因此发挥政府主导作

1 徐进、康芳:《乡村振兴推进新型职业农民培育的现实挑战与实现路径》,《职业与教育》,2021年第1期，第83—89页。

用，保证充足的政府资金投入，通过社会保障制度、税费减免、直接补助等措施落实扶持政策，消除农民的后顾之忧。

第二，完善职业教育培训体系，提升培训质量。在政府主导下，引进市场力量优化培训模式。合理设置培训内容，紧密结合当地实际，以实务性、市场化为导向，提升培训的针对性、有效性、精准性。

第三，成立职业农民协会，增强农民职业荣誉感。成立新型职业农民协会，便于农民在种养殖、生产资料采购、农产品销售和品牌建设等不同环节进行交流合作，加强新型职业农民宣传，消除社会上对于传统农民的刻板印象，提升其成就感与职业荣誉感，稳定新兴职业农民队伍。

三、农村社会保障制度

改革开放以来，我国经济实现了快速发展，同时建立起世界上覆盖人数最多、政府支出规模最大的社会保障制度体系，尤其是以新型农村养老、医疗制度和农村社会救助制度为核心的农村社会保障制度体系的建立，使广大农村居民获得基本保障。农村社会保障制度既强调农村地区的广覆盖，也关注农村社会弱势群体的现实困难，能够平衡地区利益，维持社会公平和稳定，为实现乡村振兴创造稳定局面。

在脱贫攻坚取得全面胜利的基础上，继续完善农村社会保障制度体系，健全农村社会救助制度有利于巩固脱贫成果，与乡村振兴有效衔接。同时，党的十九大报告中明确提出乡村振兴要按照治理有效的要求，做好农村基础工作，进一步健全乡村基层治理体系。而农村社会保障工作就是农村的基础性工作，农村社会保障治理就是乡村治理体系的基础。[1]在实践中我国城乡制度建设差距较大，农村治理仍是国家治理的短板，进一步完善并贯彻落实农村社会保障制度是实现乡村振兴的重要手段，也有利于构建起合理有效的乡村治理体系。现阶段我国农村已经构建起社会保障制度，包括如下制度。

第一，新型农村社会养老保险制度，即“新农保”。2009年，国务院在全国范围内推行个人、集体、政府三方筹资相结合的“新农保”。2017年，国务院鼓励发展商业保险作为政府主导社会保险的补充。2018年，农村社会保障体系建设以提升农村养老服务能力为重点。由此可见，农村居民养老保障制度从国家层面的“新农保”扩展到社会、市场层面，一方面通过社会资本与政府合作的模式促进农村养老事业的发展；另一方面借助当前土地“三权分置”政策，加强农村土地经营权的流转，依靠传统的土地保障形式提高农村居民收入和养老保障水平。[2]

第二，新型农村合作医疗制度，即“新农合”。2003年设立的新农合仍为个人、政府和集体三方结合的筹资方式。同时，中央不断加大转移支付力度，帮助中西部及贫困地区的农民面对疾病风险时互助共济，缓解“看病难、看病贵”的难题。自2013年起，国家为实现城乡居民公平医疗，开始探索建立统一的城乡居民医保制度。截至2019年上半年，全部完成城乡居民医保制度整合工作的省份达24个，仅余7个省份处于并轨运行状态。[3]2019年6月，国家医疗保障

1 张尧、丁一帆：《契合与嵌入：农村社会保障助力乡村振兴战略的定位与路径》，《宁波大学学报（人文科学版）》，2020年第3期，第126—132页。

2 刘玉安、徐琪新：《从精准扶贫看完善农村社会保障制度的紧迫性》，《社会科学文摘》，2020年第4期，第14—16页。

3 《大病保险报销比例提高到60% 已有24个省份完成城乡居民医保制度整合》，《人民日报》，2019年5月12日，第1版。

局发文要求，尚未完全整合的地区需在2019年底前由两项制度并轨运行完全过渡到城乡统一。虽然城乡居民医保制度整合进展较快，但在具体实践过程中仍然存在各省市区统筹进度不一、城乡居民医保与职工医保转移续接不畅通等问题，这些问题有待进一步解决。[1]

第三，农村社会救助制度，其主要内容见表5-8。社会救助制度在我国一直发挥着保障基本民生、维护社会稳定的兜底性作用。随着脱贫攻坚战中精准扶贫概念的提出，社会救助趋向精细化方向发展，致力于提高针对贫困弱势群体精准施策的准确性。同时，在乡村振兴背景下完善农村社会救助制度，需要在尊重城乡客观差异的基础上，实现城乡融合发展，从消除贫困到促进农村发展，引进社会力量共同承担救助责任，以更加积极的手段兜住兜牢基本民生保障底线。[2]

表5-8　农村社会救助制度的主要内容

五保户供养制度	对农村人口中无法定抚养人、无劳动能力、无生活来源的人实行救助制度，由农村集体经济组织承担援助责任，负责提供其所需经费和实物
农村最低生活保障制度	保障对象为具有本地常住农业户口且家庭人均收入低于最低生活保障线的农民，救济金来源主要由市、县、乡、村四级，县、乡、村三级或县、乡两级负担
农村扶贫	包括贫困地区的社会救助和贫困户的社会救助两部分内容，由中央牵头实行由以物资扶持为主向提高贫困人口获取资源能力为主的转变
乡村振兴新阶段社会救助机制	2020年8月中共中央办公厅、国务院办公厅印发的《关于改革完善社会救助制度的意见》，提出要以建立健全分层分类的社会救助体系、夯实基本生活救助、健全专项社会救助、完善急难社会救助、促进社会力量参与、深化“放管服”改革为重点任务改革完善社会救助制度

1　向运华、曾飘：《城乡居民医保制度整合后的成效、问题及对策》，《决策与信息》，2020年第4期，第53—60页。

2　胡秀丽：《整合与重构：乡村振兴背景下社会救助定位研究》，《景德镇学院学报》，2021年第1期，第99—103页。

农村社会保障制度促进了农村福利水平的总体提升，有效地发挥了保障和改善民生的作用，但在现行乡村振兴背景下主要发展困境包括：第一，区域差距显著，东部与西部地区、城市与农村社会因经济发展水平不同导致保障水平差距较大；第二，缺乏顶层制度设计，现有农村社会保障制度地区性、时效性突出，存在“头痛医头、脚痛医脚”的态势，没有形成高水平稳定均衡的社会保障制度体系；第三，制度碎片化难以形成保障合力，人社部门、民政部门各自负责的社会保障项目既有断裂又有重叠，可能造成社会保障待遇分配不公。[1]要发展农村社会保障制度，首先，需要政府投入更多社会保障资源向乡镇下沉，在城乡之间进行合理配置；其次，统筹规划农村社会保障制度，解决现有社会保障制度区域分割显著、缺乏稳定性问题；最后，强化政府部门职能整合，打好组合拳形成制度合力，实现农村地区应保尽保，助力精准扶贫。

四、户籍制度

户籍制度作为一项基本社会制度，在中国长期具有社会管理和资源分配等多重功能。中华人民共和国成立后，基于城市就业岗位不足的现状，国家在制度上逐步限制农民进城务工。1958年国家颁布《中华人民共和国户口登记条例》，首次在制度上正式以户口登记的形式将人口划分为城市户口和农村户口，实行城乡二分的户籍管理制度，并限制农村户口居民向城市迁徙。在改革开放之前，我国户籍制度的目的在于调控城乡劳动力流动，从而调节城乡关系以维护社会稳定，以牺牲农民利益的方式支持城市发展。[2]我国工业化

1 张震宇：《乡村振兴背景下完善农村地区基本社会保障制度的思考》，《农业经济》，2021年第7期，第66—68页。

2 龚维斌：《从历史维度看乡村振兴过程中的户籍制度改革》，《国家行政学院学报》，2018年第3期，第19—25页。

基础在此条件下得以初步建立，另外，这不仅限制了农民的经济自由，还催生了城乡居民之间的福利待遇差异、城市倾向政策下农村居民更高的生活成本、城乡之间教育及医疗卫生设施差异，以及有利于城市的金融转移项目，导致了巨大的城乡收入差异；更重要的是，人口流动限制打破了经济均衡的实现机制，导致经济增长未能带来相应的就业结构变化，由此形成了发展较快较好的城市经济与相对落后的农村经济并存的现象。[1]改革开放以来，为促进城乡人口合理流动、调整城乡二元结构，中国对户籍制度和城乡人口流动限制的改革逐步展开，从"农转非"到自理口粮，从暂住证制度到放开小城镇户口，再到此后一系列均等化政策的实施，城乡之间包括劳动力、土地、资金等要素市场界限被逐渐打破，平等竞争、规范有序、城乡统一的人力资源市场开始形成，其发展过程如表5-9所示。

表5-9　改革开放以来我国户籍制度改革的发展过程

1980年9月	《关于解决部分专业技术干部的农村家属迁往城镇由国家供应粮食问题的规定》明确符合规定迁往城镇落户的人员不受控制比例限制，进而引出"农转非"问题
1984年10月	《国务院关于农民进入集镇落户问题的通知》规定，农民可以自理口粮进集镇落户，并同集镇居民享有同等权利、履行同等义务，户籍严控制度开始松动
1985年7月	公安部发布的《关于城镇暂住人口管理的暂行规定》默许从农村到城市的自发劳动力流动，城市暂住人口管理制度走向健全
2001年5月	中共中央、国务院发布《关于促进小城镇健康发展的若干意见》中明确规定，凡在小城镇有合法固定住所、稳定职业或生活来源的农民，均可根据本人意愿转为城镇户口，并保留其承包土地的经营权

1　魏后凯、刘长权：《中国农村改革的基本脉络、经验与展望》，《中国农村经济》，2019年第2期，第4—7页。

（续表）

2014年7月	国务院印发《关于进一步推进户籍制度改革的意见》，明确指出建立城乡统一的户口登记制度，标志着我国实行了半个多世纪之久的“农业”和“非农业”二元户籍管理模式将退出历史舞台，户籍制度改革进入全面实施阶段
2016年	《国务院关于深入推进新型城镇化建设的若干意见》，对加快落实户籍制度改革做出了新的部署要求，除极少数超大城市，允许农业转移人口在就业地落户，优先解决农村学生升学和参军进入城镇的人口、在城镇就业居住5年以上和举家迁徙的农业转移人口以及新生代农民工落户问题
2018年9月	《国家乡村振兴战略规划（2018—2022年）》首次提出了城镇化与乡村振兴双轮驱动，要突出以城带乡、以工促农，健全城乡融合发展体制机制，促进城乡生产要素双向自由流动和公共资源合理配置

事实上，2014年中央积极鼓励推进“城乡统一”的户籍制度改革以来，各地均在积极探索建立更加宽松和优惠的城市落户方案，降低落户门槛。以广东、上海等地的“积分制”户籍管理制度为代表，将积分而非户籍作为分配城市公共福利和公共产品的基础，无疑积极推动了农业转移人口市民化、城乡一体化进程，但因为采取了“利益剥离”的模式，在改革过程中出现部分农民担心失去与农业户口相关的宅基地、承包地以及村集体收益不愿意“农转非”、放弃农村户口的现象。这表明不触动户籍制度背后城乡两套利益体系的改革进展将十分困难，只有联合推进社会保障制度、公共服务体制以及农村土地制度改革才能实现城乡均衡一体化发展。

在全面推进乡村振兴的新背景下，户籍制度深层次改革不能仅聚焦于“单向进城”，取消城镇户籍制度对农业转移人口的差别化对待，而是需要全面梳理户籍制度背后的利益体系，同步推进城市、农村双向户籍制度改革，需把握如下两点：首先，城市户籍制度改革应以特大城市为重点推进城市基本公共服务与户籍全面脱钩，只要农业转移人口在就业、居住年限、社会保障等方面符合条件，城市基本公共服务就实现自动覆盖，取消不应由户籍承担的资源配置功能；其次，农村户籍改革则应以农村集体经济利益为重点，厘清户籍利益边界，改变农村户籍“能出不能进”的封闭状况，农村户籍利益不应与农村户籍绑定，而应当对应特定自然人口，从而真正实现城乡劳动者、土地、资金等要素的自由流动，为乡村振兴注入新动能。

第三节 村庄美

“村庄美”是乡村振兴战略的三大政策目标之一，“生态宜居”作为乡村振兴战略的总要求之一，使美丽乡村建设更加具体、更具操作性。“村庄美”作为建成“美丽中国”目标的关键环节，在“两山论”的指导下，当前美丽乡村事业大跨步向前推进，但在实践中仍然面临如下困境。第一，传统农业生产模式制约。当前我国农业生产方式仍较为落后，普遍机械化程度较低，农业科技应用水平较低，农业基础设施建设投入不足，加重农村污染。第二，缺乏健全的农村环保法治体系。导致基层执法面临无法可依的困境，对存在环境污染行为的企业也有处罚过轻、处罚措施执行不到位、处罚效果欠佳的情况，使得实际执法效果大打折扣，难以对破坏环境行为形成有效威慑。第三，长效农村生态环境管理体制尚未建立。国家农林业、环保等部门职能存在交叉重叠，在农村生态环境治理过程中各自施策，导致监管空白、重复建设、资金浪费等问题同时存在。第四，基层环保意识匮乏。基层政府仍然存在只要金山银山、不要绿水青山的错误观念，而农民普遍文化素质较低，难以改变固有落后观念及生活习惯，“美丽村庄”建设政策落地实施大打折扣。[1]

当前，我国基本建成了如图5-4所示的，包括农村环境保护制度、生态系统保护制度、农村生态补偿制度，以及农村生态环境监管制度在内的制度体系，从防范、治理和监管等方面系统改善农村生产生活环境，维护农村生态环境稳定。下文将进一步进行制度梳理，以期完善“美丽村庄”建设制度，满足农民群众对于绿水青山

1 仓宇薇：《浅析乡村振兴背景下美丽乡村建设的实现路径》，《现代农村科技》，2020年第7期，第112—114页。

的美好期望，实现产业振兴、农民富裕和村庄美丽的有机统一。

图5-4 “村庄美”制度框架

一、农村环境保护制度

农村环境保护包括农村居民生产及生活环境两个方面，即在绿色原则指引下发展绿色农业产业以及进行农村人居环境治理。健全农村环境保护制度是助力乡村振兴、提升农村生态文明和绿色发展水平的重要手段。生态本身就是一种经济，良好的生态环境既是乡村振兴的题中之意，也为乡村振兴的实现带来新的发展与机遇。此外，我国幅员辽阔，农村土地面积广大，自然资源丰富，生态系统类型多样，若能适度利用，绿水青山就是金山银山。反之，若未能科学合理开发利用，可能导致水土流失，甚至引发泥石流、滑坡等地质灾难，不仅威胁到生态环境保护，而且直接危及村民生命财产安全。

我国农村环境保护问题在于底子薄、基础差、欠债多，目前在农业生产和生活过程中，农村地区存在着化肥、农药及农膜等农用物资使用不合理，垃圾分类与污水排放不到位，秸秆乱烧等具体问题，脏乱差的农村环境难以承载人们的乡愁记忆，也难以充分开发农村生态资源以支撑产业融合发展，开展农村环境治理迫在眉睫。

为有效解决上述突出问题，我国在《中华人民共和国环境保护法》指导下，努力落实农业农村环境保护相关条款，从改善农村产业环境及人居环境两方面着手，系统布局建设生态宜居的美丽乡村，主要包括以下两点。

第一，针对农村产业环境污染问题，建立健全绿色农业发展制度，打造正向激励有效、负面约束有力的绿色农业发展环境。农业支持保护制度继续向绿色产业倾斜，发挥政策导向作用，通过技术、标准、监督、组织保障协同推进。对于违规排放污染物破坏当地环境的企业和个人严格依法追究其民事、行政或刑事责任。

第二，针对农村人居环境污染问题，完善农村污染防治制度。从农村实际情况出发，分阶段、分梯次推进人居环境整治，在系统考虑乡村人居环境的差异性以及整体性基础上，健全长效环境整治机制，实现污染防治常态化。2018年2月开展的农村人居环境整治行动重点任务如表5-10所示。

表5-10　农村人居环境整治重点任务

农村垃圾治理	建立健全村庄保洁体系，因地制宜确定农村生活垃圾的处理模式，交通便利且转运距离较近的村庄可依托城镇无害化处理设施集中处理，其他村庄可就近分散处理
农村生活污水处理	有条件的地区推进城镇污水处理设施和服务向城镇近郊的农村延伸，在离城镇较远、人口密集的村庄建设污水处理设施进行集中处理，人口较少的村庄推广建设户用污水处理设施。同时，开展生活污水源头减量和尾水回收利用，鼓励具备条件的地区采用人工湿地、氧化塘等生态处理模式
提升村容村貌	整治公共空间和庭院环境，消除私搭乱建、乱堆乱放情况。大力提升农村建筑风貌，突出乡土特色和地域民族特点
治理厕所粪污	东部地区、中西部城市近郊区以及其他环境容量较小的地区村庄，加快推进户用厕所无害化改造，同步实施厕所粪污治理；其他地区要按照群众接受、经济适用、使用和维护方便、不污染公共水体的要求，普及不同水平的卫生厕所，实现如厕环境干净整洁的基本要求

二、生态系统保护制度

乡村生态系统有以下三个特点：首先，与外部环境联系紧密，受人类活动影响强烈，具有显著的开放性特征；其次，乡村生态系统涵盖互相关联的大气、水、土壤、生物等各类要素，“山水林田湖草生命共同体”具有显著的整体性特征；最后，乡村生态系统具有农产品提供、生态产品供给、污染净化、气候调节、文化美学等多重功能，经济价值、生态价值和文化价值突出，具有显著的价值性特征。

2021年4月，我国公布《中华人民共和国乡村振兴促进法》，以法律形式明确国家“健全重要生态系统保护制度和生态保护补偿机制，针对重要生态系统开展保护及修复工程，加强乡村生态保护和环境治理”的责任，其目的在于打造生态宜居的乡村环境，建设美丽乡村。但在实践工作中，仍然存在对于生态系统保护理解不到位的情况，例如，将生态保护简单等同于村庄绿化和污水垃圾处理，脱离乡村振兴谈生态建设，就“生态”谈“生态”，就“振兴”谈“振兴”，未树立起生态振兴意识。《国家乡村振兴战略规划（2018—2022年）》针对乡村生态保护工作做出了全方位具体部署，如表5-11所示。

表5-11　乡村生态系统保护具体工作

实施重要生态系统保护和修复重大工程	统筹山水林田湖草系统治理，优化生态安全屏障体系。大力实施大规模国土绿化行动，稳定扩大退牧还草实施范围，保护和恢复乡村河湖、湿地生态系统，积极开展农村水生态修复，加快国土综合整治，实施农村土地综合整治重大行动，推进农用地和低效建设用地整理以及历史遗留损毁土地复垦
健全重要生态系统保护制度	完善天然林和公益林保护制度，进一步细化各类森林和林地的管控措施或经营制度。完善草原生态监管和定期调查制度，严格实施草原禁牧和草畜平衡制度，全面落实草原经营者生态保护主体责任。完善荒漠生态保护制度，加强沙区天然植被和绿洲保护

（续表）

健全生态保护补偿机制	加大重点生态功能区转移支付力度，建立省级以下生态保护补偿资金投入机制。完善重点领域生态保护补偿机制，鼓励地方因地制宜探索生态保护补助奖励政策，推动市场化、多元化生态补偿，提高补偿针对性
发挥自然资源多重效益	大力发展生态旅游、生态种养等产业，打造乡村生态产业链。进一步盘活森林、草原、湿地等自然资源，允许集体经济组织灵活利用现有生产服务设施用地开展相关经营活动

三、农村生态补偿制度

我国需要进一步发展狭义概念上基于生态系统服务的生态补偿制度，即为保护农业资源和环境而进行生态规划和设计，在实际治理和建设过程中若对农村环境和农民经济造成影响和损害，则对其进行补偿。[1]

农业生态补偿制度目的在于保护农业资源和环境，使区域农业生态环境得以稳定、持续发展，有利于自然生态系统功能和稳定性全面提升。20世纪末以来，国家在建立健全生态系统保护制度的同时，对生态修复和建设重点区域进行补偿，推动构建跨地区的生态效益补偿制度，其制度演进如表5-12所示。

表5-12　农业生态补偿主要制度演进

2005年中共十六届五中全会	首次提出按照谁开发谁保护、谁受益谁补偿的原则，加快建立生态补偿机制
2013年十八届三中全会《中共中央关于全面深化改革若干重大问题的决定》	明确提出加快生态文明制度建设，要求加快划定生态保护红线，实行生态补偿制度。在生态补偿制度的辅助下，加快退耕还林、退牧还草等工程的推进

1　梅琳琳、冯树丹、王冰等：《黑龙江省健全农业生态补偿制度初探》，《中国农学通报》，2013年第2期，第103—108页。

（续表）

2015年5月，《全国农业可持续发展规划（2015—2030年）》	提出加大投入力度，完善扶持政策，继续开展渔业增殖放流，落实好公益林补偿政策，完善森林、湿地、水土保持等生态补偿制度。建立健全江河源头区、重要水源地、重要水生态修复治理区和蓄滞洪区生态补偿机制
2018年5月，《国家乡村振兴战略规划（2018-2022年）》	主要规定了加大重点生态功能区转移支付力度，建立省级以下生态保护补偿资金投入机制，完善重点领域生态保护补偿机制，推动市场化、多元化生态补偿，提高补偿的针对性

近年来，国家财政对于完善农村生态补偿制度进行了较大资金投入，但现实中仍然存在农业生产追逐短期利益破坏生态的行为，并且由于生态补偿系统立法缺失，政策执行缺乏灵活变通，实践中补偿主体模糊、生态补偿方式单一、补偿标准不明确等问题，导致无法充分激励农民、削弱政策执行效果。

为进一步推进美丽乡村建设，落实乡村振兴战略规划，农村生态补偿制度的完善方向包括：第一，明确补偿主体。按照“责任自负”与“权利义务一致性”原则分别确立环境破坏者以及受益者作为付费主体；第二，引入市场力量参与生态补偿，政府补偿与市场补偿相结合，既可有效解决资金来源问题，又可减少对政府路径的过度依赖；第三，确立合理补偿标准，提供多种可选择的补偿方式。由于各地经济发展水平不一以及农业生态环境具体差异，生态补偿标准应当将差异综合考虑后科学制定，并将货币、实物、政策及智力四类不同补偿方式综合使用，以充分发挥政策效用，平衡环境利益与经济利益。

四、农村生态环境监管制度

我国目前实行中央政府与地方政府共同参与的生态环境监管模式，其监管职责包括事前预防，即对申请成立的经济组织或者项目进行环境影响评估，同时完善环境污染公共预警机制，预防重污染事件的发生；事中监测主要指政府或者环保部门定期或不定期地对各生产单位进行检查，确认生产单位环保工作达标情况；事后追责主要是指在环境污染结果形成以后，环保部门责令实施污染行为的单位或个人在一定期限内进行整改，追究企业的经济责任、法律责任的同时，追究地方政府及环保部门的责任。[1]

我国生态环境管理工作仍然具有表象治理的特点，更多聚焦于事后追责，而非通过事前预防与事中监测防范污染于未然，通常是在环境污染损害已经发生，再通过经济责任予以弥补。在具体执行工作中还存在生态环境监管队伍建设不到位、责任落实不到位，缺乏科学合理的监管方案，造成监管实际效果不能达到设计标准和水平，地方生态环境保护部门在处理环境与利益冲突问题时难以掌握主动权，牺牲环境而为经济发展让道的现象仍较为普遍，但是生态文明建设事关人民群众对蓝天碧水的美好生活环境的期望，事关我国经济高质量发展，事关乡村振兴生态宜居要求的实现，必须进一步完善生态环境监管制度。十九大以来，党中央高度重视生态文明制度建设，特别是监管制度体系建设，其制度演进如表5-13所示。

表5-13 监管制度体系建设演进

2018年6月中共中央、国务院《关于全面加强生态环境保护坚决打好污染防治攻坚战的意见》	强调落实党政主体责任以及强化考核问责。制定并分解责任清单并严格责任追究，实行终身追责
2018年1月实行《中华人民共和国环境保护税法》	规定了环境保护税，进一步完善“属地管理、分级负责、全面覆盖、对人负责”的网格化环境监管体系

1 冯阳雪、徐鲲：《农村生态环境治理的政府责任：框架分析与制度回应》，《广西社会科学》，2017年第5期，第125—129页。

（续表）

2018年9月《国家乡村振兴战略规划（2018—2022年）》	强调各级党委和政府要善于运用法治思维和法治方式推进乡村振兴工作，严格执行现行涉农法律法规
2020年4月《关于实施生态环境违法行为举报奖励制度的指导意见》	鼓励举报人依法实名举报，采取有利于保护举报人的方式发放奖金，通过充分发动群众参与的方式有效弥补农村生态环境执法监管的短板和盲区
2021年4月公布《中华人民共和国乡村振兴促进法》	专章规定生态保护，明确国家和政府在加强乡村生态保护和环境治理中的责任，并对各级政府实施乡村振兴战略的目标完成情况等进行考核，对于在乡村振兴促进工作中不履行或者不正确履行职责的将追究相关责任。此外，建立环境听证和信访制度，不断健全农村社区对生态环境保护的参与机制，构建以政府为主导、社区公众共同参与的生态环境监管社会共治的局面，推动“美丽乡村”建设

我国生态环境监管机制应向着全社会共同监督转变，在政府主导下引入企业和公众共同参与监督，通过完备的法律规范体系、严密的环境监管体系以及高效的环境监管执行力发挥导向、激励及约束作用。在此基础上，进一步加强部门协作，贯彻落实中央对地方、上级对下级的监督约束机制，强化生态考核问责力度，畅通公众参与渠道，释放社会力量，使生态环境监管制度成为推进生态文明建设、实现“乡村美”的重要保障。

第四节 制度的合理性

乡村振兴各项制度安排通过发挥指引、规范及强制作用实现其制度功能，成为实现乡村振兴的制度保障，制度构建本身的合理性主要表现在以下五个方面。

第一，符合我国农业农村的发展现状，特别是基于我国城乡关系和农地关系的深刻演变，以农村现有制度体系为基础，不断进行调整、完善和创新；第二，符合我国新时期构建新型城乡关系、实现城乡融合发展的需要，通过各项制度安排促进资本、人才、土地等要素在城乡之间双向流动，大致保障农村居民平等权利；第三，妥善处理农民与土地的关系，通过完善农村基本经营制度、农村土地征收制度、农村集体产权制度和宅基地制度重构农地关系，充分激发农村土地的财富效应；第四，顺应我国市场化改革方向，通过建立健全农产品价格保护制度、农村集体产权制度、户籍制度、新型职业农民制度、农村金融制度，促进市场化改革向纵深推进，充分发挥市场作用激活各类要素活力，为乡村振兴提供巨大动力；第五，符合以人为本的发展理念，乡村振兴的出发点和落脚点都是人民，以“产业兴”“农民富”“村庄美”为发展目标，最终目的是满足广大农民对美好生活的需要，让农民过上好日子。

一、符合我国农业农村发展现状

随着十八大以来农村各项制度不断革新，农村生产力得到极大解放和发展，农业农村发展取得了显著成就，开拓了农业丰收、农民增收、农村和谐的新局面，但农业农村发展过程中也涌现了许多新问题，具体包括：第一，在逆全球化和新贸易保护主义兴起的形势下，国际农产品市场不确定性加剧，国内农产品市场遭受巨大冲击，例如，农产品成本上升与销售价格下降，农产品利润空间被进一步挤压；第二，长期以来城乡资源配置不均，城市享有更为优质的公共服务，导致农村资源单向往城市聚集，农村发展缺乏足够的优质生产要素提供有力支撑，较为固化的城乡要素单向流动现状需要得到合理改善；第三，在城乡人口加速流动的背景下，大量农业转移人口进城从事非农产业，造成部分农地撂荒、宅基地闲置，而农业大规模发展与社会资本下乡对农村土地的需求又极为迫切，土地问题及人地关系成为农村社会矛盾的焦点、经济发展的阻碍。在农业发展新旧问题交织下，农业农村现代化仍是建设现代化经济体系的明显短板和薄弱环节，必须在发展中予以补足。

基于我国农业农村发展现状，乡村振兴战略的各项制度建设逐步展开并在实践中不断完善，不仅有效巩固了已有的农村制度改革成果，也适应了当前社会矛盾转变和农业农村发展状况的现实需要。不断完善的“三农”制度框架与体系，激发了要素流动与产业融合，从产业发展、环境改善、城乡融合、农地关系等角度探索解决农业农村现代化出现的新问题，为乡村振兴提供全面制度保障。在产业发展方面，农业支持保护制度，通过财政补贴和政策倾斜继续支持推动农业生产，而农村基本经营制度在坚持土地集体所有、稳定家庭承包关系的前提下，有序推动土地经营权的市场化流转，探索多种形式的农业规模经营。此外，承包权流转为非农业经营主体提供的土地要素，结合合理健全的农村金融制度提供的资金要素，二者共同促进农村其他产业的建设与融合。在环境改善方面，绿色生态导向的农业补贴制度以及农业绿色发展制度的构建，推动形成激励有效、约束有力的绿色产业环境，减少农业生产带来的面源污染；同时，随着农村污染防治制度以及监管制度的建立健全，乡村环境得到了有效改善。

二、适应城乡融合发展的需求

在城镇化进程快速推进的同时，城市较农村的公共服务优势愈加固化，人口、资金等要素则进一步向城镇聚集，“农村空心化”成为普遍现象，如何处理趋于割裂的城乡关系，成为我国现代化进程中重点关注的核心问题。党和政府通过七十年来对城乡关系的不断调整，从二元分割到统筹发展，从一体化发展到融合发展，对城乡关系的认识不断深化。2017年，党的十九大提出促进城乡融合发展，这标志着我国城乡关系调整走向与现代化进程相适应的高级形态。2019年，再次强调重塑新型城乡关系，乡村振兴战略和新型城镇化战略二者协同推进，走城乡融合发展之路，才能实现城乡共同发展、共同繁荣。

事实上，“城乡融合发展”理念的提出，既是对“统筹城乡”和“城乡一体化”发展理念的继承，同时也体现乡村振兴新时代背景下城乡发展的特征和要求，其目的在于推动形成互促互补的新型工农城乡关系，从而解决城乡发展不平衡不充分的问题，实现共同繁荣。作为城乡融合发展的“双轮驱动”之一，乡村振兴战略的各项制度围绕这一目标展开：第一，深入推进农村基本经营制度、农村集体产权制度等制度改革，不断增加农民的经营性收入、财产性收入和工资性收入，缩小城乡居民的收入差距；第二，继续深化农村集体产权制度改革，落实承包地经营权、宅基地使用权、农民住房财产权和集体收益分配权，在赋予农民更加充分的财产权利的基础上，充分保障农村居民各种合法权益，实现城乡公民权利平等化；第三，深化农村金融制度、户籍制度等改革，推动资本、人才等要素的城乡双向流动，吸引优质生产要素支撑乡村振兴事业全面开展；第四，健全农村社会保障体系，加快推进城乡公共服务、基础设施一体化建设，分阶段实现城乡基本公共服务均等化。总之，在乡村振兴各项制度的保障下，实现城乡之间在要素配置、产业发展、居民收入、基本公共服务、基础设施等方面的均等化，使农村居民能够与城市居民一样平等享受丰富多样的物质与精神生活、充分便利的公共服务、优美整洁的人居环境，符合新时期城乡融合发展实现共同繁荣的需要。

三、合理处理农民与土地的关系

土地是农村最大、最具发展潜力的资源，具有保障乡村居民生产、生活及生态空间需求的多元价值。有学者指出，妥善处理农地关系是我国农村改革中所积累的基本经验。[1]我国现行的农村土地制度是集体所有制，土地集体所有的范围与所有权行使的主体清晰明确，承包期内成员变动也依据不同乡村采取不同做法，通过赋予个体农民一定期限的承包权，在承包期内农民享有对承包土地完全的占有、使用、收益权利，从而构建起合理的农地关系，充分调动农民的生产积极性、稳定农业生产，并且有利于推动土地适度规模经营及新型农业经营主体的培育、提升农业全要素生产率。此外，稳定的农地关系能够促使农民加大对土地的保育力度，有利于改善农地质量和耕作环境，进而改善农村人居环境。

然而，进入21世纪以来，土地作为农村最具活力要素的市场价

1　唐忠：《改革开放以来我国农村基本经营制度的变迁》，《中国人民大学学报》，2018年第3期，第26—35页。

值受到削弱，农村土地的财富效应没有得到体现，农地关系需进一步调整以解决目前尖锐的结构性矛盾。第一，农业规模化、绿色化、科技化的需求旺盛，以休闲农业、乡村旅游为代表的新产业、新业态的兴起也对土地提出要求，需要继续提升农村土地资源利用效率，推进农村土地空间布局进一步优化；第二，农村土地流转及利用市场化程度较低。有学者指出，稀缺的土地资源在市场经济条件下能够实现最优化配置，从而实现农村农民利益最大化，但现有制度缺陷限制了市场起作用的机制，因此调整完善土地流转制度体系、重构农地关系至关重要。[1]在农业农村发展过程中，土地作为支撑资源，起着基础性作用，是实现产业兴旺的重要基础条件，也是实现乡村经济转型发展的关键要素。乡村振兴的各项制度安排均是基于促进土地资源优化配置，构建合理的农地关系，进而实现土地作为资源、资产、资本的多元价值，具体包括以下方面。

第一，目前农民内部高度异质化，针对已经有长期稳定的非农就业机会，并且其主要收入源自非农收入的农民，在三权分置的制度设计下，可以允许其选择保留承包权，将经营权流转、入股或合作经营，实现收入来源多样化，同时也可以促使土地向以农业为主业的种田能手、农业大户或者合作社等新型农业经营主体集中。不仅能够有效带动此部分农民的生产积极性，确保农产品的有效供给和粮食安全，更为重要的是通过放活土地自由流转，助推农业规模经营的实现，有效地缓解了农地矛盾。

第二，完善土地要素市场化配置机制，建立合理、规范、多元的农户保障机制，重塑工农互促、共同繁荣的城乡关系，通过促进

1 陈文胜：《乡村振兴的资本、土地与制度逻辑》，《华中师范大学学报（人文社会科学版）》，2019年第1期，第8—11页。

土地要素自由流动带动其他城乡发展要素的流动，彻底解决城镇化快速推进带来的农地矛盾。

总之，乡村振兴的各项制度在带动乡村产业变迁和转型发展的同时，顺应了当前农地关系调整的需求与方向，具有相当的合理性。

四、顺应市场化改革方向

就农业农村经济而言，从早期的家庭联产承包责任制改革、乡镇企业发展与改革、农产品流通体制和农村劳动力流动制度改革，到农村金融制度以及农村集体产权制度改革，我国农业农村的市场化水平不断提升，市场化改革也持续向纵深推进，但市场在农业农村经济运行中仍未起到决定性作用。

有学者指出，市场在农业农村经济运行中未能发挥决定性作用的原因主要有以下三点：一是农业产业具有超经济性，粮食安全关系基本民生和社会稳定，致使政府不能放任农业产业完全市场化，政府干预存在普遍性；二是政府行为边界模糊，缺乏自我约束机制，超越政府职能过度干预市场；三是对市场制度能充分发挥资源配置作用缺乏信心，仍未厘清如何处理社会主义市场经济中政府与市场的关系。[1]换言之，农业农村经济的市场化受制于政府职能边界以及生产要素的市场化程度，而要素市场化程度与要素产权的制度建构密切相关，即市场能否在资源配置中起决定性作用取决于要素产权权属是否清晰、权能是否充分、是否具备可交易性。基于中国农村改革已有制度成果，乡村振兴战略的制度建设继续完善农业农村

1　黄祖辉：《农业农村优先发展的制度体系建构》，《中国农村经济》，2020年第6期，第8—12页。

优先发展的供给侧制度，进一步明晰农村产权与分配关系，促进市场开放与要素流动，建立更高市场化水平的农村经济体制，主要包括以下方面。

第一，建立健全以市场为导向的农产品价格保护制度。应当让市场首先在农产品的价格形成、购销与流通中起决定性作用，农产品价格保护制度将“目标价格”与“市场价格”挂钩，减弱原有托市收购制度保留的计划经济色彩。

第二，完善农村集体产权制度，健全农村产权交易流转和退出机制。在集体资产开展确权颁证、股份合作制改革基础上，探索建立股份转让以及市场化交易的可操作路径，以“股份合作制”为主导，重构农村集体经济组织的组织形态，推动多元化组织形态的建立，促进集体产权制度内容上的进一步市场化。

第三，深化城乡双向户籍制度改革以及完善新型职业农民制度，持续推进农村劳动力要素市场化。农村改革以来，农村劳动力走向城镇、走向大市场，成为国家工业化、城镇化和经济发展源源不断的推动力。目前亟须解决劳动力要素市场化过程中存在的城乡基本权利不对等问题，为农村劳动力进一步市场化、城乡劳动力要素自由流动创造条件。

第四，深化农村金融制度改革，健全农村金融体系，充分实现资本要素的市场化。通过弥补农村金融合作短板，探索农户承包土地和宅基地的市场化交易模式，从根本上解决农民信贷难和抵押难等问题。

纵观农业农村40多年来的改革历程，市场化是关键经验也是前进方向。乡村振兴的各项制度建设，进一步探索解决中国农业农村现代化的资源配置和市场主体激励问题，而市场化改革也将为乡村振兴提供巨大动力。

五、符合以人为本的发展理念

乡村振兴战略的内涵既包括物质需求也包括精神文化需求，“产业兴”“农民富”“村庄美”蕴含了亿万农民对生活的美好期待，努力实现乡村振兴新蓝图符合以人为本的发展理念。

第一，产业兴旺是农业农村现代化建设的坚实物质基础。通过农村基本经营制度、农业支持保护制度、农村金融制度构建起农村产业发展制度体系，支持和保障乡村由生产到销售全产业链发展，促进农民富裕目标实现。第二，多措并举保障实现农民富裕的目标。通过农村集体产权制度创新，在保证村集体土地所有权基础上，确认农户的承包权，进一步放活经营权增加农民收益；新型职业农民制度致力于提高农民综合素质以及农业专业技能进而提高农民创收能力；农村社会保障制度加大对农民养老、医疗投入，关注农村困难群体，进行托底保障；推进户籍制度改革目的在于调整城乡资源分配格局，缩小城乡差距，维护农民利益。第三，村庄美丽是广大农民在建设新农村背景下对于生态公共产品的新需求。我国通过对农村产业及人居环境的治理、生态系统保护和修复工程，完善生态补偿制度以及加强农村生态环境监管，极大地改善了农村生产生活环境，维护了生态稳定和可持续发展，留住了乡愁记忆。

第五节 制度的有效性

2018年以来，在乡村振兴战略指导下，农业农村实现了快速发展，体现在农业综合生产能力显著提高、农业转型发展初见成效、城乡收入差距进一步缩小、农村人居环境显著改善等方面。农业农村发展能够稳步前进，得益于一系列制度体系的建设与完善，本节将从“产业兴旺”“农民富裕”“村庄美丽”三个政策目标出发分别阐述近年来我国农业农村发展的显著成果，在此基础上说明乡村振兴制度安排的有效性。

一、产业兴旺

乡村振兴战略的持续深入推进以及配套制度安排的贯彻落实，极大地改善了我国农村创新创业环境，大量新产业新业态在农村地区涌现并实现了蓬勃发展。

第一，农业高质量发展。一方面，不断完善农村承包地“三权分置”制度，促使农业规模经营进一步发展、深化户籍制度改革促进城乡资源双向流动等改革措施，保证农村土地产出率和农业劳动生产率的持续提高；另一方面，在农业支持保护制度下，现代种植业创新发展和农业机械化得到推进。2020年，我国农业科技进步贡献率突破61%，农作物耕种收综合机械化率超过71%，农作物良种覆盖率稳定在96%以上，支撑保障粮食年产量稳定在1.3万亿斤以上，整体研发水平与发达国家差距逐步缩小，并提出在2025年农业科技进步贡献率达到64%的目标。[1]

1 《聚焦要害短板 加快推动农业科技进步——农业农村部科技教育司负责人就〈“十四五”全国农业农村科技发展规划〉答记者问》，农业部网，2022年1月7日。

发展农业规模经营，激发产业活力[1]
——以敦煌市为例

近年来，敦煌市积极调整农业结构和产业模式，农民专业合作社、家庭农场等各类农业规模经营主体逐渐成为带动农村经济发展的主要对象。敦煌市神农绿色农产品农民专业合作社于2019年在肃州镇河州堡村七组流转土地50亩，搭建钢架拱棚发展设施叶菜。位于肃州镇肃州庙村的敦煌市福荣农产品农民专业合作社，是一家集技术推广、农产品种植、销售、仓储于一体的高端农民专业合作社，结合本村实际，合作社积极引进早酥梨新品种，打造以红早酥梨为主的优质林果高效示范区。总之，通过整合农业项目资金，扶持示范性好的经营主体不断做大做强，一批农民专业合作经济组织在稳定提高、规范运行中步入了新的发展阶段，在带动农户、对接企业、链接市场等方面发挥了积极作用。

截至目前，敦煌市共有农民专业合作社418家，涉及种植、养殖、农机、渔业等，资产总额达11.3亿元，社员人数1.6万人，其中，国家级示范社4家、省级示范社36家、酒泉市级示范社68家。在农业部门备案并经工商登记的家庭农场96个，家庭农场经营耕地总面积1.97万亩，劳动力总数238人，拥有省级示范性家庭农场8家，市级示范性家庭农场29家。

1　孙海峰:《敦煌：农业经营新主体 乡村振兴生力军》，农业部网，2020年7月10日。

第二，多种产业融合发展。农村新业态不断推陈出新，乡村产业集群大量涌现，特别是休闲农业和乡村旅游业发展尤为迅猛，乡村休闲旅游接待人次快速增加，2020年在新冠肺炎疫情影响下，全国农、林、牧、渔业休闲观光与农业农村管理服务仍实现增加值6213亿元。[1]有学者指出，农村承包地、宅基地和集体经营性建设用地的制度改革是促进农村三产融合发展的重要基础，通过摸清家底、创新土地流转机制、盘活集体资产等方式为产业融合发展奠定坚实基础。[2]重庆市近年来持续深入推进农村“三变”改革，2018年，其下属38个试点村累计盘活集体草地、林地、水域、四荒地共1.1万亩，闲置撂荒土地2万余亩，闲置农房552套，充分挖掘山水林田湖草等自然资源和自然风光价值，因地制宜发展乡村旅游、特色农业等。[3]

江西省金溪县“保护特色乡村，推进产业融合”的实践[4]

金溪县位于江西省东部、抚河中游，面积1353平方千米。金溪县以保护优先，开展两次为期10年（2010—2020年）的全域封山育林，并全面推行“林长制”，对林政资源及乡村风景林严加管护。县财政投入资金100万元，根据风景林的具体

1 《全面反映农业全产业链价值 加快促进乡村产业振兴——国家统计局、农业农村部有关负责人就2020年全国农业及相关产业增加值数据答记者问》，农业部网，2022年1月14日。

2 吴康军：《利用“三块地”促进农村一、二、三产业融合发展的思考》，《上海农村经济》，2017年第11期，第24—26页。

3 张红宇、胡振通、胡凌啸：《农村集体产权制度改革的实践探索：基于4省份24个村（社区）的调查》，《改革》，2020年第6期，第5—17页。

4 绿文：《华中地区：产业兴 农民富 乡村美》，《国土绿化》，2020年第5期，第34—39页。

生长情况进行针对性的加强管护，形成一批乡村风景林建设示范点。目前，金溪县风景林保存完好的村小组或自然村有1161个，总面积达14.6万亩。大力发展香料香精原料林种植及花卉苗木等生态产业，逐步形成以香料香精产业为主、花卉苗木产业为辅的林下经济支柱产业，实现了乡村绿化美化与林下经济发展相互促进。目前，金溪县香料香精产业实现主营业务收入突破108亿元，先后获得“华夏香都”“国家林木香料生物产业基地”“国家林下经济示范基地”等称号。

乡村产业在追求融合发展基础上，必须加深产业融合层次。一家兴办农家乐，全村都办农家乐，表面上实现了产业繁荣，实则缺少使第一、二、三产业融合向更深层推进的机制，农家乐之风难以维系。要解决这一问题，需要回扣高质量的农业发展，创新农业发展模式，并着重鼓励吸引高素质创新创业人才投身乡村振兴。

二、农民富裕

《国家乡村振兴战略规划（2018—2022年）》指出农村生活富裕的主要指标包括四项，即农村居民恩格尔系数、城乡居民收入比、具备条件的建制村通硬化路比例，以及农村自来水普及率（见表5-14）。

表5-14 2013—2020年我国城乡居民人均收入、支出、恩格尔系数

指标	2013年	2014年	2015年	2016年	2017年	2018年	2019年	2020年
城镇居民人均可支配收入（元）	26467	28844	31195	33616	36396	39251	42359	43834
农村居民人均可支配收入（元）	9430	10489	11422	12363	13432	14617	16021	17131
城镇居民人均消费支出（元）	18488	19968	21392	23079	24445	26112	28063	27007
农村居民人均消费支出（元）	7485	8383	9223	10130	10955	12124	13328	13713
城镇居民家庭恩格尔系数（%）	35	—	—	29.3	28.6	27.7	27.6	29.2
农村居民家庭恩格尔系数（%）	37.7	—	—	32.2	31.2	30.1	30	32.7
城乡居民收入比	2.81	2.75	2.73	2.72	2.71	2.69	2.64	2.56

数据来源：国家统计局

由表5-14可以看出，我国农村居民家庭恩格尔系数逐年下降，由2013年37.7%下降至2020年32.7%，表明农村家庭食物消费比重明显下降，农村消费向多元化方向发展。自2013年起，城乡居民收入比连续7年下降，至2020年为2.56，下降率达8.9%，表明城乡居民收入差距逐渐缩小。就农村自来水普及率而言，2021年，4263万农村人口供水保障水平得到提升，农村自来水普及率达到84%，创历史新高，并锚定2022年底全国农村自来水普及率达到85%的目标[1]；最后，全国具备条件的乡镇和建制村100%通硬化路在2019年底已基本完成。[2]

1 王浩、李晓晴：《去年完成水利建设投资超七千五百亿元 一百五十项重大水利工程已批复六十七项》，《人民日报》，2022年1月7日，第7版。

2 刘志强：《具备条件的乡镇和建制村 基本实现通硬化路通客车》，《人民日报》，2020年9月29日。

乡村振兴战略实施以来，农村居民的人均可支配收入与人均支出均在逐年稳定增长，而城乡收入比和恩格尔系数总体逐年下降，说明我国农村居民收入逐年稳步增加，与城镇居民在收入、消费等方面差距均在逐渐缩小，农村居民生活水平有了明显改善，除基本食物消费，有了更加丰富的生活。以上数据均有力地说明了在乡村振兴战略合理、有效的制度安排下，农民富裕目标取得了阶段性实现。

三、村庄美丽

自乡村振兴战略实施以来，我国农业持续稳定发展，农村物质生活水平显著提高，农村产业及人居环境也得到极大改善。《中国农业绿色发展报告2020》显示，全国农业绿色发展指数自2012年的73.46提升至2019年的77.14，增幅达到5.01%。2020年全国三大主粮化肥施用率达到40.2%，农药利用率达到40.6%，全国秸秆综合利用率达到86.72%，畜禽粪污综合利用率为75%以上，重点地区“白色污染”得到有效防控。[1]

农村人居环境治理方面，在全国各地积极开展村庄清洁行动努力下，村庄面貌明显改善，农村人居环境水平得到了极大提升。农村卫生厕所普及率已经超过65%，全国90%以上的行政村已建立生活垃圾收运处置体系，农村生活污水治理率也已达到25.5%。[2]

1　《中国农业绿色发展报告2020》，农业部网，2021年7月28日。

2　《中国农业绿色发展报告2020》，农业部网，2021年7月28日。

农村人居环境整治成效显著[1]

近日来,《人民日报》记者对农村人居环境整治成效进行调查采访。浙江省湖州市吴兴区道场乡道场浜村村民沈树强在村干部俞建伟多次登门劝说后，签下改厕同意书。如今，原来的旱厕填上了，腾出的地方圈养了几只鸡，鸡粪用来沤制肥料，解决了老沈的浇菜难题。在河北省邯郸市峰峰矿区大峪镇北涧沟村,71岁的农民苏林峰正张罗着把原来的扁担、铁桶、粪勺收起来,“现在跟城里人一样用上了水冲厕所，这些扁担都‘退休’喽！”

“改厕的关键在于改水，一是自来水的供给，二是下水道的铺设，三是污水的集中处理。只有解决了这三个问题，才能像城里人一样用上水冲式厕所。”邯郸市生态环境局峰峰矿区分局局长张清强介绍,2019年，峰峰矿区启动全域污水治理，目前区内农村基本实现污水管网全覆盖，普通农户几乎都用上水冲式厕所。分局水环境管理科科长田明告诉记者，他们因地制宜、分类施策，主城区周边村庄并入市政管网统一处理;靠近中心镇的村庄就近并入两家镇污水处理厂;剩余120多个村利用高低落差的地形，用高差势能代替电能，利用无动力生物处理池，将处理后的污水直接用于灌溉农田、林地，实现了资源化回用和污水就地处理。

1 《政策支持、督促激励，让农民有更多幸福感 农村人居环境整治见实效》，农业部网，2020年7月13日。

农村生态环境方面，国家林业和草原局提出以打造生态宜居的美丽乡村为目标，以建设森林乡村为载体，持续推进乡村绿化美化工作，以严格保护乡村自然生态系统的原真性为重点，在全国范围内推进农村生态保护工程并取得了良好成效，具体措施包括大力发展乡村林草产业、大幅度提升乡村生态资源质量、大面积增加乡村生态资源总量等重点任务。

河南省栾川县“全景栾川全域绿化”的乡村环境治理实践[1]

栾川县位于豫西伏牛山腹地，是一个典型的林业大县。近年来，栾川县提出“全景栾川”的建设目标，制定了“森林城镇、森林村庄、森林廊道”创建标准，以“全域绿化”为抓手，大力推进县域经济的绿色转型和全域旅游发展，对乡村绿化美化进行全面升级。重点实施了退耕还林、荒山造林、飞播造林、生态修复、廊道绿化、村镇绿化六大生态建设项目。自2017年以来，栾川县累计完成造林15.93万亩，建设森林廊道156千米、提升改造712.4千米，栽植各类观赏树种23种共121万株，完成全民义务植树221万株，建立县乡义务植树基地67个、面积8200亩，因地制宜积极探索具有特色的乡村振兴之路，建设生态宜居的“绿美”乡村。

1　绿文：《华中地区：产业兴 农民富 乡村美》，《国土绿化》，2020年第5期，第34—39页。

参考文献

[1]《大病保险报销比例提高到60% 已有24个省份完成城乡居民医保制度整合》,《人民日报》, 2019年5月12日，第1版。

[2]《聚焦要害短板 加快推动农业科技进步——农业农村部科技教育司负责人就<“十四五”全国农业农村科技发展规划>答记者问》, 农业部网, 2022年1月7日。

[3]《全面反映农业全产业链价值 加快促进乡村产业振兴——国家统计局、农业农村部有关负责人就2020年全国农业及相关产业增加值数据答记者问》, 农业部网, 2022年1月14日。

[4]《中国农业绿色发展报告2020》, 农业部网, 2021年7月28日。

[5]仓宇薇:《浅析乡村振兴背景下美丽乡村建设的实现路径》,《现代农村科技》, 2020年第7期。

[6]陈文胜:《乡村振兴的资本、土地与制度逻辑》,《华中师范大学学报(人文社会科学版)》, 2019年第1期。

[7]方言:《中国特色农业支持保护之路——70年中国农业支持保护制度变迁(下)》,《中国粮食经济》, 2019年第12期。

[8]冯阳雪、徐鲲:《农村生态环境治理的政府责任：框架分析与制度回应》,《广西社会科学》, 2017年第5期。

[9]龚维斌:《从历史维度看乡村振兴过程中的户籍制度改革》,《国家行政学院学报》, 2018年第3期。

[10]胡冰川:《改革开放四十年农业支持保护制度：脉络与发展》,《江淮论坛》, 2019年第2期。

[11]胡秀丽:《整合与重构：乡村振兴背景下社会救助定位研究》,《景德镇学院学报》, 2021年第1期。

[12]黄祖辉:《农业农村优先发展的制度体系建构》,《中国农村经济》,2020年第6期。

[13]蒋永穆、王运钊:《新中国成立70年来农村基本经营制度变迁及未来展望》,《福建论坛》,2019年第9期。

[14]李怀、陈享光:《乡村振兴背景下宅基地"三权分置"的权能实现与深化路径》,《西北农林科技大学学报(社会科学版)》,2020年第11期。

[15]刘玉安、徐琪新:《从精准扶贫看完善农村社会保障制度的紧迫性》,《社会科学文摘》,2020年第4期。

[16]刘志强:《具备条件的乡镇和建制村 基本实现通硬化路通客车》,《人民日报》,2020年9月29日。

[17]绿文:《华中地区:产业兴 农民富 乡村美》,《国土绿化》,2020年第5期。

[18]梅琳琳、冯树丹、王冰等:《黑龙江省健全农业生态补偿制度初探》,《中国农学通报》,2013年第2期。

[19]冉光和:《现代农村金融制度构建与创新》,科学出版社2013年版。

[20]孙海峰:《敦煌:农业经营新主体 乡村振兴生力军》,农业部网,2020年7月10日。

[21]孙玉娟、宣兆晶:《乡村振兴战略下农村土地流转的现实困境与路径探析》,《齐齐哈尔大学学报(哲学社会科学版)》,2021年第2期。

[22]唐忠:《改革开放以来我国农村基本经营制度的变迁》,《中国人民大学学报》,2018年第3期。

[23]王浩、李晓晴:《去年完成水利建设投资超七千五百亿元

一百五十项重大水利工程已批复六十七项》，《人民日报》，2022年1月7日，第7版。

[24]王敬尧、王承禹：《农业规模经营：乡村振兴战略的着力点》，《中国行政管理》，2018年第4期。

[25]魏后凯、刘长权：《中国农村改革的基本脉络、经验与展望》，《中国农村经济》，2019年第2期。

[26]吴康军：《利用“三块地”促进农村一、二、三产业融合发展的思考》，《上海农村经济》，2017年第11期。

[27]向运华、曾飘：《城乡居民医保制度整合后的成效、问题及对策》，《决策与信息》，2020年第4期。

[28]徐进、康芳：《乡村振兴推进新型职业农民培育的现实挑战与实现路径》，《职业与教育》，2021年第1期。

[29]张红宇、胡振通、胡凌啸：《农村集体产权制度改革的实践探索：基于4省份24个村（社区）的调查》，《改革》，2020年第6期。

[30]张晓琳、高山、董继刚：《中国农村金融制度历史演进、现实困境与创新路径》，《西南金融》，2017年第7期。

[31]张尧、丁一帆：《契合与嵌入：农村社会保障助力乡村振兴战略的定位与路径》，《宁波大学学报（人文科学版）》，2020年第3期。

[32]张震宇：《乡村振兴背景下完善农村地区基本社会保障制度的思考》，《农业经济》，2021年第7期。

[33]郑风田：《让宅基地“三权分置”改革成为乡村振兴新抓手》，《人民论坛》，2018年第10期。

第六章

乡村振兴的机制设计*

---

* 感谢王佳曦为本章所做工作。

机制设计的相关理论起源于经济学研究，致力于通过对约束性规则体系的设计，使参与机制运行的各个主体都能在做出理性选择的同时，尽可能地获取对整体而言的最大利益。党的十九大报告中明确提出落实乡村振兴战略，要通过顶层设计、制度机制创新，着力解决乡村发展不充分、城乡发展不协调等问题。因此，本章将围绕乡村振兴如何运行、运行中如何进行治理与维护，以及怎样对乡村振兴的结果进行评估并反馈的机制设计展开，介绍其中所涉及的乡村振兴的运行机制、治理机制、维护机制、评估机制以及反馈机制。

第一节　乡村振兴的运行机制

实现乡村振兴，离不开有效的运行机制的保障。乡村振兴战略中包含三方面的运行机制，农业农村改革是内部运行机制，通过改革提升农村生产力，从根源上解决问题；新型城镇化建设是外部运行机制，于外部环境构成乡村振兴发展的吸引力；城乡融合发展机制是外部运行机制与内部运行机制的联结机制，可以使乡村振兴与新型城镇化协同发展。[1]

一、运行机制的设计

乡村振兴战略的立足点在农村，但同时并不能仅仅局限于农村。一方面，我国长期以来实施的是工业和城市优先发展战略，导致农业和农村大量资源流出、发展严重滞后，农业成为国民经济的薄弱环节，农村不断衰败，农民成为收入偏低的社会群体。因此，要想完成十九大战略部署，在2035年实现基本现代化，2050年建成现代化强国，就必须立足于农村地区，坚持农业农村优先发展，通过一系列改革措施来推动农村生产力发展、弥补农村地区发展的滞后性，为农村地区注入发展的内生驱动力。

另一方面，城镇作为乡村的产物，与乡村的发展休戚与共[2]。任何一个区域的发展都不是孤立的，乡村的发展也是一样。目前，中国乡村的总体状况是，除土地之外，人力资源、物力资源和财力资源都很匮乏，在全面建设现代化国家的大格局下，要实现乡村振兴，单纯依靠农业农村内部力量很难做到，必须充分动员城市的外

1　徐美银：《乡村振兴战略的科学内涵、动力机制与实现路径研究》，《农业经济》，2019年第12期，第3—5页。

2　乌丽晗：《乡村振兴战略下城乡融合发展研究综述》，《天津农业科学》，2021年第10期，第22—25页。

部资源来助推乡村社会的发展，破解那些产生于农村但需要更大的场域来解决的难题。

在这样的背景下，进一步构建城乡融合发展机制还可以有机结合内源动力与外生动力，实现农业农村改革与新型城镇化建设的有效联结，为乡村振兴战略的实施提供源源不断的“乘数效应”。

因此，在设计乡村振兴战略的运行机制时，不仅要从农村入手，更要把握城乡融合发展的核心，设计出基于农村的内部运行机制、基于城镇的外部运行机制以及内外联结机制。三种机制协同运转，方可为乡村振兴战略提供多层级的动力来源，高效协调实现乡村振兴战略目标（见图6-1）。接下来，本节将由内到外对此三类机制依次进行介绍。

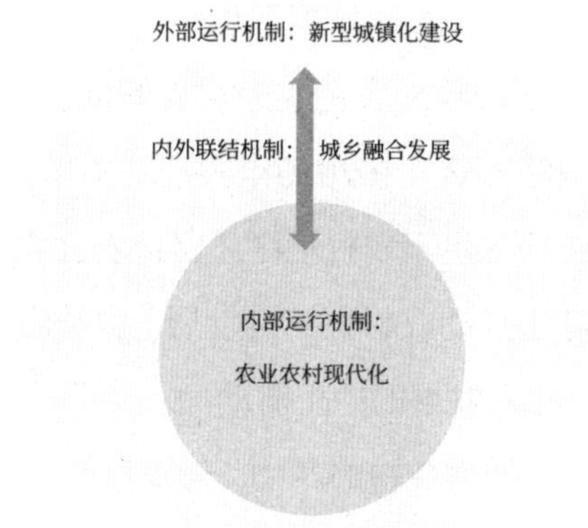

图6-1　乡村振兴的运行机制

二、内部运行机制：农业农村现代化

对于农业农村现代化的核心内涵，杜志雄从社会主义现代化国家建设体系的角度给出了详细解释，认为其是由农业现代化与农村现代化互相耦合而形成的有机整体。其中，前者指的是传统农业向现代产业转型升级的过程，涵盖了产业链的延长、价值链的提升，以及研发、供应、物流、销售等环节的外拓；而后者则侧重于强调区域整体的现代化，指将落后的农村地区建设成美丽乡村，在产业现代化的基础上，进一步追求农村村容风貌、生活环境、生态文明以及农民精神文化等全方位、多层次的现代化。[1]

在农村发展滞后的现实下，农业农村现代化建设从三个维度为农村发展提供内生动力，这是农业和农村发展的根本途径。首先，能够推动农业生产科技化，科技是第一生产力，农业发展需要先进生产力来推动规模化、集约化、效率化生产；其次，农业农村现代化发展能够推动农业转型升级，有利于当地利用人文和自然资源，创新建设和发展特色农业，为农业发展注入新的活力；最后，农业农村现代化建设能够吸引农村外出劳动力回流，投入新农村的建设，为乡村振兴添砖加瓦。

要实现农业农村现代化的同步进展，必须构建起农业农村高质量发展的长效机制。本节将从农业农村改革、现代化农业发展、人才入乡激励、农村组织机构建设四方面对现阶段已经构建起来的农业农村现代化运行机制进行论述。

（一）农业农村改革机制

实现农业农村现代化，必须深化农业农村改革，为现代化建设奠定制度基础。党的十八届三中全会共提及300余条改革项目与措施，其中55条涉及农业农村改革，归纳起来，目前党中央在深化农

1　杜志雄：《农业农村现代化：内涵辨析、问题挑战与实现路径》，《南京农业大学学报（社会科学版）》，2021年第5期，第1—10页。

业农村改革方面部署了农村土地制度改革、农村集体产权制度改革、农业支持和保护制度改革以及乡村治理改革四大板块。

农村土地制度改革方面，现阶段紧紧围绕“实权”与“流动”两个维度，布局了农村承包地制度改革、农村宅基地制度改革和集体经营性建设用地入市制度改革三个模块，来逐步实现农村土地市场化价值、激活农村要素、引导城市资本下乡，同时实现城乡要素的高效对接，为乡村全面振兴强化土地要素保障。

农村集体产权制度改革方面，党的十九届四中全会《中共中央关于坚持和完善中国特色社会主义制度、推进国家治理体系和治理能力现代化若干重大问题的决定》指出，“深化农村集体产权制度改革，发展农村集体经济，完善农村基本经营制度”。为此，政府部门正在全面展开资产清产核资，明晰村集体“家底”，在此基础上进行经营性资产股份合作制改革，通过确认集体成员身份、明晰产权关系、折股量化资产搞股份合作等措施，保障了农民的财产权益并壮大了集体经济；同时构建了归属清晰、权能完整、流转顺畅、保护严格的农村集体产权制度，为乡村振兴战略提供了资本支持。

加快推进集体农业支持和保护制度改革方面，目前一方面在WTO规则的限定幅度之内，对“黄箱”与“绿箱”政策进行了适当调整，使其减少对市场的扭曲，更好地发挥市场作用，同时推进玉米、棉花、大豆等重要农产品价格形成机制和收储制度改革；另一方面，大力开展金融支农活动，现阶段正探索建立健全完善的金融服务组织体系，通过完善“三农”信贷、降低担保门槛、支持特色农产品期权期货品种上市、发行绿色债券等方式为乡村振兴提供一揽子金融产品与服务，营造优良的乡村金融生态环境。

建立健全乡村治理机制方面，现阶段为达到乡村善治，正着力于构建党领导下的多元主体共同参与的自治、法治、德治“三治融合”的治理体系，详细的构架模式将于本章第三节乡村振兴的维护机制中详细论述。

（二）现代化农业发展机制

在强化制度改革的基础上，为全面推进农业农村现代化，还必须发展现代农业产业，为现代化建设提供物质保障。当前，为提高农业现代化水平，相关部门部署了构建现代农业产业、现代农业生产以及现代农业经营三大体系。

1.构建现代农业产业体系

构建现代农业产业体系、加快农业产业的转型升级，其背后的基本逻辑可分为延长产业链、提升产业链与打造产业链三个部分。其中，延长产业链要求建构起生产经营一体化的模式，从单一的农产品生产端延伸到加工、仓储、物流、销售等环节；提升产业链强调的是提升产业链的价值水平，这就要求调整并优化农业结构，提升农业生产的效益与竞争力，走“质量兴农之路”；打造产业链则更侧重于发展农村新产业、新业态，培育农村发展新动能。为此，相关部门以《国务院办公厅关于推进农村一二三产业融合发展的指导意见》《关于促进农产品精深加工高质量发展若干政策措施的通知》等政策性文件为基础，从资金保障、税收优惠，以及供给侧结构性改革三个维度，着手构筑了用以支撑农业产业现代化的发展体系，推动乡村振兴的落实。

首先是财政方面，政府加大了财政政策与资金向农村产业的倾斜力度，以此来推进农业产业链的延长，并引导不同主体进入农村发展农业新业态。财政政策角度，政府的核心做法在于以优先安排和增加计划指标两种方式，增强土地这一重要的基本生产要素向农产品加工以及仓储物流等公司企业的倾斜力度；财政资金角度，政府部门积极创新财政资金的使用方式，探索通过发放各类补贴、政府直接购买等方式为休闲农业、农村旅游业等新业态提供直接的资金支持。

其次是税收方面，目前为发展农村新业态、延长产业链，各地政府正在积极探索相应的税收激励体系。对新型业态以及产业链前端的经营主体给予大幅度所得税减征与免征比例，同时加大增值税抵扣额度，提高该类型企业经营利润，鼓励社会资本向该类企业流入。

最后是通过深化农业供给侧结构性改革，调整并优化农业结构。目前的农业供给侧结构性改革取得了良好的进展，并在进一步朝着市场化、绿色化、优质化方向发展：市场化层面，改善了农产品供需错配的问题，现阶段的农业生产更多是以市场需求为导向，减少了农产品的无效供给；绿色化层面，农业绿色发展正在兴起，绿色种植、生态循环等可持续农业生产方式得到了推广；优质化层面，农产品质量持续提升，现阶段在保证粮食安全的前提下，正在实施一系列质量兴农重大工程，如创建特色农产品优势区、打造知名农业品牌、开展优势粮食工程等。

2.构建现代农业生产体系

现代化农业生产体系完全不同于“靠天吃饭”的传统小农经济，而是一种具有更强灵活性、追求生产高效率的“智慧”农业。因此，建立现代农业生产体系关键在于着力提高农业科技含量，推动农业关键技术科研攻关、成果应用，以及互联网、物联网等现代技术融入现代农业生产，加快信息化与现代化发展。为此，现阶段布局了生产效率化、生产标准化以及生产清洁化三方机制来加速现代化农业生产体系的运转。

生产效率化的关键在于核心的硬件设备设施必须跟上现代化的脚步。当前，相关部门在完善道路、水利、机械装备等基础设施的同时，正着力提升大数据、物联网、遥感科技等与农业的交融程度，在育种、种植、监测、收割、运输全生产环节增强数字化与智能化程度，建设一批高标准良田与示范性农业科技园区。

提高生产标准化，首要目的在于保障人民群众的食品安全。为此相关部门构建了一整套“田间—市场—餐桌”食品安全标准体系，并督促农业生产经营者严格按照该套标准展开生产活动，同时鼓励其培植绿色优质的有机农产品。

生产清洁化，本质上是建立循环农业。现阶段构建的循环农业体系主要分为生产端的资源节约、废弃物资源化利用以及事后的污染防治三大环节。

3.构建现代农业经营体系

构建现代农业经营体系，核心要义是发展多种形式适度规模经营，并使其成为引领现代化农业发展的主导力量，为现代化生产要素融入农业生产经营构建良好的内部条件，解决长期以来农业经营规模过小带来的科技成果、金融服务等先进生产要素无法得到充分利用的问题。

为此，既要扶持带动小农户发展，培育一支高素质的职业农民队伍，又要壮大规模化经营与服务主体，引导和支持种养大户、家庭农场、农业合作社等不同主体的发展。相关部门从多个维度架构了支撑现代化农业经营体系发展的体制机制。一方面展开了现代农业经营体系培育工程，直接培育发展不同形式的经营主体；另一方面，综合运用财政政策、税收优惠、信贷支持等为经营主体的壮大提供外部支持，不仅为新型经营主体建立现代化产业园区提供土地，还为其日常生产活动提供配套设施，进行电价优惠、所得税减免；同时还开展了新型农业经营主体生产信贷直通车活动，截至2021年12月10日，全国共有60418个新型农业经营主体通过信贷直通车申请，获得授信14441笔，授信金额100.02亿元，笔均授信69.15万元。[1]

（三）人才入乡激励机制

实现农业农村现代化，还必须做好人才引导。人才引导能为农村发展积累大量的人力资本，提供充足的人才支撑。现阶段为做好农村人才引导工作，政府部门已经从人才引进、人才交流与留住人才三个环节入手建立了相对完善的人才入乡激励机制。

首先，人才引进环节。一方面，政府部门围绕“降低生产经营成本”这一核心建立了健全的财政、税收以及金融支撑机制，以吸引不同群体返乡入乡创业，如政府部门统筹利用现有资金渠道，通过设立专项发展基金、发行专项债券等不同方式为返乡创业者提供充足的资金支撑，同时实施所得税以及各类费用减免的优惠政策，并提供创新性金融服务解决融资难题；另一方面，政府还鼓励高校毕业生扎根基层，目前正在持续推进培养大学生村官与选调生工

1 农业农村部计划财务司：《“新型农业经营主体信贷直通车”活动精准服务乡村振兴战略》，《农民日报》，2021年12月13日，第7版。

作，将高素质的青年人才培育成乡村振兴的新生力量。

其次，人才交流环节，相关部门抓住了“促进城乡之间人才流动”这一主线任务，构建了新型城乡人才合作与交流机制，通过“编制上移、岗位下放”的“岗编适度分离机制”，激励人才，特别是城市科、教、文、卫、体等专业性强、稀缺度高的人才向乡村基层流动。

最后，为留住人才，政府部门目前的主要做法是“双管齐下”，提高基层工作人员的显性福利与隐性福利，一是大幅提升薪资报酬以及社保待遇水平，特别是与城市相比不存在明显落差；二是完善乡村基层的基础设施水平，确保下乡人才的生活质量不会大幅降低。

（四）农村组织机构建设机制

实现农业农村现代化，离不开组织机构建设。农村组织机构建设机制的构建主要包括党的领导、工作落实、部门协调、绩效考核以及监督管理五大体制机制，五个部分环环相扣，确保了农业农村现代化建设扎实有序推进。

对于党的领导机制，目前建立了“党委统一领导、政府负责、党委农村工作部门统筹协调”的农村工作领导模式，以确保党始终在乡村振兴过程中总揽全局、协调各方；对于工作落实机制，现阶段形成了县委书记作为实施乡村振兴战略的第一责任人，党内自上而下的“三农”领导机制和工作班子，并且形成了领导责任制，实行“中央统筹、省负总责、市县抓落实”的工作机制；对于部门协调机制，目前构建了不同部门间的信息共享体系；对于绩效考核机制，当前正围绕乡村振兴内涵构建详细的评估指标与成果激励系统；对于监督管理机制，目前形成了以巡查小组为代表的上级部门监督体系与以群众和基层自治组织为代表的民主监督体系。

关于这五大机制的具体运作流程与形式可以参见后文的维护机制、评估机制与反馈机制。

三、外部运行机制：新型城镇化建设

新型城镇化建设对于乡村振兴战略来说是一种边界拓展，能为实现乡村振兴带来新的着力点。

一是通过逐步提升城镇化进程与质量，不断吸引农村富余劳动力流入城市，有效解决农村人多地少的矛盾，为加快土地流转、发展适度规模经营、培育新型农业经营主体、提高农业生产效益创造有利条件，进而为留在农村的劳动力开辟更广阔的增收空间。

二是通过城乡空间布局的合理优化，构建以城市群和都市圈为主体、带动周边乡村地区联动发展的空间动力系统。新型城镇化可以拉动内需增长，为农产品开拓更新、更宽广的市场，实现城乡市场资源的互补。同时，随着城市产业的转移以及结构的优化升级，不同要素将在城乡之间自由流动并得到合理配置，实现城乡产业的良性互动，为传统农业装载现代工业与服务业的强力引擎，并且城镇经济发展带来的财富增长效应还可以为政府财税资金加大力度向乡村倾斜提供保障，做到直接反哺“三农”。

三是伴随着上述区域内城乡产业的合理分工与协调联动，能带动公共服务资源以及基础设施由城市向乡村的扩散，缓解优势资源过度集中于城镇而产生的发展弊病，提高乡村生活的吸引力，降低推斥力，将人才、资本等牢牢地留在乡村，确保振兴成效的持续性与稳健性。

四是新型城镇化战略下，城镇在朝着宜居、绿色、人文方向发展的同时，还可以利用其自身优势，如现代化的理念与科技手段等，既做到激活农村传统文化的效能、构筑城乡文化良性互动的局面，又做到引领乡村生态文明建设沿着绿色可持续的道路前进。

接下来本小节将从上述四个维度切入，阐述现阶段在乡村振兴背景下，为实现以上四方面着力点分别部署了哪些机制。

（一）农业转移人口市民化的推进机制

现阶段，为继续深化上述着力点对乡村振兴工作的支撑作用，相关部门部署了全面的农业转移人口市民化推进机制，具体来说主要布局了三大板块：户籍制度改革机制、基本公共服务均等化机制以及合理的成本分担机制。

户籍制度改革是破除人口自由流动壁垒的关键，而户籍改革的核心要义又在于有序放宽城市落户限制。2014年，国务院在《关于进一步推进户籍制度改革的意见》（以下简称《意见》）中首次提出了“促进有能力在城镇稳定就业和生活的常住人口有序市民化”的说法，此后，以该《意见》为基础，各城市根据自身的承载能力和经济社会发展的实际要求，积极合理地探索推进重点人群便捷落户、分级分类有序地取消城市落户限制的政策。

农村转移人口市民化的深入推进，不仅仅是单纯市民身份的获取，更要解决其背后牵涉的配套公共服务的二元割裂问题。为切实改变这一难题、提高城市转移人口的自我认同感与归属感，政府在户籍改革基础上还部署了基本公共服务均等化机制，不断扩展公共服务的保障范围；同时逐步实现农业转移人口与城市人口在社会公共服务、医疗卫生、教育体制，以及住房保障等方面享有同等的权利。

户籍与基本公共服务改革离不开必要的物质支持，因此，为持续推进农村转移人口市民化，必须要构建合理的成本分担机制，科学划分承担主体及其支出责任。目前，市民化成本由政府、企业与个人三类主体分摊，政府起主导作用，调配财政资金来承担公共服务与设施的建设成本；企业主要得益于农村转移人口的劳动力，因此，根据受益原则负责落实同工同酬并依法为转移人口缴纳社保费用；转移人口自身主要应做到积极缴纳社会保险费用以及必要的税款，不偷税漏缴，同时踊跃参与职业技能培训，以便更好地融入城市生活。

（二）产业的协调与带动机制

现阶段，为实现城乡间产业的协调以及城镇对乡村产业的带动，主要部署了第一、二、三产业融合发展机制。“三产融合”指以农业发展为基础的同时，联动第二、三产业，实现农业生产要素与技术、资本、市场等的深度融合，关键是通过延长农业产业链条、渗透高新技术、形成交叉产业新业态的方式，提高农业生产效益，实现农民收入长效增长。因为“三产融合”带来的一个最直接的效益就是推动现代化农业的发展，因而其三种实现方式均可以在前文现代化农业的发展部分找到相应的机制构建，在此就不多赘述。

（三）公共资源由城市向乡村的扩散机制

公共资源扩散机制的设立主要是为解决乡村公共资源发展落后的问题，发挥出城镇化进程中城市对乡村的带动作用。现阶段架构起的扩散机制主要是依据公共资源的种类划分，具有针对性地构建出教育、医疗、社保以及基础设施的扩散机制。

教育改革方面，重点从管理体制着手解决优质教育资源分配不公平的问题，将核定义务教育学校教师的编制与岗位的行政权上移，而将聘任权下沉到学校，实行“县管校聘”，并在此基础上探索城乡轮岗制与联合体模式；医疗改革方面，围绕流动性原则展开，通过结对帮扶、巡回医疗、远程医疗等机制，增强先进医疗资源在差异化层级的医疗机构间的流动性；社保改革方面，关键是依靠统筹层次的提升，如养老保险全国通过，来解决城乡间流动人口的社保关系转移接续难题，同时统一待遇水平，提高公平性；基础设施方面，核心是一体化发展，统筹供水、供电、道路、信息等的合理布局，畅通城乡之间的线路连接，并在城乡间进行统一的维护与管理。

需要注意的是，这里的城乡资源配置机制，更多的是从助推城市带动乡村公共服务与资源的发展角度来构建的；而农村转移人口市民化中的公共服务均等化机制，更多的是从促进城市中的农村转移人口与城市居民享受的公共服务待遇均等的角度来构建的。前者的均等化是在城乡之间，而后者的均等化是在城市内部不同人群之间。

（四）生态与文化发展的拉动机制

为推动城镇化发展带动乡村生态文明建设，实现乡村振兴的绿色发展，目前建立了政府主导、市场化运作的城乡生态产品价值实现机制。在绿水青山就是金山银山的理念指导之下，通过政府对公共生态产品的采购、生产者对自然资源的有偿使用、消费者对生态环境的附加值付费、健全生态产品产权交易市场等方式，在实现乡村生态产品价值、为农民增收的同时，又能做到绿色、可持续性发展。

为推动城镇化发展带动乡村传统文化建设，赋予乡村振兴本土文化滋养，目前建立了优秀地方文化挖掘与利用机制。通过挖掘与保护传统、民族文化的精华，同时借鉴并吸纳城市文明的优秀成果，提高现代科技与乡村优秀文化的融合程度、吸收城市文化的优秀成果与现代化的理念补充乡土文化以增强其生命力，最终推动优秀乡村文化的创造性转化与创新性发展，彰显乡村文化价值。

以上布局的四个机制协调运转，分别从人口维、经济维、公共服务维、生态文化维强化新型城镇化对乡村振兴的外部支撑力量。

四、内外联结机制：城乡融合发展

城乡融合机制，相比内部机制与外部机制而言具有一定的特殊性，其并不需要如前两者一般独立构建起对应的机制体系以及政策措施，更多的是指一种思想意识、指导精神，即联结农业农村现代化与新型城镇化战略，并将两者放在同一平台进行系统谋划的意识，是内外机制的整合与升华。

由此可知，城乡融合发展机制的具体内涵不是以城带乡的“城市偏向主义”，也不是以城乡无差别为导向的“均衡主义”，而在于将城市与乡村视为一个有机整体，充分发挥政府的规划引导作用和市场的自发调节作用，在开放、公平、共享的环境中，实现两者资源要素自由流动、产业关系紧密联结、各项功能互补互促，最终推动生产生活以及生态环境朝着一体化、均衡化的方向融合发展。

具体来说，城乡融合发展机制是搭建在内外部机制之间的一架桥梁，以人口要素为例解释这一观点：城乡融合发展机制指引下的乡村振兴，不仅要求立足于农村，吸引人才入乡为乡村增添活力，而且要求站在城市的角度，吸纳农村富余劳动力实现重点群体有序市民化。这样一种为实现要素顺畅流通的方式，完全不同于传统“偏向主义”指导下的发展方式，即要么单一地要求人才全部流入基层、支援乡村，要么要求实现全民城镇化，通过抛弃落后乡村地区的方式实现共同富裕。内外部机制所包含的其他要素，如经济、公共服务、生态、文化等维度，在城乡融合发展机制的引领下同样如此，既强调城市赋能乡村，又强调乡村发展补充城市，最终在双方共赢的基础上实现广泛的乡村振兴。

因此，不难看出通过城乡融合发展机制，可以有效均衡城乡各方面的发展差距，革除由于“二元割裂”所引发的一系列病变，形成工农互促、城乡互补、全面融合、共同繁荣的新型工农城乡关系，最终促进乡村振兴战略的顺利实施。

当然，目前的城乡融合机制也并非尽善尽美，在巩固现有发展成果的基础上，要想到21世纪中叶，城乡融合发展体制机制成熟定型，实现城乡全面融合、乡村全面振兴的目标，本文建议未来的城乡融合工作还可以从以下几个方面进行重点优化。

第一，目前城市与乡村之间尚存在明显的数字鸿沟，截至2020年6月，农村地区互联网普及率为52.3%，网民规模仅占整体的30.4%；相比之下，城镇地区互联网普及率达到76.4%，网民规模占整体的69.6%。因此，未来城乡融合发展过程中，应重点加强5G、大数据、互联网等基础设施在乡村的建设，推进城乡数字发展一体化。并在此基础上，进一步利用数字产业带动传统农业发展，通过互联网经济等不同方式，引导要素在城乡之间实现不受物理空间限制的跨区位自由流动。

第二，现阶段的城乡融合过程中，重点强调了大城市与都市圈对乡村地区的带动发展，相比之下，对县域经济的发展关注度更小，然而县级单位因为与农村地区在地理区位上接近、经济产业相似以及文化背景的认同，是城乡融合的重要切入点与载体，高质量县域经济的发展能够有效带动城乡融合。因为在未来城乡融合发展的过程中，应该通过各种形式挖掘县域消费潜力，带动周围乡镇发展，发展成有效连接广大农村和城市的生产与消费空间，同时注重弥补各县在发展中存在的各类短板，优化县域城镇与乡村之间的发展布局。

第三，加速落地国家城乡融合发展改革试验区。目前，改革试验区的设立工作尚处于起步阶段，而建设试验区可以在区域范围内紧紧围绕解决城乡发展不平衡、农村发展不充分等重大问题，具有针对性地创新政策措施，便于及时总结经验，形成可复制、可推广的新型改革措施，是振兴乡村的一大重要切入点。因此，探索建立国家城乡融合发展试验区应作为未来的工作重点。

综上所述，在乡村振兴的机制设计中，只有以城乡融合发展机制作为主线，同步推进农业农村现代化与新型城镇化建设，才能改变城乡分离、此消彼长的发展格局，促进乡村的持续发展。

第二节　乡村振兴的治理机制

乡村治，天下安。乡村的全面振兴既需要依托生产力提高奠定的物质基础，又需要有效的治理来增添发展活力。乡村治理是指进行以乡村政府为基础、国家机构和乡村其他权威机构为乡村社会提供公共品的活动。[1]作为我国最基层的行政区域，乡村的治理是国家治理框架的根底，乡村是否“治理有效”能折射出整个国家治理体系和治理能力是否达到现代化水平。科学有效的治理体系与格局能为基层政府辖区内的居民提供符合其偏好的公共品，在增强农民群体获得感的同时达到政策效益的最大化，而如若缺少有效的乡村治理，就难以实现乡村的全面振兴，影响建设现代化强国的大局。

一、治理机制的设计

“治理有效”是乡村振兴的根基，现阶段治理机制的构建方式主要是在原有的乡村治理制度上进行有针对性的创新，本质还是公共权力如何在乡村这一范畴中得到良好的利用，其根本目的在于维持乡村秩序进而实现乡村社会的积极发展。

中华人民共和国成立以来，我国农村顺应生产力发展规律，由家庭联产承包责任制时代的人民公社制度转变为现在以“村民委员会”为主的基层自治制度，并于1998年被《中华人民共和国村民委员会组织法》固定为我国乡村最普遍的治理方式。此后，我国农村经历了20余年的发展，伴随着政府职能的转变以及各类计划任务的取消，乡镇政府在乡村治理中的作用被逐渐淡化，然而面对国家现

1　党国英:《我国乡村治理改革回顾与展望》,《社会科学战线》, 2008年第12期。

代化与乡村振兴战略并驾齐驱的现实背景，以及波谲云诡的乡村利益格局，单一的村民自治难以解决问题，因此迫切需要创新乡村治理模式，为乡村注入新的活力。[1]如今乡村振兴的治理机制向现代化治理靠拢，强调基于农村社会的实际情况，不再局限于“乡村现代化就是城镇化”的老旧逻辑，摆脱了“以城统乡”的路径依赖，强调在党的领导下充分激发市场、居民及其他各类民间组织的活力与积极性，达到“共建共治共享”的局面，形成强大的治理合力。本节以下将从治理主体的组成、治理机制的构建以及治理机制的优化方向三个层面对乡村治理内容进行具体论述。

二、治理主体的组成

为实现乡村全面振兴，建设和谐、稳定、规范的乡村治理共同体，在“一核多元、共同参与”的思想指引下，现阶段正在协调各治理主体的结构关系，大力构建党政主体引领、市场主体激活、居民主体有效自治与社会主体广泛参与相统一的治理新格局。

（一）党政主体及结构

现阶段，我国乡村按照“条块结合”的架构模式展开治理工作。“条条”是指自上至下的治理，即从中央到地方，上级组织指导下级组织的方式。“块块”是指区域内部的治理，即地方各职能部门的治理。

就“条条”而言，《中共中央国务院关于实施乡村振兴战略的意见》中确定了乡村振兴的治理应采取“中央统筹、省负责、市县抓

1　尹小恩：《后税费时代我国乡村治理的演进与内涵——以2004—2019年中央一号文件为例》，《福建农林大学学报（哲学社会科学版）》，2019年第6期，第23—30页。

落实”的方式，目前在实际工作中，各党政“一把手”往往会担任第一责任人，并由各级书记担任“领头兵”、县委书记担任“一线总指挥”（见图6-2）。

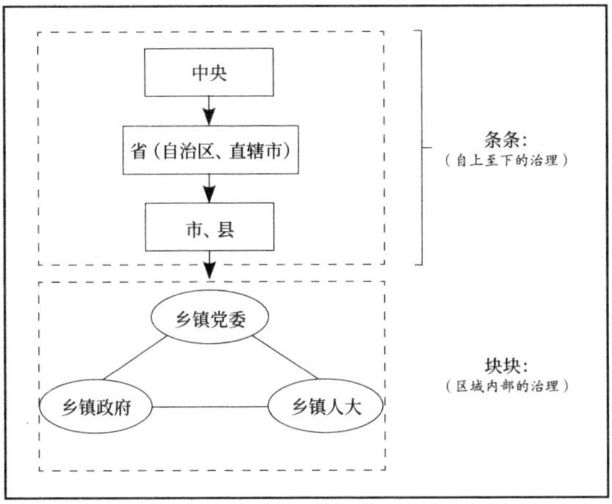

图6-2　乡村治理结构

就“块块”而言，乡镇内部的治理往往是在由乡镇党委、乡镇人大与乡镇政府构成的“三位一体”框架下运行的，三大机构各司其职同时又相互制衡。

在坚持党作为核心领导的原则下，乡镇党委主要负责裁择决定乡镇内部各项政治、经济事务，是贯彻执行乡村振兴战略的重要推力。其对外向上级党委负责、直接受上级党委领导，对内实行集体决策和书记分工负责相结合的领导制度。乡镇党组织是乡村治理的关键和核心，是保持农业、农村经济发展和社会稳定的重要组织保证，是与广大农民联系最直接、最广泛的纽带。

乡镇人大是乡镇政权的权力机关，是我国政体构架中最基层的权力机关，同时也是与人民群众保持密切联系的代表机关，具有法律所规定的决定权、监督权和任免权。其具体的职能分别包括：及时把党委有关决策部署通过人大法定程序转化为人民的共同意志和自觉行动；对乡村振兴进度进行跟踪调查，督促政府加快推进有关工作；依法任免干部，将素质优良、作风踏实、熟悉“三农”工作的干部任用在乡村振兴的重要岗位上……

乡镇政府是乡镇的行政中枢，由人大选举产生。乡镇政府既是落实乡镇党委决策的办事机构，也是乡镇人大决议的执行机关，其主要职能是细化落实国家政策，并对行政区域内的经济、社会发展计划进行制订和实施，负责民政、文化、教育、体育及卫生等方面的社会性工作。乡镇政府既是条条的末端，也是块块的重要组成部分。目前，为便于乡镇党政协调一致地工作，许多乡镇长由乡镇党委书记或副书记兼任。

乡镇以下的工作主要由农村基层党组织和群众自治组织负责，农村基层党组织是乡村振兴工作在农村开展的基础。村党支部作为农村基层党组织的表现形式，负责统筹领导本村内的各类组织和各项事务，围绕实施乡村振兴战略，担负着管理、教育党员以打造高素质的基层党组织队伍和动员、引领广大群众投入乡村振兴建设中的工作职责，朝着“问题在基层发现、困难在基层解决、政策在基层落实”的方向奋斗，是落实乡村振兴战略的主心骨。而群众自治组织，因其构成主体是人民群众，故本文将其置于后文居民主体中进行详细说明。

（二）市场主体

现阶段，在治理过程中起作用的市场主体主要是农业合作社。农业合作社的组织形式、职能作用以及发展演变可以从多个维度全面激活乡村治理。

首先，农业合作社是广大农民群体在家庭承包经营的基础之上，遵照民主自愿原则组建的，为社内成员提供专业化生产服务，同时协调内外部关系的互助性经济组织。合作社内部管理民主，成员之间权利与义务平等，因此将农业合作社嵌入乡村治理的过程中，能唤醒农民的民主与责任意识，激发其踊跃参与乡村治理的主人翁精神。其次，合作社的职能既包括拉动农村经济增长、增加农民收入，又包括对社员进行各类知识培训，提高农民技术水平与文化素养，这一方面可以为乡村治理活动提供一定的物质支持；另一方面可以提升村民在自治过程中的治理能力与效率。最后，近年来，农业合作社的一大发展趋势是从互助性的集体经济体演变为法人股份经济主体和乡村社会服务组织，比如，出现了发轫于单体农民合作社的跨行政村组的合作社联盟、第一书记产业联盟以及，缘起于脱贫攻坚的扶贫社、村组议事会、乡村幸福院、养老院理事会等[1]。从中可以看到，在乡村治理中，合作社的功能也正从经济支撑进一步拓展到统筹社会服务。

（三）居民主体

在党支部的领导下，治理主体多元化原则还要求“坚持农民主体、激发农民潜能”，农村基层群众自治组织是发挥农民主体优势和内在潜力的载体。因此，为发展广泛的群众自治，各村依照相关法律选举了村民委员会作为基层自治组织。选举的过程通常按照差额选举原则，由全体村民“一人一票”选出村委会成员。村委会成员由村民选举，因此需对村民负责，在民主协商、民主管理、民主

1 张毅:《充分发挥合作社的乡村治理功能》,《经济日报》,2020年11月1日。

监督原则指导下，落实“一事一议”“四议两公开”等基层议事和决策制度，配合党的领导处理村内各类与乡村振兴有关的事务，并坚持村务公开原则。

此外，各村落还因地制宜建立了由全体村民或代表组成的村民会议、村民代表会议、议事会、理事会、监事会等新农村基层协商议事的组织机构，开展了村民说事、民情恳谈、百姓议事、妇女议事等各类新型协商活动；同时还积极创新基层民主监督模式，如浙江省武义县后陈村在实践中探索出了“后陈经验”，村内创造性地设立了村委监督委员会，与村民委员会、村党支部并列，成员由村民选举产生，任期相同，受村民代表会议委托独立行使村务监督权。

总之，多种类型的基层自治组织充分调动了广大农民投身于乡村治理的热情与积极性，增强了村民自我管理、自我教育、自我服务、自我监督的能力。

（四）其他社会主体

党的十九届四中全会强调，“构建基层社会治理新格局，必须充分发挥社会组织的作用”，社会组织作为一种独立于政府和企业的特殊组织形式，对构建乡村治理新格局具有独特的价值和功能。

目前，在我国农村地区，能充分参与基层治理的社会组织大致可以分为自治型组织、社会服务型组织与传统型组织三大类，其中自治型组织以基层民主自治的方式参与乡村治理，这部分在前文居民主体部分已做详细说明。社会服务型组织，如基层医疗机构、社会救助机构、基金会、各类民办非企业单位等，通过采取政策倡导的方式介入公共政策运行的各阶段，在政策的酝酿、决策、执行和反馈过程中，传递其代表的价值理念同时反映人民群众的真实需求，弥补可能存在的“政府失灵”现象，在国家与公民之间建立起协调与沟通的桥梁。传统型组织，以乡村宗族组织、新乡绅等为代表，这些组织与个人通常拥有丰富的社会资源以及一定的社会地位，或者具有强大的经济支撑，在乡村内部具有一定的影响力与号召力，因此在乡村治理过程中形成了一张“包罗万象”的社会关系网络，延伸到政府部门难以触及的各个角落，通过调动自己的社会资源，帮助政府部门与权力机构解决那些制度难以根除的问题，在维护乡村和谐稳定的同时促进政策真正地落到实处。

三、治理机制的构建

多元主体的共同参与在一定程度上体现了乡村治理的复杂属性，在这样的背景下，为了规范各主体之间的行为、充分激发不同主体的治理效能，最终达到乡村善治的效果，还需要构建完善的内部协调机制与外部支撑机制作为保障。

（一）内部协调机制

内部协调机制侧重于协调不同主体之间的内部关系，从而促使各主体形成良性互动的局面，主要包括目标协同机制、权责划分机制以及矛盾调和机制三部分。

首先，相关部门明确了统一的奋斗目标来实现不同主体之间的目标协同。2019年6月，中共中央办公厅、国务院办公厅印发了《关于加强和改进乡村治理的指导意见》，意见中明确指出乡村振兴的总体目标是“乡村公共服务、公共管理、公共安全保障水平显著提高，党组织领导的自治、法治、德治相结合的乡村治理体系更加完善，乡村社会治理有效、充满活力、和谐有序，乡村治理体系和治理能力基本实现现代化”。只有在同一个清晰、统一的目标指引之下，不同主体才能作为一个有机整体工作运转，朝着一致的方向进发，确保乡村治理的大方向不发生偏差。

其次，进行明确的权责划分，明晰权利与责任的边界是多元主体之间形成良性互动关系的关键因素。当前，乡村治理中还存在不同主体权责规定交叠的问题，如实践中乡镇政府对村委会过度控制已是常态，政府会直接“钦定”或任意撤换村干部同时干涉村务决策与管理。针对此类权责交错的现象，各地正积极探索村级事务小微权力清单制度，进一步厘清小微权力的边界。通过细分事项清单的形式合理限定村级组织和村干部的权力，规范权力的运行，做到权责明晰，同时与清单相配套，绘制运行流程图，推动基层干部按章办事，防止村干部在运用权力时越位、错位与失位。同时各地还通过多种形式规范不同主体成员之间相互兼职的乱象，平衡不同组织之间的权力，避免造成“一家独大”的局面。

最后，建立了矛盾调和机制。由于乡镇政府、党支部、村委会以及各类社会组织分属于基层政权、行政权与自治权，其代表的立场各不相同，拥有不同的行动逻辑，在决策的制定与执行过程中就极易产生矛盾冲突。例如，村委会为强化其民主自治的特性，会在工作中想方设法弱化甚至抵制乡镇政府的控制与干预。为化解多元主体的矛盾冲突，现阶段已经形成较为全面的调节机制，一方面双方可以通过民主协商、讨论等方式进行自调节；另一方面，冲突之外的其他主体可以作为第三方组织参与调解，如上文所列举的，当村委会与乡镇政府产生冲突时，党组织可以作为调停者来协调各方、统领全局；必要时还可以发挥行政仲裁与裁决的行政性调解以及司法部门民事诉讼、行政诉讼的诉讼调解。

（二）外部支撑机制

外部保障机制侧重从外部为多元主体在乡村治理中提供保障，具体表现为自治、法治、德治“三治融合”的体制机制。2021年4月，中共中央、国务院出台的《关于加强基层治理体系和治理能力现代化建设的意见》中提出，力争用5年左右时间，建立起党组织统一领导、政府依法履责、各类组织积极协同、群众广泛参与，自治、法治、德治相结合的基层治理体系。因此，在多元共治的背景下发展“三治融合”仍然是现阶段以及未来很长一段时间内乡村治理的重点与关键，接下来本文将详细说明为何“三治融合”治理构架能从外部为治理主体提供优良的治理环境与氛围。

自治是指治理主体在合适的治理结构中依靠治理规则进行乡村治理，强调了农村居民的主体地位。乡村振兴的立足点在农村，因此在农村居民中发展多种形式自治组织与新型的农村组织有利于乡村振兴治理工作更加深入开展。“自治为基”坚持村民自治制度，通过创新发展不同类型的自治组织，为农民充分表达自己意见和想法提供了充足的、多样化的空间和载体支撑。

法治的具体内涵指通过现代化法律规则来约束治理主体的行为，确保其在法律的规范之下展开治理活动，依法保障村民的合法权益、调整乡村内部社会关系，防止出现违法乱纪的行为。“法治为本”体现了依法治国基本方略的贯彻落实，为乡村治理提供法律的“硬支撑”，能保障乡村治理工作在法制化的轨道内运行。

德治在于在乡村治理的过程中展现出中国传统的良善道德力量。德治要求根据农村熟人社会的特点，因势利导，发掘乡亲邻里间的淳朴感情，并挖掘传统优秀的乡村道德文化，弘扬乡风文明，强化道德教化作用，同时在乡村治理中体现出社会主义核心价值观。“德治为先”将道德风尚嵌入乡村治理过程，确保各主体的行为符合公序良俗的约束，为乡村治理提供“软支撑”。

自治、法治与德治三种维度相辅相成、相互衔接，从不同角度为乡村治理提供有效的外部支撑。

四、治理机制的优化方向

虽然现阶段乡村治理取得一定成效，但仍存在一系列问题亟待解决，接下来本文将深入分析现存问题并进一步分析如何针对这些问题进行改革优化。

（一）加强党的领导建设

乡村振兴治理机制的关键在于党的领导，然而目前，各基层党组织的水平参差不齐，部分村庄存在一批软弱涣散党组织，导致农村基层党组织的作用无法渗透到乡村治理的各领域。

为此必须首先整顿好党组织这一排头兵，时刻抓紧基层党组织内部的队伍建设。一方面，要继续深化“两学一做”学习教育，持续开展“三会一课”、主题党日、民主评议党员、党员联系农户等党内活动，帮助广大基层党员以新时代中国特色社会主义思想自我武装，提高基层党员干部的领导能力和思想知识素质；另一方面，要贯彻落实从严治党的要求，相关上级部门要根据《农村基层干部廉洁履行职责若干规定（试行）》严格监管涉农资金拨付、物资调配等工作，在党内上下开展腐败和作风问题专项治理，严厉打击农村基层黑恶势力和涉黑涉恶腐败及“保护伞”，坚决纠正损害农民利益的行为。

（二）树立整体思维

当前阶段，我国乡村治理工作中普遍存在“碎片化”问题，相关部门在治理问题时通常采取“头痛医头、脚痛医脚”的简单思路，缺乏将不同领域的问题关联起来思考的整体性思维，难以整合不同要素形成合力，易导致乡村治理总体方向发生偏差，进一步阻碍乡村治理水平的提升。

为此，首先，需要强化国家在乡村治理机制中的统筹作用。基层治理主体的自主性发挥需要以国家的统筹为前提，要以国家顶层设计为依据制定乡村治理的目标与方法，确保治理的总体方向没有偏差；其次，要把乡村治理放在城乡统筹和五位一体的战略背景下考虑，认识到解决一个领域的问题需要不同要素之间的相互配合与促进，整合分散要素，发挥合力作用；最后，因地制宜，根据不同村落的实际情况，在解决村落现有问题的基础上，以“发展”的眼光看问题，加强弱项治理，弥补发展短板。

（三）建立利益联结机制

当前，在协调不同主体的内部关系时还缺少一定的利益联结机制，利益联结机制的缺失导致难以从根源上消除不同主体之间的矛盾。多元主体之间的协作必然要以共同利益为基础，因此未来乡村治理中的一大工作重点就是通过创新各种形式的架构设计来寻找并维护不同主体间的“利益交集”，促使多元主体协调运转。

同时，在化解主体的矛盾冲突时，应把调和的方法从厘清各方立场的争端转变为针对物质和利益的谈判。立场争端由于各主体代表的利益不同本就存在着难以调和的特征，因而应该积极探索发现并满足双方的共同需求，以实现冲突双方的共赢，为乡村振兴创造良好的社会环境。

（四）将“智治”纳入“三治融合”机制中

随着数字中国战略的推进，未来的乡村治理中不仅需要继续加强自治、法治、德治的支撑，更要将“智治”纳入治理体系，让数字技术为传统乡村治理提供新动能。

例如，可以利用互联网与大数据等技术手段搭建乡村治理“云平台”，为信息与诉求的表达、搜集、反馈，以及政策的制定、监督提供数字化网络空间，推动乡村治理的科学化与民主化。

总之，“智治”可以为乡村治理提供有力的外部技术支撑。在今后的相关工作中，为加快推进乡村“智治”，要从主、客观两个层面来进行相关的机制设计，主观上要增强农村居民以及领导干部互联网思维，客观上要统收推进平台建设与技术培训。

第三节　乡村振兴的维护机制

乡村振兴战略于2008年提出以来，已经在多地试点并初见成效，但是如何对其进行维护的问题随之而来，即使国家投入大量的人力与物力，部分农村地区仍然存在无法将乡村振兴成果长久留住的情况，究其根本，在于缺乏长效维护机制。构建长效维护机制是实现高质量、可持续发展的客观要求，只有建立了相应的体制机制，才能保障阶段性成果，保证制度的长期正常运行并发挥预期功能，最终实现乡村振兴三步走的历史任务。

因此，长效维护机制是针对那些将乡村振兴“短期行为化”而采取的策略，主要包括推动制度运行的相关主体以及规范、稳定的配套制度，其构建的基本逻辑在于，相关主体采取特定的维护方式对已取得的各项成果进行维护，最终使乡村振兴成为一个可持续发展的战略。

接下来，本节将从维护主体、维护方式以及优化路径三个层面对维护机制进行详细说明。

一、维护主体

建立乡村振兴的成果维护机制，首要问题是要明确由谁负责，即维护主体的问题。现阶段，维护机制主要遵循的是“谁治理谁维护”的原则，由相关治理组织肩负起首要的维护职责。

由前文可知，治理组织可以大致分为上级管理组织与村级自治组织两种类型。上级管理组织主要指农村直属的乡镇、县市负责乡村振兴的各职能机关，如县党委、县政府等。村级自治组织除村党支部、村委会，也包括承担了实际振兴任务的其他组织，如村集体自发组织的农村合作社、村民议事会、村委督查小组等。这些组织在推动乡村产业发展、乡风文明、乡村善治等过程中制定了什么政策、起了什么作用、获得了什么成果，在后续的维护机制中就要对相应的内容进行维护。

同时，在成果维护过程中相关主体还需注意两方面的问题：对于上级管理组织来说，由于地方政府换届导致负责人调动，因此要警惕新任领导带来“一人一政策”而使乡村振兴成果流失。如果前任干部推行的政策切实有效，为农村居民带来了实实在在的利益，后续新任干部应在此基础上，结合实际情况进行维护。

对于村级自治组织来说，城乡融合发展给予了农村居民更多机会，但同时也导致了自治组织的流动性增大。村民自发组成的组织成员本身大多只是出于责任心参与乡村振兴治理，若生活有所变动，则很难持续跟进。因此，不能仅仅依赖参与自治组织的村民，广大农村居民都要做到心中有自觉维护乡村振兴治理成果的概念。通过宣传强调，动员全部农村居民共同自发维护，才是维护机制运作的最优解决方案。

二、维护方式

在明确了维护的责任主体后，如何进行维护，即以什么样的方式进行维护就成了亟须回答与破解的难题。现阶段，维护方式主要由三部分的内容构成：第一，引入市场力量为成果维护提供物质支撑；第二，使用法律手段为成果维护提供外部保障；第三，增强监管与追责，促进成果维护落到实处。

(一)维护资金的“双到位”

乡村振兴的维护需要持续且充足的资金流作为保障，然而现阶段多数地区在推进维护工作的过程中，大多依赖单一的政府财政资金，这并非长久之策，必须要将市场的力量纳入其中，通过一定的机制设计让市场能够自发地为维护工作提供稳定的资金流。

为此，目前正在积极探索创新投融资体制机制，意在联结政府力量与市场力量，形成投资合力。例如，鼓励民间资本流入农村供电、电信设施等重点领域的投资建设与成果维护过程，改变长期以来单方面依靠政府和农村力量的维护格局，同时通过革新项目管理和绩效评价方式，建立市场化运转、专业高效的管护机制，保障市场力量在基建的管护中能长期发挥效益。此外，各地政府还探索通过直接投资、特许经营、财政补贴等多种形式，引导社会资金进入农村基础设施建设与维护环节中。

综上所述，要想持续推进乡村振兴中的维护工作，就必须首先做到政府与市场维护资金的“双到位”，一旦缺少了必要的物质基础，后续的维护工作必将举步维艰。

(二)过渡性的政策变为长期性的法律

长期性法律法规的缺位致使多数振兴乡村的举措难以摆脱“短期”的性质，超出特定的时段即被摒弃或失效。因此，要想维护并继续拓展相关的战略性成果，就必须把行之有效的过渡性政策转变为具有长期性、稳定性特征的法律，这样才能充分发挥法律法规管长远、管根本的作用，避免政策“朝令夕改”对成果带来的不利影响。

为此，2018年中央一号文件就已提出要抓紧研究制定乡村振兴法的有关工作，现阶段已经制定并且施行。《中华人民共和国乡村振兴促进法》就产业发展、人才支撑、文化繁荣、生态保护、组织建设等多方面，对相关部门应当继续深化的改革措施、应坚持的制度体系、需进一步完善的体制机制都进行了全面且详细的规定。由于只有在实践中被证明有效的政策制度，以及体制机制才有可能通过法律形式被确定下来，因此法律的规定能确保有利于现阶段成果维护与发展的措施被继续施行下去，不被人为地随意更改，让相关部门在维护必要措施的持续运行时能够有章可循、有法可依，同时也为打击其任意更改、变动有效措施的行为提供了法律依据。

（三）全方位、常态化的监管与追责模式

在成果的维护与拓展过程中，责任主体还需要建立起全民参与的监督机制，在信息公开的基础上，严格执行目标责任制，健全公众监督、预报反馈和奖励机制，不给破坏成果的潜在行为留空子。

以生态环境成果的维护过程为例进行分析：现阶段，除去采取较为传统的听证会、网上评议、媒体舆论等形式对维护工作进行监督、促进工作的公开透明，一些村落还进行了组织架构的创新，在村党支部委员会以及村民委员会中设置了环境保护和生态文明委员，让生态环境的保护与治理工作渗透到每一个角落。委员们作为乡村内部环境监管的责任人，其主要职责是就农村生态文明建设进行宣传教育，同时不定期巡察重点“三高（高污染、高能耗、高成本）”企业的生产以及废弃物的排放状况，将监管工作落实到日常。除此之外，一旦发现问题，委员们还需充当调解员的角色，组织多方协商解决，避免破坏已有的环境建设成果。

同时，部分村落还将环境成果的维护效果纳入各级干部的绩效

考核与评价体系中，根据考核结果实行“党政同责”“一岗双责”，对于因失责而导致农村生态环境遭受毁坏的领导干部进行问责与惩治。

此外，部分地区还对自行开展清洁生产的企业予以信贷、税收等方面的优惠，对其产品给予正面信用评价，而对那些生产排污的企业给予负面评价，创新地将企业的生产活动与企业信贷关联起来，通过市场化的运行机制做到监管的“自觉化”与“常态化”。

三、优化路径

在现阶段已构建的维护方式之上，结合维护工作中存在的不足之处，本文建议相关部门未来可以从以下两个方面进行路径优化。

（一）增强企业等市场主体的维护意识

乡村振兴过程中施行的部分措施是从公平角度出发的，这在一定程度上与市场追求效率的本质相悖，因此地方企业等以最大化利润为目标的市场主体，不会具有自觉维护成果的意识，反而可能会出现为了追求经济效益而破坏乡村振兴成果的现象，生态环境领域的破坏现象尤为突出。

因此，相关部门在未来的维护工作中要注意引导地方市场主体增强社会责任感，以政策性法规或法律的形式明确规定其在维护乡村振兴工作成果方面的责任与义务，同时要将地方企业的生产经营活动置于公众的监督范围内，敦促其自觉维护成果。

（二）运用新技术建立预警机制

当前，由于数字信息等新技术的基础设施在农村建设投入不充分，乡村振兴的成果维护工作没能搭上新技术的顺风车。

因此，在未来的工作中，随着大数据、云技术等基础设施在农村地区的完善，维护工作中也应该实现数据全覆盖，通过数据的采集和分析等多种方式对已有的成果进行实时监测与定期评估，及时发现潜在的风险与不良的变化趋势，提前介入并分级分类施策，防患于未然。

第四节　乡村振兴的评估机制

党中央对乡村振兴战略的部署是分三步走：第一步，到2020年，乡村振兴取得重要进展，制度框架和政策体系基本形成；第二步，到2035年，乡村振兴取得决定性进展，农业农村现代化基本实现；第三步，到2050年，乡村全面振兴，农业强、农村美、农民富全面实现。因此，在乡村振兴政策的运行和维护过程中，如何对照战略部署的要求看成果、知进步、明不足，全面审视现阶段乡村振兴水平、科学制定未来发展规划，还需要进行顶层设计创新，构建一套科学有效的乡村振兴评估机制。

通过评估机制对乡村振兴的阶段性成果进行考察，有利于掌握乡村发展的动态情况和各部门的工作进度，让各级各部门明白要抓什么、怎么抓、目前抓得怎么样，形成“比学赶超帮”的优良氛围，也便于发挥出评估机制“问题导向”和“以评促改”的作用，敦促相关部门对工作重点或工作方法进行调整。

评估主体参照设定的评估维度，采用多种考核评估方式考察各参与组织在乡村振兴工作中的成果，从而形成完整的评估机制。接下来，本节将从评估主体、评估维度和评估方式等三个环节对乡村振兴的评估机制展开论述。

一、评估主体

乡村振兴是一项规模庞大、需要多部门协作的战略任务，对其进行评估时涉及的主体也较为复杂。

通常来说，最主要的评估主体是官方权威组织。在党中央、国务院的领导下，各省、区、市应成立专门的乡村振兴评估小组，负责统筹推进评估工作。小组内部的人员结构情况通常是由市人大常委会副主任担任组长、农村委员会负责人担任副组长，同时农村委员会、法制委员会的部分组成人员，以及市政府法制办、市水务局、市园林绿化局、市农业局、市气象局主要负责人作为小组成员广泛参与。除此之外，各单位还需分别成立独立的部门评估小组，由主要领导牵头、分管领导负责、相关处室和工作机构参与，因地制宜地制定和实施本领域内专业性的评估方案，并且为了加强工作统筹，还应该由农村办公室来负责协调工作，组织开展资料搜集、调研安排等。在评估的实践过程中，党中央及各级党组织主要发挥领导作用，确保评估方向正确，为乡村振兴服务；人大常委主要代表人民立场，起到了对于党组织和各级政府的监督功能，也在评估的实际调研走访中收集民众诉求，负责群众生活质量等贴近群众的评估部分；农村委员会主要来自基层一线，熟悉各项工作安排的实际落地情况，负责该类项的评估。政府法制办公室、市农村工作委员会（市农委）、市水务局等各类职能部门则负责在各自细分的专业领域开展工作。

除官方权威组织，根据评估方式的不同，评估主体还包括地方主体以及第三方，分别在地方评估和第三方评估中发挥主导作用。地方主体主要是被评估的对象，这一主体内容广泛，乡村振兴的运行、治理和维护机制中涉及的所有地方基层部门组织都在被评估的范围之内。第三方则指的是独立于政府部门之外的专业性机构和组织，其兼具独立性与专业能力，主要是高等院校以及科研机构，这些第三方与政府和被考核对象之间均没有直接的利益联系，且具有技术和理论优势，能够更为公正、科学地进行评估并给出针对性的意见。地方主体与第三方在评估机制中的具体工作模式将在后文评估方式中进行详细讲解。

二、评估维度

党的十九大提出了实施乡村振兴战略的总要求，即“产业兴旺、生态宜居、乡风文明、治理有效、生活富裕”。这20字方针简明扼要地指出了建设美丽乡村需把握的五个层面，反映了经济、社会、文化、政治、生态文明全面提升的内在要求，是“五位一体”总布局在农村的落实。同时，国务院及政府有关部门也先后制定并发布了与乡村振兴相关的国家标准、监测指标、行业规划等政策性、技术性文件，如《美丽乡村建设评价》《全面建成小康社会统计监测指标体系》《全国农业现代化规划（2016—2020年）》，以及一系列相关专项规划、方案。

本书根据乡村振兴的内涵与要求，遵循科学性与可行性并行的原则，结合以上政策文件，并参考了学术界关于乡村振兴评价内容方面的研究成果，总结了以下四方面内容来综合评价乡村振兴的建设成果。

（一）成果评估是核心

乡村振兴战略的重点任务就是五个层面的工作落实情况，通过对这五个层面进行考核与评估，可以总结实践经验与教训，并对后续乡村振兴的实施路径与重点任务进行调整与优化。

具体而言，产业兴旺的核心要义在于提升农村生产力水平。首先，“科学技术是第一生产力”，科技是提高生产力水平的加速器，因而，发挥科技的力量、提高农业现代化水平能最大限度地推动农村生产力水平发展；其次，产业结构布局愈加科学合理，农业生产就愈加高效；最后，生产力水平的提升最终会反映到农村经济发展程度的指标上。所以，农业经济发展水平、农业现代化程度以及农村产业布局的合理性可以用来衡量产业兴旺的程度。生态宜居主要是指乡村生态与闲暇功能，其出发点在于“宜居”，因此农民的生活环境是衡量生态宜居的核心内容，此外还应该包括农村生态环境保护状况以及农业绿色发展水平这两大影响农民绿色生活环境的重要指标。乡村文明是乡村振兴的灵魂，蕴含着丰富的文化内涵，是乡村振兴战略中最基本、最深沉、最持久的力量。乡风文明建设的核心在于继承并发扬乡村自身的优秀文明传统，包括思想道德建设水平、公共文化建设水平以及乡村社会文明程度三大层面；乡村治理是社会治理的基础和关键，主要包括政治建设与服务功能。乡村治理能力、农村基层服务水平以及农村居民的满意度都可以说明乡村治理有效程度；生活富裕是指乡村主体的发展功能。生活富裕的根本在于物质条件的充沛，一方面表现为农村居民收入水平的大幅提高；另一方面表现为农村居民生活质量的全面提升。生活富裕还应以发展的眼光来看待，这就意味着农民福利水平的提升，解除了“后顾之忧”，具体表现为农村各类社会保障水平的均等化。

在明确了具体的评估层面后，还可以对上述指标进行具体量化，以便进行科学、准确的绩效评估。表6-1详细展示了具体的评价指标体系。

表6-1　乡村振兴战略实施效果评价指标体系

一级指标	二级分项指标	三级分项指标
1.产业兴旺	1a.农村经济发展水平	1a1.农村集体经济组织纯收入水平（万元）
		1a2.农林牧渔总产值增长率（%）
		1a3.实际人均农林牧渔总产值增长率（%）

（续表）

一级指标	二级分项指标	三级分项指标
1.产业兴旺	1b.农业现代化水平	1b1.农业科技进步贡献率（%）
		1b2.农产品电子商务交易比重（%）
		1b3.土地经营权流转比例（%）
		1b4.农民参加农民合作社占比（%）
		1b5.GDP/土地面积（%）
		1b6.农业增加值/农业从业人员（%）
	1c.农业产业结构布局合理性	1c1.农产品加工业主营业务收入/农业总产（%）
		1c2.休闲农业与乡村旅游业营业收入（万元）
		1c3.农村非农产业就业人群比重（%）
2.生态宜居	2a.农村生活环境发展状况	2a1.村庄绿化覆盖率（%）
		2a2.生活垃圾无害化处理与普及率（%）
		2a3.污水收集处理设施普及率（%）
		2a4.农村户用厕所普及率（%）
	2b.农村生态保护情况	2b1.纳入保护范围内自然资源所占比例（%）
		2b2.受污染自然资源所占比例（%）
	2c.农业绿色发展水平	2c1.单位耕地面积农药化肥施用量变化率（%）
		2c2.病虫无害化处理比例（%）
		2c3.农膜回收率（%）
		2c4.畜禽粪污综合利用率（%）
		2c5.农作物秸秆综合利用率（%）
3.乡风文明	3a.乡村思想道德建设	3a1.村集体文娱建设支出占比（%）
		3a2.农村居民文体活动参与率（%）
	3b.乡村公共文化建设水平	3b1.乡村特色文化保护与开发支出占比（%）
		3b2.农村教育发展支出占比（%）
	3c.乡村社会文明程度	3c1.近五年来获得荣誉村落表彰数量（个）
4.治理有效	4a.乡村综合治理能力	4a1.村党组织书记兼任村委会主任的占比（%）
		4a2.村民投票选举率（%）

（续表）

一级指标	二级分项指标	三级分项指标
		4a3.有村规民约的村占比（%）
		4a4.实行财务公开的村占比（%）
	4b.农村基层服务水平	4b1.有综合服务站的村占比（%）
	4c.农村居民满意程度	4c1.幸福感（量表）
		4c2.社会公平感知度（量表）
5.生活富裕	5a.农村居民收入水平	5a1.农村居民人均可支配收入（万元）
		5a2.农村贫困发生率（%）
	5b.农村居民生活质量	5b1.人均住房面积（平方米）
		5b2.农村自来水普及率（%）
		5b3.农村用电普及率（%）
		5b4.农村互联网使用普及率（%）
		5b5.建制村通硬化道路比例（%）
	5c.农村社会保障水平	5c1.农村基本养老保险参保率（%）
		5c2.农村居民基本医疗保险参保率（%）
		5c3.农村居民最低生活保障人均支出水平（万元）

（二）维护评估是重点

在对乡村振兴取得的成果进行客观度量评估的基础上，还需要进一步针对相关部门的维护工作进行评估，以此来评价乡村振兴工作是否具备长效性与持续性。

对维护工作进行的评估主要包括两大方面的内容，其一侧重于事前评估，立足于取得成效的时间节点，对未来可能面临的风险进行识别与测量；其二侧重于事后评估，是在间隔了特定的时间段后，对成效的变化程度进行的测量。

前者在具体操作过程中较为复杂，需要首先找到可能影响成效变化的各类因子，然后构建特定的数学模型进行拟合，同时加入与相关部门的维护措施相关的变量，对风险进行动态模拟评估。如果风险级别较低，即预期未来乡村振兴成果不易出现衰退的现象，则可以在一定程度上说明政府在成效维护方面的投入是有效的；相比之下，后者可以直接测量成效在某一时段前后的变化情况，如果取得的成效可以维持在原有的水平，甚至出现一定程度的上升，则能够说明维护工作的有效性；反之，则说明维护工作无效。

（三）组织评估是关键

乡村振兴作为一项具有复杂性的重大战略工程，需要多部门协同推进，因此，在评估工作中需要对部门组织进行重点考核评价。按照工作推进顺序的逻辑划分，组织评估主要包括事前的组织结构评估、事中的工作作风评估以及事后的政策落实情况评估三大模块。

组织结构评估主要是指部门的组织构架是否完善。前文关于乡村振兴的治理机制部分提到，“块块”范围内的治理是“党委—人大—政府”三位一体、缺一不可的，因此评估地区的组织构建是否达到了三位一体的完善程度、三部门的职责划分是否科学合理以及三部门之间的权力分配是否均衡十分重要；工作作风评估既指相关部门在工作中表现出来的一贯办事态度与行为，又包括部门的办事流程是否阳光规范。这两点是部门组织精神风貌与整体素质的直接反映，同时优良的工作作风还可以提升乡村振兴工作的效率，因而需要纳入组织评估的范围内；政策落实情况评估指评估对象是否将上级政策实施落地，具体包括政策的保障力度和覆盖范围是否达到预期，以及乡村建设进程中存在的大大小小的漏洞是否得到了有效填补。

（四）公众评估是根本

公众对相关成果的评估是整个评估维度的一个重要组成部分，体现了乡村振兴“共享性”的价值归依。乡村振兴的出发点和落脚点是人民，因此评价乡村振兴是否取得成效，不能局限于量化的指标数据，更需要人民群众对此做出价值判断。人民群众对于五大重点任务落实情况的满意程度，以及从中感受到的获得感与幸福感最能直接反映出战略实施的进展和效果。同时，公众评估也有利于促使政府及相关部门转变原有的单纯追求政府绩效的思维模式，在乡村振兴工作中更多地关注如何提升人民幸福感、为人民服务。

实际操作过程中，可以采用座谈会、问卷调查等形式对人民群众的获得感以及幸福感进行评估。需要注意的是，上级部门在组织这类活动时，必须充分考虑到参与公民的数量以及构成比例，确保样本覆盖面广、结构合理，同时在选取具体的公民样本时需贯彻随机性原则，防止人为的干预或控制，以保证评价结果客观有效。同时，上级部门也可以搭乘信息网络发展的快车，在法律允许的范围内，运用电子信息等技术获取人民群众在不同社交平台中关于乡村振兴工作以及自身生活状况的言论，分析相关词条出现的频率数据等，并以此作为评估获得感与幸福感的有益参考。

三、评估方式

评估主体在特定评估维度的基础上，还需要借助一定的评估方式才能在实践中有效开展考核评估工作。主体、维度与方式有机结合才能组成完整统一的乡村振兴评估机制。同时，乡村振兴目标任务以及考核评估内容的复杂性也决定了评估方式的综合性。[1]

（一）定期考核与不定期督察相结合

定期考核是按照固定的周期与程序进行的考核，是一种常见的从整体层面出发对一定期限内任务目标的完成情况与质量水平进行考核的方式，更具有宏观性与阶段性。乡村振兴工作中的定期考核通常以年度考核与季度考核为主。相比之下，不定期督察则没有固定的周期界限，上级主体会通过各种方式随机地对下级部门的日常工作进行考察与记录，有利于及时发现并解决问题。实践中，上级部门会通过随机指派考核小组进入各地方基层的方式进行督察评估，以此来增强涉农地区领导班子日常工作中的紧迫意识、优化意识与责任意识。

定期考核是不定期督察的汇总验证，不定期督察为定期考核提供基础依据，二者相互促进、相辅相成。两种方式有效结合，才能帮助上级政府及时掌握下级部门在乡村振兴中的工作动态以及存在的不良作风。

（二）综合考核与分类考核相结合

在考核评估中，综合考核是上级对所有下级的各方面表现进行全面、统一考核的一种方式，具有全局性与整体性的特征。综合考核模式中，无论考核对象是否存在差异、存在何种差异，都采取一致的标准进行考察。与之相对应，分类考核是根据考核评估对象的某些特点进行按类别的划分，针对不同类别的对象采取不同的考核

1　王春城、王焕:《乡村振兴考核评估的体系、流程与机制：基于脱贫攻坚经验的接续创新》,《燕山大学学报（哲学社会科学版）》, 2021年第5期，第1—9、104页。

评价标准，考虑到了评估对象之间的多样性、复杂性与层次性，从而达到精准考核的目的。

由于乡村振兴工程本身的复杂性，因此既要采取综合考核的方式，让上级部门了解到各个地区的整体发展状况，又要引用分类考核的方式，关注不同地区之间的发展差异，提升评估的针对性、有效性和合理性。综合评估与分类评估各具优势，两者相互结合、各展所长，既契合现阶段要从宏观层面整体提升乡村振兴水平的战略安排，又符合当前各个地区发展层次与类型复杂多样的现状。

（三）地方自查、交叉评估与第三方评估相结合

地方自查，是指被评估的地方主体，根据自身所制订的年度或季度工作计划对其工作进度进行客观评价，包括现阶段的进展成效、计划但并未完成的项目以及存在的问题，同时撰写自查报告并向上级部门进行汇报。地方自查具有较高的透明度，能敦促地方主体在日常工作中按照相关规范要求来约束自身的行为；而交叉评估则是不同地方主体之间彼此进行评估的活动。地方自查与交叉评估并行，有利于减少自我评价中潜在的成效汇报虚高、报喜不报忧等不客观的情况。

第三方评估作为近年来兴起的一种新型评估方式，目前在乡村振兴成效考核中得到了广泛的运用。第三方评估机制按照下述流程进行运作：首先上级部门采用公开招标、定向委托以及邀标等多种形式选择特定的第三方机构并订立评估合同；其次第三方机构可以通过抽样问卷调查或者实地考察的方式，根据评估维度要求制定科学的评估方案与制订计划并独立地开展评估工作；再次将调查结果进行汇总、分析得到完善的结论报告，同时对结果中存在的问

题提出具有针对性的专业指导意见；最后向委托人、被评估单位以及社会公众公开结论，做到全方位的信息共享。

此外，为了提高评估结果的说服力和可靠性，上级部门可以委托多个评估机构进行平行评估，并将评估结果的质量水平与相关报酬联系起来，构建科学的激励机制来鼓励第三方机构提升其投入程度与专注程度，并且不同主体之间形成的良性互动与竞争局面，还能有效施展出多元主体的比较优势，并相互监督和制约。

在地方自查与交叉评估中再引入第三方评估的方式，可以在有效弥补政府自评缺陷的同时避免政府之间潜在的相互勾结与包庇行为，完善政府乡村振兴工作绩效的评估体系，提高评估结果的科学性与公信力。

第五节　乡村振兴的反馈机制

一个完整的政策机制中，必然会包含反馈机制。如果缺少及时有效的跟踪反馈，某些项目在评估结束之后就会失去原有的前进动力和方向，最终致使绩效成果难以维持。

乡村振兴的反馈机制要求在工作实践中将成效考核结果反馈给被考核对象，一方面可以打通上级考核主体和下级被考核对象之间的信息壁垒，促使双方就考核结果达成共识，使被考核对象接受考核结果；另一方面有利于被考核对象了解自身存在的问题以及与其他地区相比存在的差距，从而以问题为导向整改目标规划、工作重心以及策略方法。因此，在乡村振兴的策略中，反馈机制作为一个可以用来修正失误的工具，承担起了极其重要的责任。

本节将介绍乡村振兴反馈机制中的反馈主体以及反馈内容和路径选择。反馈主体针对评估内容进行考核，在实操中注意遵循评估内容的原则，最后分门别类针对不同问题采取不同的反馈路径，构建最高效的反馈机制。

一、反馈主体

在乡村振兴的反馈机制中，主要有以下三类反馈主体。

（一）被评估的部门组织

反馈与评估是紧密相连的，评估是反馈的重要内容，而反馈是评估发挥作用的先决条件，没有被反馈给上级部门的评估结果就无法发挥其鞭策作用。因此，被评估的部门要主动把评估结果以报告、述职等形式如实报告给上级组织。考虑到当评估结果不理想时，可能出现下级部门在反馈时弄虚作假或虚报政绩的情况，所以，乡村振兴的反馈机制中不能仅仅依赖这一类反馈主体。

（二）乡村振兴巡察组或专项办公室

为监督下级部门的真实情况，上级党委或政府可因地制宜，向下级派出巡察组或专项工作办，巡察乡村振兴的实际落实情况，并进行直接的反馈，巡察小组作为国家巡察制度向农村基层的延伸，打通了乡村振兴巡察工作的“最后一公里”。

巡察小组一般由市、县级层面党委或政府派出，小组的组长与成员随机且非固定，甚至还会想方设法防止下级找到“规律”，以避免潜在的贿赂、勾结行为。巡察小组要紧紧围绕“产业兴旺、生态宜居、乡风文明、治理有效、生活富裕”20字方针，重点关注农业发展质量、乡村绿色发展、农村文化复兴、农村基层基础工作、农村民生保障水平、农村产权制度改革和要素市场化配置等方面的政策措施落实情况，持续开展跟踪巡察。

具体实践过程中，巡察小组要做到事前的巡察会商与事后的评估整改相结合：巡察小组在进驻乡村之前，要事先查阅资料，并通过书面征询纪委、审计、信访等相关部门意见的方式，查明被考核对象的基本情况，形成“事前的问题清单”，为后续发现问题提供依据；发现各项工作漏洞后，巡察小组还需及时提出整改建议，签发《巡察意见书》，督促有关部门推进整改工作，并再次对整改成效进行评估，真正推进巡察整改的再监督。[1]

1　沈熙政：《乡村振兴战略下小微权力监督的创新实践》，《农业经济》，2021年第7期，第60—62页。

（三）民主监督主体

反馈的主体除上述官方权威组织，还应有各民主监督体系中主体的参与，如人民群众、各民主党派以及新闻媒体等。在评估过程中，权威组织的反馈往往是针对其上级组织进行的，在条条机构中，这种反馈需要层层递进，而来自民主监督体系中的反馈独立于条条机构，不需要按照上下级关系传达，能够更加快速地发现问题、更加直接地指出问题。

福建省汶石村善用民主监督[1]

福建省福州市晋安区日溪乡汶石村在落实乡村振兴战略的过程中，将发展方向定位为旅游型乡村发展，然而村内仍然存在一家违建机砖厂，未经批准占用村内土地，并私自伐林，对汶石村的生态环境造成了极大的破坏。当地村民向村委会反映后却没有下文，便向晋安区纪委举报了该厂。

经调查发现，该砖厂未经批准占用汶石村林地36.7亩，并擅自用挖掘机推平林地建厂，生产过程中以焦炭、木材为燃料，窑炉未配套烟尘处理措施，产生的炉烟气向外直排，对周边环境造成影响。

被区环保局责令停产后，为了恢复生产，该机砖厂负责人心存侥幸，在一家餐厅违规宴请汶石村原党支部书记林某及乡环保所所长、林业站长等5人。得到了“好处”后，机砖厂被默许继续生产了一段时间。

1　陈弘毅：《福州：机砖厂“拆”出乡村振兴新观念》，《新华每日电讯》，2018年11月21日。

> 晋安区纪委根据线索对此事进行了查处，以违反廉洁纪律违规接受企业宴请，违反工作纪律致使环境遭到破坏，等等，分别给予林某等5人撤销党内职务、党内严重警告、党内警告等党纪处理，对另外一名工作不力的干部进行诫勉谈话。
>
> 晋安区委常委、纪委书记林存武提出，晋安区要通过乡村巡察、带信下访等方式聚焦乡村振兴中存在的问题，重视群众反馈，才能够督促整改，确保乡村振兴路上风清气正。

在这一案例中，群众将乡村振兴建设中企业违规、当地领导班子工作不力等情况通过举报的形式反馈给了区纪委，区纪委接到反馈后迅速开展行动，并在问题解决后，提出了“乡村巡察、带信下访”等拓宽群众反馈路径的工作办法，值得学习。而之所以反馈机制能够受到如此重视，正是因为反馈的内容是老百姓的身边事，是切实存在的情况或问题，是乡村振兴工作最终的落脚点。

二、反馈内容与路径选择

在乡村振兴的反馈机制中，主体应该针对不同的反馈内容选择不同的反馈路径，这样因势利导可以让反馈机制的运行更加有效，并且更精准更快速地直击痛点，最大程度、最高效率地解决问题。接下来本文将详细说明反馈内容应包括哪些方面以及相应地应该采取何种反馈路径。

第一，反馈内容应当包括各部门工作的评估结果及其分析。在各部门进行评估后，要分析评估结果，梳理现有工作取得了哪些成果、仍然有哪些不足，并有针对性地制订下一步的工作计划。一般情况下，各职能部门根据“谁选举、对谁负责”的原则，依照“条条”的内部逻辑路径只需要对其负责的上级部门汇报评估结果。但如果工作内容直接涉及民生问题，这些部门也有责任向公众反馈其部分工作成果，构建阳光公开的反馈体系（见图6-3）。

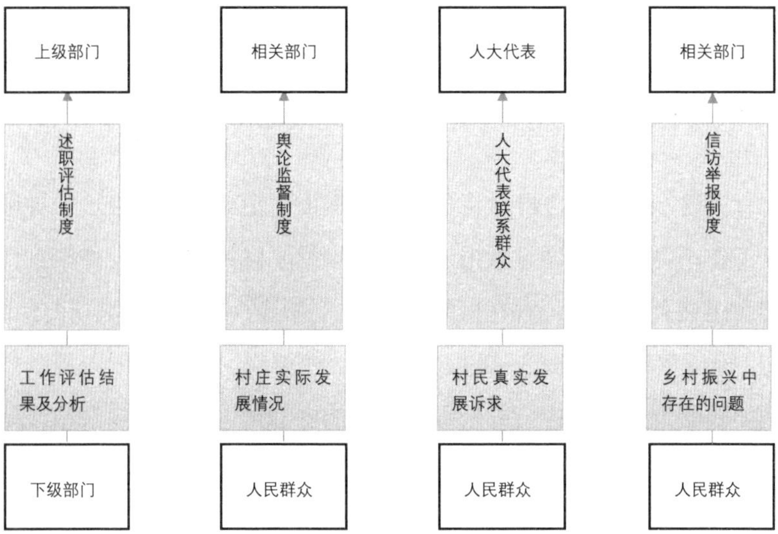

图6-3　乡村振兴反馈内容与路径

第二，反馈内容应当包括村庄实际的发展情况。乡村振兴中哪些主体参与了、分别做了什么、做得怎么样，都需要反馈出来。由于党政职能部门的评估需要耗费人力物力，难以实时更新，除能从评估结果中接收到关于发展情况的反馈，人民群众也应该利用舆论监督的路径进行实时反馈。目前，互联网发展已十分完备，除传统新闻媒体，自媒体也各显神通，许多来自乡村的短视频“网红”博主也乐于在他们的账号中上传生活片段。虽然只是片段，但也不难看出乡村经济生活水平、文化生活水平、生态环境等都较乡村振兴工作开展前有所提高。能够让更多乡村外的居民即时了解到乡村振兴的工作效果，这种新型的反馈路径应当在日后被更加重视。

第三，反馈内容应当包括各地的真实发展诉求。乡村振兴政策的实施要因地制宜，尊重客观差异性，因此在政策落实的过程中，须时时关注当地乡村居民真实的发展诉求。关于发展诉求内容的反馈路径，乡村居民可以与当地的人大代表联系，当地人大代表将其中具有共性的问题整理为提案。另外，考虑到部分农村可能地处偏远，与上级人大联系薄弱；或部分文化程度不高的居民并不知道有这样的反馈途径，因此相关的宣传也要跟进，并鼓励人大代表能够主动到村，用心观察、主动询问，秉承以人民为中心的理念发掘问题。

第四，反馈内容应当包括发展中遇到的问题。乡村振兴战略的实施过程不会一帆风顺，不可避免地会遇到许多与预期有所出入的现实问题，或存在物质基础薄弱无法支撑政策实施的情况，或存在历史原因导致的一些遗留问题难以解决，这些都是乡村振兴反馈机制中应当被反馈的内容。只有找到问题所在，才能进行改正，从而推进乡村振兴发展、提高农村居民生活水平。如果遇到当地村民组织、政府或职能部门治理不力，并拒不进行改正的情况，则应该使用公民的民主监督权，采取信访举报等手段，直接向上级纪委或对应部门举报。

在反馈中采取良好的策略，对症下药，能够更好地实现正向互动，构建乡村振兴整体运行—治理—维护—评估—反馈一体循环的高效运行机制。

参考文献

[1]《国家乡村振兴战略规划(2018—2022年)》，2018年2月。

[2]《国务院关于促进乡村产业振兴的指导意见》(国发〔2019〕12号)。

[3]《中共中央国务院关于实施乡村振兴战略的意见》，《人民日报》，2018年2月5日。

[4]《夯实乡村振兴的治理根基》，《农村工作通讯》，2019年第14期。

[5]《乡村产业振兴，必须壮大新型农业经营主体》，《农村经营管理》，2019年第8期。

[6]曾福生、卓乐：《实施乡村振兴战略的路径选择》，《农业现代化研究》，2018年第5期。

[7]陈丽莎：《论新型城镇化战略对实现乡村振兴战略的带动作用》，《云南社会科学》，2018年第6期。

[8]陈燕妮：《乡村振兴与新型城镇化互动融合发展》，《改革与战略》，2019年第12期。

[9]陈秧分、黄修杰、王丽娟：《多功能理论视角下的中国乡村振兴与评估》，《中国农业资源与区划》，2018年第6期。

[10]邓永超：《乡村振兴下精准扶贫中防治返贫的优化机制》，《湖南财政经济学院学报》，2018年第4期。

[11]董蜀：《建设生态宜居乡村 助推乡村振兴战略》，《农村经济与科技》，2019年第11期。

[12]郭苏建、王鹏翔：《中国乡村治理精英与乡村振兴》，《南开学报(哲学社会科学版)》，2019年第4期。

[13]郭翔宇、胡月:《乡村振兴水平评价指标体系构建》,《农业经济与管理》,2020年第5期。

[14]韩俊:《没有乡村的有效治理就没有乡村的全面振兴——中央农办副主任、农业农村部副部长韩俊解读<关于加强和改进乡村治理的指导意见>并答记者问》,《农村工作通讯》,2019年第14期。

[15]黄海棠、蔡创能、滕剑仑:《乡村振兴背景下的返贫风险评估及防范长效机制研究》,《洛阳理工学院学报(社会科学版)》,2019年第3期。

[16]李竟涵:《夯实乡村振兴的产业基础》,《农民日报》,2019年7月2日,第1版。

[17]李静:《乡村振兴战略背景下乡村文化建设面临的困境及对策》,《乡村科技》,2018年第19期。

[18]李伟锋:《广东第三方扶贫评估推进乡村振兴实证研究与对策建议》,《广东农业科学》,2018年第45卷第7期。

[19]刘秀琪:《推进乡村治理体系现代化——基于乡村振兴战略的思考》,《中国经贸导刊(中)》,2019年第7期。

[20]卢忠华:《开展评估　完善法治　促进乡村振兴》,《北京人大》,2018年第11期。

[21]《推进乡村振兴硬任务落实见效》,《南方日报》,2019年8月9日,第4版。

[22]倪咸林:《城乡再平衡进程中的乡村社会治理及其路径:以新型城镇化为背景》,《理论月刊》,2019年第10期。

[23]潘铎印:《乡村振兴　文化先行》,《中国旅游报》,2019年8月14日,第3版。

[24]彭建国:《乡村振兴应重视乡村文化建设》,《运城日报》,2019年8月14日,第7版。

[25]钱先保:《乡村振兴背景下教育精准扶贫问题研究》,《黑河学刊》,2019年第4期。

[26]沈婷、李伟:《"互联网+现代农业"在中国乡村振兴中的途径研究》,《中国市场》,2019年第22期。

[27]舒畅:《乡村振兴战略下精准扶贫的关键环节研究》,《现代农业研究》,2019年第6期。

[28]谭炳才:《实现有效治理 推动乡村振兴》,《学习时报》,2019年8月14日,第4版。

[29]王宝林:《实施乡村振兴战略推进农业农村现代化》,《农家参谋》,2019年第15期。

[30]王黎明:《生态农村建设:乡村振兴的重要路径》,《湖北理工学院学报(人文社会科学版)》,2019年第4期。

[31]王思博:《现阶段我国乡村发展中的若干问题及振兴建议——2017—2018年度中央一号文件地方贯彻落实情况第三方评估调研思考》,《西部论坛》,2018年第1期。

[32]王天生:《实施乡村振兴战略 加快推进农业供给侧结构性改革》,《贵州日报》,2019年7月10日,第11版。

[33]文丰安:《乡村振兴战略与农业现代化治理融合发展:价值,内容及展望》,《西南大学学报(社会科学版)》,2020年第4期。

[34]武小龙、谭清美:《新苏南模式:乡村振兴的一个解释框架》,《华中农业大学学报(社会科学版)》,2019年第2期。

[35]谢璐:《乡村振兴背景下美丽乡村文旅融合发展路径研究》,《佳木斯职业学院学报》,2019年第8期。

[36]熊小林:《聚焦乡村振兴战略 探究农业农村现代化方略——“乡村振兴战略研讨会”会议综述》,《中国农村经济》, 2018年第1期。

[37]徐美银:《乡村振兴战略的科学内涵, 动力机制与实现路径研究》,《农业经济》, 2019年第12期。

[38]闫周府、吴方卫:《从二元分割走向融合发展——乡村振兴评价指标体系研究》,《经济学家》, 2019年第6期。

[39]张国强:《治理有效是乡村振兴的基石》,《内蒙古日报(汉)》, 2019年8月12日, 第6版。

[40]张晓飞:《基于乡村振兴战略的精准扶贫实践研究》,《湖北成人教育学院学报》, 2019年第3期。

[41]张新华:《建设生态宜居美丽乡村是乡村振兴的关键》,《中国经济时报》, 2019年5月14日, 第4版。

第七章

乡村振兴路径选择*

* 感谢陈心诺为本章所做工作。

本章节根据十九大提出的“产业兴旺、生态宜居、乡风文明、治理有效、生活富裕”乡村振兴战略总要求，分别叙述乡村振兴战略中“五大振兴”的相关发展现状、路径内涵、路径意义及路径选择与优化，旨在说明每一种振兴路径所面对的现实背景，解释这种路径本身的内涵、意义，对整个乡村振兴战略的影响，以及可以采取的推进办法。

第一节　产业振兴

一、农村产业发展现状

党的十八大以来，为了实现“两个一百年”奋斗目标，以习近平为核心的中共中央从战略高度出发，正式拉开了脱贫攻坚战的序幕。经过8年艰苦卓绝的努力，2021年脱贫攻坚战终于取得全面胜利，这被称作人类克服贫困历史上的一大奇迹。在脱贫攻坚阶段，产业扶贫是“五个一批”工程的重要一环，在脱贫攻坚主战场上起到了支撑带动作用。目前，随着“三农”工作重心转向全面推进乡村振兴，产业振兴也已成为乡村振兴的关键环节，因此，需要继续发挥其支撑带动作用。

国内学者对乡村振兴背景下产业发展的研究报道较多，涵盖了以“延长产业链、提升价值链、完善利益链”为基本理念思路，打破传统农业产业的局限，推动农业第一、二、三产业融合发展新形态，充分利用农村生态优势，发展创意农业、旅游农业、立体循环农业等新农业产业，结合城镇化发展趋势，加强城乡融合，发展社会化农业等思路。总体来说，新常态下农村产业化发展主要呈现产业发展增速放缓、产业结构进一步优化、城乡一体化趋势明显的特征[1]。区位条件及要素禀赋在农村产业发展过程中发挥了重要作用。杨海燕以临洮县百合产业为例，指出自临洮县将百合产业列入特色优势产业发展以来，该县百合产业的迅速发展促进了乡村产业振兴。王佳英和李娅在分析了云南省核桃产业的发展趋势后，建议加快构建新型农业经营体系，建立健全核桃产品供需衔接机制，加强核桃产

1　石榕清、王波、郭嘉伟等：《基于农业产业化的宜宾市乡村振兴路径探析》，《现代农业科技》，2021年第9期，第260—262页。

业绿色化、标准化，激发核桃精准扶贫内生动力，实现云南省核桃产业全面促进乡村振兴。

从以往产业扶贫的经验来看，不少地区都对产业结构进行了调整，部分贫困地区也因地制宜取得好成绩，但从全面实施乡村振兴的要求分析，全国范围内仍然存在一些不可忽视的问题。

（一）产业相关资源缺乏、基础设施落后

技术、市场、人才、信息、资金、法律法规等都是影响产业发展至关重要的因素。目前，农村产业发展正处于初期阶段，必须充分考虑这些要素的协同作用，产业发展也因此成为一项复杂的工程。不仅如此，乡村产业项目大多投资大、见效慢、周期长，严重制约了上述要素向乡村产业的转移。我国城乡发展不匹配的事实也使农村产业面临资源不足的困境。2020年我国农村居民人均可支配收入为17131元，仅为城镇居民人均可支配收入（43834元）的39.08%，导致乡村条件难以支撑起产业的发展（见图7-1）。[1]

农村基础设施一般分为四大类，包括人文性、生活性、生产性以及流通性，它们涉及各类公共产品和公共服务。健全的基础设施能够促进农村经济、社会、文化等多方面的发展，这不仅有助于发展农村各项事业，还有助于改善农民生活水平。近几十年来，农村基础建设（尤其是生活基础设施建设）已经取得较大成就，但也存在很多问题，例如，乡村道路路面的施工质量参差不齐、电网设备落后且用电成本高、集中式供水比例较低、互联网普及情况远低于城镇等，相对落后的基础设施大大制约了乡村发展（见表7-1）。

1　长三角农业规划:《乡村产业振兴存在哪些问题？》，搜狐网，2021年1月7日。

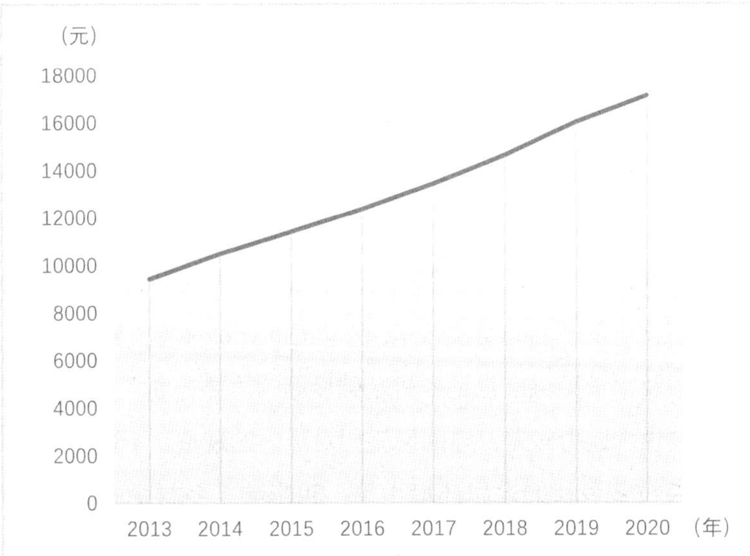

图7-1　2013—2020年我国农村居民人均可支配收入

数据来源：国家统计局

表7-1　2016年我国村镇交通设施覆盖情况（%）

指标	全国	东部地区	中部地区	西部地区	东北地区
有火车站的乡镇	8.6	7.6	8.3	7.7	18.0
有码头的乡镇	7.7	10.0	8.5	6.7	3.3
有高速公路出入口的乡镇	21.5	28.9	22.6	17.0	19.9
通公路的村	99.3	99.9	99.5	98.3	99.7
按通村主要道路路面类型分的村					
水泥路面	76.4	76.4	86.1	70.2	59.3
柏油路面	20.2	22.2	12.3	22.5	35.1
沙石路面	2.3	0.6	1.0	5.3	3.5

数据来源：《第三次全国农业普查主要数据公报》（第三号）

以农村交通设施覆盖情况为例，数据显示，虽然我国绝大多数村镇已连通公路，但有高速公路出入口和火车站的村镇仍然偏少。从道路类型看，尽管路面质量最差的沙石路占比已经很低，但造价相对高昂、质量较好的柏油路占比仍远低于水泥路。从地区看，西部地区各村镇的交通基础设施情况相对较差，东部地区则相对较好。由于运输效率更高的高速路路网及火车站的连通比例仍然较低，村庄产业原材料及产品的交换效率、劳动力的迁移都将受到抑制。

能源及水资源供应也是乡村基础设施的重要方面。目前，不少乡村存在供水能力较差、电网设施相对陈旧的现象。不稳定的能源供应不仅拉低乡村的人居环境水平，也影响了乡村企业的生产效率。此外，公共卫生设施的建设也还有很大的提升空间。一方面，道路、网络、电力供应等基础设施的建设情况会极大影响资本进入农村的意愿、游客进入农村的意愿和农村人口的迁移意愿；[1]另一方面，教育、医疗等基础设施的发展程度，也将影响农村劳动力的人力资本积累水平。[2]现阶段，落后的基础设施是当前农村产业发展受阻的重要原因之一，也是产业振兴过程中面临的重大挑战。

（二）产业结构不合理

中共中央、国务院发布的《关于实施乡村振兴战略的意见》，对乡村振兴的总体要求、重点任务、战略规划、保障措施等方面进行了全面的部署。但由于各行政村的历史文化、发展情况差异较大，选择合适的产业结构是乡村产业健康稳定发展的前提。盲目选择不

---

1 彭代彦：《农村基础设施投资与农业解困》，《经济学家》，2002年第5期，第79—82页。

2 陈斌开、张鹏飞、杨汝岱：《政府教育投入、人力资本投资与中国城乡收入差距》，《管理世界》，2010年第1期，第36—43页。

适合本村特色的产业结构会导致产业发展目标、方向模糊，不利于乡村产业振兴的进一步落实。[1]

总体而言，我国乡村普遍存在单一的产业结构，这导致劳动力的产出效率偏低。根据我国统计年鉴，2020年我国第一产业的从业人数为1.77亿人，第二产业的从业人数为2.15亿人，第三产业的从业人数为3.58亿人；第一产业的从业人数占总就业人口数的23.60%。但是，第一产业的增加值仅为77754.1亿元，占我国国内生产总值的7.65%（见图7-2）。

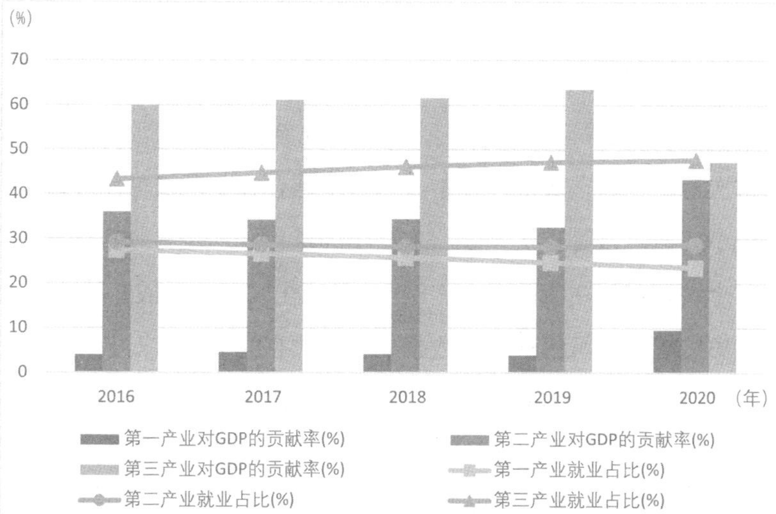

图7-2　我国2016—2020年三次产业GDP贡献率及就业人数占比[2]

我国第一产业的从业人员绝大多数是农村户籍的居民，这就导致低附加值的农业仍然吸纳了大量的劳动力，而它带来的产出却很

1　《乡村产业振兴面临的挑战及其对策》，中国经济网，2019年8月29日。

2　国家统计局：https://data.stats.gov.cn/easyquery.htm?cn=C01&zb=A0207&sj=2020。

低。这代表，农村农业占比仍然较大，产业结构偏向低级产业。此外，农村第一产业劳动力的不断外流也反映出农村产业结构与就业结构的错配问题。近几年来，随着经济的发展，这一形势已开始出现改变。都阳利用2005年1%的人口抽样调查数据估算，在农村近3.3亿本地劳动力中，只有4357万劳动力可供转移。[1]一方面，这印证了中国经济正逐渐接近刘易斯拐点的猜想；另一方面，这说明农村目前的产业发展已经到了瓶颈期，第一产业的劳动力逐渐脱离过量供给水平，但其产出水平仍然较低，不能带来非常可观的经济收益；仅靠第一产业劳动力向第二、三产业转移已经难以带动农村产业发展。

（三）土地流转行为缺乏规范

在党的十七届三中全会上，推动土地流转，促进现代农业建设被首次提出。但在实践过程中，部分地区存在土地流转水平较低、规模小、速度慢等现实问题。农村土地承包法执法检查报告显示，农村土地承包法在我国已实施8年，但一些城郊地区依然没有完全落实第二轮土地承包政策。数据显示，约有800万农户没有签订家庭承包合同，从未取得土地承包经营权证书的承包户则高达2100万户。部分地区甚至存在频繁调整承包地的行为，这不仅漠视法律规定，还侵害了农民合法权益。

> 2012年10月，XX药业有限公司（以下简称XX药业）在与禹州市古城镇村民委员会多次协商后，由XX药业承包并经营该村1838亩土地。双方签订了为期30年的农村土地流转租用合同。

1 都阳：《农村劳动力流动：转折时期的政策选择》，《经济社会体制比较》，2010年第5期，第90—97页。

合同签订后，XX药业支付了第一年的租金。不料在之后的经营过程中，XX药业因面临资金短缺问题，未能支付之后几年的租金。

由于租金拖欠过久且多次讨要无果，古城村委会最终将被告XX药业诉至禹州法院，要求解除合同，并要求被告支付自2013—2015年拖欠的租金共计2302850元及违约金330000元。因本案涉及群体性利益，同时，公司在纠纷土地上种植的小麦和药材也即将成熟，若不妥善处理，村民可能面临既得不到钱又得不到粮的情况。

为了保障村民的合法权益，庭长齐光辉与案件承办法官靳炳奎多次到古城村实地考察，进行了多次原被告调解工作。通过不懈努力，原被告双方终于达成调解，合同解约，XX药业经营土地上种植的小麦和药材由古村收获、所有，以此折抵所欠的土地流转费用，并另支付原告租金500000元。这场由土地承包问题引发的矛盾最终得以合理化解。

材料来源：许昌市中级人民法院

该案例显示，随着我国农村经济社会的发展，土地流转规模不断扩大的同时，不规范现象仍较为普遍。国家对土地流转缺乏制度保障、市场机制不成熟，都将导致农民在土地流转过程中的合法权益得不到保护，因而逐渐丧失对土地流转的积极性，既不利于现代农业的发展，也不利于农业规模化经营。因此，为实现土地健康流转，有学者建议借助政策法规，规范土地流转行为，组织土地流转专业合作社，在发挥土地效应的同时维护农民的合法权益。[1]

1　廖红霞、刘志琪、李明精：《破局农村土地经营权流转之困》，《四川省情》，2021年第8期，第50—54页。

二、产业振兴的内涵和意义

2017年10月18日，习近平总书记在党的十九大报告中明确提出了乡村振兴战略，即“产业兴旺、生态宜居、乡风文明、治理有效、生活富裕”。其中，“产业兴旺”作为产业振兴的总要求，是衡量其落实程度的标尺。因此，解读产业振兴的内涵，必须从深入解读产业兴旺这个产业振兴的总要求入手。

（一）产业振兴的内涵

1.形成现代化农业产业体系

习近平总书记曾在2018年4月24日前往湖北省宜昌市许家冲村考察，考察期间，他强调农村要实现产业兴旺，首先要发展现代农业，并以此促进农村第一、二、三产业的融合发展。十九大报告中对农村产业发展提出的第一个要求就是构建现代农业产业体系。可见，农村的产业不能离开农业，产业振兴同样不能离开现代化农业产业体系。孔祥智认为，要实现产业兴旺的要求，就要以农业为中心开展多条业务，例如，提高农业的整体竞争力，挖掘农业多功能性；延长产业链，发展农产品加工业。[1]传统的小农式农业抑制了农业耕作效率的提高，小农户无力承担也觉得没必要引入最新的农业机械；同时，分散的农业经济模式也不利于形成风险分摊，单个农户较低的信息获取能力和脆弱的抗风险能力常导致农民在极端气候中蒙受重大损失。这代表小农式农业模式已经成为制约农村产业发展的重要原因之一，农业产业的现代化迫在眉睫。

1　孔祥智：《产业兴旺是乡村振兴的基础》，《农村金融研究》，2018年第2期，第9—13页。

2.三产业融合发展

在十九大报告中，对产业振兴提出的另一个要求就是促进第一、二、三产业融合发展。农村的产业振兴首先需要农业现代化，但仅有农业现代化的产业振兴，其内涵是不完整的。国家统计局发布的数据显示，近5年来，我国主要农产品产量均超过6亿吨，乡村第一产业就业人数持续减少，来自第三产业的收入在农民家庭中的增长较快。这意味着，农民的就业方向正由第一产业转向第二、三产业。

陈宇指出，推动乡村第一、二、三产业融合发展，要充分利用农村生态优势，发展新农业产业，加强城乡融合。[1]这是因为三产业融合能够吸引城市资本和生产要素进入农业乡村，提高农业的组织化程度，提升乡村产业发展的质量和效益，从而实现产业振兴。安徽省旌德县三次产业融合发展的政策实践就充分证明了这一内涵的意义所在。

安徽省旌德县的三次产业融合发展

2015年时，旌德县的GDP在安徽省各县中排名倒数第三。旌德县的自然环境良好，但是因距离黄山市仅有30多千米，在旅游业发展上反而成了劣势，因为黄山景区对游客的吸引力非常强，往往会弱化周边地区的旅游吸引力。对此，当地采取的办法是，依然要发展旅游业，但不能片面依靠旅游业这一种产业。于是，旌德县进行了农村产权制度的大改革，增强了集体经济的实力，并建立了一批采摘观光园，把黄山

1　陈宇:《实施乡村振兴战略中如何实现产业兴旺》,《新西部》, 2019年第3期，第59、67页。

景区不具备的农田景色作为一种新的旅游产品；同时大力发展灵芝、青蔗等具有本地特色且经济价值高的农产品种植加工业。在第二产业方面，当地开发宣砚这一具备文化特色的产品，并建立了宣砚制作工厂和宣砚文化园。同时，与中国科学技术大学开展合作，建立重点生物实验室，引进人才，主要发展绿色制造业，其中的黄山胶囊公司已成为全国最大的胶囊制造厂商。在旅游业方面，除了宣砚产业、灵芝产业及农业观光，还开发了“特色小镇”“美食小镇”“骑行小镇”等旅游小项目，又对如江泽民总书记的祖居地江村等天然文化景观进行了修缮与改建，并取得了良好成效。

材料来源：旌德县全域旅游工作综述[1]、支持农村产业融合发展惠农政策[2]

从旌德县的三次产业融合发展中可以看出，旌德县以其独特的环境禀赋和文旅产业为核心，带动了当地三次产业的协同发展，保持了经济的稳定增长。旌德县的实际案例证明，三次产业融合的核心在于找准当地的比较优势和产业定位。例如，在产业发展方面，由于第二产业具有产值高且相对稳定的特点，旌德县将其作为产业发展的主引擎。此外，该县因地制宜地选择发展同现有产业与比较优势有机关联的第二产业，从而促进了产业集聚效应。因此，找准哪种产业进行融合是三次产业融合发展的核心问题，“三产融合”的程度高低和能否建立乡村独有的产业体系是衡量产业振兴是否达成的重要标准。

1 旌德新闻网。

2 旌德县人民政府网站。

发展社会化农业，或者加快集体经济制度改革，直接将土地租用给具备新型规模化农业耕作技术的企业，依托种植企业建设深加工工厂、展销大厅等配套设施，从而内化产业链。当产业园区发展到一定程度时，还可以拓展建设采摘观光园、科普基地和住宿设施等，发展文旅业。石榕清等指出，在建立新型农业园区时，不应局限于传统的种植业，而要发展包括“农、林、牧、渔、旅”在内的大农业系统，延伸产业的价值链，并提高农产品的附加值，这有利于从根本上提高农民的人均收入水平。[1]而对于工业园区，在引入企业时要偏重于那些在生产要素上具备优势的企业，生产的产品最好能内化到地方品牌中。在产业园发展的初期阶段，当地政府应当给予较大力度的税收减免和能源使用优惠，以减轻企业在初期的经营压力。在产业园粗具规模后，可以仿照高科技农业园区发展文旅业或进一步发展文化制造业，拓展地方品牌的影响力。

（二）优化产业扶持制度，整合社会资源

乡村产业振兴离不开政府的支持，各地政府应当根据地区发展实际，从基础设施建设、政策扶持等方面为农村三产融合提供制度保障。[2]具体而言，应大力推动农村土地制度改革，使分散的土地资源依托集体经济主体实现合并化，并借助规模优势形成农旅商融合、农工融合。此外，创新产业扶持制度也是促进三产融合发展的重要保障。例如，可以设立相关的扶持资金，吸引社会资本的投入，加大宣传，设立公开信息平台促进企业间的合作交流，等等。同时，

1　石榕清、王波、郭嘉伟等：《基于农业产业化的宜宾市乡村振兴路径探析》，《现代农业科技》，2021年第9期，第260—262页。

2　望超凡：《村社主导：资本下乡推动农村产业振兴的实践路径》，《西北农林科技大学学报（社会科学版）》，2021年第3期，第28—36页。

还可以依托银行、投资机构等，拓展金融服务，加强本地经济活力，帮助处于起步阶段的产业获取资金，逐步建立产业优势。不过，随着农村振兴战略的深入实施，农业产业结构也需要持续变化和调整，当前的产业扶持制度需要根据发展需求不断革新，为产业振兴提供与时俱进的环境条件。

（三）完善基础设施，改善农村市场条件

要达成产业振兴的目标，必须有稳定的水电燃气供应和便利的交通运输，这需要加强农村基础设施建设。同时也应重视通信、互联网设施的建设，这一方面能够服务企业；另一方面也能改善当地居民的生活条件。例如，政府可以与通信企业对接，增加信号塔和宽带网络的铺设，并对农村地区用网给予一定的财政补贴；可以加快电力基础设施的扩建与改良，保证企业和居民能够不因电力供应的不稳定而遭受预料之外的损失。此外，还需加大力度保护农村电力设施，在重要设施附近加装报警系统、电子化防盗系统和周界防范系统等。对于现有的公路设施，建议加强路面养护或升级改造，保证物流通畅，同时也大力发展仓储物流设施。对于水资源和天然气等被国务院列入营商环境评价方案的基础设施，建议进行定期维护，保证供水供气的稳定。政府方面要加大对贫困地区水利设施建设的财政支持，必要时可以接受社会捐助或运用PPP模式以保证工程资金的充裕。在水资源储备方面，应因地制宜，依据当地的水文环境采取不同的集水措施，如在气候湿润、地下水充裕的地区同时进行打井和雨水净化。对于相对缺水的乡村，应由政府在地区之间调配水资源，以解决缺水问题。

第二节　人才振兴

一、农村人才发展现状

人是发展的根本。乡村振兴的关键在于产业振兴，而产业振兴离不开人才。因此，为顺利推进乡村振兴战略，亟须建立具有科学文化素养、掌握现代农业生产技能、有较强经营能力又熟悉市场的人才队伍[1]。如何培养符合中国特色社会主义的新一代农民是现阶段我们亟待解决的问题。本节首先介绍农村农业从业人口的年龄结构及受教育程度、人口外流、农村干部群体人才缺失问题。

（一）农业从业人口年龄结构及受教育程度

根据国家统计局第三次全国农业普查，我国农业从业人员年龄结构及受教育程度如表7-2所示。

表7-2　2016年我国第一产业从业人员年龄结构及受教育程度

（单位：万人）

	全国	东部地区	中部地区	西部地区	东北地区
农业生产经营人员年龄构成（%）					
年龄35岁及以下	19.2	17.6	18.0	21.9	17.6
年龄36-54岁	47.3	44.5	47.7	48.6	49.8
年龄55岁及以上	33.6	37.9	34.4	29.5	32.6
农业生产经营人员受教育程度（%）					
未上过学	6.4	5.3	5.7	8.7	1.9
小学	37.0	32.5	32.7	44.7	36.1

1　杨梓煊、周后卿、余文琪等:《乡村农技推广人才的调查与思考——以湖南省邵阳市为例》,《农村·农业·农民（B版）》,2021年第5期，第40—42页。

（续表）

	全国	东部地区	中部地区	西部地区	东北地区
初中	48.4	52.5	52.6	39.9	55.0
高中或中专	7.1	8.5	7.9	5.4	5.6
大专及以上	1.2	1.2	1.1	1.2	1.4

材料来源：《第三次全国农业普查主要数据公报》（第五号）

我国基层农技人员年龄结构不合理，存在年龄断层现象，知识结构相对滞后。从统计数据中可以看出，第一产业就业人员以35岁及以上、小学和初中学历的人群为主，年龄偏大，受教育程度相对较低。存量劳动力年龄结构老化的现象制约了农业技术推广和各次产业在农村的发展。

农业就业人员教育结构落后的问题是由多方面原因导致的，例如，城乡二元教育体制不公平、教育资源分配不均衡等[1]。这导致农村人才发展陷入一定程度的恶性循环。王俊刚指出，农村籍大学生毕业后，大多不愿返乡发展，给人才振兴的实现带来了现实挑战。[2]另外，在三产融合的大背景下，大学生返乡创业仍面临资金支持不足、没有政策扶助等问题。因此，留在农村的劳动力大多是没有意愿或没能力迁移的中老年劳动力，因此从存量角度看，农业就业人员的年龄结构和教育结构均明显落后。

（二）人口外流

农村面临劳动力资源缺乏的现状已成为学界共识。除上文提到

1　韩秀华：《论城乡二元教育与劳动力异质性》，《经济问题》，2008年第8期，第18—21页。

2　王俊刚：《新农村建设与大学生农村就业的分析与建议》，《中国青年研究》，2007年第9期，第55—57页。

的存量劳动力年龄结构老化及知识结构落后外，农村还面临留不住青壮年劳动力而引发的劳动力外流问题。如孙学立指出，近年来，农村面临较为严重的“空心化”问题。[1]农村人才外流，“三农”工作队伍面临人员不足、视野不宽、年龄老化、素质偏低、本领恐慌等问题，与农村农业现代化和产业的发展存在矛盾。产业发展与人才发展的要求是内在统一的，有了兴旺的产业打下经济基础，农村劳动力才有回流的内在动力，农村人力资本存量才有提升的条件；有了充足的劳动力，农村产业才有更大的发展机遇。

当前农村青壮年劳动力大多选择到城市寻找回报更高的工作机会，愿意留在农村的相对较少。根据国家统计局2021年3月1日发布的数据，我国乡村的人口外流情况相当严重，2020年全国农民工数量共28560万人，比上年下降1.8%。其中，外出农民工16959万人，下降2.7%；本地农民工11601万人，下降0.4%。也就是说，在2020年约有1.69亿劳动力从乡村流出（见图7-3）。

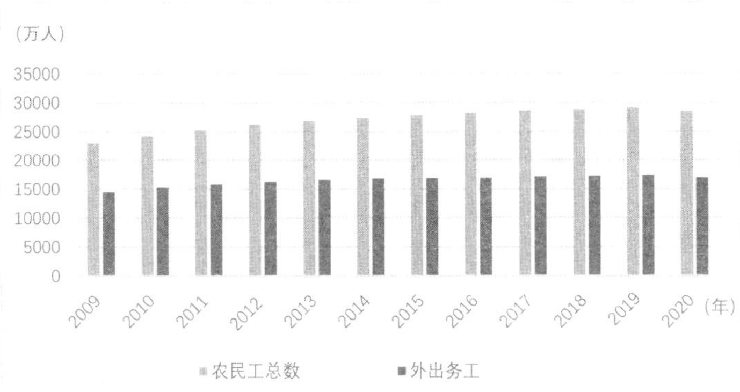

图7-3　2009—2020年我国农民工数量及构成

数据来源：《中华人民共和国2021年国民经济和社会发展统计公报》

1　孙学立：《农村人力资源供给视角下乡村振兴问题研究》，《理论月刊》，2018年第5期，第128—132页。

严重的人才外流现象反映出立志长期在乡村发展的人才较少，很多毕业生宁可不就业也不愿意到经济欠发达地区工作，有些从农村出来的人也不愿意再回到农村发展。郭远智等的实证研究表明，2014—2019年，我国农村人口外流率[1]达到139.49%，其中一大部分都是外出打工的农民工。在2010年全国2441个样本县中，仅有128个县域农村存在人口的净流入，其余2313个县均为农村人口净流出。其中，133个县的农村人口外流率超过200%，有680个县的人口外流率在150%—200%。[2]王浩提出，据有关部门数据，目前农村各类实用人才1690多万人，仅占农村劳动力的3.3%，这证明农村人才缺口严重。[3]农村较低的经济回报、尚不完善的市场条件和落后的教育医疗条件等都导致人才难以回流。

综合来看，从劳动力资源角度来说，我国农村正面临现存劳动力资本积累不高、劳动力断层、人口外流严重等问题。从县域层面上看，高技术人才和青壮年劳动力的短缺使得产业经济发展活力不足。这也是国家提出“人才振兴”战略的根本原因之一。

（三）农村干部群体人才缺失

目前，我国存在乡镇干部选用随意、对乡镇干部管理创新不足等问题，在一些地区，不合格的乡镇干部甚至成为制约当地经济发展的严重因素[4]。这种非正式的机制带来的结果是农村干部队伍得不到新鲜血液。党的十七大提出了“大学生村官”这一决策，但据

1 人口外流率=户籍人口×100%/常住人口

2 郭远智、周扬、刘彦随：《中国农村人口外流的时空演化及其驱动机制》，《地理科学》，2020年第1期，第50—59页。

3 王浩：《农民培训要接地气》，《农村·农业·农民（B版）》，2018年第2期，第6页。

4 赵秀玲：《十八大以来中国乡村治理重要变革》，《福建论坛（人文社会科学版）》，2018年第10期，第157—164页。

中国青年网报道，2015年底，在岗大学生村官为137898人，到2016年底仅有102563人，减少了35000余人。[1]仅100000名左右的大学生村官不足以填补农村巨大的人才缺口。同时，大学生村官的不续聘现象使得这一情况雪上加霜。在农村干部中，基层乡镇干部缺乏管理经验、缺乏专业知识的问题也有待改善。在乡村干部群体中，存在与劳动力群体相同的年龄和知识结构老化的问题，一些干部对新型的农业技术不熟悉，对现代化农业的一些基本理念不了解，导致难以在农村基层推广农业技术。随着农村产权制度的改革与集体经济公司的设立，乡村干部队伍也暴露出缺乏企业管理经验、对集体所有制企业的运营无处下手的问题。这表明，农村干部群体中还缺乏具备新知识、新理念的人才，也缺乏足够的实践经验推进乡村振兴的改革。

二、人才振兴的内涵和意义

（一）人才振兴的内涵

推进乡村振兴，人才是基本保障，乡村振兴战略的发展离不开强有力的人才支撑，然而目前我国农村面临的人才问题具有多元性。缺乏人才是表象，深层原因在于存量人力资本的不断衰减，缺乏对外部人才和本地青年劳动力的吸引力以及基础教育的落后。因此，人才振兴的内涵应当包括优化现有劳动力的结构与配置，以及引入外来人才、留住本地人才和加强教育这三个方面。

对于缺乏农业专业人才的农村而言，人才振兴的第一大内涵体现在现存人力资本的提升。人力资本的积累在时间上具有滞后

1　《报告解读：2016—2017中国大学生村官发展报告》，中国青年网，2017年8月9日。

性，提升现存的人力资本是最直接的方法，也是人才振兴最直接的体现；引入外来人才和留住青年劳动力有一定的滞后性，但也是人才振兴的重要方面。对于乡村而言，几大振兴的要求决定了本地现存的人才常常不足以满足发展的需求，因此，社会各行各业人才的充裕和本地劳动力的回流是人才振兴的第二大内涵。但想要在根本上解决乡村人才缺乏的难题需要提升基础教育水平，只有这样才能保证本地人才的可持续发展性，并源源不断地培养人才。人才振兴的这三大方面内涵缺一不可，否则都不能算作真正落实了人才振兴战略。

（二）人才振兴的意义

从乡村振兴战略的全局来看，“产业兴旺、生态宜居、乡风文明、治理有效、生活富裕”这五大要求都需要有相应的人才支持。产业兴旺需要农业、工业和服务业三类产业的技术人才；生态宜居的要求需要环境及生物保护等方面的人才；乡风文明建设需要农村乡贤的引领，需要文化产业人才；治理有效需要有能力的农村“两委”班子和基层治理人才；生活富裕更是需要全方面人才引进和留住本地劳动力人才。总体来说，人才振兴是乡村振兴战略的加速器，乡村通过引进人才、培养人才、留住人才，推动新农村全面进步，加快乡村振兴的步伐。

三、人才振兴的路径选择

实现乡村人才振兴，要处理好几个关系。首先要处理好“人才引进”和“本土培育”之间的关系；其次要处理好“高级人才”和“普通人才”的关系。为了促进乡村人才振兴，需要在正确处理上述关系的同时，分类施策、有的放矢，最大限度地发挥政策效能。

（一）挖掘培养本土人才，加强现有人才队伍建设

一般来说，农村现有人才由于长期缺乏接触新知识技能的途径，导致知识结构相对落后，然而，与外来人才相比，他们大多有比较丰富的工作实践经验。因此，提升本地存量人才的知识结构，来优化人才队伍显得至关重要。晏育伟等强调，可以结合当前农村农民培训的实例，提出培训形式的创新战略。[1]例如，加强与科研院所和高校的合作，依托专业单位进行农业技术推广；从本地的龙头农企或有丰富经验的农户中寻找人才进行农技介绍与培训；运用新媒体、广播、培训班、参观学习等多种方式帮助农民学习专业知识技能。这些办法都可以提升现存劳动力的人力资本水平，并为农业现代化打下人才基础。

（二）吸引各界人才投身乡村，引导城归青年回乡创业

总体而言，社会各界的人才分为两类。一类是大学生、研究生等受过高等教育的群体和具备工作经验的各领域人才；另一类特指乡贤。其中，乡贤型人才一般指的是出身本地乡村，而后在各行各业有所成就、品德优良的人才。乡贤出身本乡，回到家乡不会遇到“水土不服”的问题，因为他们习惯于当地的风土人情和传统习俗。此外，乡贤对本乡的情感深厚，在建设乡村过程中也更能被本乡居民认可。因此，引入高学历、高技术水平的人才和重用乡贤是储备人才的两大方面，这两种办法都是可行且有效的。

1　晏育伟、何秀古、刘建峰等：《人才下沉 科技下乡 为脱贫攻坚和乡村振兴提供科技支撑——广东省农业科学院农村科技特派员工作探索与实践》，《广东农业科学》，2020年第11期，第264—270页。

浙江省“科技特派员”制度[1]

浙江省的科技特派员制度，是2003年由时任浙江省委书记习近平推动建设并延续至今的，为乡村输送了大量的优秀人才。科技特派员主要是由地方政府选派到基层的具备农业技术知识和“三农”问题专业知识的人才，以技术入股、创办经营实体等方法与农户共同承担经营风险、共同分享经营收益。浙江省的科技特派员最初只是入镇科技特派员，后来发展出了入企科技特派员，由各地方政府设立专项资金给予，从浙江大学、上海交通大学等优秀高校选用农业科技团队，并促进特派员团队与企业的双向选择，鼓励企业以技术顾问的形式在特派员团队完成工作后继续延续双方的合作关系。同时，政府也设立了专门的管理网络以进行科技特派员团队的绩效考核，保证特派员制度的实效性。

吸引人才，一方面应以情感打动人才；另一方面应以实际待遇吸引人才。浙江省科技特派员制度的改进就是运用实际待遇吸引人才，如优化选调生体系，使选调生能够发挥其能力的同时得到升迁机会；提供具备竞争力的薪资，提供住房、教育等相关补贴；对创业项目提供资金扶持和政策支持；等等。一般来说，农村想要吸引人才，就需要为有抱负的年轻人创造良好的发展条件。与此同时，城归青年也应充分把握逆城市化的发展机遇，推动乡村

1 《浙江省人民政府办公厅关于深入推行科技特派员制度的实施意见》，《浙江省人民政府公报》，2017年第18期，第15—18页。

振兴与城乡融合。

（三）完善干部选人用人机制

对于人才，引进来、用得好、留得住，才是真正实现乡村人才振兴的根本。面对两委班子的问题，不但需要完善农村干部的选任机制，也要对现有干部加强教育。李明指出，当前农村基层面临的两大问题是青年党员发展难和支部书记选任难，认为除了从本村人才中选拔外，还可以鼓励退休党员和领导干部回乡任职。[1]何阳和汤志伟认为，应该完善基层干部培训制度，进行管理知识教育。[2]干部选任机制重在创新，选择最合适的人来领导本地的乡村振兴工作，才能事半功倍。具体而言，在干部任用上应当放宽标准，除去已退休的领导干部外，还应在城乡之间、乡与乡之间削弱干部流动的壁垒；也建议在选调生队伍中选用人才。针对基层干部专业知识和经验缺乏的问题，应当组织相关培训、参观、论坛等，由具备成功经验的基层干部介绍本地经验，帮助干部更新知识结构、增加经验。

1　李明：《要大力开发农村人力资源》，《河南日报》，2010年9月21日，第6版。

2　何阳、汤志伟：《新中国70年农村基层干部选任变迁及启示——兼论乡村振兴人才战略》，《理论视野》，2019年第11期，第23—29页。

第三节 文化振兴

一、农村文化发展现状

文化振兴是乡村振兴五项总要求之一，但随着社会城镇化发展，乡村年轻人大量流出，农村社会活力逐年减退，乡村文化建设面临着巨大挑战，尤其是中西部农村“空心化”和“留守化”的趋势加大了乡村文化建设的难度[1]。

总体来说，当前我国乡村文化建设面临以下几方面问题。

一是乡土文化存续遭遇困境。这几年来，乡土文化时常遭到不同程度的破坏，如一些村落在建设过程中破坏了原有的建筑风貌；部分乡村为了发展旅游文化产业，一味地模仿成功经验，抛弃了自身的乡土文化，造成“千村一面”的现象；还有部分地区片面地注重形式而忽略实质，只以文化设施数量规模作为衡量乡村文化的标准……总而言之，乡土文化面临困境主要有两部分原因，第一是对当地现有的文化认识不够，只强调文化输入或者只利用文化盈利而不进行发展；第二是对文化的保护意识不足，在产业发展的过程中破坏了地方文化，或者在建设过程中为了整齐划一而忽视文化景观的设计。这些现象层出不穷，本质上忽视了文化对人的建构作用。

二是村民文化需求未被满足。近年来，随着各级政府不断加强农村文化设施建设，农村文化环境持续向好，文化基础设施建设成绩斐然。然而，农村文化建设依然存在供需错位等问题。一方面，农村文化基础设施建设供不应求[2]；由表7-3可知，目前农村的文教

1 刘盛：《乡风文明与乡村振兴：重要意义、现实难点与关键举措》，《农林经济管理学报》，2018年第5期，第629—634页。

2 徐越：《乡村振兴战略背景下的乡风文明建设》，《红旗文稿》，2019年第8期，第33—37页。

设施数量少，特别是在村一级，具有业余文化设施的村所占全国比重不到一半。另一方面，文教设施的分布还存在与农村实际文化需求脱节的情况，文化设施使用效率普遍偏低，供不适需。[1]

表7-3　2016年乡镇、村文化教育设施（%）

	全国	东部地区	中部地区	西部地区	东北地区
有幼儿园、托儿所的乡镇	96.5	98.7	98.3	94.0	96.9
有小学的乡镇	98.0	98.7	99.5	97.3	95.2
有图书馆、文化站的乡镇	96.8	96.2	98.0	96.6	95.2
有剧场、影剧院的乡镇	11.9	18.5	14.4	7.9	5.9
有体育场馆的乡镇	16.6	20.5	19.4	13.5	12.1
有公园及休闲健身广场的乡镇	70.6	83.2	73.9	59.4	84.0
有幼儿园、托儿所的村	32.3	29.6	36.5	33.0	25.8
有体育健身场所的村	59.2	72.2	55.5	46.0	62.8
有农民业余文化组织的村	41.3	44.4	40.8	36.7	47.1

材料来源:《第三次全国农业普查主要数据公报》(第三号)

三是乡村存在一定程度的道德失范现象。部分农村还存在封建主义思想残余，如性别歧视、错误的家庭教育理念等，有些地方还存在排斥现代文化、拒绝先进思想的现象。农村经济状况的相对落后和乡村社会主义文化建设的缺位是造成这种现象的重要原因。因此，仍需强化农村思想道德教育，传播文明理念，推动移风易俗。

1　赵廷阳、张颖、李怡欣:《乡村振兴背景下的乡风文明建设——基于全国村级“乡风文明建设”典型案例分析》,《西北农林科技大学学报（社会科学版）》,2021年第3期，第46—53页。

二、文化振兴的内涵与意义

（一）文化振兴的内涵

习近平总书记强调推动乡村文化振兴，不仅要贯彻社会主义核心价值观，也要深入挖掘优秀传统文化所包含的思想观念、人文精神，加强农村思想道德建设和公共文化建设。这说明，文化振兴的内在要求是以社会主义核心价值观为引领，深入挖掘当地传统乡土文化，延续优秀人文精神，树立良好道德风尚。它具备两方面的内涵：一是振兴本地乡土文化，二是提升居民文化素养。对于乡村来说，乡土文化的重要性不仅体现在其文化价值上，还体现在其社会价值上，文化振兴就是要弘扬优秀的乡土文化，如传统文艺、传统精神等，不仅能保护这些文化使其存续，还能借此增强社会凝聚力。因此，将乡土文化发扬光大是文化振兴的第一大内涵。此外，居民的精神风貌、文化风貌是衡量文化振兴是否成功的直接因素，文化振兴的目的就是提升居民的精神风貌，这构成了文化振兴的第二大内涵。

（二）文化振兴的意义

首先，良好的乡村文化对提升社会凝聚力有决定性作用。各地乡土文化与当地的风土人情、经济社会条件和道德规范密切相关，能被当地居民普遍接受。因此，乡土文化的振兴能大大提升村民的归属感，这对乡村振兴意义重大。良好的社会凝聚力不仅可以降低政策施行的制度成本，同时也将显著改善乡村的文化面貌。[1]

其次，文化振兴还能直接提振居民的精神风貌，解决长期以来

---

1 《用文化为乡村振兴“铸魂”》，人民网，2020年10月16日。

居民文化需求得不到有效满足的问题。良好的精神风尚有助于解决农村现有的道德失范和文化需求层次较低的问题，消除农村的封建主义残余思想，提升居民的科学文化素养和道德修养。同时，先进的精神文化能够加快农村现代化目标的实现。

最后，从乡村振兴战略的整体看，文化振兴对其他四大振兴来说具有必不可少的价值引领作用。在产业兴旺中，要大力推广农村特色文化，以文化为纽带促进产业融合，发展文化旅游、文化制造业；在生态宜居中，要发展生态文化和生态保护文化，树立“绿水青山就是金山银山”的发展理念；在乡风文明中，要发展具有当地特色的乡土文化，要以社会主义核心价值观为引领进行精神文明建设；在治理有效中，要完善文化设施建设，对文化发展进行有规划的引导；在生活富裕中，要树立良好的道德观念和价值观，使村民在经济和精神上都更加充实。总体来说，文化振兴在乡村振兴战略中起到精神引领的作用，只有推动各种文化共同发展进步，才能从精神层面为乡村振兴打下基础。

三、文化振兴的路径选择

新时期背景下乡村文化建设能够提升社会凝聚力、提振居民的精神风貌，并且在乡村振兴战略中起到精神引领的作用，但现阶段乡村文化振兴还面临着乡土文明被破坏严重、村民文化需求尚未满足和道德失范等问题。本节主要针对这些问题提出相应的解决措施，以促进我国乡村振兴的发展。

（一）发展保护特色乡土文化

文化振兴要以本地的文化特色为基础，发扬保护具有本地特色的乡土文化，避免一味地引入外来文化造成水土不服现象。可以借鉴卢渊等从景观建设层面对乡土文化发展提出的“三种形式”[1]：一是传承保护型，主要针对那些古代乡土建筑丰富的古村落，对于这种村落要注意保护留存下来的特色建筑，并在保留以往文化风格的基础上做现代化的改造；二是创新新建型，主要针对那些基础设施落后、灾害频发的偏远地区，对此建议新建设施，但新建的过程中也要注意保留当地的乡土风貌特色；三是挖掘改造型，要挖掘本地在历史中的文化脉络，借此确立文化基调，并辅以现代化开发改造，实现文化保护和生活条件的提升。这样的发展思路对于乡土文化的保护与重构是具有启发性的。除去在建筑方面保留乡土文化，还要注重保护和发展地方文化中独特的艺术形式、历史文化和民风精神，取其精华，去其糟粕（见图7-4）。

沈阳市拉塔湖村的乡村规划[2]

拉塔湖村是典型的锡伯族村落，也是锡伯族向新疆伊犁大西迁的起点。由于周边水系充沛，渔业文化历史悠久。在目前的村庄规划中，拉塔湖村采取了“复水、用闲”的规划方式，建立“水环田，田拥村，村伴水”模式的村庄，目的在于延续本村的传统文化特质。对具有锡伯族民族特色的万字炕、跨海烟囱等特色装潢发扬继承。当地政府在改造修复民居的过程中，运用现代化建筑方法改善了民居内部的用水、

1 卢渊、李颖、宋攀：《乡土文化在“美丽乡村”建设中的保护与传承》，《西北农林科技大学学报（社会科学版）》，2016年第3期，第69—74页。

2 李铁鹏：《乡村振兴战略视角下的乡村文化保护与振兴策略——以沈阳市拉塔湖村为例》，《产业与科技论坛》，2018年第12期，第222—224页。

用电、用气等生活设施，同时要求不破坏民居的民族文化特色，在局部增加了雕花等传统符号，使得民族气息更为浓厚。拉塔湖村的乡村规划表明，在进行乡村建筑改造与景观建设时，需做到传统与现代并重，在增建现代化水电设施的基础上也要保护当地民族文化，避免出现“千村一面”的现象。

图7-4　拉塔湖村鸟瞰图

（二）加快满足村民文化需求

针对广大村民业余文化生活形式单一的问题，建议举办相应的文化活动和文化教育活动；加快建立图书馆、电影院、文化馆等文化教育设施，以丰富农村文化生活。此外，还可以设立村民文化活动室，用以举办各类文体活动、文化讲座等；在乡镇或县的范围内举办各类业余文化艺术比赛，给群众提供文化交流的空间，提高当地传统文化艺术的影响力。对于目前存在的道德失范现象，要加强乡风文明建设，加大社会主义核心价值观的宣传，并在群众中树立道德模范，以激发群众的道德感、荣誉感。

（三）因地制宜发展乡村文化产业

发展乡村文化产业是促进乡村文化与经济融合发展的重要途径。各个乡村都拥有独特的民间风俗以及文化资源，而城市的文化消费市场也在不断扩张。因此，合理结合现代经济发展理念，对特色文化资源进行产业经营，可以很大程度地发展乡村文化产业。何清清指出，要想实施乡村振兴战略，就要转变传统观念，对各地区独特的传统文化资源进行开发创新。[1]具体而言，首先需要了解各个乡村的特色文化；其次需要打造独特的文化品牌，构建特色文化产业区，实现传统文化和现代产业的有机结合。以四川省为例，该省将以巴蜀文化、藏羌彝文化为代表的文化元素融入乡村建设，打造有历史记忆、地域特色、民族特点的美丽乡村，通过特色化建设，吸引了大量游客，完成了传统乡村到现代旅游景点的转型。

1 何清清：《传统文化资源在少数民族地区乡村振兴中的作用》，《农业经济》，2021年第5期，第36—37页。

第四节　生态振兴

一、乡村生态发展现状

乡村振兴的基本要求是改善乡村居民的生活条件，而保持良好的生态条件是其中的重要一环。脱贫攻坚以来，农村的人居环境得到了改善，成功扭转了长期以来的脏、乱、差的局面，农村生态得到了改善，农民生活也更加舒适。然而，随着城乡居民生活水平的提高和肉制品需求的增加，农村畜禽养殖业和一些工业企业规模逐步扩大，又滋生出土地过度开发等问题，给农村生态环境带来了新的挑战。总而言之，在农村现阶段环保压力不断加大的同时，人居环境仍有改善的空间。

（一）工业污染导致生态条件破坏

我国乡镇的工业污染问题由来已久，近年来有关农村非法填埋废旧垃圾、乱排放污水的报道层出不穷。唐丽霞和左停针对141个村开展实际调研，结果显示，其中65个村存在水资源污染问题，占总数的46.1%，其中因工业排放污染水资源的村有28个。[1]可见，我国农村环保机制建设非常薄弱，几乎没有针对环境基础服务设施的投资，这种情况下，农村还面临城市工业的扩张，乡村环境污染势必严重。并且，乡镇企业的环保标准和监管力度均远远落后于城镇，导致废水排放普遍不达标、烟尘排放过量等污染问题难以及时发现。虽然近几年随着乡村环保事业的进步，以上情况得到了较大改善，但污染问题仍未根治。例如，2019年6月，河南省高级人民法

1　唐丽霞、左停：《中国农村污染状况调查与分析——来自全国141个村的数据》，《中国农村观察》，2008年第1期，第31—38页。

院审理了郑州市惠济区花园口镇南月堤村遭遇的一起污染案件，起因是非法进行化学品生产导致泄漏而造成严重污染；同年8月，媒体还曾报道白洋淀上游水域遭遇严重工业污染……

有研究者认为，部分乡村面对生态污染治理难以下手的尴尬处境。因为环保技术改造需要大量资金，而乡镇工业企业无法承担高昂的环保成本，但考虑这些企业通常是当地经济发展的主要动力和支柱，乡镇难以下手强制关停这些企业。[1]因此，工业污染根治难的背后有着多方面的原因，但这些困难并非无法克服。乡镇如果不能做到从大局出发，权衡利弊，而是放任企业污染生态，那就不仅违背了“绿水青山就是金山银山”的发展理念，还会错失更高的发展平台，生态振兴也就无从谈起。

（二）过度开发土地破坏水土条件

土壤的过度开发、过度耕作问题是我国农业发展的一个重要隐患，包括过度使用农药和化肥、过度种植、过度开垦荒地、过度放牧等，这些行为直接或间接导致了土壤肥力流失、水土流失、生态链被破坏等生态问题。唐丽霞和左停对141个样本村的调查结果显示，超过一半的样本村出现了土地板结、生态破坏等现象。罗锡文指出，2014年，我国的化肥用量已经达到5700万吨，位居世界第一，但氮肥的当季利用率不到35%，比发达国家低20%，农药利用率仅有30%，导致超过933万公顷的土地受到污染。[2]这些数据从宏微观角度证明了过度开发土地会导致严重的环境污染，而这些污染主要来自农药及化肥的错误使用。

1　周浪：《农村地区工业污染治理的对策研究》，《农业经济》，2019年第7期，第41—43页。

2　罗锡文：《水稻精量穴直播机的研制》，上海市农业机械鉴定推广站，2016年7月1日。

土地的过度开发还体现在过度放牧问题上。例如，新疆阿勒泰地区的过度放牧导致湿地萎缩和水土流失、草原的牲畜承载能力下降严重，山西大同地区的天然牧草也因过度放牧遭受了较为严重的破坏。农业和畜牧业的粗放式发展导致水土条件破坏、生态条件恶化，还致使农业和畜牧业本身缺乏可持续性，又进而抑制农牧业生产。

（三）人居环境还需改善

农村的风貌是否符合新时代的标准取决于农村内部的人居环境。龙花楼和屠爽爽指出，部分农村“脏乱差”问题依然突出，我国尚有40%的建制村缺乏生活垃圾收集处理设施，78%的建制村对生活污水缺乏专业处理，40%的建制村的畜禽养殖废弃物未得到资源化利用或无害化处理，38%的建制村的农村饮用水水源地未划定保护区（保护范围），49%的建制村未规范设置警示标志。[1]这表明，农村干群环保意识仍有待加强，农村人居环境还需进一步整治。除了生活垃圾投放随意、污染处理不及时外，还存在“厕所革命”没有完全有效推进，农村路面卫生条件较差、水资源人为污染等问题。这些相对落后的人居条件必须得到及时处理。

二、生态振兴的内涵与意义

（一）生态振兴的内涵

2017年12月，习近平总书记在中央农村工作会议上强调，“生态宜居，是乡村振兴的内在要求，农村生态文明建设包含了‘村容

1　龙花楼、屠爽爽：《土地利用转型与乡村振兴》，《中国土地科学》，2018年第7期，第1—6页。

整洁’和‘生态宜居’两方面要求”。[1]中共中央、国务院印发的《乡村振兴战略规划（2018—2022年）》中提出，乡村振兴的基本原则是要严守生态保护红线，努力实现绿色发展目标。[2]综合来看，生态振兴的内涵可以概括为完善乡村污染治理体系和各产业生态监管体系，增强从源头控制污染，提升乡村污染治理水平，改善乡村人居环境，为绿色发展打下良好的生态基础。一是从源头杜绝污染，保护原有的生态系统和水土条件；二是建立环境友好型产业，树立可持续发展理念。将生态环境指标纳入衡量生产力水平的范畴，不仅体现了人与自然和谐共处的观念，也是对生产力认识的进步。

（二）生态振兴的意义

生态振兴不但是农村生态保护的现实需要，也是实现乡村全面振兴的现实需要。乡村振兴战略“生态宜居是关键”，乡村生态振兴能否实现，其落脚点在于自然生态系统、人与自然关系能否和谐统一，对生态关系的思想理论探索影响着人们具体的生态振兴实践。[3]

生态振兴也是城乡协调发展的内在要求。长期以来，我国城乡发展严重不平衡，这不仅表现在经济上，也表现在生态、教育、医疗卫生等各个方面。就生态环境而言，城乡之间存在较大差距。城市生态环境以及人居环境都明显优于农村。浩子指出，建设生态宜

1 《习近平：把乡村振兴战略作为新时代“三农”工作总抓手》，中国新闻网，2019年6月1日。

2 《中共中央 国务院印发〈乡村振兴战略规划（2018－2022年）〉》，农业部网，2018年9月26日。

3 杨美勤：《“生命共同体”引导下的乡村生态振兴理路研究》，《广西民族大学学报（哲学社会科学版）》，2019年第6期，第183—190页。

居乡村有助于实现社会公平正义，缩小城乡发展差距，逐步破解城乡二元结构，促进社会的和谐稳定。[1]

生态振兴与产业振兴有着密切的关联。能够保证在各产业发展的过程中不对生态环境造成损害，引导建设环境友好型产业，同时，合理地开发运用生态环境能够为旅游业、生态农业和康养产业带来新的发展机遇。广东瑞山运用生态优势带动其他产业发展就是典型的例子。

广东瑞山生态振兴助力产业发展[2]

瑞山位于广东省大埔县洲瑞镇，占地面积3.1万亩，每立方米空气中约含28000个负氧离子，生态环境优美。自2011年起，当地政府计划共投资51亿元建设森林康养基地，以生态旅游和康养产业为核心，同时开发了红色旅游等其他方面的旅游产业，取得了明显的经济效益。在开发景区的过程中，当地也特别重视生态保护、控制噪音污染等。此外，瑞山拥有富含微量元素的天然山泉水，在当地政府主导下创立了瑞山天泉品牌，目前已广泛销售于珠三角地区，主要用于高端消费。

三、生态振兴的路径选择

良好的生态环境作为一项公共产品，关系到乡村民众的民生福祉。然而近几年随着乡村产业的发展，生态环境保护却被边缘化，

1　浩子：《绘好蓝图，建设宜居宜业美丽乡村》，《人民日报》，2021年4月9日，第18版。

2　《深圳市社区建设学会一行赴梅州大埔瑞山森林康养基地考察》，腾讯网，2019年10月5日。

农村生态环境所面临的污染风险也越来越大。本节主要针对生态振兴中出现的几大问题提出建议。

（一）推行合理耕种与放牧

从当前乡村的生态发展现状可以看出，减少化肥和农药的无效使用量、减少对土地肥力的掠夺式耕作至关重要。对此，应组织一批农业技术人员向农民传授经验，运用广播、电视等方式宣传化肥农药的合理使用要求，并加快推进保护性耕作，减少“掠夺式耕种”，政府可以设立专项资金支持农村使用新型耕作技术和新型农机等。对于在耕农地，应当加强农田生态保护措施，通过新型灌溉技术和土地整治技术保持并提高土地肥力与质量。在牧区，政府可以向牧民提供一定的财政补贴，在不损害牧民利益的基础上引导并鼓励牧民合理放牧，保护草场资源。

（二）加强污染整治

针对乡镇对污染治理有心无力的问题，应当由政府给予足够的财政支持帮助乡村走出困境。对于一些可能产生高污染的工业生产企业，可以将其划入产业园区，运用规模优势统一整治污染。对于现存的高污染企业，应当责令其整改并承担环境修复的责任；在发展规划中，要将生态友好型产业放在重要地位，提倡“绿色制造”的生产方式，尽量不引进重污染型工业，多发展绿色友好型工业。此外，对农村人居环境也需加大整治力度，对破坏村容卫生的行为，应及时予以制止和教育；保持路面整洁，及时、合理地处理生活垃圾、设立垃圾投放处等；还应加强环保教育，通过举办环保讲座、发放知识手册、贴标语等方式进行宣传教育，杜绝污染，再现绿水青山的面貌。

（三）完善监管体系

要彻底改变无秩序发展观念，做到规划先行。无论是完善农村基础设施、提升公共服务水平，还是推进农村人居环境改善，都应该进行合理、科学和长远的规划。

要想使生态振兴的成果可持续，就必须有一套长效化、常态化的监管体系，从源头“制”污。地方政府应着手与科研院所及相关行业企业合作，依托遥感设备和地理信息系统建设网格化的环境监测网络系统，从而保持对水土项目精准高效监管，严格审批和监控监督力度，从源头控制污染。除了“网格化”的信息监控手段外，还应加强污染审查，可以运用组织环保监察、开放污染举报群众热线、设立线上举报平台等多种方式加强监管，进一步完善污染监管体系，并对收到的污染线索进行及时处理。

（四）发展生态科技

随着高科技的发展和普及，大数据、信息化等先进手段为乡村生态振兴提供了新思路。它们不仅被用于提升传统生态农业技术，通过系统总结和深入挖掘，保留资源节约型、生态保育型和环境友好型的传统技术。同时，机械化、自动化等先进手段与现代农艺相结合，提高了农户使用各项技术的轻简性。有条件的乡村还可以运用生态工程和生态技术，大力发展现代农业，形成高效率的种养结合、循环农业体系。另外，各高校和研究院也要加强短缺技术研发。在农业面源污染治理、农村污水垃圾处理等领域加强先进技术研发，搭建技术信息平台，促进产学研合作。最后，各级政府需要加快制定技术标准和规范、构建适合不同区域的生态农业技术标准体系、健全土壤污染防治相关标准和技术规范、加快修订畜禽养殖业污染物排放标准等。

第五节　组织振兴

一、农村组织发展现状

乡村振兴需要有组织保障。“施政之要，贵在落实；落实之本，重在执行。”乡村级党组织作为党在农村的组织基础，对贯彻落实乡村振兴战略部署有着举足轻重的作用。有学者结合目前乡村党组织现状，分析组织振兴的现实困难，重点从乡村党组织的结构组成、乡村党组织建设的内在动力、农村执政环境的变化以及乡村党组织政治生态建设等角度进行分析和讨论。[1]本节首先概述目前农村组织的发展现状。

（一）基层党组织的组织力有待提升

吴成林指出，当前乡村基层党组织出现一定程度的虚化、弱化现象，由此引发了政治宣传力不强、党群关系淡化等问题。[2]刘伟也提出一些地方的农村基层党组织建设存在边缘化问题，严重影响了乡村振兴战略的实施。[3]这种现象部分是由村庄“空心化”导致的，村内的年轻人大多外出打工，留在当地的多为中老年人口，基层党组织对于组织建设有心无力。因此，农村组织发展中现存的问题同人才发展中存在的问题具有一致性。但是，基层党组织缺乏组织力并非都是由缺乏人才造成的，还包括监管不力等因素。据新华社2018年7月20日的报道，随着乡村振兴战略的实施，大量资金投入

1　张贵友：《乡村振兴背景下“空心村”治理对策研究——基于安徽省的调查》，《江淮论坛》，2019年第5期，第37　42页。梁惠婷、郭世军：《乡村振兴战略下村级党组织执行力提升策略研究》，《中共石家庄市委党校学报》，2021年第5期，第26—31页。

2　吴成林：《乡村振兴与农村基层党组织组织力的提升》，《长白学刊》，2019年第1期，第16—22页。

3　刘伟：《以组织振兴带动乡村振兴》，《中国组织人事报》，2018年第26期，第5页。

农村，一些村干部容易犯“红眼病”，甚至对一些扶贫资金也“雁过拔毛”，这就说明当前对小微权力的监管存在很多不足之处，这体现了基层党建的不充分与基层组织监督体系的不完善。

（二）社会组织呈现较大潜力

近年来，社会组织也在乡村振兴过程中扮演重要角色。截至2018年第一季度末，我国各地共有808479家社会组织，较2013年底增长了58.3%。[1]其中，农村社会组织积极解决农村养老、留守儿童等问题，不仅有利于满足农民的多元需求，还承担起政府与村民间沟通桥梁的责任；不少基金会也在积极地帮助乡村建设教育、医疗基础设施。[2]实践证明，乡镇政府很难以一己之力解决全部的农村社会需求，因此发展农村社会组织可以帮助政府解决那些难以通盘解决的问题，填补社会服务的漏洞，这说明，当前社会组织在乡村还有很大的发展潜力，值得关注。

二、组织振兴的内涵与意义

（一）组织振兴的内涵

中共中央、国务院印发的《乡村振兴战略规划（2018—2022年）》中，组织振兴的发展目标被明确为“以党组织为核心的农村基层组织建设明显加强，乡村治理能力进一步提升，现代乡村治理体系初步构建”。作为乡村振兴的“第一工程”，组织振兴首先要培育一批扎根基层的农村基层党组织和优秀的基层党组织书记，并建立

1 中国公益研究院。

2 黄丹：《乡村振兴背景下社会组织参与农村治理的困境及对策研究》，《现代商贸工业》，2020年第5期，第34—35页。

更加有效、充满活力的农村治理新机制。其次，非政府组织也在组织振兴中发挥着重要作用。如果没有高效的党政组织，基层的各方面改革势必陷入低效困境，甚至可能产生反效果；如果没有活跃的非政府组织，基层政府将承担繁重的压力，不利于农村社会的多元化发展。因此，评判组织振兴是否有成效，既要看乡村社会治理体系是否加强了组织领导，也要看它是否扩大了社会协同和公众参与。

（二）组织振兴的意义

组织振兴是乡村振兴的重要保障。习近平总书记指出："基础不牢，地动山摇。任何时候任何情况下，抓党的基层组织建设都不可放松。"从中国共产党百年发展史以及中国农村在近百年的发展角度来看，乡村党组织在凝聚农民群众、贯彻落实农村方针政策和推进乡村建设工作的战斗中发挥了堡垒作用。[1]具体而言，基层党组织对乡村振兴的作用体现在经济、文化和生态三个方面。基层党组织被称为党的"神经末梢"，有责任向村民普及国家各项农业和农村发展政策，有义务负责改善农村路面、电网、水利等基础设施。同时，作为一个文化组织，基层党组织也肩负宣传教育、建设文化场所的责任，通过帮助农民提升自身素养，加强村民思想道德教育，可以形成良好的乡村文化氛围。除此之外，通过提倡村民保护自然环境，监督可持续发展战略的实施，基层党组织能确保乡村在产业发展的同时拥有绿色的生态环境。[2]

1　季正聚：《关于民主集中制的历史考察及思考》，《党建研究》，2019年第5期，第34—37页。霍军亮、刘琪：《农村基层党组织百年建设的历史进程、实践经验与当代启示》，《西北农林科技大学学报（社会科学版）》，2021年第3期，第9—20页。

2　刘英：《以基层党组织建设推动乡村振兴发展研究》，《农村·农业·农民（A版）》，2021年第5期，第29—30页。

组织振兴是乡村振兴内生性发展的重要力量。乡村振兴既是“生产力导向”，也是“问题导向”，它需要切切实实解决各地的乡村凋敝、乡村破败、乡村污染等难题，需要为各地农民带来实实在在的成果和收益。乡村“不振兴”的原因很多，资金、人才、技术等都是制约乡村振兴的因素。然而，乡村未能振兴的关键原因是缺少有效整合各类资源的组织力量。在无组织的乡村，资金、技术、劳动力、人才等要素，都不可能全面发挥其积极的力量。因此，组织作为一种制度化明显、结构性突出、各种要素相互联系的社会系统，对于农业农村的发展至关重要。只有组织振兴了，才能将外部的“输血”资源转换为乡村发展的各类要素，才能形成推动乡村振兴的内在动力。[1]

组织振兴是乡村治理体系和治理能力现代化的体现。乡村是我国经济社会发展的重要基础，也是国家治理的基本单元。乡村振兴，治理有效是基础，而治理有效的关键在于加强乡村治理体系和治理能力现代化建设。

三、组织振兴的路径选择与优化

根据我国的国情，基层党政组织是乡村振兴战略的组织者、领头人，是各项政策的具体实施者，也肩负着决定当地经济和社会发展方向的重大职责。然而目前基层党组织的建设仍有待提升，同时社会组织也具备很大的发展潜力，本节主要对组织振兴的路径选择提出两点建议。

1　周清：《实现乡村振兴关键要强化党建引领》，《北京观察》，2021年第5期，第56—57页。

（一）夯实党在农村执政根基

乡村振兴离不开组织振兴，党的基层组织作为党的工作最前沿，直接影响了乡村振兴战略实施的成果。[1]首先，乡镇党委书记应注重党建工作，保证各村支部书记和党支部书记明确个人的使命任务，并对其进行不定期考核，及时了解各村各单位的工作情况。其次，对于村级组织的干部，不仅要提高选人用人的标准，还要重视培养优秀的农村青年或返乡学生作为后备人才。最后，为了保障村级党组织的活力，还可以健全干部激励机制。除了广为使用的村干部绩效工资量化考核方案外，也可以推行“党支部+经济实体”的考核方案，鼓励基层党组织的党员们带头创立合作社、家庭农场等，推动集体经济的发展。

（二）推进农村社会治理创新

为适应现代信息技术的发展，促进基层治理体系现代化，有学者建议可以灵活引入新技术应用于农村基层治理。由于“互联网＋”时代万物互联互通的特点，县级党组织可以开发县级官方网站，及时发布业务动态、惠农补贴政策、对乡镇级党组织工作的检查结果等信息；同时，官网确保了普通民众公开监督的权利，民众对党组织工作的任何建议，都将通过信访和举报平台直接反映给县级党组织。乡镇级党组织相比之下规模较小，可以通过开发微信公众号的模式，与群众做到实时全面的信息沟通。考虑到目前手机普及度已经较高，第三级村组织也可以与村民共同建立微信群，村干部通过微信群发布政策动态、普法常识等信息，真正做到信息互通互联，巩固农村基层社会治理。

1　贾义保：《论新时代农村社会治理创新的逻辑进路》，《南京师大学报（社会科学版）》，2021年第3期，第149—158页。

参考文献

[1]《报告解读:2016—2017中国大学生村官发展报告》,中国青年网,2017年8月9日。

[2]《深圳市社区建设学会一行赴梅州大埔瑞山森林康养基地考察》,腾讯网,2019年10月5日。

[3]《习近平:把乡村振兴战略作为新时代“三农”工作总抓手》,中国新闻网,2019年6月1日。

[4]《用文化为乡村振兴“铸魂”》,人民网,2020年10月16日。

[5]《浙江省人民政府办公厅关于深入推行科技特派员制度的实施意见》,《浙江省人民政府公报》,2017年第18期。

[6]《中共中央 国务院印发〈乡村振兴战略规划(2018—2022年)〉》,农业部网,2018年9月26日。

[7]郭远智、周扬、刘彦随:《中国农村人口外流的时空演化及其驱动机制》,《地理科学》,2020年第40卷第1期。

[8]韩秀华:《论城乡二元教育与劳动力异质性》,《经济问题》,2008年第8期。

[9]浩子:《绘好蓝图,建设宜居宜业美丽乡村》,《人民日报》,2021年4月9日,第18版。

[10]何清清:《传统文化资源在少数民族地区乡村振兴中的作用》,《农业经济》,2021年第5期。

[11]何阳、汤志伟:《新中国70年农村基层干部选任变迁及启示——兼论乡村振兴人才战略》,《理论视野》,2019年第11期。

[12]黄丹:《乡村振兴背景下社会组织参与农村治理的困境及对策研究》,《现代商贸工业》,2020年第5期。

[13]霍军亮、刘琪:《农村基层党组织百年建设的历史进程、实践经验与当代启示》,《西北农林科技大学学报(社会科学版)》,2021年第3期。

[14]季正聚:《关于民主集中制的历史考察及思考》,《党建研究》,2019年第5期。

[15]贾义保:《论新时代农村社会治理创新的逻辑进路》,《南京师大学报(社会科学版)》,2021年第3期。

[16]李明:《要大力开发农村人力资源》,《河南日报》,2010年9月21日,第6版。

[17]李铁鹏:《乡村振兴战略视角下的乡村文化保护与振兴策略——以沈阳市拉塔湖村为例》,《产业与科技论坛》,2018年第12期。

[18]梁惠婷、郭世军:《乡村振兴战略下村级党组织执行力提升策略研究》,《中共石家庄市委党校学报》,2021年第5期。

[19]刘盛:《乡风文明与乡村振兴:重要意义、现实难点与关键举措》,《农林经济管理学报》,2018年第5期。

[20]刘伟:《以组织振兴带动乡村振兴》,《中国组织人事报》,2018年第26期。

[21]刘英:《以基层党组织建设推动乡村振兴发展研究》,《农村·农业·农民(A版)》,2021年第5期。

[22]龙花楼、屠爽爽:《土地利用转型与乡村振兴》,《中国土地科学》,2018年第7期。

[23]卢渊、李颖、宋攀:《乡土文化在"美丽乡村"建设中的保护与传承》,《西北农林科技大学学报(社会科学版)》,2016年第3期。

[24]罗锡文:《水稻精量穴直播机的研制》,上海市农业机械鉴定推广站,2016年7月1日。

[25]彭仕兰、李玉娟、付明:《西部贫困乡村产业转型升级影响因素研究——基于野茶村与晨光村实地调研》,《新疆农垦经济》,2021年第6期。

[26]石榕清、王波、郭嘉伟等:《基于农业产业化的宜宾市乡村振兴路径探析》,《现代农业科技》,2021年第9期。

[27]孙皖江、王猛:《乡村振兴战略背景下我国乡风文明建设路径析》,《边疆经济与文化》,2019年第3期。

[28]孙学立:《农村人力资源供给视角下乡村振兴问题研究》,《理论月刊》,2018年第5期。

[29]唐丽霞、左停:《中国农村污染状况调查与分析——来自全国141个村的数据》,《中国农村观察》,2008年第1期。

[30]王浩:《农民培训要接地气》,《农村·农业·农民(B版)》,2018年第2期。

[31]王俊刚:《新农村建设与大学生农村就业的分析与建议》,《中国青年研究》,2007年第9期。

[32]望超凡:《村社主导：资本下乡推动农村产业振兴的实践路径》,《西北农林科技大学学报(社会科学版)》,2021年第3期。

[33]吴成林:《乡村振兴与农村基层党组织组织力的提升》,《长白学刊》,2019年第1期。

[34]徐越:《乡村振兴战略背景下的乡风文明建设》,《红旗文稿》,2019年第8期。

[35]晏育伟、何秀古、刘建峰等:《人才下沉 科技下乡 为脱贫攻坚和乡村振兴提供科技支撑——广东省农业科学院农村科技特

派员工作探索与实践》,《广东农业科学》,2020年第11期。

[36]杨美勤:《"生命共同体"引导下的乡村生态振兴理路研究》,《广西民族大学学报(哲学社会科学版)》,2019年第6期。

[37]杨梓煊、周后卿、余文琪等:《乡村农技推广人才的调查与思考——以湖南省邵阳市为例》,《农村·农业·农民(B版)》,2021年第5期。

[38]张贵友:《乡村振兴背景下"空心村"治理对策研究——基于安徽省的调查》,《江淮论坛》,2019年第5期。

[39]张龙、孔梦圆:《理论探索、制度创新与实践——以党建引领提高基层治理水平》,《西北农林科技大学学报(社会科学版)》,2021年第3期。

[40]张勋、万广华:《中国的农村基础设施促进了包容性增长吗?》,《经济研究》,2016年第10期。

[41]赵廷阳、张颖、李怡欣:《乡村振兴背景下的乡风文明建设——基于全国村级"乡风文明建设"典型案例分析》,《西北农林科技大学学报(社会科学版)》,2021年第3期。

[42]赵秀玲:《十八大以来中国乡村治理重要变革》,《福建论坛(人文社会科学版)》,2018年第10期。

[43]周浪:《农村地区工业污染治理的对策研究》,《农业经济》,2019年第7期。

[44]周清:《实现乡村振兴关键要强化党建引领》,《北京观察》,2021年第5期。

第八章

乡村振兴的组织保障*

* 感谢付家琪为本章所做工作。

组织是社会治理的基层单位，是促进社会发展的主要力量。一个组织有序、运行良好的乡村振兴组织保障体系能在乡村振兴事业中起到火车机头的作用。不同的组织具有不同的特点、性质、职能和运行方式，在现实生活中往往起到不同的保障作用，也有组织自身的局限性。目前，大量的组织服务于农村建设和产业发展，在脱贫攻坚中发挥了重要作用，未来也将是乡村振兴所依仗的实体。本章主要以城乡统筹、社区建设、村集体组织、农民合作组织和农村社会化服务组织五种典型的组织为例，通过评价它们在乡村振兴中的具体作用、梳理组织运行过程中存在的典型问题，为更好地提升组织对乡村振兴的保障作用提出针对性的建议。

第一节　城乡统筹

一、组织介绍

城乡统筹是一项系统性工程，它的指导思想是城市和农村一体发展；出发点是打破历史和制度设计形成的城乡二元结构；目标是立足城市发展、着眼农村建设，实现城市和农村的共同富裕。打破二元结构的过程不可能仅仅依靠市场主体自发的行为，城乡统筹组织作为一种外部调节力量的存在，致力于实现资源配置在城乡间的均衡化，这反映在城乡统筹组织四个主要的职责上，即行政管理上的城乡统一、基础设施上的覆盖城乡、公共服务的城乡均等化、组织建设的城乡联动。

城乡统筹组织主要分为三类，分别是政府部门、社会服务组织和各类公民群体。如图8-1所示，省、市、县、乡各级人民政府部门在城乡统筹资源配置中发挥重要的组织作用，直接通过财政、行政等方式增加乡村地区政府公共服务支出，或者间接引导社会资本参与公益性社会事业，提高公共服务的供给水平；科技团体、服务机构、绿色组织和行业协会等社会服务组织在专业领域中发挥其专业优势，消弭特定领域中的城乡二元差异进而实现城乡间的均衡发展；以乡贤群体为代表的各类公民群体既代表村民提出资源配置的具体需求，在需求侧引导前两类组织更好地发挥其统筹城乡的作用，也充当了资源配置的末梢，与村民直接沟通推动政策的落实。城乡统筹组织对乡村振兴的保障作用主要是实现要素在城乡间的有效配置，从而为乡村振兴的五大要求奠定坚实的要素基础。

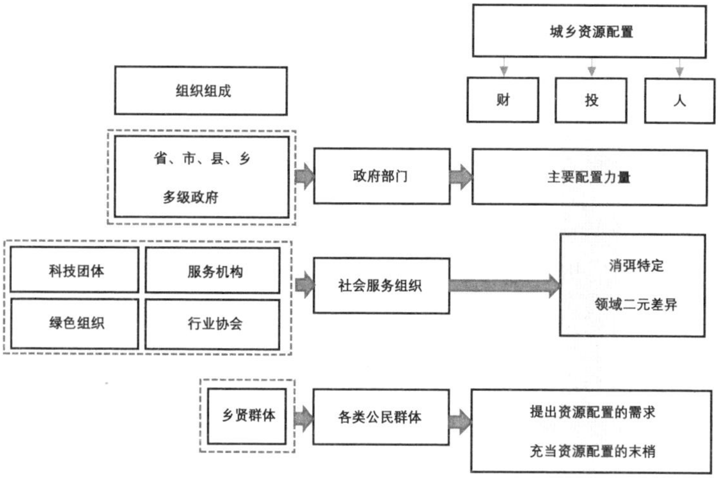

图8-1　乡村振兴城乡统筹中的主要组织的组成与作用

二、对乡村振兴的保障作用

资源是经济社会发展的物质基础，高质量的发展需要足够的资源支持。特定的历史原因，使乡村发展得到的资源支持较少。乡村振兴战略实施以前，自1985年以来，农村财政资金是净流出的且流出数量快速增加[1]；乡村信贷资金大量流出用于城镇化建设[2]。在乡村振兴战略实施之后，乡村振兴的资金需求量巨大，资金需求与供给不足的矛盾十分突出，财政对乡村振兴战略的投入面临着严峻挑战[3]；信贷资金供给总量明显不足的现状并未改变。此外，农村人才资源流出导致目前留在农村的农民整体素质偏低，95%以上的仍属于体力型和传统经验型农民，这一结论为许多实证研究所证实。可以说，财政、投资、劳动力等资源配置的城乡二元差异阻碍了当前

1　王伶、黄珊：《资源配置与城乡统筹发展》，《长江大学学报（社会科学版）》，2008年第3期，第5页。

2　张凤：《中国农村金融市场供求状况分析》，《山东省农业管理干部学院学报》，2006年第3期，第44—45页。

3　李军国：《着力破解财政、金融支持乡村振兴的瓶颈问题》，《中国发展观察》，2021年第22期。

的乡村振兴工作。

因此，乡村振兴战略实施以来，城乡统筹组织对于财政、投资、劳动力资源的有效配置的重要性越发凸显。首先，对于财政资金的分配和使用，党和政府明确指出，财政资金要与乡村振兴中的实际工作相结合，要与农民的幸福感相结合，使财政资金发挥出最大的经济效益和社会效益，推动乡村振兴行稳致远。其次，产业发展始终面临着“钱从哪儿来”的问题，为获得效益导向、灵活多样的社会资本的支持，需要因地制宜地探索制定配套的投融资模式，为社会资本投资农业农村提供规划、建设、运营等全方位投资服务，这离不开城乡统筹组织的引导作用；乡村振兴关键在于高质量的劳动力资源，随着乡村建设发展到新阶段，乡村特色产业的发展呼吁有知识、有能力的年轻人扎根乡村，推动乡村社会科学、文明、健康地发展，城乡统筹组织在引导农村劳动力回流中发挥着重要作用。

（一）政府在财政、投资、劳动力等资源配置中发挥主要作用

首先，财政是政府在城乡统筹中直接配置的资源，其配置的主要手段包括税收、公共支出、补贴和政府购买服务等。在城乡统筹中，政府不断加大投入力度，整合和引领各种资金流向“三农”领域，提高资金利用效率。从财政的政治性和功能性角度看，在乡村经济社会转型期间，政府的财政措施，不仅仅是一种单纯的资金投入，更要起到价值引导和推进治理能力建设的复合功能，用以缓和发展中利益分化等矛盾，以利益整合推动社会发展。

其次，投资是政府通过政策引导配置的资源。具体地，政府引导金融机构加快产品更新和服务创新，在农业农村重大项目实施中，鼓励其不断加大投贷联动，不断探索投贷保贴一体化的投融资

模式。各级政府不断在制度设计层面探索引导社会资本参与乡村建设的模式，例如，政府和社会资本合作模式（PPP），既填补了政府在农业农村领域公益性项目能力上的不足，也让参与的社会资本在可预期回报的驱动下持续性投入。

最后，人才是政府需通过特定的人才政策争取的关键性资源。针对乡村产业发展的需要，各级政府引进专业人才支持地方产业的发展。在统筹工作中，政府主要承担服务辅导功能，在了解市场需求的基础上，提供菜单式、可选择的高质量服务，为人才的创新创业搭建平台。特别地，针对基层政府中缺乏高水平青年党政人才的现状，各地政府出台针对高水平大学、高学历人才的选调生制度，引导青年人才到基层工作中一展自身才华。

（二）社会服务组织消解特定领域的二元差异

社会组织不仅是社会成员的谋生场所，也是国家和社会重要活动的承担者，生产、贸易、政治、教育等活动都由正式的社会组织承担完成。

首先，在统筹城乡资源配置过程中，社会组织或提供资金支持，或提供专业服务，来解决特定领域市场失灵的问题。在乡村振兴中，社会组织直接通过资金帮扶形式助力乡村发展。各社会组织或通过线上的采购促销、单位团购、个人爱心购买等消费行为，或通过线下直接实地购销的形式解决农产品的销售问题。社会组织建设产业发展所需的配套工程，或直接执行帮扶项目，或设立市场化基金，支持当地特色产业的健康发展。

其次，在乡村振兴中，社会组织结合乡村需要在自身耕耘的领域内找准差异化发展方向。以行业协会、商会为代表的社会组织利用自身的行业影响力，助力乡村产业发展；社会服务机构发挥自身的专业优势，推动乡村社会工作和志愿服务平台的搭建与运营，助推法律服务、社工服务、志愿服务等多种人才扎根乡村、赋能乡村。在乡村基本公共服务中，慈善类社会组织能给农村贫困人群提供特殊的关爱服务，如心理调节、社会融入、生活护理等。例如，江苏省张家港市永联为民基金会，作为一个慈善类社会组织，不断创新公益形式，满足村民日常生活中的各类需求。

农村社区基金会助力乡村振兴[1]

张家港市永联为民基金会成立于2010年9月，是一家典型的农村社区基金会，位于永联村的永钢集团是基金会的主要出资方。基金会积极致力于永联村社区的发展。基金会启动了村级医疗互助项目，该项目采用互助互济的方式逐步减轻贫困家庭的医疗费用压力，实现对大病人群的精准帮扶。为民基金会密切关注永联村遇到的各类问题，推出的项目具有较强的针对性和现实意义。面对留守儿童，永联为民基金会推出“小候鸟暑期夏令营项目”公益主题活动，对儿童开展作业辅导、才艺培训等，为永联村的外出务工者的子女提供多元化暑期体验活动。为激励永联村学生成长成才，永联为民基金会设立了助学基金，从小学到大学全程资助。为提升村里老人的生活品质，基金会积极倡导永钢员工加入永联志愿者联合会，利用休息时间为永联村百姓开展志愿服务。

1　刘蕾、姜雯惠、马天昊：《社区基金会 舞动乡村振兴的又一股力量——以张家港市永联为民基金会为例》，《中国社会组织》，2019年第14期，第3页。

最后，在资源配置的城乡统筹中，社会组织与政府合理分工、各取所长，补足了政府对特定行业进行资源配置时所不能触及的末梢；围绕乡村振兴的实际需要，政府和社会组织不断协调各自在资源配置中的具体作用，各级政府动态更新“职能清单”“服务清单”，社会组织调整服务能力、承建发展中产生的新需求。

（三）公民群体提出资源配置的具体需求

首先，以乡贤群体为代表的各类公民群体最了解乡村发展所需要的具体资源，能帮助其他组织更好地理顺资源配置关系。在中国的传统乡村中，有才干和影响力的人被选为乡贤，代表乡民与政府对接，乡贤群体最为乡民所信赖。

其次，在乡村振兴政策执行过程中，政府和社会组织的主要工作对象正是乡贤群体：在“一村一业”的产业发展格局上，乡贤群体作为带头人挺身而出，承担“试错”的责任；在路径探索中，乡贤群体因其乡土情怀，能为基本乡村体制的留存“发声”，为乡村振兴和城市化之间的分水岭留存了宝贵的话语权；在社会治理和公共服务上，乡贤群体通过决策咨询、民情反馈、监督评议等多种形式参与乡村发展。[1]

三、现存问题

资源配置的有效性是一个高度复杂的指标，既需要考虑发展的效率与公平，也需要考虑项目的优势与劣势。面对发展中日益复杂的利益关系，城乡统筹组织面临着彼此间权力边界的不清晰乃至发

1 李艳琼：《乡村振兴战略视域下传统村落乡贤群体的价值开发——以桂林市为例》，《黔南民族师范学院学报》，2020年第2期，第6页。

生冲突的问题；而在一些乡村急需但投入产出比低、回报周期长的领域，又出现了无人涉入的空白领域。因此需要明确各级组织的职能边界，激发各级组织的积极性，在“空白”处留白，在“黑白”处添彩。

（一）各类组织权力划分不清晰，存在权力冲突问题

在政府内部，县级政府和地级市政府间的权力分配是城乡统筹中财政、政策的初次直接分配。县级政府的经济发展、城市规划不是本级政府所能决定的，往往要受到地级市政府的业务指导。然而城市与县、乡在二元结构视角下属于不同的两个经济社会单元，在统筹城乡发展过程中，必须科学地处理地级市政府和县级政府的关系。有学者指出，“强县扩权”是当前市县关系调整的大趋势，然而哪些财政、行政的实际权力应由地级市政府下放到县级政府，是城乡统筹中行政机构改革必须解决的问题。[1]政府既与社会组织开展合作，弥补特定领域的公共服务，又对社会组织的工作情况予以监督。然而，在法律上社会组织参与乡村振兴的角色与地位、权利与义务等没有权威性的规定，导致在实践中社会组织只能执行政府下达的行政命令，社会组织发挥其专业优势弥补特定领域二元差异的主动性和创造性受到限制。

（二）关键性软性工作组织缺位，亟待搭建平台

相较于基础设施建设和乡村产业发展等硬性条件的改善，思想、观念等软性条件的更新任重道远。基础教育是城乡差异较大的

1　汪斌、杨旭东、王先进：《地级市政府在城乡统筹发展中的挑战和机遇》，《安徽工业大学学报（社会科学版）》，2009年第5期，第3页。

领域，在现有中考、高考体制下，乡村青年通过读书进入高等学校进而改善乡村人才状况的道路遇到了来自城市的激烈竞争；继续教育在乡村中相对匮乏，物质条件随着改革开放不断改善，但思想观念在广大农村地区远未解放，劳动力素质已然成为阻碍城乡统筹发展的关键因素。一方面，现有的公共资源（如文化馆、图书馆等）难以满足在城乡统筹背景下提高村民科学素养的要求；另一方面，各社会组织针对乡村的扶持工作是短期的、小范围的，不能解决长期的、大范围的思想观念落后问题。建立致力于改善农村思想观念等软性条件的城乡统筹组织是一项重要工作。

（三）激励和评估机制不健全，导致组织积极性不足

在城乡统筹中，如何调动各级组织的积极性，需要健全评估机制，进而激励各级组织更好地做好资源配置工作。以乡贤群体为代表的村民组织有其“自下而上”的诉求与力量，然而类似的村民组织建设尚不完备，未能充分发挥村民的智慧参与社会治理；在城乡统筹上也应建立有效的激励机制，提高社会组织人员的组织能力和公信力，优化其在社会治理结构中的地位。在城乡统筹中，对政府的激励作用是两方面的，一方面要建立科学合理的选择机制，激励政府敢于将特定的资源配置工作交予特定的组织开展；另一方面由于其在财政、政策上绝对的话语权，要建立对政府城乡统筹职能效用的科学合理的评价机制，帮助其在资源配置上更好地为乡村振兴服务。

四、优化建议

面对城乡统筹中的权责分工不明晰，权力空白、积极性低的问

题，需要以规章制度明确各组织的职能、优化组织间的关系；面对资源配置特定领域的薄弱和城乡统筹组织末梢的不稳定，需要不断地在发展中发现问题并解决问题，需要不断地强化公民群体在资源配置中的留声权，使资源配置的力量与实际的乡村需要达成一致。

(一) 服务于城乡统筹，优化各级政府权力结构

在城乡统筹中，需进一步优化各级政府的权力结构设计。当前，县级政府的财政统筹权力与地级政府的财政规划存在冲突，镇(街)政府存在行政管理权不足或缺失现象，这与当前的城乡统筹需要背道而驰。地级政府应给予县级政府更多的财政自主权，允许县级政府自主决定其城乡统筹发展过程中的资金重点投入方向。镇(街)政府是地方经济发展和社会管理的关键机构，对地方负责，各类派出机构却是城乡统筹管理和发展中公共资源的配置主体，它们对上级部门负责，两者之间存在冲突。另一方面，乡镇政府仍将完成上级的各项任务作为工作重点，缺乏权限承担本级政府对应的发展农村经济、发展文教事业等工作。因此，为提高镇(街)政府在城乡统筹发展中的作用，应向镇(街)政府适当地放权，提高基层的行政执行能力。

(二) 赋予社会组织合法性，调节社会组织分工

在城乡统筹中，需在明确社会组织参与乡村振兴事业合法性的基础上，调节政府和社会组织之间的关系，从而让社会组织更好地发挥作用。乡村振兴的组织保障，要通过法律法规界定各类主体的权责和行动边际，使各类组织主体在法制的框架内规范、有序地运行。目前，社会组织在城乡统筹资源配置中的作用相对较弱，为了

更好地发挥其作用，政府要积极推进社会组织自身管理体制的建设，帮助其在登记、资金等方面开展工作。以医疗卫生为例，政府应积极引导城市中的优质医疗资源向乡镇的卫生机构进行托管或合作，让农民不需要去大城市就能享受到高质量的医疗服务。在专业领域的城乡统筹中，政府应推动自身由“全能型”向“服务型”转变，落实《政府向社会力量购买服务的意见》，让专业组织发挥专业作用，尤其是在公共服务领域，不断向社会组织让渡服务事项，实现更高质量的治理效果。

（三）解决组织缺位问题，补足统筹资源配置短板

在城乡统筹中，需关注特定领域资源配置中组织缺位的问题。扶贫先扶志，在乡村振兴实现共同富裕的道路上，需要更多的组织参与，进而提高乡村的人口素质，激发村民主体在乡村振兴中的作用。在国家“双减”政策背景下，义务教育阶段学生的理想信念教育，可以借由教育领域城乡统筹组织的力量实现；针对最广大的村民群体，扶志工作不能仅仅依靠驻村干部的说服教育，更要营造学习的氛围与条件，发挥图书馆、文化馆等事业单位的作用。在人口老龄化村庄中，村民的养老服务问题是当前公共服务领域组织缺位的地方，相较于城镇中的社区养老中心集中性的养老服务，如何为村庄中散居的老人提供高质量的养老服务是一个必须要解决的问题。

（四）加强公民群体参与，找准资源配置方向

在城乡统筹中，需进一步创新政府与乡贤等各类公民群体的互动形式，让城乡统筹中资源配置的目的性更加明确。诚然，村民是

乡村振兴的受益者，但在可预期的未来，村民更是乡村建设的直接参与者，他们有参与乡村振兴的具体愿望和热情，是各类资源投入的最终方向。政府可以通过民主的方式让广大村民参与乡村振兴具体政策的制定、实施，如民主恳谈、决策评议、村民议事会等形式。各级政府特别要重视乡贤群体、高素质劳动力群体的心声，其对乡村现状、所需资源的看法，往往在反映民意的基础上更具有前瞻性，反映了未来乡村面貌的雏形。

第二节　社区建设

一、组织介绍

农村社区是乡村振兴中农村社会管理的基本单元。相较于自然村落、社队村组体制，农村社区是其在地域范围、生产方式上的延续，在生活方式上更能突出社会生活共同体的概念，在组织管理上是提供城市水平的服务平台。农村社区组织的构建建立在新型社会生活共同体之上，通过不断完善公共服务，让村民感知生活质量的提升，让农村社区更具凝聚力。

农村社区有着明确的建设目标：一是加强基础设施建设、提供公共服务，满足农民群体的物质要求；二是以其包容性和开放性，培育农民群体的精神文明，激励农民群体在乡村振兴等国家战略中发挥自身作用。农村社区组织的职能主要通过四个方面实现：政治上，既贯彻执行党和政府的方针政策，又维护村民的合法权益，积极推进村民自治、贯彻基层民主法制；经济上，参与生产经营活动的组织、协调、管理；文化上，通过维护治安秩序、调节民间纠纷来维护社区稳定，通过发展文化、体育事业丰富村民的精神文明生活；社会上，承担本社区的社会保障和福利事业。因此，农村社区组织在乡村振兴中发挥着具体的组织保障作用。

不同的农村社区形成的经济基础大相径庭，农村社区组织的建设模式也基于不同的现实状况呈现出多样性。其中，有五种有代表性的建设模式：政府主导的整村拆迁改造、迁村并点的城镇开发模式；配合于产业园区发展规划建设社区的产业带动模式；在地理中心某一村庄上建设并吸引周边村民定居的多村联建模式；以村办企业为主体进行社区的建设、管理、服务的村企共建模式；将位置偏远、条件恶劣的居民点向区域中心城镇集聚并提供统一规划的基础设施和公共服务的移民搬迁模式。

虽然村庄形成的现实基础有所不同，但农村社区组织体系的基本架构是一致的，即包含农村社区党组织、自治组织、监督组织、群团组织等，如图8-2所示，组织间职能各异、相互协作，共同服务于乡村事业的发展。

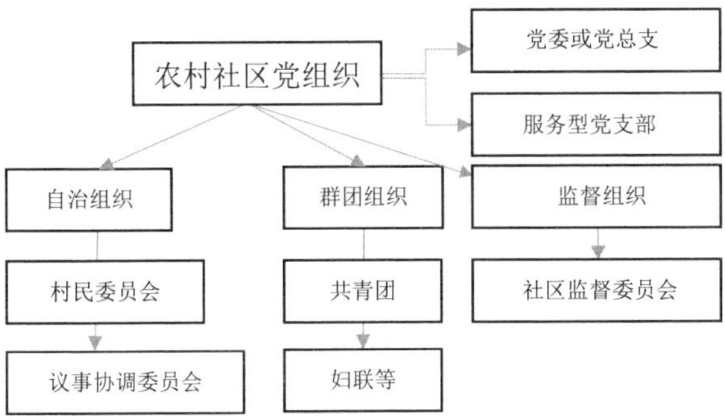

图8-2　农村社区组织体系

党组织的设置方式是多级的，社区层面要设立党委或党总支统揽社区的各项工作，而在社区内部不再依据行政村组设置党支部，而是适应于新型社区发展需要，根据产业、功能设置服务型党支部。自治组织主要负责农村社区内重大事务的协调组织和社区自治工作。监督组织是强化社区事务监督的专门结构。群团组织包括共青团、工会、妇联、残联、科协等组织，是党沟通群众的桥梁。在乡村振兴背景下，农村社区的新特点为社区建设提出新需求，例如，农村社区相较传统行政村规模更大，需要组织结构的变革以适应议事、服务、监督等具体功能的需要；农村社区人口特征变化明显，流动人口数量显著增加，农业从业人口数量显著下降，需要增加组织职能以适应新产生的管理需求。因此，在乡村振兴中，应不断推进组织建设，以适应农村社区的管理、服务需要，为乡村振兴提供坚实的组织保障。

二、对乡村振兴的保障作用

农村社区组织直接根植在农民群体中，构成了村民与组织间的“鱼水”关系。这种“鱼水”关系对乡村振兴有着直接的保障作用，这集中在三个方面：第一，农村社区组织不断完善公共基础设施配套建设，丰富村民的文化生活，为美丽乡村建设奠定硬性、软性基础；第二，农村社区组织构建了消解乡村发展过程中所产生的矛盾的“蓄水池”，维护了农村社会秩序的稳定；第三，农村社区组织保障村民参与乡村振兴的权利，激发村民参与乡村振兴的自主性，为乡村振兴注入发展活力。

（一）改善生产生活条件，建设美丽乡村

乡村与城市间生产生活条件的差异主要体现在人居环境和文化生活两方面。传统自然村落布局分散、规模较小，村容村貌破败，文化生活匮乏，事务办理困难，无法满足村民日益增长的对美好生活的向往，“留不住人、引不了人”，最终导致传统村落的自然消亡，这亟须推进新型农村社区建设。

新型农村社区将村庄适度集中，通过开展统一的科学规划与建设，提高基础设施的规模与效益。在农村社区组织的协调下，农村社区的公共空间更大、公共设施更完备，在物质条件上极大地缩小了城乡差距。农民群体自古以来就有安土重迁的乡情，生活条件的改善将极大增强村民留在乡村的意愿。陕西省咸阳市白村新型农村

社区的建设，就是将农民群体留在乡村的一个生动案例。

新型农村社区为农村发展注活力[1]

白村是西北地区关中平原上典型的农业村，属于礼泉县西张堡镇，位于关中平原腹地。整个村庄在规划前存在的问题较多，主要体现在建设缺少规划、土地浪费严重、村庄公共服务设施体系不健全。在产业规划方面由于“单家独户”的经营模式，农产品种类繁多，盲目性大，无法形成专业化生产和规模化经营，不利于开展社会化服务和推广农业科技，阻碍了农业现代化的进程。

在白村新型农村社区项目前期规划、建筑设计阶段，农民对于改变固有的生活形态具有较大的犹豫和对立情绪，其前期拆迁困难重重。一期的村民入住后起到了示范效应，群众争先恐后地要求购置新居，这进一步说明了在新农村建设中，只有为农民提供优质的居住环境并从根本上解决农民休养生息问题，才能真正让农村的年轻一代留下来、住下去，农村才能有发展的后劲和活力。

新型农村社区开展丰富文化活动，写好基础设施改善的“后半篇文章”，让村民的生活更加充实。[2]农村社区组织积极开展精神文明建设活动，比如，发掘“五好”家庭树立良好家风、发展乡贤文化

1　韩琳：《新型农村社区建设模式探索——咸阳市白村新型农村社区规划案例》，《城市建筑》，2020年第35期，第3页。

2　厉有国：《农民市民化与新型农村社区文化建设》，《理论导刊》，2014年第9期，第3页。

保留乡村印记、保护“非遗”让地方艺术焕发心声等。这些活动润物无声，让乡村文化在新型社区中延续，让村民“记得住乡愁”，这是乡村振兴的重要内容。

新型农村社区通过建设农村社区服务中心，解决农民群体普遍反映的“办事慢、办事难”问题，提高村民的幸福感。特别地，随着以“应进尽进、能办尽办”为原则的行政综合改革向农村延伸，村民常用的行政服务事项将纳入农村社区组织的服务范畴中，将极大地满足村民的多样化需要。

简而言之，农村社区组织是“美丽乡村”的直接推动者，在新型社区的硬性、软性条件的建设中，留住村民、留存乡愁，为乡村振兴提供人力保障。

（二）消解乡村发展矛盾，维护社会秩序

矛盾与发展伴生，在乡村振兴的社会转型过程中，不同利益主体的关切和诉求往往不同，农村社区建设也会产生形式多样的矛盾，小到两户村民间关于“三尺巷”的争议，大到群众与基层政府间的冲突，都会产生不良的社会影响。

农村社区组织通过前期预防、矛盾调节两方面维护社会稳定。在乡村社区的持续建设中，农村社区组织积极参与项目的论证与决策，通过评估其可行性、合法性、可控性，充分考虑项目对社会稳定的影响，从源头最大限度地防范社会矛盾的产生。在具体事务中，农村社区组织是基层矛盾事件的“第一行动人”。农村社区组织往往最了解各方的利益诉求，能够通过调解手段有效化解矛盾纠纷；应对可能的法律纠纷，农村社区组织构成了社区层面的法治力量，可提供法律法规宣传、专业人员咨询、民事案件调解等功能保障。

矛盾易发、多发，但“基层矛盾无小事”，一件没处理好的群众的小矛盾随时都有可能变成影响恶劣的群体性事件。农村社区组织作为发展中矛盾的蓄水池，“水浅则蓄，水深则排”，维护了社区的健康稳定。[1]

（三）保障农民参与权利，推动协商民主

农村社区建设是一个持续性过程，势必要经历由外部驱动向内部驱动的转变。村民既是社区建设的受益人，也是社区建设的参与者。激发村民的主观能动性对乡村的持续振兴具有重要的意义，农民群体参与意识的培育、参与渠道的建设都离不开农村社区的保障作用。

乡村建设是设计上的选择题，需要村民自主选择户型设计、建设模式等；乡村建设也是经济上的选择题，需要村民充分考虑建设成本和自身承受能力。农村社区组织充分发挥沟通协调作用，让村民关心、了解具体问题背后的利益和相关政策：从脱贫攻坚到乡村振兴，无数的社区工作者、网格员深入田间地头、村民家中，与村民沟通具体政策、解决群众关切的问题，以交流促进农民群体参与意识的觉醒。

农村社区组织不断畅通多元主体参与乡村建设的渠道，切实保障农民群体参与乡村振兴的权利。针对社区层面可以解决的问题，农村社区组织不断加强组织建设，通过村民议事会、理事会等形式实现社区居民的有效管理与协商。针对社区层面不能解决的问题，农村社区将党代表、人大代表、政协委员定期派驻社区，让村民的

1　陈荣卓、刘亚楠：《新时代农村社区矛盾纠纷有效治理机制建设研究》，《理论月刊》，2019年第11期，第7页。

建议、意见有了通过民主政治实现的渠道。

三、现存问题

（一）不能满足农村发展现状的特殊需要

随着乡村振兴的逐步推进，农村社区产生了一些新特征，也遗留了老问题，这对农村社区组织的建设提出新的挑战。

首先，新型农村社区具有开放性，人口的流动性得以加强，社区成员的异质性进一步提升。特别地，社区成员与村集体组织群体成员身份不断分化。如何保障流动型社区成员的权利、发挥非户籍人员在社区建设中的作用，需要农村社区组织不断提高自身的管理服务水平；另外，本社区流出的户籍人口常年在外学习工作，对于乡村发展有独到的建议意见，是乡村振兴的一股重要力量。

其次，新型农村社区社员从业结构变化对社区工作提出新要求：农业人口下降，非农劳动力增加，新型业者也急需相应的服务保障，特别是被征地村民的就业问题；近些年迅速发展的灵活就业人员也随着新型农村社区建设纷纷回流。现有农村社区组织建设远远滞后于社区人员从业结构的变化，仍处于面向农民、服务农事的发展阶段。

最后，新型农村社区仍面临传统农村的一些痼疾。农村的留守群体规模随着农村社区的集中进一步增大，诚然随着乡村振兴，中青年劳动力的回归会改善一部分农村社区养老抚幼的现状，然而这一过程需要时间；相较于城市居民，农民群体给付能力弱、规模效能仍不强，农村社区组织应对社区建设过程中大规模社会化抚养需求的能力较薄弱。与此同时，环境矛盾也日益突出，农业生产特点与社区管理需要间天生具有矛盾性，农民群体生产生活的方式的转变需要一定的时间，也需要农村社区组织发挥教化作用。

（二）新型农村社区管理运行机制不明确

伴随着新型农村社区建设的推进，社区规模迅速扩大的同时也打破了原有以血亲、氏族为枢纽的乡村格局。社区大了，从社区党组织、村民委员会到每一农户的信息传递距离随之拉长；氏族弱化，同一社区、不同自然村来源的社员间矛盾的调和、利益的分配需要新的农村社区组织予以管理服务。简而言之，新型农村社区尚未建立完备的议事、服务、监督功能的细分组织。

新型农村社区建设不仅能改善人居条件，而且是促进乡村持续振兴的具有凝聚力、归属感的社会生活共同体。为了增强农村社区组织的凝聚力，组织的运行机制需不断用制度建设予以完善。然而实践中，新型农村社区建设方向千差万别，自治组织的模式、公共事务的管理、社区服务的方案可能因为社区所处环境、发展阶段的差异而有所不同，能动地调整组织运行制度以适应农村社区的快速发展，是当前社区组织建设的一大挑战。

四、优化建议

为应对农村社区发展中的传统痼疾、新兴挑战，农村社区组织需积极进行组织建设、制度建设，“补不足、长有余”，为社区的持续繁荣振兴提供保障。

（一）提高社区服务水平，改善村民生活

提高社区服务水平的基本原则是“补不足、长有余”。“长有余”是指社区的硬性、软性条件不是一次性的成果，美丽乡村的建成需

要社区建设不断提供美好的乡村环境、丰富的文化内容和便捷的公共服务，改善村民的精神面貌。为了提高社区建设水平，应该充分考虑社区发展的新需求，因此可以从以下几方面切实提升社区建设质量及服务水平。

首先，对于人口流动问题，农村社区应完善流动人口管理机制、建立流动人口综合信息管理系统，加强地区间合作，实现流动人口信息的跨区共享：以居住证为载体，将流动人口的公共服务、社会保障等纳入社区的管理范畴；利用跨区域的信息管理系统，实现转接手续“一键化”办理，保证流动人口的社会和医疗保障水平，促进流动人口转变为社区的新居民。

其次，对于社区人员从业结构变化的问题，社区应以“兜底线、强服务”为原则提供适当支持：对于失去土地等生产资料的农民群体，社区为其重新就业提供必要的帮助；对于社区与村民的承包地较远的问题，社区应协调建设农田附近的农具存放点，建设充电桩、推广电动车等代步工具；非农就业、灵活就业人员的服务保障需要社区不断完善其服务职能，从失业信息登记到岗位信息发布，从录用备案到劳动保障，社区建设要适应社区居民和村集体成员身份相分离的发展趋势，设置专门的服务保障部门，切实服务非农居民的劳动就业和社会保障。

最后，农村社区的传统痼疾需要通过社区建设予以逐步解决。社区为老人、儿童的社会化抚养提供契机，通过建设儿童乐园、老年人活动室等功能区，在地理空间上构成邻里互助网络，“孩子们放学、老人们照看”，有效地弥补了监护人远程监护的不足；另外，考虑到留守群体自身互助能力的不足，可以通过聘用专业的社工人员或者招募大学生志愿者予以弥补。社区可以在物质和精神层面改变农民群体的环境观念：社区拉近了人与人之间的距离，个人行为容易受群体的监督，因此除了持续地完善配套设施、发挥宣传作用外，社区应充分发挥组织的作用，通过选聘垃圾分类志愿者、监督员，评选文明健康标兵等方式激发社区村民维护良好人居环境的动力。

（二）加强组织制度建设，保障协商民主

对于规模更大的村庄，新型农村社区应不断增强基层组织的凝聚力，通过完善议事、服务、监督等具体制度，加强组织建设。

对于议事决策功能，农村社区结构为组织建设提供了基础框架，村民自治组织可以由单层级的村民委员会演化为以“社区委员会—社区建设理事会—网格组织—农户”为框架的多级结构，实现形式上可以通过召开党员代表会、村民代表会、村民座谈会等方式征求村民意见，实现民主决策、民主自治。

对于服务功能，社区应从原先单一围绕村民开展工作转变为服务辖区、服务居民的社区建设工作，即更多地承担平台建设功能，从而引导居民有组织地开展社区公共事务和公益服务活动。

对于监督功能，应突出社区监督委员会的作用，在行政体制上打通社区监督与上级纪委监委的联系，在人事任命上与自治组织、群团组织的人员相区别，为组织发挥民主监督作用创造条件。

第三节　村集体组织

一、组织介绍

村集体组织是农村集体所有制经济组织的简称。《中华人民共和国宪法》规定，农村集体经济组织实行家庭承包经营为基础、统分结合的双层经营体制。村集体组织的集体资产包括：土地和森林等自然资源；建筑物、设备设施等固定资产；教育、卫生等公益资产；投资兴办或兼并的企业股权资产；土地补偿、生态补偿等政府拨款；等等。其中，《中华人民共和国农村土地承包法》规定，村集体成员有权依法承包由本集体经济组织发包的农村土地。村集体组织收益分配优先用于集体公益事业的发展，包括集体福利、文教、卫生、困难户等福利支出，也可以根据出资合同分配给投资者收益，根据股权设置方案向组织成员进行分配。村集体组织根据获取经营收入的主要方式可以分为四种类型——物业出租型，指靠房屋、土地等的直接出租获得收入的村集体组织；土地变现型，指通过土地征收、村庄拆迁获得一次性的土地补偿，常见于政府开发土地的城郊地区；市场经营型，指村集体组织通过实际经营村集体企业并获取利润作为集体收入，华西村是其中的典型代表；一般农业型，不具备前三种类型特征，缺乏经营性资产和集体收入，是当前乡村振兴工作中村集体组织建设工作的重中之重。

村集体组织作为市场化的经营主体，在借鉴现代企业管理模式的基础上，形成了自身特殊的组织结构。如图8-3所示，根据有关法律法规与相关政策，村集体组织由集体经济组织成员大会或代表大会、理事会、监事会等组织构成。集体经济组织成员大会或代表大会是讨论、决定涉及成员切身利益重大事项的决策机构；理事会执行集体经济组织成员大会或代表大会的各项决定并开展组织的日常工作；监事会是村集体组织的监督结构，对集体经济组织成员大会或代表大会负责并报告工作。现实中，出于历史原因，中国广大农村地区并未明确区分村民自治组织和村集体组织，这使得村委会等自治组织在事实上代行村集体组织经济职能。近年来，国家开始全面开展村集体组织登记赋码工作，使其获得统一的社会信用代码，村集体组织可以和村委会一道在党组织的领导下各司其职开展工作。

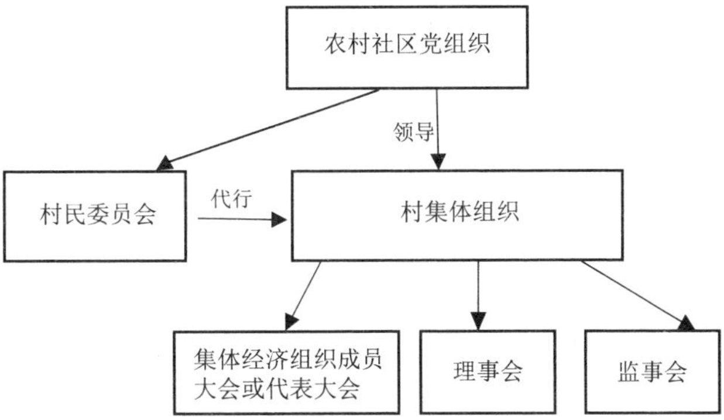

图8-3　村集体组织结构图

在乡村振兴背景下，中央进一步指出，村集体组织要继续坚持农村土地所有制，形成所有权、承包权、经营权三权分置，加快经营权的流转、探索集体所有制新的实现形式，发展壮大集体经济。[1]这为乡村振兴背景下的村集体组织赋予新的含义与性质。村集体组织的主体构建不仅局限于生存保障功能，更突出市场化私权和法制

1　仝志辉、陈淑龙：《改革开放40年来农村集体经济的变迁和未来发展》，《中国农业大学学报（社会科学版）》，2018年第6期。

保障功能，强化集体成员的主体权利，进而推进集体经济组织高效运转。[1]换言之，在乡村振兴中村集体组织应积极参与市场竞争，为集体成员争取更多的经济权益。

对此，习近平总书记指出，农业农村工作，说一千、道一万，增加农民收入是关键。在乡村振兴中，村集体组织通过发挥政治保障作用和经济保障作用，在市场条件下以着力增加村民的财产性收入作为发挥组织保障作用的首要任务。然而，村集体组织面临着组织现实地位不明、存在参与市场竞争的身份障碍、集体性资产匮乏、持续发展的资本不足等问题，组织的“双脚”被束缚，“拳头”也不硬气。这需要通过组织制度的创新，不断探索适合于乡村振兴战略的新型双层经营体制。

二、对乡村振兴的保障作用

整体上，村集体组织对乡村振兴的保障作用可细分为：政治保障作用和经济保障作用。政治上，村集体组织积极宣传党和政府的惠农政策（特别是事关农村产业发展的土地政策），贯彻党和政府对土地政策最新主张；经济上，村集体组织通过增加集体收入建设公共设施，改善村民的生活环境，也通过组织带动村民统一发展，实现村民稳定的增收致富。

首先，村集体组织通过贯彻执行党和政府具体的惠农政策，实现产业发展。村集体组织处于国家经济部门的末梢，发挥着宣传各项强农、惠农、富农政策的作用，解答广大群众实际生活中的疑虑；村集体组织直接承接各项强农惠农补贴、扶持资金，在接受“输血”

1 谢婧：《“三权分置”背景下农村集体经济组织的主体构建》，《南方农业》，2021年第26期，第77—78页。

的同时通过推动农业产业化增强自身“造血能力”；村集体组织带动村民积极响应最新的发展动向，鼓励村干部、党员骨干等发挥先锋作用积极参与项目建设，通过示范效应“先富”带动“后富”，激发村民参与乡村振兴的热情与活力。

其次，村集体组织保障了农民群体通过土地资源实现规模化发展的权利。村集体组织是我国农村土地所有制的所有权行使主体，紧密联系土地这一生产资料与农民群体的权益。[1]在市场经营活动中，村集体组织不适用《中华人民共和国企业破产法》实行破产倒闭，这种政治属性降低了土地经营行为的市场风险。[2]在此基础上，党和政府进一步强调，完善农村承包地“三权分置”制度，在依法保护集体土地所有权和农户承包权的基础上，进一步保护土地经营权益。村集体组织通过贯彻“三权分置”政策，提高农民进行土地流转的积极性，为农业适度的规模化经营打下良好基础。

村集体组织是帮助农民增收的重要组织，因此对于乡村振兴有重要的保障作用。村集体组织的经济保障作用体现在以市场主体身份参与市场竞争，为农民群体“找项目”“筹资金”“抗风险”，积极探索村集体经济的有效实现形式，为村民增加财产性收入，主要有三种途径：第一，村集体组织以规模效应形成市场竞争优势，作为经营主体可以调整经营方式、适应市场体制，根据不同资源禀赋选择不同的发展路径，以产业振兴助力乡村振兴；第二，村集体组织所有的经营性资产，通过承包、租赁、参股、置换等经营行为，提高村集体资产的利用效率；第三，村集体组织主导与社会资本的合作，村集体组织代表着全体成员的经济利益，与企业开展针对性的谈

1　丁关良、周菊香：《对完善农村集体土地所有权制度的法律思考》，《中国农村经济》，2000年第11期，第7页。

2　臧昊、梁亚荣：《农村集体经济组织破产制度研究》，《农业经济》，2018年第10期，第3页。

判，在股权、收益分红上提高议价能力、保障成员利益。

最后，村集体组织的集体性收入为基础设施建设的改善、基本公共服务的供给提供必要的资金支持。这部分集体性收入既承担着组织运转经费及生产经营成本，也分担着农村社区公共利益产生的支出，如交通、卫生、文化、健康等开支。[1]乡村振兴中农村社区的持续性建设离不开村集体组织收入的“公益性”反哺。

三、现存问题

村集体组织诞生于农业合作化运动时期，随着改革开放完成了经营体制的调整。同样地，在乡村振兴中市场作为配置资源的主要力量的大背景下，村集体组织的改革与建设明显滞后，其特定历史使命下的现实地位不适应于当前的发展需要，其集体经营性资产匮乏使其经济保障作用名不副实。

（一）在市场配置条件下现实地位不明

组织层面，村集体组织作为本应单独存在的经济组织，长期以来和村民委员会等自治组织混在一起，这主要是因为我国缺乏“农村集体经济组织法”等法律来明确其地位。诚然，大多数村集体组织依附基层党组织和村民自治组织有现实的考虑因素，例如，自然村庄规模小、集体性资产较少等，但随着乡村振兴下新型农村社区的建设，集约化的新型农村集体亟须分离自治组织与经济组织，形成专门化的集体资产管理组织。

经济层面，村集体组织在市场中的法人地位也未得到法律的明

1 李平、宋辉斐：《村集体经济组织承担社区公益性支出的性质及账务处理》，《中国农业会计》，2017年第10期，第3页。

确。《中华人民共和国宪法》第十七条明确规定“集体经济组织在遵守有关法律的前提下，有独立进行经济活动的自主权”，2020年5月通过的《中华人民共和国民法典》规定农村集体经济组织为“特别法人”，然而村集体组织以市场主体身份进入市场的一些具体障碍仍未消除。在经济发达地区，村集体组织通过成立乡村集体所有制企业的形式进入市场。[1]在广大地区，村集体的组织登记赋码工作也在逐步开展。然而，村集体组织的政治属性中明确的不可破产的规定，似乎与市场主体的地位相矛盾，限制了村集体组织以平等的市场主体参与竞争的可能性。这种不明确的地位会导致乡村振兴中双层经营体制“统”的层面的失灵，进入市场能力不强，最终会导致为承包户提供服务功能的缺失。

（二）组织名存实亡，集体资产匮乏

组织上，村集体组织处于农村社区组织的附属地位，村集体组织的资产管理工作往往由村“两委”成员监管；由于实际中理事会、监事会等组织机构的缺位，村集体组织的账户往往跟村委会账户混用。这导致了一些地方村集体组织“有牌子，没组织”，处于名存实亡的边缘境地，难以满足新型农村社区建设的需要。

财产上，一些村集体组织除了承包给农户的土地资源外没有其他的经营性资产，除了上级部门拨付的建设资金外没有任何的集体经营性收入。来源于土地和政策性补贴的收入往往占到村集体组织经营收入的60%以上。国务院发展研究中心对全国2749个行政村的调查结果充分印证了上述判断。[2]2749个村庄的实际调查结果

1　王丹：《农村集体经济组织法人的法律定位》，《人民司法》，2017年第28期，第5页。

2　国务院发展研究中心《推进社会主义新农村建设研究》课题组：《集体经济告急，近1/3已资不抵债》，《当代社科视野》，2008年第1期，第58页。

显示，村集体组织的经济收入来源中，村农业承包收入和财政性补贴收入超过了总收入的54.5%，占到很大比例。[1]随着乡村振兴的不断推进，政策性补贴将不断减少，需要村集体组织不断增强自身的“造血能力”，扩大其集体经营收入的来源。

（三）土地集约、经营能力较差，不能发挥集体资产作用

出于历史原因，村集体组织将土地承包给农民，因此可以直接由集体经营的土地较少，土地碎片化问题严重，引发土地权利集约的困难。在农业生产从分散经营逐步走向规模经营的实践中，农户将已承包的土地经营权流转出去的意愿不足，这主要由于进城村民为自身未来生计的考虑倾向于选择无期限、无合同的流转形式，即使愿意长期流转，也很少有农业经营者能一次性给付长期的使用资金。这使得分散经营格局难以改变，无形中造成乡村振兴中农业生产效率的损失。

村集体组织履行统一经营能力弱，不能发挥集体资产的作用。一方面，基层村组干部选举是集体统一经营的“人的限制因素”。村组干部3年有效履职期非常短，客观上不可能将精力用于统一经营的管理和服务中。[2]另一方面，村集体组织在产前、产中、产后配套服务能力的不足构成集体统一经营的“物的限制因素”。村集体组织不可能自行组织生产、加工、流通等生产环节，需要农民合作组织、农村社会化服务组织等予以辅助。

1　韩俊、张云华：《村级集体经济要有合适发展定位》，《发展研究》，2008年第11期，第10—12页。

2　刘立昭：《一个村干部视角下的三年任期——基于山西省岱狱殿村的调查》，硕士学位论文，华中师范大学，2014年。

四、优化建议

因此，村集体组织应不断加强组织建设，探索乡村振兴阶段新型农村双层经营体制，实现村集体收入的增加，提升村民财产性收入，满足村庄公益事业发展的需要，为乡村振兴提供坚实的经济保障。与此同时，政府应通过制定法律法规规范村集体组织的现实地位，加大惠农扶持力度，在为村集体组织“输血”的同时注重培育“造血”能力。

（一）加强产业建设，释放产业经济活力

市场条件下，村集体组织的主体地位不能仅仅倚赖相关法律法规来确立，也要通过自身的组织建设予以支撑。首先，村集体组织要解决集体成员确认、集体财产界定等重点问题，以适应乡村振兴推动下农村社区人员和村集体组织成员身份日益分化的现状；其次，推动村集体组织与其他自治组织的有序分离，形成组织间的专业分工，按照经济组织的要求不断规范其运行制度、财务制度、监督制度，形成专业性的经营决策和财产管理队伍；最后，有序推进经营性资产股份制改革，引入现代企业管理制度，完善市场主体地位。浙江省三门县的“涛头模式”是实践中非常具有代表性的新型双层经营体制实践案例。

“涛头模式”带动村民致富[1]

涛头村地处浙江省三门县，村内土地盐碱化严重，不宜

1　扈映：《新型农村双层经营体制：主要特征及实现机制》，《治理研究》，2020年第36卷第1期，第114—120页。

发展种植业。当地政府允许村民在确保农村土地所有权性质不变的基础上，自由选择经营模式，最终村民投票决定进行围塘和滩涂养殖，并“以田入股”，由村集体牵头组建三门县涛头农业发展有限公司。涛头村的海水养殖生产体系由租赁养殖塘的农户和产业服务两个环节构成。村集体将产业服务授权给三门县涛头农业发展有限公司，本村的经济能人参与公司的管理。企业则为养殖的各个生产活动提供产前、中、后的一体化服务，包括推广养殖技术、建设基础设施等。村集体组织的身份悄然转变，专注于当好集体土地的“地主”，协调村民做好养殖工作，为这种新型经营模式提供组织保障。在发展过程中，受限于村委会成员的能力不一，难以兼顾村委会日常工作与企业管理，三门县涛头农业发展有限公司一度陷入困境。针对这一情况，当地村民又通过村集体招募社会人才，聘任新的公司董事长专业化管理公司事务，并针对市场需求重新制定了经营方向，公司实现了巨大发展。而这一“村民与村集体既有分工又有授权的双层经营”的成功案例，被称为“涛头模式”。

“涛头模式”的生动实践说明，在乡村振兴中村集体组织能够通过自身的组织建设，发挥经济组织的特有作用，既当好集体土地的“地主”，又不断创新土地经营模式，吸纳社会力量弥补经营行为专业性不足的问题，涛头村的产业振兴得以蓬勃发展。

（二）规范主体地位，培育组织造血能力

政府在引导和规范村集体组织的发展，最大程度发挥村集体组织对乡村振兴的保障作用中要发挥适当的作用。

首先，政府在明确农村集体组织所拥有的土地所有权基础上，进一步明确市场条件下农村集体组织以何种身份参与市场竞争的问题。这要求政府组织依法行使各项经营活动的自主权，建立市场经济下的集体经济运行机制，让村集体组织承担协调生产服务和市场营销、运营集体企业等经济管理职能，盘活集体资产、激发要素活力，不断增加村民的收入。

其次，政府应不断引导村集体组织进行“三权分置”和土地流转工作，将碎片化的土地加速向种粮大户、合作社和农业企业集中，向规模化、产业化农业要效益。针对土地流转过程中个体承包者和规模经营者间存在的短期、长期的经济矛盾，政府应帮助村集体组织在与社会资本的互动中寻找土地流转的利益平衡点，在村集体组织代表大会上畅通村民的利益表达，进而克服规模经营者的承包动力与农民流转土地的强烈愿望间的非结构性矛盾，让土地要素在乡村振兴中真正焕发经济潜力。

最后，村集体组织其他经营性资产匮乏的现状短期内仍需要政府通过惠农政策进行扶持，通过开发性和政策性项目培育村集体组织自身的“造血”能力，特别地，对小型村集体企业贷款难的问题给予政策性金融支持。

第四节 农民合作组织

一、组织介绍

农民合作组织不是历史上“村队社组”架构中的生产合作社，也不是改革开放以来“双层经营体制”中的村集体经济组织。它是农民自发形成的互助性组织，既可以实现生产要素上的联合（例如，个体农民组成的土地股份制合作组织），也可以在经营服务领域进行联合，即在农村家庭联产承包基础上，同类农产品生产中的直接生产者、服务经营者的自愿联合以及民主管理。

农民合作组织具备独立核算、自负盈亏、自主经营、自主服务等特点，实际上已经是一个具有有限责任的特殊法人或企业法人，其有三种主要形式，即专业协会、传统性质的专业合作社和股份合作社。专业协会是提供技术指导和信息服务的非营利性组织，以社团法人在民政部门登记，主要接受实体和政府的经费支持，自身不从事经营活动因而组织实力很弱；传统性质的专业合作社提供“对内无偿、对外有偿”的技术支持、生产资料供应和销售产品等综合服务，以有限责任公司等形式在工商部门登记，主要受社员股金及政府的经费支持，决策环节实行“一人一票”制，组织实力比较弱；股份合作社在组织功能、服务内容上与传统专业合作社一致，但它的经费来源主要是成员股金与自身资产积累，民主管理制度往往将按股、按交易量、按人投票制度相结合，与社员的关系非常紧密，是组织实力最强的一种合作组织。

农民合作组织的组成结构非常接近于现代企业，由普通农户、专业大户和小型企业主等社员组成的社员代表大会，通过民主投票决定组织内部的重大事项；由社员代表大会产生的理事会负责组织的日常工作，理事会委任经理管理办公室、技术部、财务部、销售部等职能部门的经营活动，具体涉及农机、植保、土肥等产前、产中、产后的生产环节，社员代表大会组成监事会负责监管组织运行（见图8-4）。

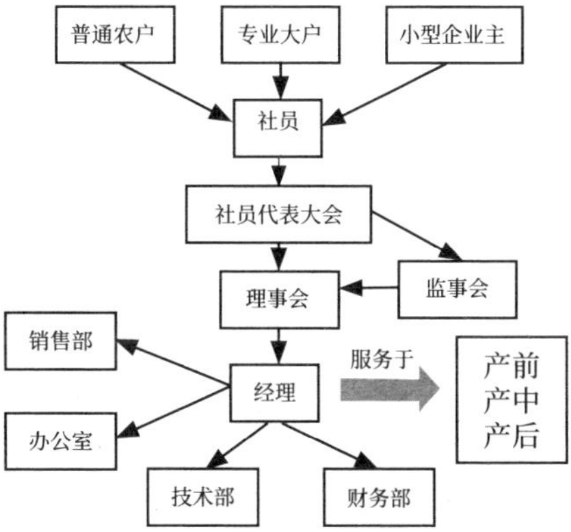

图8-4　农民合作组织结构

农民合作组织对乡村振兴的主要保障作用是惠及农民群体、促进产业振兴，主要通过整合土地、资金、劳动力等生产要求，通过组织的统筹规划作用针对市场需求进行生产，以民主化、科学化的管理方式，实现专业化的种植、加工和销售。[1]然而现实中农民合作组织存在要素储备不足、经营模式不适应现代化农业生产等问题，需要不断调整内部的合作形式，在政府的引导作用下以产业振兴促进乡村振兴。

二、对乡村振兴的保障作用

农民合作组织通过主导产前、产中、产后的联合，在生产环节

1　刘开：《大力发展农民专业合作组织 加快推进农业现代化建设——关于指导农民专业合作组织发展的几个具体问题》，《河南农业》，2004年第12期，第2页。

中提高生产效率、增加财产性收入，直接提高农民参加生产活动的积极性，在经营环节，通过培育农民参与经济活动的市场意识，提高其经济文化素养，即帮助农民适应乡村振兴背景下农业现代化生产对劳动力素质的要求；农民合作组织在集约化土地上，以规模化生产为农业现代化奠定基础，整合要素、分工协作，以现代管理理念促进产业的持续健康发展。

（一）联合农民群体，发展规模化生产

农民合作组织可以有效克服传统经营方式的弊端，通过发展规模化生产助力乡村振兴。李克强指出，中国有6亿人每月收入不到1000元，其中低收入人群主要是农民群体。乡村振兴中，分散化、小规模的生产经营方式浪费了大量的劳动力和土地资源，更加不能满足农民对于美好生活的需要。这需要新的生产组织形式（即互助式的农民合作组织）将农民联合起来，发展规模化生产、提高生产积极性。互助式的农民合作组织为农民提供的保障作用具体有以下五个方面：其一，通过联合，提高农民市场谈判力，改善农民在市场竞争中的地位；其二，通过组织内部生产环节的协调，合理调控生产规模，适应价格激烈波动的市场；其三，通过集中采购与销售，降低生产成本与交易成本；其四，通过改善设施和技术、提高产品的品质与附加值，提高农民收入；其五，提供其他组织不愿意提供的服务。简而言之，农民合作组织适合于乡村振兴所倡导的“一村一业”产业发展要求，在实现产业振兴的目标上，联合农民、带动人民，把农业产业化产生的增值收益、高质量就业岗位尽量留给农民。

（二）培育新型农民，建设产业人才梯队

农业合作组织可以培育新型农民，在职业技能、文化素养等方面满足乡村振兴对于劳动力素养的要求。[1]职业技能上，规模化农业突出了生产环节的分工协作，使农民这一传统职业有了更多细分工种，例如，专门从事良种选育的种业员、专门从事农业废弃物处置的农业环卫工等，通过赋予工种更多的技能性，让农民在就业市场中更具竞争力，既可以在这个组织从事专业生产，也可以在另一个企业中用技术服务换取回报；规模化农业也衍生了诸多配套产业，例如，市场营销、品牌建设等，为农民群体创造了更大的发展空间。文化素养上，农业合作组织提供了开展经济活动的场所，让农民群体在参与组织的重大事项的讨论、决策中实现自我组织、自我服务、自我管理，极大地激发了村民参与乡村振兴的能动性；农民合作组织也具有教育、培训和信息宣传等社会功能，能够在实践中提升农民群体对市场经济的认知，强化责任意识、规则意识、风险意识，从而能够更好地规划自身的生产活动。

（三）整合生产要素，促进产业振兴

乡村振兴中，土地要素的整合是村集体组织的权利和责任，农民合作组织进一步整合劳动力、技术、资金、管理等生产要素，实现特定产业的集约化生产，以产业振兴促进乡村振兴。土地是最基本的生产要素，农民合作组织要紧密依托村集体组织，加速土地经营权由个体承包者向合作组织的流转。在组织的调控作用下，劳动力资源得到合理分工，实现专门化的生产作业，大幅提高生产效

1　崔馥娟：《农民合作组织在促进农民素质提高中发挥的作用》，《第十届中国科协年会论文集（四）》，2008年9月。

率；技术和管理是农民合作组织中最有价值的生产要素，它通过生产活动的技术指导和高质量的销售渠道建设，赋予规模化生产的农产品以足够的市场竞争力。广西壮族自治区田东县的火龙果合作社是农业合作组织通过整合生产要素促进产业振兴的一个实例。

农业合作组织提升产品竞争力[1]

田东县是广西下辖的一个贫困县，当地定阳兴邦富民火龙果种植专业合作社就是抱团的典型。该合作社吸纳了全村163户贫困户，通过土地入股火龙果产业，并争取了部分扶贫资金的支持。农民接收合作社提供的服务合同，由合作社统一提供种苗、肥料和种植技术的培训。合作社带动种植户进行标准化、无公害化种植，产品质量符合国际市场标准的火龙果由合作社以高于市场的价格收购。合作社负责统一的包装、宣传并在市场上进行销售。农民将在年底获得合作社的分红，例如，2016年和2017年底，每个贫困户都已获得500元的分红，除此之外，日常还能在合作社的火龙果基地打工挣钱，收入明显提高。可以发现，在品种挑选、肥料播撒、虫害防治等生产方面，以及采摘和销售方面，合作社能够利用规模效应寻找好更加有利的发展机遇，为农村发展和农民增收创造好的条件。

田东县的农业合作社将土地、劳动力、资金、技术等相整合，

1　王海南、杜晓山、宁爱照：《农民专业合作社发展与乡村振兴战略研究》，《农村金融研究》，2018年第2期，第20—25页。黄色秀：《一乡一业　一村一品，田东产业扶贫路越走越宽》，《右江日报》，2018年12月31日，第1版。

通过规模化、科学化的经营，为火龙果的品牌化、产业化打下良好的基础。进一步地，在集约化到产业化的发展进程中，农民合作组织的要素调配作用同样关键，例如，根据市场行情选择不同的生产品种、在适当环节引入专门的农业管理团队进行品牌建设等，通过面对市场风险时的积极“对抗”行为，实现产业的持续健康发展。诚然，从幼小的合作社到能够引领乡村振兴的主要产业还有很长的道路，但农业合作组织至少提供了一个农业现代化的可能方案，即通过规模效应、分工协作实现资本的原始积累，在现代化的管理理念指导下积极调配生产要素，为产业振兴保驾护航。因此，农民合作组织可以通过培育多元融合主体，促进产业融合发展、增强乡村产业聚合力。

三、存在问题

农民合作组织虽然能够通过整合土地、劳动力、管理等生产要素参与市场化竞争，但二元体制下农村在科技、资金等生产要素上匮乏的现状短时间内无法消弭；特别地，面对持续的“互联网+”发展浪潮，农民合作组织调整转型困难，亟须更多的社会力量参与互联网时代下农民合作组织生产方式的探索，从而更好地保障乡村振兴的推进与实现。

（一）发展受制于资金、技术等生产要素

现代化农业的发展对资金、技术等生产要素需求迫切。然而，农民合作组织的成员主要是从事农业劳动的农民群体，难以通过直接入股方式形成发展所需的原始资金积累。一般地，农业合作组织初始的资金主要来源于政府的财政补贴以及农村发展银行、商业银

行等政策性银行支农惠农的专项资金支持。农业合作组织对资金资源的整合能力薄弱：一方面，农村的财政资源、金融资源本身就是有限的，现阶段主要用于建设基础设施与购买公共服务；另一方面，产业发展资金对于项目主体具有选择性，农民合作组织对于社会金融资本的吸引力薄弱。初始资本的匮乏限制了组织在发展项目上的选择，前期高投入的高科技农业、生态旅游业等产业对一般的农民合作组织来说有较高的门槛。

高质量农产品的规模化生产也离不开高新技术的支持。在农业技术发展日新月异的今天，新兴高质量农产品更容易受到市场追捧，例如近年爆火的车厘子、奇异果等。然而，农民合作组织的成员主要是农民群体，知识水平低、学习能力弱，在病虫害防治、新品种选育以及农机设备使用上存在不足，更难以实时跟进农业技术发展潮流以及最新市场动态，使得规模化生产缺乏起码的劳动力支撑。[1]目前农民合作组织虽然能够通过引进专家开展短期的农技培训来提高农民的技术水平，但远远不能代替产业发展所需要的技术性人才。农民合作组织亟须与城乡统筹组织、农村社区组织共同开展工作，为引进技术在经营体制、人才政策上创造条件。

（二）经营能力不能满足规模化产品营销需要

现阶段，农民合作组织的经营能力落后于规范化生产程度，大量生产的农产品销售渠道梗阻、品牌效应微弱，不能转化为实际可感的村民收入的提高。[2]这主要是因为农民合作组织覆盖广泛、体量巨大，但单体规模仅仅相当于小型企业，在与一般的现代农业企业

1 陈春鹏：《制约农业经济可持续发展的问题及对策分析》，《农民致富之友》，2021年第29期，第2页。

2 邵科：《农民合作社的治理变异，经营能力不足与绩效挑战》，《中国农民合作社》，2018年第7期，第1页。

竞争中处于不利地位。这会导致发展过程中的负反馈，一旦小规模的农民合作组织不能顺利进入市场，不能占据产品区域性或者行业性的销售渠道，就无法保护农民利益、吸引新的农民群体加入合作组织，从而阻碍组织在乡村振兴中发挥经济保障作用。

政府的职能缺位使农民合作组织市场化能力的建设滞后。政府的农业信息是农民群体非常信赖的信息渠道，直接被用来指导生产活动的开展。但是政府的行政性信息与云谲波诡的市场反馈间存在较大的偏差，例如，同一类别的农产品在不同年份的收购价格波动幅度巨大，而农产品的附加值正是因为信息上的“错车”而远离农民合作组织、远离农民群体。当农民群体认识到组织在信息上存在剪刀差后，会对组织产生不信任，这迫切要求建设专门的经济组织开展市场调查，以弥补政府天生市场调研能力上的不足。

（三）经营理念滞后难以适应信息时代

农民合作组织经营理念的滞后主要体现在两个方面。首先，在市场条件下，农民合作组织受制于认知水平、成本压力、技术壁垒、渠道建设，在具体产业发展方向上偏向保守，往往囿于熟悉的经济作物品类和农业技术服务，合作组织提效增收的作用仅仅体现在既联合又分工的生产经营方式上。传统农业项目周期性风险小，但长期收益也微薄，难成产业兴旺的首选。高附加值经济作物、生态旅游等新兴农业项目往往前期投入成本巨大，实际经营中对组织的管理能力要求极高，农业合作组织即使有经营意愿，在项目落地时也迫切需要政府及社会力量的帮助。其次，在信息时代中，互联网为市场按上了加速键，在涉入农业领域的过程中，农业生产滞后性的弊病更加明显，农民合作组织难免在“互联网+”发展趋势前面露窘迫。尽管一些农民逐渐掌握使用网络的基本技术，但互联网所带来的生产经营理念、技术的革新，是挡在普通农民群体前的信息鸿沟。特别地，大数据、区块链等互联网技术在农产品中的应用直接拉近了生产者与消费者的距离，农产品生产信息的可达性将成为城市消费者选择农产品时的必选项，农民合作组织信息化的需求日益凸显。[1]因此信息时代经营模式的滞后将妨碍产业的持续振兴。

四、优化建议

针对农民合作组织在技术、资金、市场信息、互联网技术等方面的不足，合作组织一方面应在组织内部不断完善其业务合作形式，内部挖掘潜力，以对抗其他要素的不足；另一方面政府及其他社会力量应对农民合作组织的培育予以必要的支持，特别是在组织发展的关键期，比如，经济作物的试验种植期、产品的市场推广期，为其提供专门化的咨询服务，即通过关键节点的控制实现农民合作组织对乡村振兴的保障作用。

（一）内部调整组织的合作形式

农民合作组织要持续运用“规模”“协作”和“经营”这三种因素推动产业振兴。首先，维持组织的存续能力，要求组织能留住农户、持续性地吸纳农户，为产业化发展储备更多的土地、劳动力资源。一方面组织应不断优化股权制度、降低普通农户加入组织的门槛；另一方面不断提高合作组织产品的市场占有率，运用市场因素将单体农户“挤入”合作组织。其次，具体合作模式的优劣直接关

1 于勤玲：《“互联网+”时代下推动农业经济发展的探索》，《商品与质量》，2021年第5期，第1页。

系到农户参与合作组织的意愿，因此需要不断地在产前、产中调整合作形式，体现组织对于农户的照顾：产前通过生产资料的统购直接保障农户的利益，单体农户在价格市场处于被支配的地位；产中需要推进统一管理下的生产活动，提供服务解决农民面临的生产中的实际问题，保障生产过程的专业性、农产品品质的稳定性。最后，加强组织对于农产品的经营能力，通过各类农民合作组织的进一步联合，成立区域性、地区性、行业性的“大合作组织”，甚至组建竞争性的产业组织，通过联合经营在交易中保障农户的利益；[1]加强农产品的品牌建设，在市场环境中“百花盛开”不如“一花独绽”，加速同质化小型农产品品牌的兼并进程，建设代表性品牌在市场中的竞争能力。

（二）在产业发展关键节点运用内外部力量

必须要指出的是，短期内，农民合作组织市场竞争力的薄弱现状不会有根本性的改变，因此政府在产业发展关键节点上的作用显得尤为重要。

首先，针对产业发展所需的要素不足的问题，政府要引导资金、技术、人才等向农民合作组织的有效配置，在政策上弥补组织自身获取稀缺要素的能力。其次，政府应帮助农民合作组织完善抗市场风险能力。一方面，信息服务平台的组织建设要提上日程，保障农产品近年的行业规模、发展趋势的及时性；另一方面，引进保险公司提供各类农业保险，应对自然灾害、市场竞争等导致的损害农户利益的情况。最后，农民合作组织的发展要遵循客观的经济规

1　司文会：《经济发达地区农户参与农民专业合作经济组织行为问题研究》，硕士学位论文，南京农业大学，2012年。

律，从小规模的试验性种植到规模化种植再到高度的产业化、市场化，政府应在关键节点上发挥作用，一些关键节点包括经济作物的引进、试验性种植、规模化种植的推广、产品销售渠道开拓、品牌建设等。当然，农民合作组织自身处于关键点之上时，要有意识地充分利用其他组织的资源、探索组织间合作的新模式，为产业的繁荣发展发挥自身的组织保障作用。

第五节　农村社会化服务组织

一、组织介绍

农村社会化服务组织的含义是为适应现代农业的发展和满足农民群体的生产经营需要，由政府、市场和社会三方相互联系而构成的组织网络与组织系统。[1]农村社会化服务组织提供的服务有所不同，主要包括六类：农业市场信息服务、农资供应服务、农业绿色生产技术服务、农业废弃物资源化利用服务、农机作业及维修服务、农产品初加工服务和农产品营销服务。农村社会化服务组织的功能是通过现代化手段克服小农生产弊病，以更低成本、更高效率与更优质量完成这些生产经营环节。

在组织构成上，农村社会化服务组织并非若干个服务组织进行简单的机械性叠加，而是分工明确、相互配合的有机系统。穆娜娜等指出，农村社会化服务组织根据分工配合的形式可分为层级型、平台型和网络型，如图8-5所示。层级型直接服务小农户，服务内容项目少；平台型则将服务资源平台化，是“互联网+”技术在农业中的应用，能以低市场交易成本提供社会化服务，服务内容、服务对象相对较多；网络型通过整合社会化服务资源，形成服务网络“生态圈”，由单一环节服务转向农业生产的全程托管。[2]

在乡村振兴中，农村社会化服务组织不断满足农民群体生产生活的需求，针对农业生产中产前、产中、产后的生产经营活动进行服务配套，不断提高生产效率，推动农业现代化，为生活富裕、产

1　刘璐：《我国农业社会化服务体系发展问题研究》，硕士学位论文，吉林大学，2016年。

2　穆娜娜、高强：《组织结构视角下农业社会化服务模式研究》，《重庆师范大学学报（社会科学版）》，2021年第3期，第33—44页。

业兴旺等乡村振兴的重要指标提供组织保障。当前，农村社会化服务组织仍处于发展的初期，组织功能尚不能满足所有生产需要，服务功能在不同地区的均等化程度低，这阻碍了乡村振兴的全面推进。在市场条件下，政府部门如何引导农村社会化服务组织的建设与发展，是当前组织建设的重要问题。

图8-5　农村社会化服务组织结构

二、对乡村振兴的保障作用

首先，农村社会化服务组织，满足了在农村劳动力流失背景下，农民群体对提高经营水平的迫切需要，为乡村振兴提供了补充性的人力保障。近年来，农村劳动力结构发生显著变化，农业从业人口数量迅速减少、劳动力出现结构性短缺，从业人群主要是文化素质较低的老人、妇女，不能满足农业生产专业化、标准化的要求。农村社会化服务组织在农业生产关键环节上进行“替代性”劳动，这些可替代的环节往往可以通过提高经营水平来增加农产品的附加值，例如，产品的集中加工可以克服手工加工产品品质不稳定问题，形成质量标准化的农产品，从而满足市场要求。在可预期的未来，农村社会化服务组织将提供更多的“替代性”劳动，在解放农民辛劳却低效的土地劳动的同时加速农业现代化。

其次，农村社会化服务组织保障了现代农业多元化发展的需要。农业产业结构升级是乡村振兴的重要要求：传统小规模农业生产成本高、技术低，不能提高农民的收入水平；发展新型农业是有效解决问题的方案，政府积极推广高附加值经济作物的种植，发展兼备农业生产、生态保护、休闲观光的循环农业等。这一进程中，村集体组织、农民合作组织等本土化力量，由于缺乏生产技术、经营管理上的知识，因而不能满足农业多元化发展的需要。社会资本支持的农村社会化服务组织，通过在市场中购买专业化的服务，可以及时解决引进新型农业时遇到的问题，能够为农村现有的第一、二产业的产业结构升级提供必要保障。

最后，农村社会化服务组织是乡村振兴组织保障中最灵活有效的组织形式，范围上它涵盖了主要的社会主体，功能上它构建了信息、技术、资本等要素流动的主要对接渠道，这种灵活性集中体现在不同地理单元内农村社会化组织不同的发展路径。例如，上海侧重“利用金融政策扶持农村发展，在农业的生产投入和产品营销等方面为农户提供便利，并通过科技创新、绿色发展、提高农业从业者的素质，以提高土地生产效率、资源利用率和劳动的生产率，促进资源的集约型利用，节约农业生产成本，从而促进农户增收”。在北京，农村社会化服务组织的发展主要走“公益性主体、准公益性主体和经营性主体相互配合”的路径。[1]具体如下。

北京在构建全方位的农村社会化服务组织过程中，充分吸纳不同性质的社会主体。各级政府管辖的农业公共服务机

1　班慧苑：《北京市农业社会化服务研究》，硕士学位论文，北京农学院，2019年。

构，如农机站、化肥研究所、农业院校，围绕作物种子、病虫害防治等领域进行科研攻关并向农民推广最新成果，在体系中扮演着“公益服务”的角色；农村乡土人才队伍、农资农机社会化服务组织接受政府资金、政策扶持，或承包政府出让的社会化服务合同，在努力追求发展效益的同时，也积极承担社会责任，扮演着“半公益服务”的角色。北京还有全国最密集的种子公司、农机公司和最成熟的农产品批发市场，尽管这些主体扮演着“经营性服务”的角色，但是它们产生的规模效应、农业与农贸信息的交流，以及符合市场需求的农机、农技成果，为北京及其周边农村的农业生产带来极大便利。可以发现，农业社会化服务的主体涉及面越广、群体数量越大，越能吸纳不同群体的智慧与力量凝聚于乡村振兴的目标上。

由此可见，农村社会化服务组织可以“灵活”联系农业生产相关的主体，整合“公益性”和“非公益性”服务，积极实现乡村振兴中农业发展的具体目标。农村社会化服务组织在这些方面的成功实践也证明了其组织的强大生命力。

然而，农村社会化服务组织在国内的广大农村地区还是比较新鲜的事务，农民群体习惯于与村集体、企业、政府等单一主体进行互动，对于多结构、较灵活的农村社会化服务组织的认识往往有所不足。尽管农村社会化服务组织的出现是乡村振兴发展到一定阶段的必然产物，但现阶段社会化服务组织想进入农村仍需解决诸多问题，这也就影响其发挥对乡村振兴的保障作用。

三、存在问题

首先，农村社会化服务组织的利益诉求，与现阶段乡村振兴对于公益性多元服务的需求相矛盾。农民群体希望采用社会化服务提高农业生产经营水平，然而社会化服务组织是市场和资本驱动下的社会主体，其内部流淌着资本追求最大化利益的血液，这种矛盾反映在一系列侵害农民权益的事件中：在政府财政补贴的诱惑下，参与社会化服务的企业质量良莠不齐，浑水摸鱼、违法经营的现象时有发生；即使在社会化组织和农民群体的良性互动中，龙头企业相对农民群体也有非常明显的制度优势，农户在与企业博弈过程中利益难免不受侵害。这反映了在市场机制下，政府尚未明确社会化服务组织如何发挥保障作用的现状。

其次，在不同经济发展水平地区，农村社会化服务组织的均衡度较低。推动社会化服务的均衡发展对乡村振兴具有重要意义。在经济发达地区，市场作用下的农村社会化服务组织具有极强的发展动力，一方面政府积极培育孵化高水平的社会化服务组织，并给予权威性支持；另一方面发达地区市场化条件好、农业产业化程度高，具备组织发展的良好土壤。但是，广大经济落后地区，基础设施不完善、市场环境不规范，仅仅依靠市场作用进行组织建设的条件不足，对社会化服务的需求却更加迫切。因此，社会化服务的均衡发展需要政府因地制宜地制定发展路径，调节政府和市场的参与程度。

最后，农村社会化服务组织在现阶段仍处于自发生长、粗放发展阶段。[1]这主要体现在三个方面：规模上，农村社会化服务组织体

1　李武、胡振鹏：《试论我国农村社会化服务组织发展》，《江西社会科学》，2009年第2期，第6页。

量较小、山头林立、品牌较小，抵御市场风险和自然风险的能力较弱；管理上，农村社会化服务组织制度松散、人员缺乏、培训不足，在服务中存在着安全隐患；服务内容上，农村社会化服务组织大多从事简单生产，从事加工、销售等服务的少，在农业生产、产业发展的关键环节组织缺位严重，例如，提供农业废弃物资源化利用服务的组织相对较少，粪污收集、有机肥加工等方面的服务欠缺造成产业发展中极大的环境压力。简而言之，组织内部结构、管理水平的低下与乡村振兴所需的农业服务需求还有很大差距。

四、优化建议

（一）在政府指导下明确组织自身发展路径

农村社会化服务组织的发展需要兼顾经济效益和社会效益，政府的主导作用就是明确在不同地区、不同资源禀赋条件下，农村社会化服务组织的发展路径：对于经济落后地区，政府应针对农业发展所需的服务类型，不断完善道路交通等基础设施，吸引社会资本参与甚至考虑直接向市场购买服务，为农业发展提供保障；对于经济发达地区，企业能够在市场驱动下进入农村社会化服务领域，政府则需要提供政策优惠和服务便利，引导企业关注当前相对薄弱的服务保障工作。

当然，农村社会化组织的活力归根结底来源于农村内部经济需求的直接推动，这要求政府在培育社会化组织时注意克服“政府化”倾向。[1]政府要基于市场配置资源的前提，着力改善农村社会化服务组织的发展环境，特别地，要健全相关的法律法规，取消、替

1　王小华：《发展农村社会化服务体系应注意克服“政府化”倾向》，《贵州民族研究》，1992年第3期，第2页。

代不合理的法律法规，从而在组织的登记、变更注销、组织形式、监督管理等方面做到有法可依，给组织的健康发展营造良好的政策氛围。

（二）在扎根农民、服务农民中推动自身发展

农村社会化服务组织自身的组织建设可以从三个方面发力。首先，农村社会化服务组织应主动扎根在农民群体中，抓住宣传机遇、改变公众观念，让农民群体更加了解组织所能提供的服务内容，在需求方面取得发展优势；其次，农村社会化服务组织应在政府支持之外寻求更多的筹款渠道，可以在服务项目开发的进程中，通过让渡部分已盈利项目来获得其他社会资本的资金支持，帮助组织完善其服务职能；最后，农村社会化服务组织要不断提高自身的管理能力，形成规范的管理制度，彰显组织服务的水平。

参考文献

[1]班慧苑:《北京市农业社会化服务研究》，硕士学位论文，北京农学院，2019年。

[2]陈春鹏:《制约农业经济可持续发展的问题及对策分析》，《农民致富之友》，2021年第29期。

[3]陈荣卓、刘亚楠:《新时代农村社区矛盾纠纷有效治理机制建设研究》,《理论月刊》，2019年第11期。

[4]崔馥娟:《农民合作组织在促进农民素质提高中发挥的作用》,《第十届中国科协年会论文集(四)》，2008年9月。

[5]丁关良、周菊香:《对完善农村集体土地所有权制度的法律思考》,《中国农村经济》，2000年第11期。

[6]韩俊、张云华:《村级集体经济要有合适发展定位》,《发展研究》，2008年第11期。

[7]韩琳:《新型农村社区建设模式探索——咸阳市白村新型农村社区规划案例》,《城市建筑》，2020年第35期。

[8]扈映:《新型农村双层经营体制:主要特征及实现机制》,《治理研究》，2020年第1期。

[9]黄色秀:《一乡一业 一村一品，田东产业扶贫路越走越宽》,《右江日报》，2018年12月31日，第1版。

[10]李军国:《着力破解财政、金融支持乡村振兴的瓶颈问题》,《中国发展观察(智库论坛)》，2021年第22期。

[11]李平、宋辉斐:《村集体经济组织承担社区公益性支出的性质及账务处理》,《中国农业会计》，2017年第10期。

[12]李武、胡振鹏:《试论我国农村社会化服务组织发展》,《江

西社会科学》, 2009年第2期。

[13]李艳琼:《乡村振兴战略视域下传统村落乡贤群体的价值开发——以桂林市为例》,《黔南民族师范学院学报》, 2020年第2期。

[14]李摘:《集体经济告急,近1/3已资不抵债》,《当代社科视野》, 2008年第1期。

[15]厉有国:《 农民市民化与新型农村社区文化建设》,《理论导刊》, 2014年第9期。

[16]刘开:《大力发展农民专业合作组织 加快推进农业现代化建设——关于指导农民专业合作组织发展的几个具体问题》,《河南农业》, 2004年第12期, 第2页。

[17]刘蕾、姜雯惠、马天昊:《社区基金会 舞动乡村振兴的又一股力量——以张家港市永联为民基金会为例》,《中国社会组织》, 2019年第14期, 第3页。

[18]刘立昭:《一个村干部视角下的三年任期——基于山西省岱狱殿村的调查》, 硕士学位论文, 华中师范大学, 2014年。

[19]刘璐:《我国农业社会化服务体系发展问题研究》, 硕士学位论文, 吉林大学, 2016年。

[20]穆娜娜、高强:《组织结构视角下农业社会化服务模式研究》,《重庆师范大学学报(社会科学版)》, 2021年第3期。

[21]邵科:《农民合作社的治理变异,经营能力不足与绩效挑战》,《中国农民合作社》, 2018年第7期, 第1页。

[22]司文会:《经济发达地区农户参与农民专业合作经济组织行为问题研究》, 硕士学位论文, 南京农业大学, 2012年。

[23]仝志辉、陈淑龙:《改革开放40年来农村集体经济的变迁和未来发展》,《中国农业大学学报(社会科学版)》, 2018年第6期。

[24]汪斌、杨旭东、王先进:《地级市政府在城乡统筹发展中的挑战和机遇》,《安徽工业大学学报(社会科学版)》,2009年第5期。

[25]王丹:《农村集体经济组织法人的法律定位》,《人民司法》,2017年第28期。

[26]王海南、杜晓山、宁爱照:《农民专业合作社发展与乡村振兴战略研究》,《农村金融研究》,2018年第2期。

[27]王伶、黄珊:《资源配置与城乡统筹发展》,《长江大学学报(社会科学版)》,2008年第3期。

[28]王小华:《发展农村社会化服务体系应注意克服"政府化"倾向》,《贵州民族研究》,1992年第3期。

[29]谢婧:《"三权分置"背景下农村集体经济组织的主体构建》,《南方农业》,2021年第26期。

[30]于勤玲:《"互联网+"时代下推动农业经济发展的探索》,《商品与质量》,2021年第5期。

[31]臧昊、梁亚荣:《农村集体经济组织破产制度研究》,《农业经济》,2018年第10期。

[32]张凤:《中国农村金融市场供求状况分析》,《山东省农业管理干部学院学报》,2006年第3期。

第九章

乡村振兴能力建设*

* 感谢陈听扬为本章所做工作。

乡村振兴能力是推进乡村政治、经济、社会、文化和生态全面协调发展，实现乡村振兴的关键。乡村振兴能力建设在实践中具体表现为——持续改善农村基础设施条件，不断提升农村基本公共服务水平，加强以党组织为核心的农村治理网络建设，传承发扬乡村民俗文化，建设生态宜居的美丽乡村。本章节从基础设施、公共服务、治理网络、民俗文化以及生态环境五方面，分析和总结现阶段中国乡村振兴能力建设状况，深入剖析亟待解决的问题并提出切实可行的优化建议，力求为推进乡村振兴提供有力的理论支持和行动指引。

第一节　基础设施

一、基础设施与乡村振兴

（一）农村基础设施的内涵

农村基础设施是保障农村生产和农民生活的公共服务设施体系，现代化农村基础设施包括传统和新型基础设施。

传统基础设施包括：生产性基础设施，主要指农田水利设施；生活性基础设施，主要指饮用水、电力、燃气、通信网络、道路、物流、厕所、污水处理、垃圾收处等公共设施和公共工程。

新型基础设施是支持高质量发展，以信息网络为基础的数字转型、智能升级、融合创新等方面的公共服务设施体系。当前主要包括三类：一是信息基础设施，主要指5G网络、固定宽带网络、物联网、数据中心、空间信息等；二是融合基础设施，主要指智慧能源系统、工业互联网、智能交通物流设施等；三是创新基础设施，主要指科学研究设施、技术开发设施、试验验证设施等。[1]

（二）农村基础设施构筑乡村振兴坚实基础

农村基础设施对农村产业升级、环境改善、生活水平提升具有重大作用。以日本为例，1955—1960年，政府通过大批建设农业基础设施，提振了农户参与乡村建设的热情和信心，促进了第二次世界大战后农村经济复苏。1961—1970年，政府对生活性基础设施进行完善，通过“美丽乡村”计划提升生态和基础设施，促进了城乡等值发展。1971—2000年，日本推行了著名的“一村一品”活动，通

1　《国家发展和改革委员会解读新型基础设施概念及相关工作》，博客中国网，2020年4月20日。

过地方特色农业生产基地、文化服务等基础设施建设，振兴地方农业特色产业，开发保护地方文化资源，培育地方特色农产品品牌和特色文化旅游项目，实现了农村自我竞争力的提升。2001年至今，通过铺设光缆、普及互联网、建立农业数据平台等信息通信基础设施建设，促进了智慧农业、电子商务的发展。[1]

2021年中央一号文件高度强调基础设施建设对于乡村振兴的重要性，要求继续以农村为重点推进基础设施的建设工作。[2]首先，高质量的农村基础设施将为保障农业生产、转变农业发展方式提供坚实基础，有利于提升生产效率以及管理水平，助推农业规模化、集约化发展。同时可以盘活农村资源，发展农产品加工，以及休闲农业、乡村旅游、物流等新兴业态，对于扩大就业、刺激消费、农民增收具有非常关键的作用。[3]其次，完善的农村基础设施将极大地改善农村环境，提升村民生活水平和文化素质。厕所革命、垃圾分类回收、污水处理、清洁能源等基础设施对于保护自然资源、凸显农村生态优势具有决定性作用。

2014—2020年，我国数字经济规模由16.2万亿元扩张到39.2万亿元，呈持续快速增长态势，数字经济在国民经济中的比重逐年提升（见图9-1）。数字经济在全球经济衰退及疫情冲击的双重压力下继续保持高速增长，2020年我国数字经济依然保持9.7%的高位增长，已成为经济增长的重要动力（见图9-2）。数字经济对传统产业的渗透率不断提升，第一产业渗透率相对较低，农业数字化有巨

1 陈雪、毛世平：《村庄基础设施建设如何推进农业农村现代化？——基于日本的经验与启示》，《世界农业》，2021年第8期，第69—76、120页。

2 《中共中央 国务院关于全面推进乡村振兴加快农业农村现代化的意见》，中国青年网，2021年2月21日。

3 骆永民、骆熙、汪卢俊：《农村基础设施、工农业劳动生产率差距与非农就业》，《管理世界》，2020年第12期，第91—121页。

大增长空间（见图9-3）。[1]

图9-1　我国数字经济规模与占比

数据来源：中国信息通信研究院

图9-2　我国数字经济、GDP增速

数据来源：中国信息通信研究院

1　中国信通院：《中国数字经济发展白皮书（2021）》。

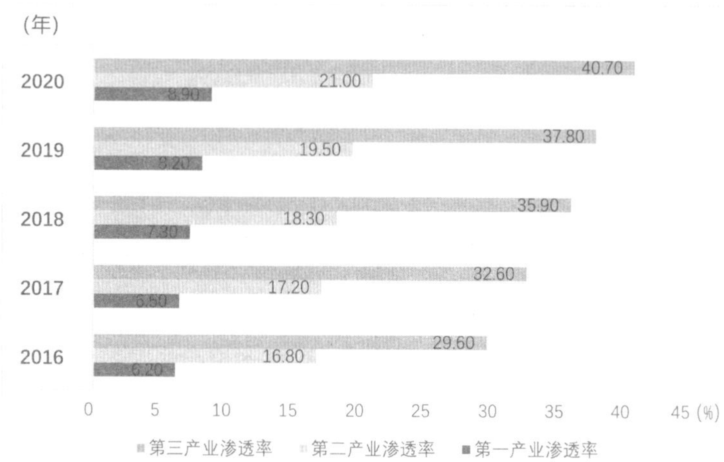

图9-3 我国数字经济渗透率

数据来源：中国信息通信研究院

农村新基建对构建新的农村发展格局、发展数字经济具有至关重要的作用。首先，在农业生产经营中应用信息技术，有助于挖掘更大的农业发展潜力。加强农村千兆光网、5G、物联网、大数据、云计算、农业农村遥感卫星等信息化基础设施的建设，建立农业大数据系统，将会促进生产数字化和管理精细化。农业气象综合监测、农业病虫害自动监测远程诊断、农业自动喷灌等智能设施的广泛应用，将极大地推进农业生产智能化、自动化。其次，新基建将推动农村三产融合、消费升级，促进新技术、新模式与实体经济及日常生活在更大的群体和更丰富的场景中融合应用，进而创造更多的新业态和新职业，拓宽收入渠道。促进经济发展的同时能创造更好的营商环境，吸引更多人才、资金流向农村，促进城乡融合与农村的可持续发展。[1]另外，乡村公共服务、社会治理等智能设施的建设（如数字交通、智慧校园、互联网+医疗健康、智慧养老、电子政务等）也将大大提升乡村治理水平和生活水平。[2]

综上所述，改善基础设施将促进达成产业兴旺、生态宜居、乡风文明、治理有效、生活富裕的总目标，是乡村振兴能力建设的重要方面。

二、乡村基础设施建设现状与问题

（一）现状分析

“十三五”期间，传统基础设施快速改善，具体表现为：供水保障水平提升，全国农村集中供水和自来水普及率分别达到88%和83%，贫困人口饮水问题得到了全面解决；农村电网改造升级，2019年基本实现供电全覆盖；99.61%的建制村通硬化路；人居环境整治稳步推进，2020年卫生厕所普及率超过68%、垃圾收处体系覆盖率达90%以上；农村通信基础设施有较大改善，99.5%的村庄通电话，乡村广播电视网络全覆盖。[3]新基建方面：全国农村光纤和4G网络的开通比例皆达99%以上，互联网普及率为59.2%，农村上网、移动支付的人数、频率逐步提高；乡村市场物流、电商服务设施不断改善，村村通邮，快递网点服务98%的乡镇。农业农村部等七部门联合组织开展数字乡村首批试点工作，网络信息技术在试点

1　付艳涛、吴雪娟、许金兰：《新基建推动消费升级的逻辑机理及应用场景》，《商业经济研究》，2021年第14期，第62—65页。

2　中国信息通信研究院政策与经济研究所：《中国数字经济就业发展研究报告：新形态、新模式、新趋势（2021年）》，2021年3月。

3　数据来源：水利部、国家能源局、交通运输部、农业农村部。

地区农业生产领域和村务管理方面得到广泛应用。[1]

（二）存在问题

在乡村振兴背景下，乡村基础设施得到了快速完善，较前些年的短缺情况有了很大改善。但是对标乡村振兴的要求，农村传统基础设施不论在数量还是质量上仍有差距，对于新基建则有更迫切的需求。以安徽省为例，近年来安徽省各级政府落实《安徽省乡村振兴战略规划（2018—2022年）》，在基础设施建设方面取得了巨大进步，如农村电网建设实现全面覆盖，道路及电力设施良好，网络建设初具规模。但同时还存在不少问题，如，皖西南大别山区自来水覆盖率较低，皖北地区部分村庄自来水水质较差；基础设施无人监管状态较为普遍，尤其皖西南、皖北地区，路、桥、水库等设施损毁严重。经济发达地区的村庄基础设施供给相对充足完善，而位于丘陵山地、库区等土地贫瘠、经济发展受限地区的村庄，对于基础设施的供给和投入则较少。多数村集体缺少基础设施规划、项目、资金和人才。政府资金有限，企业投资意愿低。[2]安徽省作为我国农业大省，其在基础设施建设中面临的问题在全国范围内普遍存在，整体上，在总量及资源分配、管护机制、资金投入方面还存在较大问题。

1.总量不足，资源分配不均

目前，我国农村农田水利设施已有改善，但洪灾、涝灾、旱灾仍经常发生，抵御自然灾害的能力仍需加强。我国农村饮水环境

1　中国互联网络信息中心：《第48次〈中国互联网络发展状况统计报告〉》，2021年8月。

2　胡文静：《安徽省农村公共基础设施建设的供给研究》，《学术界》，2018年第10期，第171—180页。

虽有大幅度的改善，但集中供水量依旧有限，自来水还未完全普及，饮用水安全方面还存在短板和不足。经济发展对电力需求与日俱增，用电量与供电负荷之间矛盾较大，导致电力设备不足且用电成本高。仍有部分村庄未实现通硬化路目标，户户通路还需继续推进，与城镇地区四通八达的交通体系差距较大。现有公路网无法与高铁配套衔接，高铁还需要很长时间才能普惠广大农村。环境问题依然严重。仓储、物流、配送等设施有待完善。[1]

基于二元经济体的基本国情，我国农村基础设施与城市基础设施长期存在较大差距，区域发展不平衡的现象依然严重。东部沿海地区的农村无论在发展理念还是发展速度上，都位于全国前列。2021年，浙江省农村在中央支持下已经开始高质量发展实现共同富裕的先行先试。中部、西部偏远地区的农村在国家政策扶持、资本投入、人力资源配置等方面，均远远落后于沿海发达地区的农村。有些地区仅刚刚脱贫，基础设施建设还很薄弱。[2]

新基建在农村基础设施投资中所占比重较小，乡村信息化虽不断普及，但普及率远低于城镇地区，大部分农村信息化水平还很低。不完善的传统基础设施成为制约新基建发展的瓶颈，农村信息化专业技术人才短缺、文化和经济水平较低也严重制约了新基建的发展。智慧农业、数字乡村的建设都和新基建息息相关，如果不高度重视农村新基建，可能会产生新一轮城乡二元分化。[3]

1　陈宗胜、朱琳:《论完善传统基础设施与乡村振兴的关系》,《兰州大学学报（社会科学版）》, 2021年第5期，第28—39页。

2　汪欢欢:《城乡融合视阈下我国农村经济发展的战略走向及其实现》,《农业经济》, 2019年第12期，第6—8页。

3　陈宗胜、朱琳:《论完善传统基础设施与乡村振兴的关系》,《兰州大学学报（社会科学版）》, 2021年第5期，第28—39页。

2.缺乏长效管护机制

有效的基础设施管理维护是基础设施维持良好状况、正常发挥作用的关键，但我国农村地区对于基础设施管理维护普遍不够重视，主要表现在：一基础设施质量差、老化破损。例如，农村道路虽然普遍硬化，但等级低质量差，缺少必要的养护，破损严重；排水管沟没有定期维修清理，堵塞情况严重。二设施无法正常运行造成闲置浪费。例如，有的农村卫生厕所因缺乏维护资金和管理人员被当作旱厕使用。三缺少专业的操作、维修技术支持。例如，太阳能路灯、沼气利用设施、先进的污水生态处理系统等，由于缺乏专业人员维护更新，存在使用几年后就废弃的情况。

农村基础设施大多缺乏科学长效的管护机制，管护责任不清，缺少专门的管护机构，没有配套的管护标准、管理制度，缺乏稳定的管护资金来源，很多基础设施无法发挥其应有的作用，严重影响农村发展。[1]

3.多元投入机制不健全

国家近年来强调加快补齐农村基础设施短板，政府投资逐年增加，但自2014年进入新常态以来，明显后劲不足，新冠肺炎疫情也对之冲击较大。[2]乡村振兴战略实施以来，农村基础设施覆盖面广建设量大，投资需求大幅增加。[3]据粗略测算，仅厕所、生活垃圾和污水整治将耗资数万亿元。政府投入与发展需求之间存在较大

---

1 彭文英、杨燕英、徐丰：《城乡统筹背景下农村基础设施建设管理问题研究——以北京市为例》，《中央财经大学学报》，2012年第6期，第8—12、66页。

2 毛世平、张琳、何龙娟等：《我国农业农村投资状况及未来投资重点领域分析》，《农业经济问题》，2021年第7期，第47—56页。

3 陈宗胜、朱琳：《论完善传统基础设施与乡村振兴的关系》，《兰州大学学报（社会科学版）》，2021年第5期，第28—39页。

的资金缺口。[1]

财政方面，目前农村基础设施主要依赖政府投资。金融供给方面，农村融资渠道少、成本高的现象一直没有得到根本缓解。社会资本参与方面，社会资本的逐利特性与投资配套服务、项目监管、利益联结等需求之间矛盾突出，存在不敢投、不愿投现象。多元主体的市场化投资机制仍未形成。[2]

三、基础设施优化建议

（一）加大投入、统筹发展

1.继续夯实传统基础设施

要持续加大投入，注重协调发展。围绕西部开发、中部崛起等区域发展战略实施更多的支持政策，并严格保持政策执行的连续性。对落后地区重点倾斜，在脱贫地区重点建设一批区域性和跨区域的重大基础设施工程，加快补齐农村基础设施短板，平衡地区差距。[3]

2.加快布局农村新基建

软件方面：第一，加快农村新基建布局，做好中长期规划，有节奏地梯次推进。第二，建立农村新基建的标准体系，加快新基建规范化发展。例如，制定数字经济安全基建国家标准，保障其规划、建设、运维等各环节的安全。第三，通过现代农业示范区数字乡村试点，积累经验后全国推广。第四，通过用户财政补贴等政策措施，

1　余欣荣：《坚持农业农村优先发展 构建“三农”多元投入格局》，《农村工作通讯》，2019年第3期，第5—7页。

2　毛世平、张琳、何龙娟等：《我国农业农村投资状况及未来投资重点领域分析》，《农业经济问题》，2021年第7期，第47—56页。

3　陈宗胜、朱琳：《论完善传统基础设施与乡村振兴的关系》，《兰州大学学报（社会科学版）》，2021年第5期，第28—39页。

大力培育新基建市场，支持新基建发展。[1]第五，加快构建农业信息化、智能化、大数据等领域的高素质人才队伍。

硬件方面：第一，加快农村的信息化发展进程，升级改造农村光纤宽带、物联网、信息终端等信息化基础设施与技术装备，通过技术完善与升级打造智慧农业和数字乡村。第二，搭建农业智慧平台，如病虫害测报网络、投入品追溯体系、质量安全追溯管理信息平台等，促进农业转型升级。第三，建立农业农村大数据中心，集成自然资源、种质资源、重要农产品全产业链、农村集体资产等基础数据，提升农业管理、服务和决策水平。第四，建立农村现代流通体系，如智慧物流园区、农产品电商平台等，全面打通城市乡村、线上线下营销通道。第五，进行数字乡村建设，信息进村入户、建设云教育平台、云问诊平台、公共服务信息平台，提升乡村数字化治理能力[2]。

（二）建立长效多元化管护机制

农村基础设施既需要提高供给，又需要重视建成后的管护，需建立科学的长效多元化管护机制。

第一，明确管护内容。要厘清管护范围，建立基础设施台账，根据基础设施的使用性质和运营特点进行分类。第二，明确管护主体。应由政府主导，行业主管部门监管并充分发挥村级组织的作用。第三，搭建监管平台。建立一体化信息平台，进行智慧化管理，建立配套的管护标准、工作规范、考核激励制度，对管护工作进行

1　刘艳红、黄雪涛、石博涵：《中国“新基建”：概念、现状与问题》，《北京工业大学学报（社会科学版）》，2020年第6期，第1—12页。

2　毛世平、张琳、何龙娟等：《我国农业农村投资状况及未来投资重点领域分析》，《农业经济问题》，2021年第7期，第47—56页。

科学管理有效监督。第四，落实管护资金。除了加大各级财政投入，还应鼓励社会资本和专业化企业投资、探索村集体经济收入按比例提取公益金、村民一事一议、付费使用等方式。第五，建立管护队伍。除培养专业管护人才队伍外，还可通过政府招标采购专业机构服务或由村民进行一般管护。第六，树立建管意识。要大力宣传基础设施管护工作的重要性，广泛调动村民积极主动参基础设施的养护工作。[1]

（三）实现投资主体多元化

首先，加大各级财政支持力度。乡村振兴需要财政提供基础支持与长远保障，并对金融和社会资本进行引导。除了财政一般公共预算，还要发展包括政府性基金和专项债券在内的多种方式。其次，畅通金融服务通道，引导更多金融资源聚焦农村发展。最后，发挥财政杠杆作用撬动社会资本，设立市场化的专项基金。[2]另外，还可以通过鼓励民间组织捐资捐物、成立公益基金、鼓励农民以工代赈等方式，加快形成财政保障、金融倾斜、社会参与的多元主体投资格局，推动农村基础设施的建设和发展。

1　《两部门印发〈关于深化农村公共基础设施管护体制改革的指导意见〉的通知》，发展改革委网，2019年11月4日。

2　陶怀颖：《中央一号文件系列解读之八 构建"三农"多元投入格局》，《农村工作通讯》，2019年第5期。

第二节 公共服务

一、公共服务与乡村振兴

（一）农村公共服务的内涵

农村公共服务是指为满足农村生产和农民生活需要，由政府和其他主体提供的社会服务和公共物品。公共服务涵盖教育、医疗、养老、住房、社保、就业、公共文化等领域，并由政府根据社会发展水平界定为基本与非基本公共服务。随着经济社会发展，人民群众的生活需求不断提高，国家的保障能力不断提升，基本与非基本公共服务的界限和内容也将随之进行动态调整。其中，基本公共服务由政府主导，保障全体公民生存和发展基本需要。让全体公民公平地享有基本公共服务，是人民共享发展成果的必然选择。

党中央、国务院高度重视民生保障，先后制定并实施了三部国家级基本公共服务规划，2018年12月出台了相关指导意见，明确了两个目标："十四五"末全面建立基本公共服务标准体系、到2035年基本实现均等化。2021年发布的《国家基本公共服务标准》，列出了基本公共服务项目标准化清单，具体包括：全民享有幼有所育、学有所教、劳有所得、病有所医、老有所养、住有所居、弱有所扶以及优军服务保障、文体服务保障等九个方面。由国家财政兜底，保障基本民生，为各级政府履行基本公共服务职责和农民平等享有相应权利提供了重要依据和保障。

（二）公共服务水平测度乡村振兴成色

增加农村公共服务供给，扩大覆盖面，聚焦解决教育资源匮乏、医疗条件差、空心村、危旧房屋、缺少社会保障等民生痛点，让公共服务就近可及、老人舒适安康、孩子健康快乐、年轻人安居乐业，能扎实提升农民群众的幸福感、获得感和安全感，增加农民对未来稳定的预期，促进消费、拉动投资、带动就业，惠民生、促发展一举多得。

通过优质的公共服务，提升农民的生活水平，让农民群众共享社会发展的成果，体现了以人民为中心的发展理念。推进公共服务均等化，有利于缩小城乡差距，化解社会矛盾，促进社会公平正义，增强农民群众对社会的认同感，维护稳定和谐的社会秩序。

发展农村教育、文化和卫生等公共事业能全面提高农民综合素质，促进农民个体全面发展。推进基本公共服务均等化，促进城乡融合发展，提升农村对人才的吸引力，为推进乡村振兴提供优质人力资源和智力支持，从而更有力地推进技术创新和产业结构升级，推动农业农村发展由主要依靠投资向依靠科技进步转变，实现高质量发展。

保障农民公平享有基本公共服务是政府的重要职责，完善农村公共服务体系，有利于完善治理体系、提升治理能力，促进政府向服务型政府转变。

综上所述，农民群众的福祉是测度乡村振兴成色的标准，[1]提高公共服务水平是乡村振兴能力建设的重要方面。

二、乡村公共服务的现状与问题

（一）现状分析

“十三五”期间，基本公共服务制度基本建成，各地区各部门持

1　钟真、封启帆、王翔瑞：《共享富农：农业农村现代化中的民生福祉增进》，《农村经济》，2021年第10期，第9—17页。

续改善基本公共服务设施、完善社会保障。农村义务教育方面：提高办学质量，优化教学条件；加强教师队伍建设，提高教师待遇；实施学生营养改善计划，解决随迁子女教育问题；加大对困难地区的教育投入，持续推进城乡教育一体化改革，如表9-1所示。农村医疗、住房、社会保障、关爱儿童及老人方面：改善医疗条件方面，持续改善医疗条件，优质资源向基层倾斜；住房保障方面，告别破旧危房，实现住房安全有保障；社会保障方面，统一城乡医保，全面实施大病保险制度，完善最低生活保障；关爱农村留守儿童、老人方面，在全国范围内不断加强基层儿童工作队伍建设，农村养老服务网络初步形成，如表9-2所示。

表9-1 “十三五”农村义务教育情况[1]

<table>
<tr><td rowspan="3">提升办学条件</td><td>办学条件达标学校比例（至2019年底）</td><td>99.80%</td></tr>
<tr><td>发展基本均衡县级单位比例（至2019年底）</td><td>95.32%</td></tr>
<tr><td>全国网络接入学校比例（至2020年底）</td><td>98.40%</td></tr>
<tr><td rowspan="4">加强教师队伍建设</td><td>公费师范生数量（“十三五”期间每年）</td><td>4.5万名</td></tr>
<tr><td>“国培”培训教师数量（2016-2019年）</td><td>540万名</td></tr>
<tr><td>特岗教师数量（2016年以来）</td><td>42万名</td></tr>
<tr><td>教师工资不低于公务员的县比例（至2020年9月）</td><td>97.60%</td></tr>
<tr><td rowspan="2">保障关爱学生</td><td>实施营养改善计划情况</td><td>29个省、1762个县
14.57万所学校
4060.82万名学生</td></tr>
<tr><td>随迁子女入公办学校比例（2019年）</td><td>85.03%（均享受补贴政策）</td></tr>
</table>

1 《“十三五”，我们这样走过：义务教育均衡发展巩固提高》，新华网，2021年1月27日。

表9-2　“十三五”农村医疗、住房、社会保障、关爱儿童及老人情况[1]

<table>
<tr><td rowspan="2">改善医疗条件</td><td>村卫生室情况（至2020年底）</td><td>村卫生室：60.9万所
卫生人员：144.2万人</td></tr>
<tr><td>县域医疗共同体数量（至2020年底）</td><td>4028个（567个县）</td></tr>
<tr><td rowspan="2">住房保障</td><td>住上安全住房人数（2013年以来）</td><td>790万户、2568万人</td></tr>
<tr><td>乔迁新居人数（“十三五”期间）</td><td>960万人</td></tr>
<tr><td rowspan="3">社会保障</td><td>基本医保参保情况（至2020年底）</td><td>13.6亿人
参保率95%以上</td></tr>
<tr><td>医保扶贫情况（2018年以来）</td><td>就医5.3亿人（1000万户）</td></tr>
<tr><td>贫困人口兜底保障情况（至2020年底）</td><td>1936万人
占全部脱贫人口的19.6%</td></tr>
<tr><td rowspan="2">留守儿童、老人关爱</td><td>基层儿童工作队伍</td><td>5.6万名乡镇督导员
67.5万名儿童主任</td></tr>
<tr><td>养老服务</td><td>2万多家养老机构
10.8万个互助养老设施</td></tr>
</table>

（二）存在问题

虽然我国对农村公共服务的投入持续加大，农村公共服务水平有很大提升，社会资源在城乡之间的均衡配置也有了明显改善。然而，由于历史欠账太多，在乡村振兴过程中，农村公共产品短缺、基本公共服务不到位等问题仍然存在，导致无法彻底满足农民群众日益增长的公共服务需求。

一是总量不足，供给不均。制度安排方面：医疗资源、养老资源和教育资源总体上集中于城市或中小城镇，乡村就医、养老、上学等需求矛盾依然存在。突发疾病或重疾、留守老人照料、留守儿童生活与教育、进城务工随迁子女教育成本仍是农民沉重的负担；[2]

1　常钦、朱隽：《公共服务更贴心　乡村生活更美好》，《人民日报》，2021年9月3日。

2　钟真、封启帆、王翔瑞等：《共享富农：农业农村现代化中的民生福祉增进》，《农村经济》，2021年第10期，第9—17页。

新农合虽然解除了广大农民“大病致贫、大病返贫”之忧，但与城镇医疗制度的全面保障相比，农民缺乏普通疾病保障。失业保险主要针对企业职工，广大农村居民无法享受。部分困难农民家庭因无力购买，导致没有机会平等享受社保、医保、教育等公共服务。财政投入方面：中央与地方分担比例不合理，财权事权分离，地方政府要提供大部分公共服务。大多数地方财政难以负担各种基本公共服务所需资金，中西部地区农村公共服务水平远低于东部发达地区农村。资源配置方面：在医疗、教育等领域，城市具有更多优秀人才、优质设备和更好的环境条件，医疗水平、教学质量远高于农村。

二是供给质量和效率不高。当前农村公共服务基本上由各级政府统一调配，农民无法自下而上地表达自己的公共服务需求。这种自上而下的管控型服务模式造成了供求信息不对称现象，农民迫切希望解决的问题与地方政府的目标可能不一致，从而导致农村公共服务供给过剩或有效供给不足，以及社会资源的错置与浪费。农村教学质量低造成学生、老师流失，农村医疗水平低造成就诊率下滑，农村文化体育设施闲置等现象较为普遍，农村公共服务未得到合理利用。

以面向农村空巢老人的公共服务为例，农村地区特别是西部地区空心村现象严重，农村空巢老人生活面临生活来源不稳定、经济水平低、无人照料、就医困难、情感孤独、安全防范意识差等问题。从需求和实际公共服务供给来看，农村老人需要有一定的经济保障，但实际上农村老人没有退休金，也没有制度化的生活关怀与资助；年纪大的老人需要适应不同家庭情况的多层次生活照料服务，但目前农村的养老服务体系还不完善，水平也不高，经济能力差的家庭没有能力购买养老服务，社区组织的日常互助体系也未普及；

老人身体日渐衰弱、行动不便，希望社区有专人进行健康宣传与跟踪，希望在社区或在家就能看病，但目前农村居民健康意识差、医护人员水平低、医疗设备不齐全，医疗保障不健全，大病需到外地就医；老人希望有人陪伴，希望加入各种社团组织、休闲文化活动来丰富自己的精神生活，但政府和社会组织的文娱活动较少而且大多不是针对老年人，农家书屋以及一些信息化数字化服务不适合文化水平低的老人；老年人需要直观易懂的安全防范宣传教育和专人巡查保护，但实际上农村只是简单地张贴海报，政府的宣传和保护工作都不到位。由此可以看出，目前农村公共服务供给精度低，需求回应性差，公共服务水平还需要进一步提升，还需更加健全细致、贴心周到。[1]

三是多元供给机制不健全。我国存在政府主导单方供给公共服务的历史路径依赖，供给主体单一，政府和事业单位在供给中扮演最主要的角色，在有些地方甚至是唯一的供给主体。供给内容也不够丰富，随着农村社会的发展，农民群众有了更高并且更多样化的公共服务需求。既有供给结构缺乏灵活性，并存在严重的滞后性，公共服务难以达到供给的良性平衡，无法满足现代乡村社会的发展需求。[2]

三、乡村公共服务优化建议

（一）调整供给结构，促进公共服务均等化

通过机制创新、资源要素整合、数据信息共享，促进农村公共服

1　丁红、谢建社、王春生等：《农村空巢老人公共服务供给侧改革路径探索》，《质量与市场》，2021年第11期，第151—153页。

2　龚志伟：《乡村振兴视阈下社会组织参与公共服务研究》，《广西社会科学》，2020年第4期，第79—83页。

务提标扩面，加快补齐农村公共服务短板。城乡之间平衡资源配置，统一服务标准。加强乡镇公共服务功能，让公共服务方便可及。加快培养乡村公共服务人才，不断提升其对农村公共服务的认知水平和实操水平，确保公共服务围绕农民群众最关心、最直接、最现实的问题展开。树立典型，带动全社会关心支持农村公共服务建设，促进城乡公共服务均等化。具体来说，应做好顶层设计，进行总体规划，并按顺序有步骤地以乡镇或行政村为单位，从农民最急切的需求入手。

教育方面，建议提高义务教育年限，通过提高补贴标准、建立专项资金等方式，保障农村孩子有接受高等教育的机会。努力提高乡村教师福利待遇，吸引更多教育人才。通过交流轮岗、建设城乡教育共同体提高乡村教育水平。进行智慧校园建设，让农村学生通过网络均等享受城市优质教育资源。医疗卫生方面，可以组建县乡村医疗互助共同体，培训农村专业医护人才。加强城乡医院对口帮扶，建立远程治疗、创新协同、巡回医疗等机制，提高基层卫生服务水平，缓解农民看病难、看病贵的问题。社会保障方面，在新型农村合作医疗制度的基础上，提高国家补助标准，适当扩大医保报销范围，完善异地医保报销政策。就业方面，完善农村就业政策和服务体系，帮助农民工提升职业技能，做好返乡人员就业、创业和社会保障服务工作。重点考虑帮助困难群体，通过充分就业提高其公共服务购买力。[1]

1 夏明赫、周慧秋、李东等：《“一带一路”农业合作战略背景下农村公共服务供给研究》，《农业经济》，2021年第8期，第90—92页。

（二）以需求为导向，提升公共服务供给的有效性

农民是农村的建设者，也是农业农村发展成果的直接受益者。农民的需求决定了公共服务供给的出发点，也是进行公共服务供给方式创新的逻辑起点，以此为导向完善公共服务，是提升供给有效性的关键。

第一，应健全公共服务决策机制。打造农村公共服务信息一体化平台，完善服务效果的跟踪反馈制度与渠道。根据群众的需求，加强有效供给和精准供给。第二，建立群众参与机制，提高农民的自主性，通过以奖代补、项目补助等方式引导农民参与公共服务的建设与供给。[1]第三，建立评价体系，规范问责程序。把公众的满意度作为考核政府绩效的标准，通过公众的参与和监督，约束和引导公共服务部门的行为，提高公共服务的质量和效率。

（三）完善多元化供给机制，优化公共服务供给

农村地域范围广大，各地农村发展情况以及农民需求有一定差异。为了更好地满足农民的多样化需求，除增加政府投入外，还应充分调动社会、农村社区和农民个体等多方面力量，因地制宜地构建以政府为主体的多元供给模式。[2]在政府主导的前提下，强化市场机制和竞争机制的作用，大力优化营商环境，实施优惠和补偿政策吸引社会资本和市场主体进入，合理细化各主体的供给责任范围。

1　陈秋红：《乡村振兴背景下农村基本公共服务的改善：基于农民需求的视角》，《改革》，2019年第6期，第92—101页。

2　陈秋红：《乡村振兴背景下农村基本公共服务的改善：基于农民需求的视角》，《改革》，2019年第6期，第92—101页。

第三节　治理网络

一、治理网络与乡村振兴

（一）治理网络的内涵

治理为公共权力对社区事务的控制、管理、组织等，其中，公共权力包括国家权力和社会自治权力。在当代中国的背景下，乡村治理就是在党的领导和政府主导下，多方社会力量共同参与，以激发社会活力和法治保障为手段，以乡村社区为载体，旨在保障改善民生和追求社会和谐的治理活动。

治理网络是指公共权力产生和运作的制度安排与组织架构，治理网络的节点即各治理主体，各主体相互独立，责权分明，又紧密关联、平等合作，在网络中发挥相应作用。网络的整合功能可以联动多方主体协同合作，共同处理社会问题，促进政府治理与社会调节、居民自治良性互动。[1]

（二）治理网络保障乡村振兴

构建清晰高效的治理网络是提升治理能力、实现善治的基础。有效的乡村治理网络能够将乡村振兴战略的各个主体放到合适的位置，通过主动回应各治理主体的需求激发多元主体的内生动力，并且在多元主体之间搭建起紧密高效的联系。通过治理网络的结构设计，可以促进各方主体有序行动从而实现有效治理。[2]

高效的乡村治理网络，有利于整合各方需求与目标，形成共建、共治、共享的社会格局，高效调动各方力量，共同为农业生产

1　李强、卢尧选：《社会治理创新与“新清河实验”》，《河北学刊》，2020年第1期，第175—182页。

2　宁华宗：《新时代乡村治理结构现代化：方向与路径》，《贵州社会科学》，2021年第6期，第148—15页。

和农村建设建言献策，汇聚成实施乡村振兴的强大合力；有利于激活社会活力，充分发挥政府、市场与社会三大机制的功能，激发老百姓参与治理的积极性和能动性，从而提升乡村发展的质量和效率；有利于促进自治、法治、德治融合，从源头上减少社会矛盾和冲突，维护安定、团结、和谐的社会秩序；有利于推动社会治理从简约化向精细化转型，通过更为精准化、规范化的服务保障和民生改善，实现治理有效，为乡村振兴保驾护航。

综上所述，扎扎实实搭建治理网络、切实有效提升治理能力是乡村振兴能力建设的重要方面。

二、乡村治理网络的现状与问题

（一）现状分析

当前中国农村正处在一个大变革时代，大变革过程中城乡公共服务差距依然较大、农村人口持续外流、三留守问题突出、传统生活方式和价值观念不断受到冲击。随着农业农村的快速发展，围绕资源分配与监管形成了更为复杂的社会关系，产生了很多新的问题、矛盾和冲突。简单的乡镇行政和村民自治二元并存的结构已经不能应对新时期的乡村治理问题，急剧转型中的乡村社会迫切需要治理结构的调适与创新。党委、政府、村民、合作社等经济组织以及其他社会组织在场的社会现实决定了多主体协同、协商性整合是乡村治理结构现代化转型的正确方向。多元主体有机结合的网络结构逐步形成并不断完善。[1]

近年来，我国农村不断加强和改善乡村治理，治理结构不断优

1　宁华宗：《新时代乡村治理结构现代化：方向与路径》，《贵州社会科学》，2021年第6期，第148—154页。

化，相关制度框架和政策体系初步构建，以党为核心的基层组织建设明显加强，村民自治持续深化自治能力显著提高，乡风文明建设成效显著。例如，云南省安宁市八街道凤仪村通过制度创新理顺了凤仪村的治理，促进了凤仪村的蓬勃发展。[1]

两个积分，注入活力实现善治

凤仪村由于基层党组织涣散等导致乡村治理乏力，严重影响了发展。2015年村党总支制定了《凤仪村党员积分制管理考核办法》，由村党总支对各村民小组支部的党组织活动进行动态管理，把各村民小组村巷道路网格化落实到每一位党员，让党员承担起为民服务领导村庄发展的责任。同时将各服务事项用积分制进行管理，严格按考核办法中的扣分标准扣分，年终按积分考评，从开会纪律之类的小事抓起，逐渐改变党员作风。这一改革激发了党员干部的积极性，党员发挥了先锋模范作用，群众对党员的认可度大大增加，极大地增强了党组织的凝聚力和领导力。针对群众参与治理缺乏积极主动性的问题，村里也采用了积分制，通过一系列村规民约，把人居环境整治、尊老善亲、邻里和睦、守法守信、破旧立新、勤劳致富、志愿服务细化为积分项目。村民获得积分后可以得到相应的奖励。两个积分构建了邻里友善的文明乡风，有效提升村民生活质量，为村集体经济注入新的动力。

1 《两个积分制 治好一个村——云南省安宁市八街道凤仪村乡村治理观察》，中国农网，2021年11月29日。

（二）存在问题

虽然近年来农村在乡村治理方面进行了很多有益的实践和探索，多元共治的治理结构在逐步形成并不断完善，治理水平也有了很大提升，但农村基层基础工作还存在薄弱环节，还存在着治理网络中各治理主体权责边界不清、农民群众主体意识不强、经济及社会组织参与度不足等问题，乡村治理网络亟待进一步理顺各节点关系、强化各节点功能。

第一，各治理主体权责边界不清。在目前的乡村治理中，各基层党组织的水平参差不齐，有些组织还存在软弱涣散现象，没有很好地发挥领导作用。很多农村事务和工作都依赖村委会，没有村委会的组织协调，工作就无法顺利开展。村级组织负担繁重，不仅要承担村民自治管理事务、集体经济组织事务，还要承担党务工作、乡镇政府下派的行政事务，村干部疲于应付。政府治理和村民自治的边界模糊，既造成了村级组织负担过重，治理效率低下，又挤占了村民自治空间，打击了农民参与治理的积极性。

第二，农民群众主体意识不强。由于中国传统宗法社会尊卑有序的观念对农民思想影响深刻，加之农村受教育水平低，历来中国农民的民主观念就比较淡薄。长期以来在管理理念主导下，政府大包大揽，群众等靠要，造成乡村民主制度不健全或形同虚设。虽然当前政府的工作方向正在由管理向治理转型，但农民的观念转变相对滞后。外出务工、离乡创业淡化了青壮年农民对乡村的认同感和参与乡村治理的动力，老人、妇女、儿童作为留守村民的主力，其参与乡村治理的现实能力明显不足。以上诸多原因造成了村民缺乏主人翁精神，参与社会治理的行动力不足。

第三，经济及社会组织参与度不足。长期以来我国农村实行自上而下的管理模式，农村各项公共事务都由政府主导，农村经济、社会组织没有发挥作用的空间。农民专业合作社初始定位即为经济组织，主要任务为服务农民、组织农户生产、拓展对接市场、扩大经营规模，因此对社会事务参与较少，更专注于经济发展。农村妇联、残联等社会组织发展相对滞后，更是无法参与治理并发挥其应有的作用。

三、治理网络优化建议

治理网络优化应着力于为多元主体有序参与治理提供结构化条件，提升社会整合力和治理主体的行动力。建议从以下几方面进行优化提升。

（一）加强党的领导

党组织处于治理网络的核心位置，是统领全局，组织、带动、整合各方主体的关键力量。应将强化党组织的领导通过治理网络结构设计嵌入乡村治理的方方面面。加强基层党组织建设，使之成为促进乡村治理现代化的坚强战斗堡垒，保证乡村治理按“以人民为中心”的正确方向行进。[1]

首先要明确党的领导地位。党的基层组织处于乡村治理的第一线，是乡村治理的组织者和领导者，在国家政权与社会民众之间发挥沟通、协商和整合作用。宣传和贯彻国家政策，联系群众上传民意，带领群众推动发展。其次，要加强基层党组织建设。规范党支部建设，严格党员组织生活，加强教育、管理和监督。积极组织党

1 鲁杰、王帅：《乡村振兴战略背景下农村基层党组织的定位、困境与发展》，《西北农林科技大学学报（社会科学版）》，2021年第6期，第20—25页。

员深入学习党的思想、路线和方针，组织三会一课、主题党日、谈心谈话、民主评议党员、党员联系农户等活动，加强党风廉政建设。最后，优化人才队伍结构。加强村两委班子建设，积极培养年轻后备力量。加大发展党员力度，广泛吸引人才，做好人才的选拔、管理、培训。

（二）明确权责理顺关系

现代乡村治理网络应该是由党委领导、政府负责、社会协同、公众参与的多元结构，界分权责、理顺关系、规范权力配置是多元主体有效治理的关键。

第一，政府是主导者，负责愿景规划、制度设计、机制构建和多方协调工作。应秉持共建理念，为多元主体参与社会治理搭建平台。建立科学合理的社会治理机制，包括决策、利益协调和资源共享机制等，保证多元主体平等合作。加强共治理念宣传，激发多元主体热情，培养其协作意识和治理能力。第二，公民是践行者，应转变一切靠政府的观念，树立当家做主的意识。合理合法地表达诉求，积极参与公共事务。注重学习，不断提高自身文化素养和政治素养，增强对社会事务的认知和判断能力。积极参与治理实践，不断强化自身能力。第三，社会组织是协调者，应转变传统依附观念，发挥连接政府和公民的桥梁作用。积极分担政府的治理平台搭建、运营以及宣传等工作，充分发挥协调作用。积极实践，不断提升治理能力。

应规范乡镇政府对村委会的指导关系，推动乡镇体制由压力型向民主型转变，同时应完善民主制度提升村民自主性。村委会的主要职责是代表全体村民管理村内事务，对于乡镇政府的行政工作只是起协助作用，应规范并细化两者的权责清单，依法行使各自权利；应规范党支部对村委会的领导关系，促进两者协调发展。党支部具有领导权，为政治、组织和思想领导，主要管理好党务工作和党支部自身的建设。村委会具有管理权，主要负责村内的公共事务和公益事业。

（三）强化各治理主体功能

加强基层政府的社会管理和公共服务功能。合理设置基层政权机构，推动资源、服务、管理下沉。制定乡村治理标准化服务清单，打造一站式综合公共服务平台，最大限度地方便群众，健全群众监督体系。

加强基层社会的自治功能。农民是农村的主人，村民主体是治理网络中最主要的节点。要不断畅通渠道、完善制度促进村民自治健康发展。通过民主选举、民主协商、民主决策、民主管理、民主监督等治理手段，保障村民各项基本权利。积极推动村委会规范化、制度化以及村务公开阳光工程建设，对村干部进行有效监督和约束。增强村民自我管理、自我教育、自我服务能力，通过鼓励村民参与乡村治理，使国家宏观层面的乡村发展战略与基层微观层面的村民现实利益对应衔接，从而激发农民群众的内生动力。

加强经济组织的公共服务功能。农民合作社成员来自农村社区，发展也依附农村社区，应深度参与乡村治理。农民合作社应代表农户参与各项公共事务的协商决策，反映成员诉求，争取合法权益；应充分发挥其在资产管理、资源开发、服务社员等方面的作用，承担部分公共资源管理、基础设施建设和公共服务供给任务，减轻村组织负担，同时促进自身发展；农民合作社还是调节农民矛盾纠纷的重要力量，以及教育培训农民的重要渠道。[1]

加强社会组织的组织服务功能。妇联、残联、老年协会、共青团等社会团体代表了妇女、残疾人、老年人、特殊困难群众等重点人群利益。应充分发挥这些公益组织的服务性和互助性，联系、团结群众参与乡村治理、行使民主权利。应支持农村社会工作和志愿服务发展，加强人才队伍建设。

（四）加强治理网络的科技支撑

以信息化为基础创新乡村数字治理体系，在三治融合背景下加入智治，加深乡村治理网络的联动程度，可以使国家行政权力与乡土自治权力通过互联网实现直接互动。通过大数据、云计算、人工智能技术，搭建乡村综合治理数字平台，可以有效推动社会治理和服务重心向基层下移。用数字化方式破解乡村治理中的各种难题，如，村民诉求缺少表达途径，村级问题解决慢，政策信息传达不到位，各级各部门沟通不畅，流动人口难以管理，基层干部困于填表格、做台账，等等。通过在民情上报、村民议事、信息宣传、民生服务等场景中的运用，实现在线、实时、精准的治理与服务。互联网+政务服务将跨政府各部门的事项整合打通，以利于构建上下贯通、信息畅通、整体联动的高效协同治理格局。[2]

1　黄佳民、张照新：《农民专业合作社在乡村治理体系中的定位与实践角色》，《中国农业资源与区划》，2019年第4期，第188—195页。

2　张文雅、曾望、吴飞艳等：《建德以“乡村钉”推进数字乡村治理的实践与思考》，《浙江农业科学》，2021年第8期，第1654—1657、1663页。

第四节 民俗文化

一、民俗文化与乡村振兴

（一）民俗文化的内涵

民俗文化，是一个民族或地区集中居住的基层社会民众在经年累月的生产生活过程中所创造、共享、传承的风俗生活习惯，其内涵丰富，主要包括经济、社会、信仰、游艺等四个方面。[1]民俗文化与普通民众的日常生活息息相关，如农林渔猎、节庆祭祀、婚丧嫁娶、文体娱乐等。大都历经几千年传承，具有深刻的时代和民族烙印。中华民族地大物博、民族多样，造就了民俗文化的多姿多彩。民俗文化在广大农村地区受众多、影响广、根基深。[2]

（二）民俗文化奠定乡村振兴坚实根基

优秀的传统民俗文化凝结着五千年农耕社会民众的生存智慧，蕴含着敬畏自然、勤劳坚忍、奋发向上、感恩知礼等极其积极、宝贵的精神财富。传承发展乡村民俗文化，提高农民群众的文化素养，满足农民群众的精神需求，为乡村振兴提供更丰厚的滋养和更深层、更持久的动力。

随着乡村与外界互动的增加以及互联网等信息技术的飞速发展，各种思想文化的交融、碰撞和交锋愈加频繁。以丰富多彩的传统民俗文化为载体，将社会主义核心价值观内化于其创新、发展之中，展现我国优秀历史文明、传播当代审美追求，展示中国人民的精神风貌和社会主义建设取得的伟大成果，有利于增强国家软实力，提

1 陶维兵：《新时代乡村民俗文化的变迁、传承与创新路径》，《学习与实践》，2018年第1期，第133—140页。

2 安静：《以核心价值观引领民俗文化传承创新》，《人民论坛》，2017年第36期，第134—135页。

高民众的文化自觉和文化自信，为乡村振兴奠定坚实文化根基。[1]

乡村民俗文化自古就有教化民众、仪礼规范的作用。民俗文化去粗取精，更好地发挥其精神引领功能，弘扬正向价值观念，提升社会精神文明高度。有利于通过德治提升治理水平，更好地服务于乡村振兴大局。[2]

广大农村的民俗文化资源丰富，极具人文、艺术、社会价值，创新探索民俗与旅游、村庄建设、互联网等形式结合，借助农村传统民居、传统手工艺、民族服饰、民俗节庆、特色美食、传统医药等载体，发展民俗文化研学、乡村风情旅游等新兴业态，促进民俗文化在生活中得以活态化保护，在生产中进行创新性利用，成为乡村振兴的文化生产力。[3]

综上所述，弘扬乡村民俗文化，不断提高民俗文化的凝聚力、影响力、创造力是乡村振兴能力建设的重要方面。

二、乡村民俗文化传承现状与问题

（一）现状分析

由于自然经济的逐步解体及商品经济的日益发展，农村的思想观念和生产生活方式发生了巨大转变，并推动了乡村民俗文化内涵和表现形式的变迁。伴随经济发展的高度人口流动拉大了农民与村庄的空间距离，也造成了农村社会人际关系的疏离。农民对乡村的归属感和认同感日渐衰减，民俗文化面临传承困境。

1　《中共中央办公厅 国务院办公厅印发〈关于实施中华优秀传统文化传承发展工程的意见〉》，中国政府网，2017年1月25日。

2　安静：《以核心价值观引领民俗文化传承创新》，《人民论坛》，2017年第36期，第134—135页。

3　陶维兵：《新时代乡村民俗文化的变迁、传承与创新路径》，《学习与实践》，2018年第1期，第133—140页。

乡村文化从近代以来就不断受到各种新思潮和革命运动的冲击。现代社会的发展深刻影响和改变着乡村文化，随着互联网技术的广泛应用和全球化的推进，乡村发展打破闭塞，实现与外界同频共振。文化繁荣的大环境使乡村文化与城市文化、西方文化交织碰撞。乡村民俗文化不断吸纳现代文化元素，虽然在一定程度上出现了贬低和漠视传统文化的现象，但始终保留了某些传统特质，表现出传统文化的韧性以及传统与现代并置叠加的状态。[1]

党中央高度重视弘扬中华优秀传统文化，鲜明地提出创造性转化、创新性发展的方针。中宣部等部门启动实施了一系列文化传播、普查、保护项目。传统文化逐渐回归，融入教育、生产、生活等各个领域；以高校和中小学为平台建设传统文化传承基地；以春节、元宵、清明、端午、中秋等重大传统节日为契机，举办弘扬传统文化系列活动。传统文化通过网络技术科技赋能，借助动漫、微视频、网络直播等多元表达形式，不断扩大宣传、深化交流，创新发展传统文化。节令饮食、中医养生、琴棋书画、传统体育、旗袍、国潮成为新时尚。很多中华老字号也重焕生机，走出农村甚至走向世界。多地依托乡村民俗文化发展民俗体验、乡村旅游，把民俗文化转化为生产力，帮助农民就业增收。设立非遗工坊，带动帮助困难群众脱贫。[2]形成了在党的领导下，政府相关部门协同推进、全社会共同参与的新格局。

（二）存在问题

虽然传统文化的传承受到社会各界广泛关注，发展势头向好。

1　陶维兵：《新时代乡村民俗文化的变迁、传承与创新路径》，《学习与实践》，2018年第1期，第133—140页。

2　《中宣部：未来5年，中华优秀传统文化传承发展这么干！》，中国文艺网，2021年4月19日。

但乡村民俗文化仍面临着后继无人的现实问题，而且在生产生活中的转化应用效率不高，有重形式、轻内容的现象，乡村民俗文化的保护传承发展工作仍然薄弱。

第一，后继无人，出现传承危机。乡村民俗文化具有厚重的历史印记与独特的地方风格，现代观念和生活方式使传统民俗逐渐失去生活的滋养。在现代快餐式文化、网络文化影响下，地域特色逐渐淡化。改革开放加速了城镇化进程，很多年轻人不愿意被束缚于土地，青壮年大规模外流，农村空心化、老龄化使民俗文化失去了创新的有生力量。年轻一代对学习传统文化和手工技艺缺乏兴趣，打破了父子相传的民俗代际传承传统。由于缺乏保护和传承意识，导致一些历史物品、民俗资料遗失。一些集体性的活动因为缺乏青年人的参与而无法开展；一些富有特色的乡村民俗技艺在市场经济下生存艰难。祭祖仪式、家族仪规、节庆礼仪等习俗被大大简化甚至摒弃。乡村民俗文化面临代际传承断裂、难以为继的困境。[1]

第二，开发利用同质化、浅薄化。乡村民俗文化是承载乡愁、凝聚精神、增强文化自信的重要载体，丰富的传统民俗文化也是乡村社会经济发展的重要源泉。但由于农村整体文化水平较低，大部分农民群众对传承发展乡村民俗文化的重大意义和多元价值认识不足，在主观上存在消极应付的现象。大多数农村地区缺少专门的民俗博物馆等对乡村民俗文化进行收藏、管理、挖掘、研发的机构，缺乏相关专业人才，对民俗文化研究不深，没有全面了解其特色、挖掘其内涵。有些地方组织，把传承发展民俗文化肤浅地等同于旅游开发，简单追求经济效益，使得民俗文化的开发利用重形式、轻

1　陶维兵:《新时代乡村民俗文化的变迁、传承与创新路径》,《学习与实践》, 2018年第1期, 第133—140页。

内容，过度商业化和庸俗化。大部分乡村旅游缺少品牌意识，组织形式单调、活动项目缺乏内涵。乡村建设中也存在着因城市化的大拆大建而遗失古村落风貌的现象。各地景区似曾相识、乡村千村一面，完全丧失了自身独有的特色。民俗文化旅游等产业因缺少文化与特色而失去了灵魂与魅力，导致无法吸引游客，最终无法健康、持续地生存与发展。[1]

第三，经费不足、质量不高。当前，面向乡村的基础文化建设面广量大，包括文化综合服务站、农家书屋、图书馆、戏剧下乡、体育健身设施、文化信息资源共享工程等。这些惠民工程由政府主导，需要大量经费，非遗保护经费也主要靠政府投入。但实际操作中，财政落实难度较大。由于经费不足，很多工作受到严重制约，例如非遗的发掘、普查等。

乡村文化建设在实际的落实过程中，也难免因缺乏深入细致的调研而无法很好地满足村民的需要，从而造成公共文化服务供给失衡和公共文化空间闲置。在政府主导下构建的乡村公共文化空间没有结合当地的乡土人文环境以及文化资源禀赋，导致同质化、缺乏地方特色。[2]

三、乡村民俗文化建设优化建议

针对目前乡村文化传承所面临的问题，建议从加强民俗文化人才队伍建设，融入生产生活，实现可持续发展以及加大投入，加强公共文化空间建设等方面进行优化。

1 冯耘：《可持续发展视角下乡村民俗旅游发展研究》，《农业经济》，2020年第8期，第50—52页。

2 刘玉堂、高睿霞：《乡村振兴战略背景下乡村公共文化空间重构研究》，《江汉论坛》，2020年第8期，第139—144页。

（一）加强民俗文化人才队伍建设

积极完善乡村民俗文化保护的政策激励、产业促进、多方参与等关键机制，加强民俗文化人才队伍建设。积极选拔培养民俗文化传承人，努力解决传承断档难题。[1]培育挖掘本土人才，培养懂农村、爱农民的文化工作队伍。运用市场手段整合乡村艺术资源，组建乡村文艺队伍，带动群众参与民俗传承。[2]深挖历史古韵，弘扬人文之美，吸引文化工作者、志愿者投身乡村文化建设。

（二）融入生产生活，实现可持续发展

在当今文化生态下，民俗文化的日渐式微在所难免。对于乡村民俗文化的保护与传承要基于现实的时代特征，不能为保护而保护，为传承而传承。不仅要充分发掘它的价值，还要让它创造出新的价值，进行动态的生产式保护，增强自身造血功能。只有主动融入生产生活，合理地开发利用其经济价值和社会价值，向产品化、品牌化、市场化发展，才能从根本上走出一条可持续发展的道路。

保护传承乡村民俗文化：第一，应尊重原住居民生活形态和传统习惯，尊重民俗文化的地方特色、文化内涵，只有因地制宜才能保持它的根源和底蕴；第二，要实现传统文化与现代生活的有效连接，在保留优秀传统文化的基础上创新形式，赋予其新的内涵，才能顺应时代发展；第三，应有整体观念，保护培养民俗文化赖以生存的整个文化生态，包含主体（即广大民众）、客体（即文化资源）、载体（即文化环境）、介体（即组织运作机构）。要综合考虑其文化、经济、社会和生态价值，使传承保护全面立体且更具现实意义。

1　陶维兵：《新时代乡村民俗文化的变迁、传承与创新路径》，《学习与实践》，2018年第1期，第133—140页。

2　刘启英：《乡村振兴要焕发乡风文明新气象》，《人民论坛》，2019年第27期，第140—141页。

乡村民俗特色旅游就是一种较为可行的乡村民俗文化生产式保护模式，也有很多成功的案例。通过物质层面的视觉元素（如古建筑、民族服饰、当地物产等）、行为层面的程序仪式（如庆丰收、除夕守岁、民族歌舞等）、精神层面的理念思想（如敬重先贤、祈福求祥、喜庆团圆等），把民俗文化注入乡村旅游，不但保护了传统民俗，还改善了村庄的面貌、提振了村民的精神、带动了农民就业和增收，使乡村民俗文化在良性发展轨道上得以活态保护和传承。[1]例如，篁岭晒秋，通过挖掘传统民俗价值，创新性地将乡村旅游转化为乡村振兴的生产力，彻底改变了偏僻落后人口外流的乡村旧貌，带动了美丽乡村建设，促进了经济发展，扩大了农民就业。同时，在发展旅游业的过程中又实现了文化的交流与传播，成为创新民俗文化实现乡村发展的成功案例。

传承晒秋文化

在江西婺源篁岭，当地居民有秋天丰收后在屋顶架晒农作物的民俗传统，晒红的辣椒、白的萝卜、绿的青菜，还有黄的菊花、玉米、南瓜等，山坡上的层层晒台绘成一幅层次丰富色彩浓郁的美丽乡村画面。篁岭充分利用当地极具特色的高低错落的台级分布地形、粉墙黛瓦的徽派风格建筑，修缮民居、私塾、祠堂从而形成完整的明清古村落形态，并结合晒秋传统、傩舞、梯田花海、特色美食、传统手工技艺，发展出文化体验、旅游度假、户外运动、会务会展等多项经济业务。

1 潘文焰、仲富兰：《我国传统节日文化的生产性保护路径研究》，《文化遗产》，2014年第1期，第24—33页。

（三）加大投入，加强公共文化空间建设

政府部门应制定相应的文化保护政策，加大财政投入，创新农村文化发展的投融资机制，吸引更多社会力量参与到民俗文化开发利用活动中来，运用市场机制提高文化项目效益，真正盘活农村文化资源。

民俗文化的保护与传承，不应局限于静态的资料与展览，应更注重民俗文化活态性以及与现实生活的关联度。不仅应建设专业性保护场所（如民俗博物馆、民俗艺术馆、非遗传习所等），更应紧扣农民生产生活需要，加大公共文化空间建设投入，打造记录、承载和展示乡村文化记忆的平台。首先，要保护传统村落延续原生态乡村风貌，保障民俗文化真实完整的生存空间。其次，要突破常规建筑意义上的空间，延展加强社会关联和人际交往的多元化公共文化空间：建设党群服务中心、农家书屋等组织型空间；规划图书馆、电影院、礼堂等休闲型空间；恢复集市、广场等生活型空间；激活民俗节庆等事件型空间；组建各类文体比赛、活动、讲座等项目型空间；借助融媒体网络平台创建文化宣传、体验与互动的科技创新型空间。不断丰富乡村公共文化生活的内涵与形式，让民俗文化在田间地头、在日常生活中保持旺盛而持久的生命力。[1]

1　陶维兵：《新时代乡村民俗文化的变迁、传承与创新路径》，《学习与实践》，2018年第1期，第133—140页。

第五节 生态环境

一、生态环境与乡村振兴

（一）生态环境的内涵

生态环境是影响人类生产生活的各种自然物质、能量或作用的总称。生态环境具有四大功能：一供给食物、原料、水；二提供美学景观；三维持生物多样性、养分循环、土壤保持；四调节水文和气候、净化环境。[1]农村生态系统是人类在村落自然生态的基础上，进行自然和经济的再生产而形成的生态系统，它影响着农村生活和生产活动，农村生活和生产活动也对它有直接的影响。[2]

（二）生态环境保障乡村振兴可持续发展

生态环境是万物的根源，只有保护生态环境，建设绿色生态屏障，构建人与自然的生命共同体，才能积极应对全球气候变化、保持生物多样性，保障资源可持续；生态环境质量关乎粮食安全，加强农村生态环境建设，保护治理好耕地、水资源，提高农作物的产量和质量，才能为粮食安全提供有效资源保障；优质的生态环境能够推进绿色生态农业的发展，打造特色农产品品牌。优美的环境可以带动观光旅游、休闲度假等非农产业发展；生态环境关乎人民福祉，只有优美的生态环境才能为乡村居民提供良好的生活环境，保障农民身心健康，实现乡村振兴生态宜居的目标；优质的生产环境和优美的人居环境能吸引更多人才、资本，加强农村建设的社会力

1 胡振通、王亚华：《中国生态扶贫的理论创新和实现机制》，《清华大学学报（哲学社会科学版）》，2021年第1期，第168—180、206页。

2 鞠昌华、张慧：《乡村振兴背景下的农村生态环境治理模式》，《环境保护》，2019年第2期，第23—27页。

量；生态文明是可持续发展的基础，只有不断推进资源节约型、环境友好型社会建设，才能实现美丽生态、美丽经济、美好生活的可持续良性循环。

综上所述，良好的生态环境为乡村振兴提供不竭资源和永续动力，扎实推进生态宜居的美丽乡村建设是乡村振兴能力建设的重要方面。

二、乡村生态环境治理现状与问题

（一）现状分析

近年来，各地农村积极践行两山理论，美丽乡村建设取得了巨大成就。厕所革命、垃圾分类、水污染治理等措施，使农村的脏乱差局面得到了很大改观，村庄环境基本实现干净整洁有序，农民环境卫生观念也有很大转变、生活质量普遍提高。在生产方面，通过化肥农药减量增效、畜禽废弃物资源化利用、农村面源污染治理、提升秸秆利用率、提升农膜回收率等措施，大力推动了农业生产绿色转型。对于工业生产的废弃物排放和处理也加大了监管力度，对于污染较严重的工业企业要求其进行改造或者关停，大大减少了对环境的污染。农村的生态环境质量总体上有了明显改善。绿色生态产业给很多农村带来了不菲的经济收益，很多贫困地区的农村也利用生态资源实现了脱贫致富，农民群众逐渐认识到保护生态环境的价值。国家政策和各地乡村的探索实践，都在引导乡村环境整治向着生态宜居的方向推进。

（二）存在问题

虽然“十三五”期间全国农村环境综合整治取得明显成效，但是农村环境问题尚未得到根本扭转，我国农村人居环境总体质量不高。区域之间发展不平衡，有些地区生态环境保护和治理刚刚起步，有的地区甚至还是空白。总体来说，农村生态环境保护及治理观念还比较滞后，生态治理制度体系尚不健全，人居环境和生态环境质量与美丽乡村和乡村振兴要求还有差距。[1]

1.环保观念滞后

我国在长期发展中，将污染治理的重心放在工业与城市。相较而言，对农村生态环境问题的重视程度以及对农村环境基础设施、生态环境保护公共服务方面的投入都相对薄弱。农村居民整体上对生态破坏和环境污染的隐患缺乏认识，生态环境保护意识淡薄，生态文明素养尚待提高。因农村生产方式、居民生活习惯和消费理念导致的资源环境问题日益突出。

农业生产方面：我国农业产业化、科技化水平仍然较低，种植、养殖业对生态环境有极强的依赖性，但农民的生态意识却不强。随着生产规模不断扩大以及对高产出、高效益的过度追求，种植业的化肥农药、农膜、秸秆焚烧，养殖业的畜禽粪便、饲料残渣等造成的污染日益严重。又由于我国人多地少，对耕地资源的利用强度不断加大，生态资源极致化、消耗式利用，对生态环境造成较大的负面影响。

工业生产方面：改革开放后，有些农村急于摆脱贫困局面，因而把目光转向了工业，但大部分乡镇企业设备水平和技术层次都较低，未按规定处理的废水、废气、废渣对河流、空气、土壤造成

1 《中共中央办公厅 国务院办公厅印发〈农村人居环境整治提升五年行动方案（2021—2025年）〉》，中国政府网，2021年12月5日。

严重污染。由于城市环保标准提高，一些重污染、高耗能的企业纷纷转战农村。虽然经济发展了，却付出了巨大的环境代价。乡村的自然山水严重破坏、生态恶性事件频发，严重影响农民的生活和健康。

生活方面：随着农民生活水平的提高，生活垃圾也日益增多且没有进行合理的收运处置，加之农村居民未形成良好的卫生习惯和环保意识，生活环境脏乱差，严重影响了农村居民的生活水平。[1]

规划布局方面：我国农村有许多村庄没有科学规划意识，生产、生活、生态空间交叉布局，既影响农村的人居环境质量，又影响了农业生产和生态空间的安全。混杂的布局，对环境设施的建设、改造和后期运营均造成了较大的难度，也大大增加了环境治理成本。[2]

2.制度体系不健全

我国乡村生态环境保护缺乏系统观念，缺乏整体规划统筹，没有统一协调机构。相关政策不够全面，不具有针对性。城乡政策均质化造成实施效率低下，而且政府主导的政策简单划一，难以契合全国各地农村复杂多样的状况，没有因地制宜地出台具体地方政策。[3]在制度设计中存在着权责不明的模糊地带。环保部门与农业、林业、水利、土地资源、渔业等部门之间存在环保职能模糊、权限不清等问题，无法推动多元主体协同治理。

1　邓玲、王芳：《乡村振兴背景下农村生态的现代化转》，《甘肃社会科学》，2019年第3期，第101—108页。

2　鞠昌华、张慧：《乡村振兴背景下的农村生态环境治理模式》，《环境保护》，2019年第2期，第23—27页。

3　胡振通、王亚华：《中国生态扶贫的理论创新和实现机制》，《清华大学学报（哲学社会科学版）》，2021年第1期，第168　180、206页。

针对农村生态环境保护的法规多为原则性规定，散见于目前的相关法律体系，对于实际环保操作的指导性不强。国务院发布的关于水、土壤、大气污染防治的专项行动计划虽然实施效果很好，但是针对性很强且有时效性，无法全面解决乡村生态环境治理问题。另外，一些相关法规分散且不系统，操作性也不强。在执法监督层面，我国农村地区面积广、环境状况复杂、污染点源分散。目前农村地区执法监管力度不够，县级执法部门执法人员的数量和能力不足、乡镇没有专业执法队伍，对农村地区未能实现全覆盖、常态化的执法监管。农村执法权力界定不明晰，基层政府、农业部门、公安部门和生态环保部门的权力既有交叉又有冲突，导致很多环境问题一直没有得到有效监管执法和妥善解决。[1]

三、乡村生态环境优化建议

（一）构建系统性多元共治体系

山水林田湖草冰沙是生命共同体，应由单一部门多头管理转变为多部门协调配合系统性治理。环保、农业、林业、水利、国土等部门等要统筹管理、信息共享，各部门应职责明确、各负其责。要进一步明确农村基层组织生态环境治理的职责，充分发挥其能动作用，针对当地不同的问题具体开展治理工作。

应科学系统地规划农村空间布局，提高空间利用效率。针对不同区域、不同环境现状要有所侧重。农业发展区要重点防范农药化肥、禽畜粪便造成的土壤污染、水污染，秸秆焚烧产生的空气污染；生态保护区要按照保护红线制度重点保护；农民居住区要重点防

1　温暖：《多元共治：乡村振兴背景下的农村生态环境治理》，《云南民族大学学报（哲学社会科学版）》，2021年第3期，第115—120页。

治生活垃圾、生活污水造成的污染；乡镇企业必须合理布局，防范工业污染向农村转移。

应多元主体协同合作，农民、政府、企业和社会组织在生态环境问题上的目标是一致的，即要达到生态环境与农业发展、农民生活共赢。政府作为引导者，应明确职责，提高行政效率，采取行政和市场机制相结合的调控措施，促进生态环境治理各项举措的有效实施。农民是实践者，应提高生态环保意识，积极参与并监督农村生态环境工作。企业作为重要环节，要严格规范行为保护生态。环保组织是重要力量，应广泛开展宣传活动，教育引导农民提高环保意识。对政府、企业和农民进行监督，为环境治理过程建言献策，推动农村生态保护和治理工作。[1]

（二）健全农村生态环境治理法制体系

完备的法律体系是开展农村生态环境治理、执法和守法监督的依据和基础。我国农村生态环境治理应加快立法进程，针对农村地区制定专门法律，明确农村生态环境保护的各项内容，对于农村各种生产、生活污染做出具体规定。此外，各地还应补充地方性法规，以提高可操作性，加强保护力度，保证农村生态环保有法可依。

应加强执法监督。第一，应完善设立乡镇一级环保机构和组织，以利于有效了解当地环保现状，有针对性地开展监管工作；第二，要明确乡镇环保机构的职责和监管范围，建立乡镇执法机构与农村基层自治组织，县级环保机构与农业、公安及政府其他部门的联动机制；第三，加强乡镇环保机构人员力量配备和执法队伍业务

1　温暖：《多元共治：乡村振兴背景下的农村生态环境治理》，《云南民族大学学报（哲学社会科学版）》，2021年第3期，第115—120页。

能力培训，提高执法能力；第四，加强执法监管力度，将环保工作纳入考评体系；第五，强化日常性监测，切实保证执法监管效果。此外，还应不断增强新技术、新设备在环境执法监控中的应用，实现执法监管信息化、自动化、智能化。[1]

（三）探索因地制宜的治理模式

中国农村地域宽广，不同区域气候条件不同、地形地貌不同、地方文化与风土人情不同、发展水平不同、生态环境资源不同，要解决的环境问题也不同。只有实事求是、自下而上、因地制宜地采取不同的治理模式，才能保证生态环境保护和治理工作的质量和实效。

长期以来，各地农村在生态环境治理中积累了很多成功模式：对于政府高度重视、建设条件较好的地区，应由政府统筹各部门齐抓共管，协同推进生态环境治理。这种模式因集中了各部门力量，往往能取得显著成效。浙江省的“千万工程”就是采用这种模式的典型案例。对于具有较好自然山水资源和社会条件优势的地区，应结合产业发展需要将乡村生态优势转化为发展绿色经济的优势。促进地方绿色产业的发展和农民就业增收，在生态环境保护和经济发展之间形成良性循环。

与海共生的西霞口村

山东威海西霞口村依山傍海，当地对生态资源的价值和

1　温暖：《多元共治：乡村振兴背景下的农村生态环境治理》，《云南民族大学学报（哲学社会科学版）》，2021年第3期，第115—120页。

保护生态环境的重要性有充分的认识。因而，对海岛自然保护区进行严格管理，除检修设备和专业人员管理检测外，严禁任何人上岛。这极大地恢复了海岛的生态，丰富了种群数量，成为黑尾鸥、黄嘴白鹭等珍稀鸟类的栖息地，也吸引了很多游客环岛观光赏鸟。黑尾鸥围着游船翩飞，人们给黑尾鸥喂食，形成一幅人鸟共舞的和谐画面。野生刺参对环境要求很高，要求环境无污染且物种多样性丰富。西霞口村充分利用当地良好的海洋生态环境，养殖野生刺参。而且利用物种之间的互利共生特性，海胆和海参共养，来促进海参的生长，减少人类的直接干预。对于鱼类资源也是有节制地开采。除发展传统渔业之外，良好的生态环境还吸引了很多专业钓手，西霞口村成为省级休闲海钓示范基地。旅游和海钓又带动了渔家乐和民宿的发展。西霞口村对自然的敬畏、对环境的维护，使自然资源生生不息、循环往复，使经济发展有了无限可能。海洋成为蓝色宝藏，带给村民幸福富裕的生活。

在城市近郊，则适合城乡统筹，统一规划、建设、运营、监管；针对有突出问题的地区，应集中力量进行专项治理。例如，针对农村秸秆焚烧和散煤燃烧造成的空气污染，政府统筹环保、发改、能源等部门实施能源结构调整，推广煤改电、煤改气工程；对重要生态功能区、脆弱区，应根据具体情况区别采用移民重建或者生态环境修复模式；经济及市场环境发达地区，可以由政府购买服务，由第三方专业公司负责生态环境治理工程的建设和运营；在集体经济较好、村民环保意识较强的地区，还可以采用村民自治的生态环境治理模式，充分调动农民群众的积极性、主动性。

今后还应进一步在实践基础上总结经验，通过外延、扩展、优化组合等方式，不断创新完善适合农村的生态环境治理模式体系。大力宣传、推广、应用优秀模式，优化相关配套政策。

参考文献

[1]《“十三五”，我们这样走过：义务教育均衡发展巩固提高》，新华网，2021年1月27日。

[2]《两部门印发<关于深化农村公共基础设施管护体制改革的指导意见>的通知》，发展改革委网，2019年11月4日。

[3]《两个积分制 治好一个村——云南省安宁市八街道凤仪村乡村治理观察》，中国农网，2021年11月29日。

[4]《中共中央 国务院关于全面推进乡村振兴加快农业农村现代化的意见》，中国青年网，2021年2月21日。

[5]《中共中央办公厅 国务院办公厅印发<关于实施中华优秀传统文化传承发展工程的意见>》，中国人民政府网，2017年1月25日。

[6]《中共中央办公厅 国务院办公厅印发<农村人居环境整治提升五年行动方案（2021—2025年）>》，中国人民政府网，2021年12月5日。

[7]《中宣部：未来5年，中华优秀传统文化传承发展这么干！》，中国文艺网，2021年4月19日。

[8]安静：《以核心价值观引领民俗文化传承创新》，《人民论坛》，2017年第36期。

[9]常钦、朱隽：《公共服务更贴心 乡村生活更美好》，《人民日报》，2021年9月3日。

[10]陈秋红：《乡村振兴背景下农村基本公共服务的改善：基于农民需求的视角》，《改革》，2019年第6期。

[11]陈雪、毛世平：《村庄基础设施建设如何推进农业农村现

代化?——基于日本的经验与启示》,《世界农业》,2021年第8期。

[12]陈宗胜、朱琳:《论完善传统基础设施与乡村振兴的关系》,《兰州大学学报(社会科学版)》,2021年第5期。

[13]邓玲、王芳:《乡村振兴背景下农村生态的现代化转》,《甘肃社会科学》,2019年第3期。

[14]冯耘:《可持续发展视角下乡村民俗旅游发展研究》,《农业经济》,2020年第8期。

[15]付艳涛、吴雪娟、许金兰:《新基建推动消费升级的逻辑机理及应用场景》,《商业经济研究》,2021年第14期。

[16]龚志伟:《乡村振兴视阈下社会组织参与公共服务研究》,《广西社会科学》,2020年第4期。

[17]胡文静:《安徽省农村公共基础设施建设的供给研究》,《学术界》,2018年第10期。

[18]胡振通、王亚华:《中国生态扶贫的理论创新和实现机制》,《清华大学学报(哲学社会科学版)》,2021年第1期。

[19]黄佳民、张照新:《农民专业合作社在乡村治理体系中的定位与实践角色》,《中国农业资源与区划》,2019年第4期。

[20]鞠昌华、张慧:《乡村振兴背景下的农村生态环境治理模式》,《环境保护》,2019年第2期。

[21]李强、卢尧选:《社会治理创新与“新清河实验”》,《河北学刊》,2020年第1期。

[22]刘启英:《乡村振兴要焕发乡风文明新气象》,《人民论坛》,2019年第27期。

[23]刘艳红、黄雪涛、石博涵:《中国“新基建”:概念、现状与问题》,《北京工业大学学报(社会科学版)》,2020年第6期。

[24]刘玉堂、高睿霞:《乡村振兴战略背景下乡村公共文化空间重构研究》,《江汉论坛》,2020年第8期。

[25]鲁杰、王帅:《乡村振兴战略背景下农村基层党组织的定位、困境与发展》,《西北农林科技大学学报(社会科学版)》,2021年第6期。

[26]骆永民、骆熙、汪卢俊:《农村基础设施、工农业劳动生产率差距与非农就业》,《管理世界》,2020年第12期。

[27]毛世平、张琳、何龙娟等:《我国农业农村投资状况及未来投资重点领域分析》,《农业经济问题》,2021年第7期。

[28]宁华宗:《新时代乡村治理结构现代化:方向与路径》,《贵州社会科学》,2021年第6期。

[29]潘文焰、仲富兰:《我国传统节日文化的生产性保护路径研究》,《文化遗产》,2014年第1期。

[30]彭文英、杨燕英、徐丰:《城乡统筹背景下农村基础设施建设管理问题研究——以北京市为例》,《中央财经大学学报》,2012年第6期。

[31]陶怀颖:《中央一号文件系列解读之八　构建"三农"多元投入格局》,《农村工作通讯》,2019年第5期。

[32]陶维兵:《新时代乡村民俗文化的变迁、传承与创新路径》,《学习与实践》,2018年第1期。

[33]汪欢欢:《城乡融合视阈下我国农村经济发展的战略走向及其实现》,《农业经济》,2019年第12期。

[34]温暖:《多元共治:乡村振兴背景下的农村生态环境治理》,《云南民族大学学报(哲学社会科学版)》,2021年第3期。

[35]夏明赫、周慧秋、李东等:《"一带一路"农业合作战略背

景下农村公共服务供给研究》,《农业经济》, 2021年第8期。

[36]余欣荣:《坚持农业农村优先发展 构建“三农”多元投入格局》,《农村工作通讯》, 2019年第3期。

[37]张文雅、曾望、吴飞艳等:《建德以“乡村钉”推进数字乡村治理的实践与思考》,《浙江农业科学》, 2021年第8期。

[38]中国互联网络信息中心:《第48次<中国互联网络发展状况统计报告>》, 2021年8月。

[39]中国信通院:《中国数字经济发展白皮书(2021)》。

[40]中国信息通信研究院政策与经济研究所:《中国数字经济就业发展研究报告：新形态、新模式、新趋势(2021年)》, 2021年3月。

[41]钟真、封启帆、王翔瑞:《共享富农:农业农村现代化中的民生福祉增进》,《农村经济》, 2021年第10期。

第十章

乡村振兴政策体系*

* 感谢石砾为本章所做工作。

乡村振兴政策体系是由不同政策体系构成的一个目标多样、维度多元的复杂政策系统[1]，具有整体性与内在贯通性。目前，乡村振兴战略政策体系在中央与地方范围内初步建立，大致可划分为乡村产业、乡村生态、乡村文化、乡村治理和民生保障这五个维度。各模块政策协同服务于产业兴旺、生态宜居、乡风文明、治理有效、生活富裕这五项总要求的达成，推进乡村振兴总战略的实施。本章基于《国家乡村振兴战略规划（2018—2022年）》（以下简称《规划》）这一核心文件，联系近年间的具体政策和实践案例，从政策目标、实践与效果评估等维度分析乡村政策体系。

1　卢向虎、秦富：《中国实施乡村振兴战略的政策体系研究》，《现代经济探讨》，2019年第4期，第97页。

第一节　产业兴旺

产业兴旺是乡村振兴战略的重点要求，主要指向乡村产业政策模块。具体说来，本模块以提升农业的竞争力、推动农村经济发展为政策目标，旨在加快农业现代化进程，提高国家粮食安全水平，促进乡村产业多样化发展。“产业兴旺”中“产业”并不局限于农业，还涵盖由农业延伸出的第二、三产业等。其中，“农业”不能简单理解为以提供“食品”为唯一功能的狭义农业，而应从覆盖全产业链的视角理解，拓宽“农业”的内涵、功能、形态和实现方式。“农业”不仅要解决“够吃”和“吃好”的问题（数量意义与品质意义上的农业安全），还要延伸到农业生产、加工、流通、服务等产业链之中（产业链意义上的农业安全）[1]；另外，新的农业发展理念强调“三产融合”，即从农业生产的第一产业，拓展至农产品加工业的第二产业，以及农业相关服务业的第三产业，挖掘农业在生产、加工、服务等方面的多种功能，延伸农业产业链和价值链，提升附加值。未来，农业自身的转型升级以及与其他产业的结合将会成为乡村经济新的增长点。

因此，在产业兴旺总目标的指引下，乡村产业政策重点关注以下几个关键点：生产水平和能力提升、经营主体扩大、资金支撑夯实、流通渠道扩大、产业转型升级等，如图10-1所示。根据政策着力点的不同，产业政策可以归纳为以下两类：一是旨在提高生产要素组合效率的相关政策，如，提升农业生产能力和产能基础的政策，壮大经营主体并完善现代农业经营体系的政策，以及农业支持

1　高帆：《乡村振兴战略中的产业兴旺：提出逻辑与政策选择》，《南京社会科学》，2019年第2期，第9页。

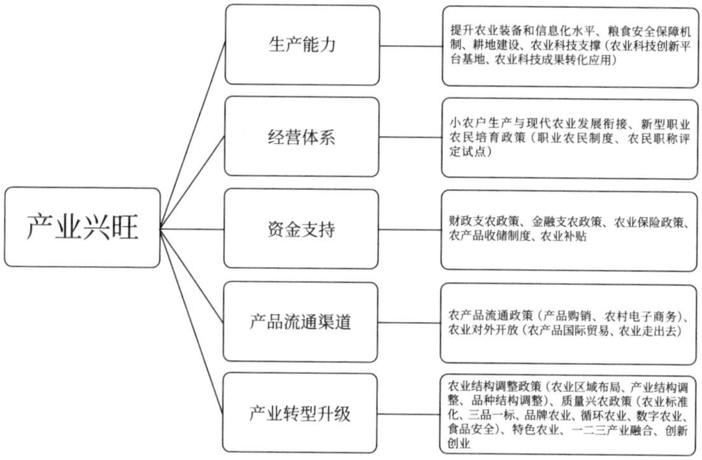

图10-1　产业兴旺政策模块结构

保护制度和资金支持的相关政策。二是旨在优化产品流通和产业结构的相关政策，一方面疏通农产品流通渠道、突破市场的天花板等；另一方面从根本上改变行业结构的措施，如，促进农村产业结构优化和附加价值提升、推动乡村产业深度多元发展等。《规划》中衡量产业兴旺政策效果的指标如表10-1所示。

表10-1　产业兴旺政策模块指标

指标	单位	2016年基准值	2020年目标值	2022年目标值	属性
粮食综合生产能力	亿吨	>6	>6	>6	约束性
农业科技进步贡献率	%	56.7	60	61.5	预期性
农业劳动生产率	万元/人	3.1	4.7	5.5	预期性
农产品加工产值与农业总产值比	/	2.2	2.4	2.5	预期性
休闲农业和乡村旅游接待人次	亿人次	21	28	32	预期性

材料来源:《国家乡村振兴战略规划(2018—2022年)》

一、农业生产能力

现有的农业生产能力相关政策，主要通过提升农业科技从而提升农业生产力。目前，我国农业生产已从主要依靠人力、畜力转向主要依靠机械动力，进入以机械化为主导的新阶段。但是，目前农业机械化和农机装备产业发展不平衡不充分的问题比较突出，农业科技创新不足。因此，此部分政策重点是提升农业装备机械化、信息化水平，夯实农业科技支撑。针对农机装备产业转型升级，国务院2018年发布《关于加快推进农业机械化和农机装备产业转型升级的指导意见》，提出完善农机装备创新体系、推进农机装备全产业链协同发展、优化农机装备产业结构布局等措施，推进主要农作物生产全程机械化。

农业科技的相关政策则包括建立农业科技创新平台基地、加快转化科技在农业领域的应用成果等一系列具体政策。2017年6月，农业部办公厅下发通知，直接部署基层农技推广体系改革与建设相关工作，文件要求各地引导市场化主体参与农技推广服务，建设长期稳定的农业科技试验示范基地，建立农科教产学研一体化农技推广联盟，选拔学历水平和专业技能符合岗位职责要求的人员，进入基层农技推广队伍并实施技能培训。农业部还强调基层农技推广工作应完善绩效考评体系与方法，在量化指标方面提出了具体的目标要求。这些指标包括农业科技示范主体抽样满意度、基层农技人员进村入户开展技术指导服务时间、全国农业主推技术到位率等。[1]2019年4月，农业农村部办公厅发布《关于加强农业科技工作助力产业扶贫工作的指导意见》，再次突出农业科技在引领农村产

1　农业部办公厅：《关于做好2017年基层农技推广体系改革与建设有关工作的通知》，2017年。

业发展中的重要作用。

二、经营体系

农业经营主体是指直接或者间接从事农产品生产、加工、销售和服务的任何个人和组织。随着新型工业化、信息化、城镇化进程加快，农村劳动力大量进入城镇就业，农村2亿多承包农户就业和经营状态不断发生变化，“未来谁来种地、怎样种好地”的问题日益凸显。新型农业经营体系是以家庭农场、专业大户、农民合作社、农业社会化服务组织等农业生产经营单位为主体，带动农户增产增收、推动现代农业发展的规模经营和社会化服务体系建设。新型农业经营体系中的经营主体之“新”在于与众多从事同质农业的小农户区别开来，突出更加专业化的生产单元。农业经营体系还“新”在强调主要包括“统”和“分”两个层面的联合补充，既包含集体经济、合作社、社会化服务组织、龙头企业等规模经营发展，也包括普通农户种养大户、家庭农场等更为微观的经营主体，同时以合作与联合为纽带，以社会化服务为支撑，构成多元经营主体共存的局面。[1]

要实现产业兴旺的总目标，需要提高生产社会化、组织化程度，这对扩大新型经营主体与构建立体式复合型现代农业经营体系提出了要求。2017年5月，中共中央办公厅、国务院办公厅印发的《关于加快构建政策体系培育新型农业经营主体的意见》，文件要求加快构建完善财政税收政策、加强基础设施建设、改善金融信贷服务、扩大保险支持范围、鼓励拓展营销市场、支持人才培养引进等。2019年2月，中共中央办公厅、国务院办公厅印发《关于促进小农户

1　农业部农村经济体制与经营管理司、农业部农村合作经济经营管理总站：《中国农村经营管理统计年报（2016）》，中国农业出版社2016年版，第78页。

和现代农业发展有机衔接的意见》，在此基础上农业农村部于2020年3月印发《新型农业经营主体和服务主体高质量发展规划（2020—2022年）》，提出到2022年达成以下目标：家庭农场、农民合作社、农业社会化服务组织等各类新型农业经营主体和服务主体蓬勃发展，现代农业经营体系初步构建，各类主体质量、效益进一步提升，竞争能力进一步增强。具体措施包括：鼓励组织龙头企业与农户共同经营、设立风险资金、提供信贷担保，鼓励新型经营主体与小农户建立契约型、股权型利益联结机制，探索实行保障农民利益的分配机制，等等。

未来中国特色的立体式、复合型农业经营体系政策会更加突出融合发展、利益共享的特征。[1]一方面，农业企业、普通农户、家庭农场、合作社等各类经营主体具有差异性的功能定位与比较优势，在农业产业链拓展的过程中互融互通有助于发挥各自优势，共同壮大。目前的政策实践体现在鼓励发展家庭农场联盟、合作社、联合社等蕴含多种资源的组合方式。另一方面，尽管现代化农业经营、连片规模经营是未来发展的大方向，但是近期小农户家庭经营将仍是我国主要的农业经营方式。农业经营体系政策中共享农业现代化发展红利是重要目标，因此各类新型主体与农户之间形成帮扶带动、互助共赢的关系，提升农民在生产经营、利润分配环节中的发言权和获得感是题中之意。因此，产业兴旺政策模块的一大重点便是激励龙头企业及合作组织联农带农，鼓励工商资本去农村投资，尤其是那些适合产业化、规模化经营的农业项目，将现代企业管理模式引进龙头企业，与当地农户形成互惠共赢的产业共同体。

1　张红宇：《中国现代农业经营体系的制度特征与发展取向》，《中国农村经济》，2018年第1期，第24—25页。

此外，目前家庭农场仍处于起步发展阶段，部分农民合作社运行不够规范、社会化服务组织服务能力不足、服务领域拓展不够。未来，政策将更加着眼于促进家庭农场发展、提升社会服务方面。

三、资金支持

乡村振兴需要大量资金支持，无论是农村基础设施建设、农业生产机械技术升级还是农村产业升级，都离不开大量资金的支持。当下，乡村产业发展还面临着较大的资金缺口，且农村尚存在多种壁垒妨碍资本流入，融资难、资金分散、效益不高等问题凸显。为解决上述问题，我国出台相应政策，从政府投入、金融资本、社会资本三方面发力，加强对支农扶农的财政投入，引导金融服务向农村下沉，并盘活农村外部资本，努力形成财政优先保障、金融重点倾斜、社会积极参与的多元投入格局。

首先，在支农扶农的财政投入方面，主要涉及与农业支持保护相关的政策，如粮食生产发展补贴、耕地地力保护补贴、绿色发展机具补贴等各类补贴。根据经济合作与发展组织（OECD）数据，我国生产者补贴等值在2000—2018年总体呈上升趋势（见图10-2），体现出我国近年来支农惠农政策的范围在不断扩大，力度也不断加强。在乡村振兴战略出台后，农业补贴政策更是特别注重提高补贴对象的瞄准性与实施的精确性，补贴政策之间搭配分工明确，有针对性地回应产业的“弱势特征”。[1]例如，耕地地力保护补贴的直接针对对象是享有耕地承包权的农民，精准对应引导农民自觉加入耕地地力保护工作；农机购置补贴针对个人和农业生产经营组织发

1 高帆：《乡村振兴战略中的产业兴旺：提出逻辑与政策选择》，《南京社会科学》，2019年第2期，第10页。

放，且向支持农业绿色发展机具倾斜，直接推动农业机械化、效率提升，实现绿色发展。[1]

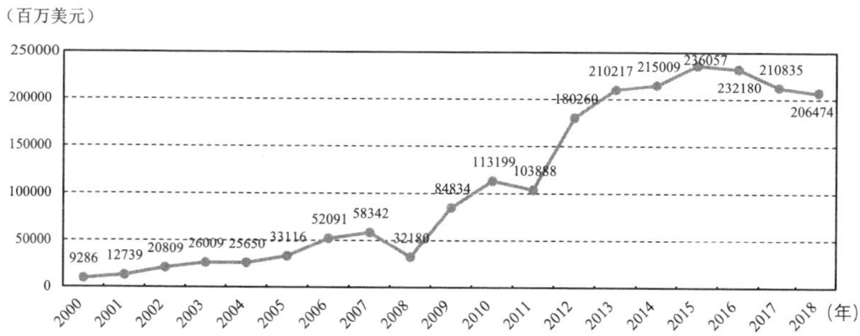

图10-2　2000-2018年中国生产者补贴等值变化

其次，我国近年相继出台了一系列政策文件，加快金融向三农倾斜、向乡村振兴倾斜。2021年7月，中国人民银行、农业农村部、乡村振兴局等多部门联合发布《关于金融支持巩固拓展脱贫攻坚成果　全面推进乡村振兴的意见》，要求丰富服务小额信用贷款、产业带动贷款等乡村振兴的金融产品，拓宽农村资产抵押质押物范围，提升农业保险服务能力，等等。金融支持乡村振兴坚持市场化运作和政策扶持相结合的原则，以农业保险为例，2007年国家政策性农业保险保费补贴制度颁布，2013年3月《农业保险条例》正式推行，我国由此逐步形成农业保险的法律政策框架体系。目前，我国农业保险中政策性保险占大部分，在农户和地方自愿参与的基础上，国家为投保农户（包括农业规模经营主体）提供一定的保费补贴，按照相关学者测算，各级财政覆盖的保费补贴占比为75%—80%[2]。未来，政策的制定会更关注激活市场化保险的作用，支持具

1　《农业农村部 财政部发布2018年财政重点强农惠农政策》，农业部网，2018年4月3日。

2　尹成杰：《关于推进农业保险创新发展的理性思考》，《农业经济问题》，2015年第6期，第5页。

备条件的地区开展商业防止返贫保险，鼓励保险公司加大产品创新力度，医疗保险产品可在定价、赔付条件、保障范围等方面对脱贫人口适当优惠等。

最后，我国也推出了一系列“开源”政策，致力于盘活农村外部资本，为社会资本流入农村降低壁垒、拓宽渠道，完善商业性保险与政策性保险联合体系，以分散涉农资本所承担的风险。我国农村农业部、财政部、中国农业发展银行等部门已颁布多项政策，以深入推进政府在农业领域与社会资本的合作，加大PPP模式的推广应用。具体政策包括：建立PPP综合信息平台项目库，划定农业绿色发展、现代农业产业园、互联网+现代农业等重点领域，创建国家农业PPP示范区，规范项目管理过程中的绩效、债务、风险和信息公开等内容。

四、产品流通渠道

农业具有内在的生产与消费主体分散的特性，这决定了农产品流通渠道是乡村产业更高质量发展的决定因素之一。我国的政策从试点开始，借助互联网电子商务将农产品的流通渠道拓展至城市，同时开展国际合作鼓励农产品国际贸易。

目前，我国处于互联网技术高速发展阶段，信息化是各类产业发展的主导趋势，因此“互联网+”代表着现代农业发展的新方向、新趋势。互联网与农业的结合有助于拓宽农产品流通渠道，解决农产品的销路问题。早在2015年，国务院就针对农村电子商务发展发布了政策性文件，旨在促进农产品流通与互联网的紧密结合。2020年5月，农业农村部办公厅开展“互联网+”农产品出村进城工程试点工作，以电信通信基础设施建设为基础，打造农产品电商供应链，健全农产品质量检测和追溯体系。同时，为农村电子商务提供人才支持、技术支持，实施农村电商百万带头人计划，强化电子商务、大数据等技术在农产品销售方面的应用。

另一具有前景的发展方向是国外市场的开拓，近年来不少政策也对此做出回应。在保证粮食安全的前提下，实施农业对外合作政策，开拓国外市场、鼓励农产品国际贸易，也是疏通农产品流通渠道的新举措。在“一带一路”战略框架下，我国制定了《农业对外合作规划（2016—2020年）》，囊括了5年间有关农业国际交流合作、农业外贸发展、农业对外投资合作、出口农产品生产基地建设等具体政策，体现出加快推动形成农业全面开放新格局，促进农业外向型经济进一步深入的政策导向。

五、产业转型升级

如前所述，农村产业是系统化、多元化的概念，除种植业、饲养业、畜牧业等传统农业之外，还包括产业链延伸发展而形成的第二、三产业。这些非传统农业的领域已经成为农村经济的新增长点。结合目前我国农村产业的发展现状，产业转型升级政策致力于推动传统第一产业本身的升级与转型，推动农村产业深度融合，一方面提高第一产业标准化、数字化、机械化与集约化程度，加强工业生产的属性，提高生产力；同时挖掘第一产业食物供给功能之外的休闲、文化功能，探索融合服务业的可能性。

首先，推动传统第一产业在结构、质量方面的升级，发展绿色农业项目是政策关注的重点。2020年7月，农村农业部发布产业转型升级总体规划性文件《全国乡村产业发展规划（2020－2025年）》。在此规划文件中，旨在推动第一产业转型升级的政策包括下几点：

第一，农业结构调整政策，如农业区域布局、产业结构和品种结构调整等；第二，质量兴农政策，如推进农业全程标准化、培育农业品牌、提高农产品质量水准等。针对此点，农业部颁布的《2018年农产品质量安全工作要点》、中国农业农村部等多部门联合印发的《国家质量兴农战略规划（2018—2022年）》等文件做出了具体的政策安排；第三，特色农业政策，重点支持绿色循环特色农业促进项目，提供财政支持并举办项目试点。[1]

另外，第一、二、三产业融合也是《全国乡村产业发展规划（2020－2025年）》中重点强调的部分，如开展特色互联网农业小镇试点、乡村旅游等。除此之外，农业数字化被置于产业转型升级的前沿阵地，从电子商务到结合区块链、大数据、5G等最具发展前景的技术应用，许多支持数字乡村建设的政策也相继出台。

近年来，区块链是在全球范围内较为瞩目的前沿技术之一。2020年发布的中央一号文件首次写入"区块链"相关内容，明确指出"依托现有资源建设农业农村大数据中心，加快物联网、大数据、区块链等信息领域前沿技术在农业领域的应用"。区块链与农业的结合点十分广泛，以山西为例，近年来当地不断探索区块链与农村产业的多样化结合方式，如推进区块链定制农业发展、推进农村资产的区块链产权确认和交易应用等。[2]可以预见，将来区块链与农村产业的结合，将成为农村产业升级、数字乡村建设及深入推进乡村振兴等政策关注的重点领域。

1 《农业农村部办公厅 财政部办公厅关于做好2019年绿色循环优质高效特色农业促进项目实施工作的通知》，中华人农业部网，2019年3月27日。

2 张琦：《网连山西 聚力发展》，《山西日报》，2020年1月15日，第11版。

安徽寿县茶庵镇步步鸡项目：区块链、物联网、农村金融技术同盟协力升级养殖产业

区块链具有脱中心化、难以篡改、公开透明、可追溯的特性，物联网则是智能化感知、识别和管理产品的技术，两者正在与多种产业广泛结合。这两项前沿技术相结合为农村金融提供信任经济的基础，在农村产业升级过程中日渐发挥作用。2017年，安徽省寿县茶庵镇人民政府与众安科技、连陌科技及国元农业保险的合作同盟达成合作协议，在当地落地金融科技扶贫养殖项目“步步鸡”，预计到2020年在全省范围将覆盖15600个贫困农户[1]，为农民创收27亿元[2]。

区块链技术在养殖业产品溯源、质量兴农等产业升级重点中发挥了关键作用。步步鸡项目中，物联网设备为养殖场所有家禽安装“鸡牌”，自动收集鸡只的实时位置和运动轨迹；环境传感器自动收集养殖环境信息，帮助农户提高生产技术，极大地提高了产品质量和管理效率。鸡只活动和喂养的数据还可以实时上传区块链，终端消费者完全可以信任数据的真实性，从而使农产品的附加值得以提升。

区块链技术还可以为农村保险、信贷提供真实可信的数据，打破固有的融资壁垒。区块链上的数据为农户养殖资产、经营风险等提供参考，极大地解决了目前农村保险风险评估流程复杂和成本过高的问题，对未来农村金融发展有重大

1　胡金华:《众安科技和多个伙伴达成开放合作同盟 落地金融科技养殖》，华夏时报网，2017年9月20日。

2　《区块链+农村：众安科技搭建农业新生态》，中国经济网，2017年9月19日。

意义。

2017年发布的《中国区块链与物联网融合创新应用蓝皮书》中指出，安徽寿县茶庵镇步步鸡项目是物联网和区块链协同开发的比较成熟的应用。将来有关此类项目的专项支持政策、试点政策及人才培养政策均有望相继出台，推动农业区块链技术产业成为农村产业崭新的增长点。

第二节　生态宜居

乡村振兴战略布局中，生态宜居要求具有关键意义，主要指向乡村生态政策模块。此模块政策以建设生态宜居的美丽乡村为目标，旨在构建人与自然和谐共生的乡村发展新格局。在生态宜居总目标指引下，乡村生态政策主要针对以下几个关键问题：如何修复治理已遭受污染的资源环境？如何平衡好生态保护与农业开发的关系？如何改善人居环境？乡村发展过程中，生态保护与农业开发常常是一组矛盾体，妥善处理环境与开发的关系是生态政策制定中永恒的主题。一方面，需要通过限制开发来保护生态资源；另一方面，也需要与产业政策中的要求相呼应，推进农业自身的绿色发展，通过两方面的手段来平衡生态与开发的关系。为了衡量生态宜居政策的效果，《规划》明确了如下各项指标（见表10-2、图10-3）。

表10-2　生态宜居政策模块指标

指标	比重	2016年基准值	2020年目标值	2022年目标值	属性
畜禽粪污综合利用率	%	60	75	78	约束性
村庄绿化覆盖率	%	20	30	32	预期性
生活垃圾处理的村占比	%	65	90	>90	预期性
农村卫生厕所普及率	%	80.3	85	>85	预期性

材料来源：《国家乡村振兴战略规划（2018—2022年）》

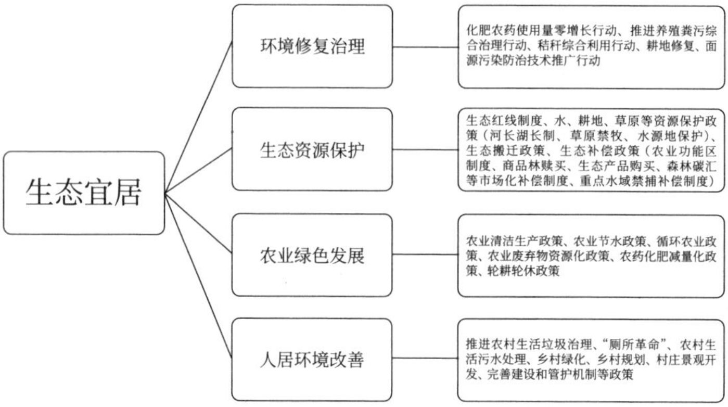

图10-3　生态宜居政策模块结构

一、环境修复治理

当下我国日益加快现代化进程，农村环境污染问题引发了全社会的关注。根据苏杨等学者的分类，农村现代化进程中导致的环境污染，可以根据污染源分为：现代化农业生产手段过度使用带来的污染，村镇等农村聚居点因缺乏规划和环境管理滞后造成的污染，乡镇企业和集约化养殖场布局不当、污染治理不够导致的污染。[1]目前，农药、兽药、化肥等投品使用存在不合理状况，过度使用的投入品进入土壤、地表水、地下水，造成污染并随水土积存，畜禽粪污随意处置、秸秆田间焚烧等现象在广大农村仍然存在，相应的规划、治理手段还存在一定缺口，不少业已遭到污染的环境亟须开展修复与治理。

治理既存的农村环境突出问题，修复已遭破坏的生态资源是建设生态宜居乡村的重要要求，为此我国颁布了多项关于环境修复治

1　苏杨、魏际刚：《新农村建设中解决农村环境污染问题的对策》，《经济研究参考》，2007年第4期，第45页。

理的政策与法规。例如，2017年农业部发布文件，对农业面源污染防治攻坚战重点工作进行部署，内容包括：开展化肥农药使用量零增长行动、推进养殖粪污综合治理行动、秸秆综合利用行动、面源污染防治技术推广行动等[1]，旨在以专项活动的形式重点治理具体的污染问题，为治理农村环境提供有效的政策支持，打好农业污染防治攻坚战。

在我国，环境治理修复政策呈现鲜明的地域针对性特点。例如，考虑到南方部分省份耕地污染问题尤为严重，农业部部署了南方污染耕地修复治理工程，有针对性地选择江西、湖南、四川等八个南方省份的污染耕地密集区域进行整治。相关政策要求在上述地区着重推进受污染耕地治理与修复，试点建设500余个示范区。在示范区，探索实施低积累品种替换、土壤调理、秸秆回收再利用、作物结构调整、设定农产品禁产区等措施，并对工程建设的内容与面积做出详细规划。[2]2019年农业农村部、财政部发布的重点强农惠农政策中也将重金属污染耕地综合治理单列出来，选取湖南省长株潭地区作为优先治理对象，加强当地水土和产品重金属监测，推广品种替代、水源净化、酸碱度调节等对受污染的耕地安全利用的技术，探索可复制、可推广的污染耕地安全利用模式。[3]

环境修复治理政策还强调将修复治理与安全利用相结合，在加强资源和生态保护的同时考虑农业的可持续性发展。譬如，农业农村部与生态环境部联合发布了关于污染耕地安全利用工作相关政策，其中要求以“土十条”（即《土壤污染防治行动计划》）为

1　《2017年农业面源污染防治攻坚战重点工作安排》，农业部网，2017年3月1日。

2　《农业农村部〈农业资源与生态环境保护工程规划（2016—2020年）〉》，农业部网，2017年1月20日。

3　《农业农村部 财政部〈2019年财政重点强农惠农政策〉》，农业部网，2019年。

底本，将耕地全面划分为三个类型：优先保护、安全利用和严格管控。同时，要求充分发挥土壤污染防治专项资金的杠杆作用，采取因地制宜的修复与利用方法开展工程。“土十条”规定的最终目标是治理修复面积达到1000万亩，轻中度污染耕地中实现安全利用的土地面积达到4000万亩，受污染耕地的安全利用率提升至90%左右。

二、生态资源保护

耕地、水、草原等重要农业资源是农业发展的基础，长期高负荷过载生产会引发地力损失等难以逆转的问题，极大地阻碍乡村的长期可持续发展。生态宜居政策模块强调顺应自然规律，不走“先污染后治理”的老路，着力从长远角度考虑发展与环保的辩证关系。乡村振兴战略提出以来，中央各部委部署的相关政策十分丰富，力求不断健全生态系统保护机制。这些政策包括生态红线制度、水、耕地、草原等资源保护政策（如，河长湖长制、草原禁牧、水源地保护）、生态搬迁政策、生态补偿政策。生态补偿政策涉及多种特点的区域，首先要求划分农业功能区，对商品林进行赎买，针对森林碳汇进行市场化补偿，在重点水域业设立了禁捕补偿制度。《农业资源与生态环境保护工程规划（2016—2020年）》作为乡村生态资源保护领域的纲领性文件，提出了农业生态功能得到改善恢复的短期目标，要求5年努力后明显提升农业资源永续利用水平。[1]

生态系统中，部分区域具有特殊且重要的生态功能，必须加以

1 《农业农村部〈农业资源与生态环境保护工程规划（2016—2020年）〉》，农业部网，2017年1月20日。

强制性严格保护，这些区域被定义为生态保护红线区域。《关于划定并严守生态保护红线的若干意见》规定将2017年、2018年、2020年3年作为界限，全国分省市完成生态保护红线划定工作，按禁止开发区域的要求进行严格管理，并配合生态补偿、监测网络、责任追究与保护修复工程的开展，保护我国的生态安全的根本底线和可持续生命线。

生态补偿政策是生态资源保护另一重点政策，回应了生态保护与农民民生、产业发展的紧张关系。国家相关部门十分重视这一创新性政策的探索，两年间接连颁布政策将长江流域作为重点试点区域。2018年颁布《关于建立健全长江经济带生态补偿与保护长效机制的指导意见》、2019年印发《长江流域重点水域禁捕和建立补偿制度实施方案》，标志着长江流域重点水域禁捕补偿制度的初步建立。这几份政策文件，对长江水域做了清晰区分，类别包括水生生物保护区、干流和重要支流保护区以外的水域、大型通江湖泊保护区以外的水域、其他相关水域，分类分阶段根据水域特定要求推进禁捕。同时，以一次性补助和过渡区补助的形式为退捕渔民提供临时生活补助，同时提供社保、职业培训等活动所需资金，作为补偿安排。

三、农业绿色发展

建设生态宜居的乡村不能与放弃产业发展画等号，而是要求作为乡村第一产业的农业自身不断进行符合环境要求的变革与转型，走亲环境的可持续发展道路。农业绿色发展具有注重资源节约、环境友好、生态保育、产品质量四个方面内涵。[1]与之对应，相关政策主要包括以下内容：农业清洁生产政策、农业节水政策、循环农业政策、农业废弃物资源化政策、农药化肥减量化政策、轮耕轮休政策等。这些政策着手农业生产各环节的技术，加快生产方式转型。以农业废弃物资源化政策为例，农业部于2017年7月下发2017—2020年畜禽粪污资源化利用行动的方案，要求将定期督查畜禽规模养殖场定位为长期坚持的机制，并进行集清洁养殖工艺、粪污资源化利用的不断推广，同时创建畜牧业绿色发展示范县。农业部于2020年2月下发关于肥料包装废弃物回收处理的指导意见，要求扎实推进肥料包装废弃物回收处理工作，促进减量化、资源化、无害化，到2022年达成以下目标：在全国100个县开展肥料包装废弃物回收处理试点。试点县50%以上的行政村开展肥料包装废弃物回收处理工作，回收率达到80%以上。

产业兴旺模块的政策主要重视产业的经济效益，而推动农业绿色发展是以兼顾经济效益和生态价值为政策导向，与产业兴旺有密切联系。农业绿色发展本身就是产业升级转型的具体要求之一，农业绿色发展要求节水、清洁生产、资源利用等技术创新与推广，这也与提高生产要素利用效率的要求高度一致。

四、人居环境提升

人居环境的狭义概念指农村居民赖以生存、生活的基本场所；广义的概念则是由习俗、制度、价值等社会文化背景，农户生产生活的地理空间，自然环境中的自然条件和自然资源等生态要素共同

1　韩长赋：《大力推进农业绿色发展》，《农业工程技术》，2017年第37期。

构成的集合空间。[1]社会文化的要素在下文乡风文明政策模块将做具体解释，此部分主要关注指向具体地理空间的乡村环境和村容村貌，同时与上文的环境修复和资源保护政策构成了内在联系。

自2014年以来，住房城乡建设部办公厅每年都进行全国农村人居环境调查，调查对象广泛涉及全国所有行政村。近年来，人居环境提升一直是涉农部门积极倡导的重点政策。2018年2月，《农村人居环境整治三年行动方案》由中共中央办公厅、国务院办公厅联合发布，为此项政策列出了多项重点任务，包括推进“厕所革命”、农村生活垃圾治理、农村生活污水处理、乡村绿化、乡村规划、村庄景观开发、完善建设和管护机制等。根据2006年和2016年分别进行的第二、三次全国农业普查数据，可以发现这10年间我国农村卫生处理设施及农村家庭卫生设施水平有显著提升（见表10-3、表10-4）。

表10-3　全国卫生处理设施的镇和村比重（%）

指标	2006年	2016年	备注
实施集中供水的镇	72.3	91.3	2016年统计口径变化为集中或部分集中供水的乡镇
有垃圾处理站的镇	36.7	90.8	2016年统计口径变化为生活垃圾集中处理或部分集中处理的乡镇
实施垃圾集中处理的村	15.8	73.9	2016年统计口径变化为生活垃圾集中处理或部分集中处理的村
完成改厕的村	20.6	53.5	口径变化为完成或部分完成改厕的村

数据来源：第二次和第三次全国农业普查主要数据公报

1　李伯华、曾菊新：《基于农户空间行为变迁的乡村人居环境研究》，《地理与地理信息科学》，2009年第5期，第84页。

表10-4　按家庭卫生设施类型分的全国住户构成（%）

指标	2006年	2016年	备注
水冲式厕所	12.8	39.3	2016年统计含水冲式卫生厕所（36.2%）和水冲式非卫生厕所（3.1%）
旱厕	44.3	58.6	2016年统计含卫生旱厕（12.4%）和普通旱厕（46.2%）
简易厕所或无厕所	42.9	2	

材料来源：第二次全国农村普查报告、第三次全国农村普查报告

农村人居环境整治经验
——浙江“千村示范、万村整治”工程案例

2003年乡村振兴战略尚未提出，习近平总书记时任浙江省委书记，他在全省启动了“千村示范、万村整治”工程，在改善农村人居环境方面取得了显著成效。此工程有着极强的示范意义，在乡村振兴战略背景下仍被作为学习借鉴对象在各地推广，产生了一连串的正向政策影响和效应。

当时的浙江农村建设明显滞后，根据省农办调查摸底，当时浙江省环境较差的村庄达3万多个。[1]由此，浙江“千村示范、万村整治”工程正式推出，重点攻坚农村“三生”（生产、生活、生态）环境改善，开启了村庄整治建设大行动。各阶段工程内容涉及脏乱差环境整治、改水改厕、村道硬化、污水治理、绿化亮化、村庄综合治理等。习近平同志亲自提出要求在5年时间里，不仅要全面治理大约1万个村庄，还要把其

1　《习近平关心推动浙江“千村示范、万村整治”工程纪实》，中国日报网，2018年4月23日。

中10%的中心村打造成“全面小康示范村”。15年来，浙江省以坚守“千万工程”使命，从示范引领开始探索，之后整体推进、深化提升，取得成果后不断反思进步、转型升级。这种一以贯之的政策实施带来了丰硕的政策成果。目前，全省范围的建制村都实现了农村生活垃圾集中处理，卫生厕所覆盖率、生活污水治理覆盖率、畜禽粪污综合利用、无害化处理率几乎达到100%，成为各地农村人居环境整治参考的样板项目。[1]此项政策的效果还获得国际认可，被联合国授予“地球卫士奖激励与行动奖”[2]。

浙江农村治理工程的成功主要在于始终发挥绿色发展理念在农村人居环境综合治理中的引领作用，并实现高位推动和农民、实体力量调动的良性结合。实施过程中党政“一把手”亲自监督实施工作，坚持系统治理，不惜真金白银地投入要素保障。这项政策本身对乡村领域人居环境改善有借鉴意义，其蕴含的绿色发展理念、农民和市场主体力量激活、资金支持体系、因地制宜原则等贯穿乡村振兴体系之中。

1　《中共中央办公厅 国务院办公厅转发〈中央农办、农业农村部、国家发展改革委关于深入学习浙江“千村示范、万村整治”工程经验扎实推进农村人居环境整治工作的报告〉》，新华网，2019年3月6日。

2　孙燕：《厉害了！浙江荣获联合国最高环保荣誉“地球卫士奖”》，《钱江晚报》，2018年9月27日。

第三节　乡风文明

乡村振兴的保障是乡风文明，主要指向乡村文化政策模块。此模块政策以繁荣发展乡村文化、满足农民精神文化生活需求为目标，旨在焕发出乡风文明在新时代的新气象、丰富中华优秀传统文化内涵，并接续传承下去。在乡风文明总目标的指引下，乡村文化政策主要有以下几个关键点：思想道德建设、乡村教育、乡村文化传承与发展、乡村公共文化服务。思想道德建设是文明乡风之基础，乡村公共文化服务为文明乡风提供基本保障，乡村文化传承则推动文化的创新性发展，而乡村教育则是提高乡村文化水平、培养乡村人才的长久大计，是为产业政策、治理政策输送人才的保障，也是广义上社会保障政策的一部分。为了衡量乡风文明政策的效果，《规划》文件列出了以下指标（见表10-5）。

表10-5　乡风文明政策模块指标（%）

指标	2016年基准值	2020年目标值	2022年目标值	属性
村综合性文化服务中心覆盖率	/	95	98	预期性
县级及以上文明村和乡镇占比	21.2	50	>50	预期性
农村义务教育学校专任教师本科以上学历比例	55.9	65	68	预期性
农村居民教育文化娱乐支出占比	10.6	12.6	13.6	预期性

材料来源：《国家乡村振兴战略规划（2018—2022年）》

此政策模块结构如图10-4所示。

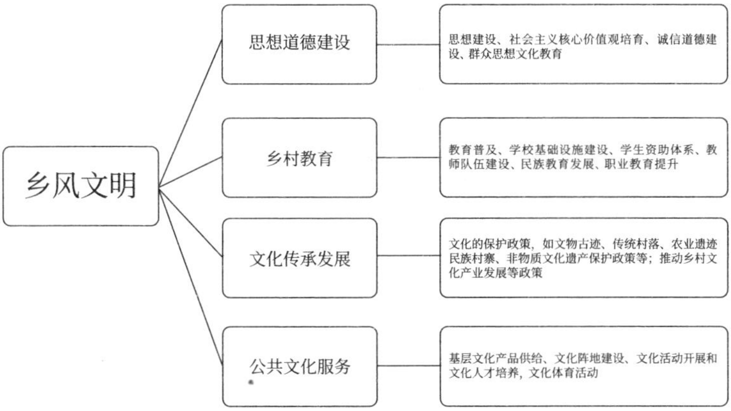

图10-4　乡风文明政策模块结构

一、思想道德建设

《乡土中国》一书提到，经济大潮下农村的道德建设需要重构[1]。农村思想道德建设的主要目标，是在农村用中国特色社会主义文化和思想道德巩固思想文化阵地。这是文明乡风的重要内容，起到为农村发展提供思想保证的作用。此外，价值观与思想培育、诚信道德建设、群众思想文化教育等政策都属于思想道德建设的范畴。价值观与思想教育的内涵包括培育社会主义核心价值观，引领国民教育、精神文明水平提高和文化产品创作生产传播。社会主义核心价值观培育政策具体可分为教育引导、实践养成和制度保障三部分，通过新时代文明实践中心、农民夜校等与广大农民密切接触的渠道，糅合文明公约、家规家训、村规民约等方式在一线落实。同时，

1　费孝通:《乡土中国》，人民出版社2015年版，第49页。

组织广大农民群众学习社会主义思想，坚定社会主义信念，内容包括十九大精神、习近平新时代中国特色主义思想，以及爱国主义、集体主义的相关内容。

乡风文明培育行动和道德建设有紧密的联系。道德建设政策需要依托中华传统文化，致力于弘扬道德、宣扬正义、见义勇为、帮扶弱者等传统美德，培育淳朴民风。其政策路径有家风建设、移风易俗等，倡导的道德标准涉及社会生活的各领域，包括社会、职业、家庭及个人坚守的各类“德”。[1]同时辅以文明村镇、农村文明家庭、星级文明户、五好家庭等评选工作，将教育与表彰寓于一体，充分发挥道德模范引领作用。诚信建设更为具体，包括社会责任、规则意识、主人翁意识等，与诚信体系建设结合，是文明乡风的重要政策组成。

二、乡村教育

教育是文化素质提升的最直接方式，更是对乡村建设人才培养的重要投资，因此提高乡村教育水平是从根本上进行乡风文明建设。一直以来，与城市相比，农村群众受教育水平普遍偏低，加之原先的经济、文化基础薄弱。因此，通过教育相关政策来加强乡村教育、培养乡村人才，可以说是精准扶贫的长远之道，更是乡村振兴的重大任务。根据吴霓等学者的研究，教育扶贫初步建立了较为成熟的政策体系。在《乡村教师支持计划（2015—2020年）》《教育脱贫攻坚“十三五”规划》等综合类纲领性文件下，具体政策有继续普及义务教育、完善学生资助，也有学校基础设施建设、教师队伍建设和学校

1 《中共中央办公厅 国务院办公厅印发〈关于加强和改进乡村治理的指导意见〉》，2019年。

教育体系完善；此外，关注度日渐提升的领域还有民族教育发展、职业教育提升等。这些政策实施对象跨越学生与老师，实施阶段覆盖学前教育与高中教育，实施领域包括普通教育与职业教育等教育全阶段，形成了服务于全年龄段、各阶段教育的政策循环。[1]

以小学阶段乡村教育建设政策为例，2018年4月国务院发布指导意见加强乡村小规模学校和乡镇寄宿制学校建设，实施对象为乡村小规模学校（指不足100人的村小学和教学点）和乡镇寄宿制学校，从办学条件、师资建设、办学水平等角度入手，内容包括统筹布局规划、完善办学标准、基础设施建设标准化。在教师队伍方面，要求完善编制岗位核定、提高乡村教师待遇、改革教师培养培训。

三、文化传承发展

乡村发展的思想源泉是乡村文化。乡村文化的定义在时间的纵向维度和生活的横向维度都有很大覆盖面，具体内容包括：乡村自然地理景观、民俗建筑、服装、视频、民俗工艺，以及无物质形式的乡约民规、民间故事和传说、农业活动方式和传统节日。乡村文化传承与保护既包括文化的保护政策，可具体到文物、古迹、传统村落、民族村寨、非物质文化遗产保护政策等，也包括从传统中推陈出新、挖掘商业价值，推动乡村文化产业发展等政策。由于乡村传统文化不仅具有文化价值，融入产业发展后还能产生经济价值，以上两部分的政策相互联系、共同推进，体现保护文化遗产与推动经济进步同步发展振兴的导向。

在乡村文化产业发展政策方面，2017年4月文化部印发的

1　吴霓、王学男：《教育扶贫政策体系的政策研究》，《清华大学教育研究》，2017年第3期，第81页。

《“十三五”时期文化产业发展规划》，鼓励农村再思考、重发掘特色文化资源，在县一级探索特色文化产业并形成产业群。该文件指出，特色文化乡村既要求文化特点鲜明，还要主导产业突出，各地应对这样的项目进行支持。值得注意的是，此部分政策与产业兴旺政策模块的乡村产业转型升级有密切联系，归于第三产业的文化产业发展不仅有助于促进乡风文明总要求的达成，同时也是乡村第一、二、三产业融合的具体表现。

成都川西林盘保护修复工程，
生态、产业、文化三位一体推动乡村振兴

2018年以来，成都市依托当地川西坝子独特的林盘体系，大力实施川西林盘保护修复工程，融合建设特色文化产业、山水林田生态整治、乡村产业转型三类政策设计，在打造符合产业兴旺、生态宜居、乡风文明三项目标的乡村新形态方面取得了很大进展。

“川西林盘保护修复工程”是成都市2018—2022年规划的十大重点工程。青瓦、土墙的林盘拥有极具地域特色的乡村景观，具有生态物种多样、文化传统丰富等特征。修复工程正是考虑到这些特点，于是采用“特色镇+林盘+产业园”“特色镇+林盘+景区”等建设模式推进林盘保护修复，目标建成100个特色镇（街区）、1000个特色林盘聚落，新建天府绿道1500千米，并配备特色主题民宿、文化酒店等设施。政府也出台一系列支持政策，包括建立100亿元特色镇和川西林盘建设发展基金、鼓励通过PPP模式等方式引导社会资本参与并股权投资、担保、贴息等。[1]此前，成都市蒲江县甘溪镇明月村就已投入6000万元建成占地77亩的试点项目——明月新村，当地特色农业兴旺起来，既构成了良好的生态本底，又增加了村民的收入来源。2017年，全村共接待游客18万人次，乡村旅游和文旅收入大幅上涨。[2]

成都的这一政策实践充分证明了乡村文化建设中蕴含的前景，以及其与产业建设、生态建设结合的巨大潜力。依托当地自然条件，深挖传统文化，以文化作为乡村振兴的精神支柱与滋养原料，探索生态与产业的均衡结合，开辟出颇具特色的乡村振兴之路。

四、公共文化服务

乡村公共文化服务是向乡村居民提供公共文化产品与服务、保障农民文化权利、丰富乡村居民的文化生活的制度总称，包含文化设施建设、文化产品发展、文化活动开展等。《乡村振兴战略规划（2018—2022年）》规定，要建立群众文化需求反馈机制，充分利用各类资源不断丰富文化服务内涵，更好对接村民的文化生活需求。《关于加强和改进乡村治理的指导意见》中列出的具体政策包括：加强基层文化产品供给、文化阵地建设、文化活动开展和文化人才培养，倡导结合民俗活动，根据当地特点开展文体活动。此外，公共文化服务尤其见微知著，要善于从小处着手关照农民的文化需求。如文化部《"十三五"时期繁荣群众文艺发展规划》就特别提出

1　《成都市川西林盘保护修复工程实施方案出台》，成都市人民政府网，2018年4月14日。

2　《乡村振兴的文化力量——浅析成都的乡村文化建设实践》，《成都商报》，2018年9月26日。

了“戏曲进乡村”政策，将戏曲作为农村公共文化服务供给的重要内容，要求对属于国家贫困地区范围的每个乡镇两个月配送一场以地方戏为主的演出，解决农民看戏难的问题，推动形成政、企、社协同推动农村文化建设的局面。

第四节　治理有效

治理有效的总要求是乡村振兴的根本基础，主要指向乡村治理政策模块。此模块政策的主要目标是加强党对基层乡村组织的领导，健全乡村现代化治理体系，旨在打造共建、共治、共享的现代社会治理格局。为实现治理有效的总目标，乡村治理政策可划分为以下关键点：基层党建和基层政权、法治建设、政务服务、人才队伍建设及相应的评价体系。基层党建和基层政权建设涉及乡村治理的领导中心，法治建设主要与治理的方法、依据相联系，政务服务则是联系疏通广大乡村居民的路径，三项政策相互结合推行有助于发挥基层力量，完善党领导下自治、法治、德治三位一体的乡村治理体系。此外，人才队伍建设为治理提供人才保障，评价体系则为治理评估提供科学标准，反推治理朝着现代化道路前进，共同发挥着不可或缺的支撑作用。事实上，本模块的治理政策紧密融于其他各项政策，若无健全的治理体系，其他任何政策均难以高效推行，更无法达成相应的政策目标。为了衡量治理有效政策的效果，《规划》列出了以下指标，如表10-6所示。

表10-6　治理有效政策模块指标（%）

指标	2016年基准值	2020年目标值	2022年目标值	属性
村庄规划管理覆盖率	/	80	90	约束性
村党组织书记兼任村委会主任的村占比	30	35	50	预期性
村规民约的村占比	98	100	100	预期性
集体经济强村占比	5.3	8	8	预期性

材料来源：《国家乡村振兴战略规划（2018—2022年）》

此政策模块结构如图10-5所示。

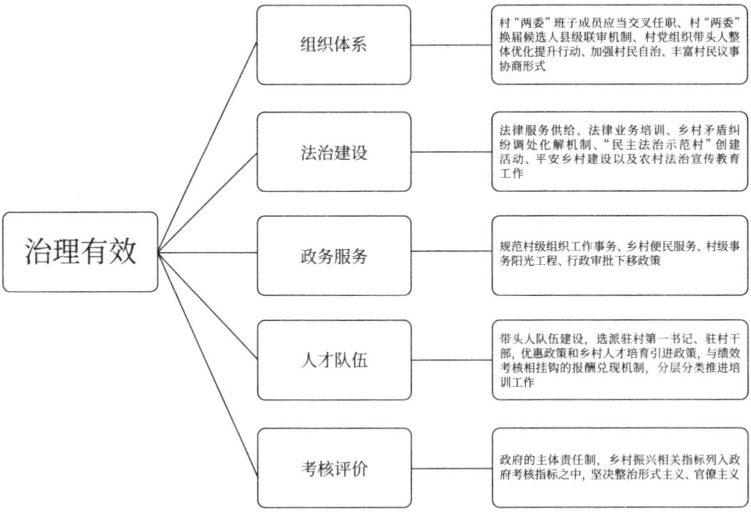

图10-5　治理有效政策模块结构

一、组织体系

党在乡村治理中发挥着集中统一领导的作用，村民自治组织和监督组织则是微观治理的基础，这两者与经济社会组织（如集体经济组织、农民合作组织等）共同构成村级组织体系。为完善村党组织领导乡村治理的体制机制，人事方面的政策安排要求村党组织书记不仅担任村民委员会主任，同时兼任村级集体经济组织、合作经济组织负责人。此外，还要求推行村“两委”班子成员交叉任职、换届候选人县级联审机制。组织内部要突出发挥党员的模范引领作用，这点在引导农民群众跟党走上尤为重要，党员联系农户、党员户挂牌、承诺践诺、设岗定责、志愿服务等政策充分体现出为人民服务的原则。

村民自治是广大农民群众直接行使民主权利的重要制度，加强村民自治、丰富村民议事协商形式的政策，有助于发挥人民群众在乡村治理中的主人翁作用。此方面的主要政策有完善村民（代表）会议制度，让村民有更多机会加入村域的公共事务平台，充分利用治保会等群防群治组织，在协商议事形式方面不断创新，在实处办好村代会、议事会、理事会、监事会，等等。

乡村治理的组织体系还不能忽略各方主体的参与，尤其注意保障老年人、残疾人、青少年、特殊困难群体的代表性问题。2019年6月《关于加强和改进乡村治理的指导意见》中突出了与特殊群体帮扶直接相关的团支部、妇联、残协等组织的工作，充分发挥其联系群众、组织群众参与乡村治理的作用，还提出完善农村社工队伍建设，进一步优化培养选拔机制、拓宽人才来源，并摸索如何通过政府购买服务的手段为农村社会工作和志愿服务提供切实支持。

二、法治建设

自治、法治、德治三种方式联合起来的乡村治理体系，其中法治是根本依据，是乡村治理现代化的基石。但是，乡村作为人口众多的熟人社会，人情、面子、宗法等传统观念盛行，加之教育不足、群众文化素质不高，导致很多农民群众缺乏法律意识，村级干部的法律素质也偏低，使得乡村法治氛围淡漠，这一直是法治中国建设的重点和难点。要进一步加强法治建设，首先要在农村范围内推广法治文化。“法治文化应包含法治意识、法治思想、法治信仰等法治精神，以及宪法和法律制度的建立与配套，法治组织的架构和运作等因素。其中，法治精神是法治文化的核心。”[1]2020年3月，中央全面依法治国委员会印发了《关于加强法治乡村建设的意见》，针对推进法治乡村建设进行了总体安排。结合目前中国乡村的发展阶段，乡村法治建设政策着眼于法治文化推广与法治服务供给的结合，主要包括法律服务供给、法律业务培训、乡村矛盾纠纷调处化解机制、“民主法治示范村”创建活动、平安乡村建设以及农村法治宣传教育工作。

法律服务供给政策包括法律基础设施建设、服务方式创新、多方主体动员、机制设置完善等内容。具体说来，既包括传统意义上的加强乡镇司法所建设、村民委员会设立法律服务工作室、党委和政府机构设立立法律顾问和公职律师职位等方式，也鼓励结合新的时代背景探索新的服务方式，比如，推广车载法庭等巡回审判方式、公共法律服务实体、热线、网络平台建设等。此外，法律服务实施需要专业人员支持，因此动员各界法律人士（如法学专家、律师、政法干警及基层法律服务工作者）共同提供公共法律服务，也是相关政策的重要内容。

法律业务培训政策主要针对农村基层干部、执法人员，力图通过培训提升农村基层行政执法程序的规范化、职责和权限严格化水平。此外，还包括开展农村“法律明白人”工程，解决基层干部法律水平不高的问题，帮助村干部、人民调解员通过自身知识水平的提高，带动全村法治工作开展，成为重点的“法治带头人”。

为适应乡村具体治理现状，乡村矛盾纠纷调处化解机制应运而生，体现现代化法治和传统优良德治的结合，以贴近群众的方式切

1 王运声、易孟林：《中国法治文化概论》，人民群众出版社2016年版。

实为农村村民解决纠纷和问题。首先，乡村矛盾调处的主体是人民协调员；其次，调处化解方式多元，在调解之外，还有诉诸法律途径，如行政裁决、行政复议、诉讼；再次，服务手段多样，包括跨域立案系统、检察服务平台，政策要求服务延伸至基层，如公安综合窗口、人民调解组织；最后，机制要求充分发挥互联网支撑资源等作用，逐步实行“互联网+网格管理”的模式。

平安乡村建设政策直接聚焦社会治安领域，着力依法打击犯罪，促进公共安全，进而营造安居乐业的乡村氛围。结合具体实践，平安乡村建设政策有以下几个重点：第一，在农村建设社会治安防控体系，落实领导责任制，并加强设施平台建设；第二，加强警务工作，各村都配备定点辅警、农村警务室；第三，继续开展扫黑除恶，既有专项斗争，也要长期打击，尤其对危害极大的毒品等违法犯罪行为进行整治等；第四，打击整治农村非法宗教和邪教，包括活动监督、场所整治等；第五，维护公共安全，涉及安全生产、灾害的预案，也包含食品、药品、交通、消防等方方面面的安全维护领域的安全管理。

农村法治宣传教育、示范评选等也是乡村法治政策等重要组成部分，结合村民喜闻乐见、易于接受的形式，旧瓶装新酒地培养一批“新乡贤”，在他们的带动下，更好地在乡村培育法治文化。

三、政务服务

村级组织工作事务常常陷入行政事务多、负担重的困境，且各项检查评比繁杂，容易导致面子工程的弊病。推动建立有效的乡村治理格局，意味着减轻村级组织负担、规范化村级政务工作，将政府服务与农民需求更好对接，以真正发挥便民与治理的目的。具体政策主要分为规范村级组织工作事务、乡村便民服务、村级事务阳光工程、行政审批下移政策几个类别。

规范村级组织工作事务有如下几个方面：在组织机构上，简化组织，取消各种政府机构在村级的分支机构；在工作任务上，切实减轻村级组织负担，清理不必要的村级组织考核评比，以目录清单、备案审核的方式进行管理；在工作流程上，规范政务管理，各种工作台账和各类盖章证明事项制度化管理；在手段方式上，充分发挥互联网的积极作用，推广基础台账电子化，建立“智慧村庄”综合管理服务平台。

乡村治理终究是为农民服务，为农服务能力提升是治理有效政策的重要目标。乡镇一级是为农服务的龙头，相关政策对其服务能力的提升做出了具体要求：服务方式上，最大程度便利农民，为农民提供“一门式办理”“一站式服务”，让他们“最多跑一次”；平台机制上，建立集综合治理、市场监管、综合执法、公共服务等一体化平台和高效综合指挥体系；服务基础设施上，大力推进社区综合服务设施建设，以促进乡村便民服务能力提升。

乡村政务服务不能遗漏群众监督一环，“村级事务阳光工程”是便民服务、政务服务公开透明化的一揽子工程，力求实现信息公开经常化、制度化和规范化，更好地将政务服务与农村人民群众相联系，发挥村民对权力的有效监督，提升群众的参与感和幸福感。阳光工程的实施方式多样，比如，整理事务公开清单、完善村务档案管理、建起推广“阳光公开”监管平台；此外，还包括建立微信群和公众号等面向群众的疏通方式。

大泉社区健全治理体系
自治、法治、德治结合构筑文明乡村

大泉社区位于江苏省南京市六合区竹镇镇中部，其有关健全乡村治理体系的一系列政策体现自治、法治、德治结合的原则，落地性强、成效显著，具有很大的参考价值。

首先，大泉社区扎实推进治理公开化，提升村民自治的参与程度。当地建立了每年数次的村务公开“民主日”活动邀请村民对村级账务核查，召开村民大会并制定《村规民约》，成立多个环境整治、治安巡逻、文明劝导志愿服务队，多渠道增强村民的参与度、融入感。

其次，大泉社区开展了丰富多彩的法律教育活动，积极推动法治建设。主要措施包括举办法院、检察院法治宣讲会、法治文化演出、法制宣传日及常设法律咨询台等，力求整合资源将法治文化内容融入民风民俗、文化艺术，潜移默化地提高当地农村干部及群众学法用法的积极性，增强法制观念和依法办事的能力。

最后，大泉社区倡导德治培育新风尚，以多样化的活动形式宣传教育社会主义核心价值观。当地每年开展“好儿女”“好婆媳”“五好文明家庭”“十佳矛盾协调员”等特色评选项目，每半年发布一次村民善行义举榜，开展“晒家风传家训”活动，弘扬优秀传统文化和道德，构筑崇德向善的乡村氛围，切实预防和减少乡村矛盾。

通过以上贴近群众的微观政策，当地政府逐步构建起自治、法治、德治结合的乡村治理体系，引导农民有序加入治理中去，自我管理、自我服务，值得借鉴推广。

四、人才队伍

各类人才是乡村治理中的践行者，是每项政策推行过程中不可或缺的重要因子，人才队伍的建设效果直接决定了乡村治理水平的高下。事实上，不仅是治理有效政策模块内部，乡村振兴的一切政策都要依靠“人”的实施和推行，依靠“人”的智慧与实践，人才队伍建设政策在整个乡村振兴战略中发挥着保障作用。许多研究者都将人才政策置于重要性极高的位置，例如，杨邦杰认为产业是乡村振兴的根本，人才是乡村振兴的关键[1]，蒲实等认为，乡村振兴必须破解人才瓶颈[2]，而卢向虎等人进行中国乡村振兴战略的政策体系研究，他们的政策模型从“人”“地”“钱”三个要素角度分析了乡村振兴的保障政策体系构成，其中，乡村社会治理的对象是“人”，目的是实现对“人”的有效管理[3]。

正如前文所说，人才队伍建设政策贯穿乡村振兴始终，生活富裕政策模块下有人口流动政策，产业兴旺模块里包括职业农民培育政策、科技人才政策等，这些在本质上都应归于人才政策。但为了避免重复，此处仅讨论针对发挥人才队伍在乡村组织管理中的作用的专项政策。

目前，乡村人才建设面临多重挑战。在城镇化的大潮流中，乡村人口流失严重，农村环境缺乏吸引人才回流的要素，对于已吸纳

1　杨邦杰:《乡村振兴：产业、基建、人才与政策》,《中国发展》, 2017年第6期，第1页。

2　蒲实、孙文营:《实施乡村振兴战略背景下乡村人才建设政策研究》,《中国行政管理》, 2018年第11期，第90页。

3　卢向虎、秦富:《中国实施乡村振兴战略的政策体系研究》,《现代经济探讨》, 2019年第4期，第101页。

的人才的培养管理和使用机制中也存在不完善、不科学的问题。[1]面对这些问题，人才队伍建设等政策应运而生。2021年，中共中央办公厅、国务院办公厅印发了《关于加快推进乡村人才振兴的意见》，提出到2025年，乡村人才振兴制度框架和政策体系基本形成，乡村振兴各领域人才规模不断壮大、素质稳步提升、结构持续优化，各类人才支持服务乡村格局基本形成，乡村人才初步满足实施乡村振兴战略基本需要。具体政策有：首先，人才队伍中聚合各类人才资源，既在当地取才进行带头人队伍建设，又选派驻村第一书记、驻村干部指导农村治理，同时推出优惠政策和乡村人才培育引进政策，吸引农村致富能手、在外务工人员、大学毕业生、退伍人员等参与乡村治理；其次，完善已有的人才队伍管理，保障村干部报酬，健全报酬兑现机制，将其与绩效考核挂钩，分层分类推进培训工作，保证队伍的积极性并不断提升工作水平。例如，中组部联合农业农村部每年会定期发布农村实用人才带头人和大学生村官示范培训计划。2019年的计划中，培训对象覆盖贫困村党组织书记、村委会主任、大学生村官、党员骨干，以及新型农业经营主体负责人、农村创业带头人等参与乡村建设的各类主体；培训内容回应前沿问题，包括创业富民、乡村发展治理、大学生村官能力建设、农村妇女带头人培训班、农业农村信息化专题等；培训方式为经验传授、专题讲座、研讨交流和现场教学结合，还结合技术手段提供了“农村实用人才带头人之家”在线学习平台，将培训从时间空间的限制中解放出来，推广向更多受众。此项政策综合考虑了全国各地乡村人才能力建设的多方面需求，有助于切实提高乡村治理人才队伍的

1　蒲实、孙文营：《实施乡村振兴战略背景下乡村人才建设政策研究》，《中国行政管理》，2018年第11期，第90页。

素质水平与业务能力。

五、考核评价

考核评价是指对绩效与政策效果的科学评估，有助于把握政策落实情况、分析政策效果、反思政策本身与落实过程中的不足。合理完善的考核评价体系一方面能反向推动政策在基层的落实；另一方面为战略的下一步决策与政策实施提供科学可信的依据，对于乡村治理的有效性来说是至关重要的一环。乡村治理不是一个直线的过程，而是从落实到评估，进而调整、再落实的循环过程，在此循环中考核评价是必不可少的环节，起到了承上启下、推动政策优化的重要作用。许多学者针对乡村治理的考核评价进行了多项研究，纪中强利用系统论方法，将农村基层党组织绩效评价体系，分为三级可量化的指标[1]；徐海丽则结合在广西实施乡村振兴战略的实际情况，提出了较为完整的适合当地的统计监测指标体系，并针对实施统计监测过程中出现的问题，提出加快推进"互联网+统计"融合创新、建立健全规章制度、设计评估试点方案、连通部门加强协调、充分发挥乡村振兴统计监测成果作用等建议[2]。

各项具体政策设计都应重视考核评价环节，在考核体系构建上摒弃繁文缛节，注重科学性、系统性、导向性以及硬指标与软指标相结合的构建原则。《规划》开篇就列出了一系列量化指标，覆盖五个总要求下各政策模块。这些指标点对点明确了五年内的重点任务，分成约束性指标、预期性指标两大类，这标志着乡村振兴指标体系的首次建立，指明了政策实施的目标，为政策体系搭建了精细

1 纪中强：《乡村振兴战略中农村基层党组织绩效评价体系构建》，《党政研究》，2018年第4期，第64—70页。

2 徐海丽：《广西实施乡村振兴战略的统计监测指标与方法》，《改革与战略》，2019年第6期，第86—103页。

的评估机制。

考核评价同样是贯穿乡村振兴政策体系的保障要素，考核时应聚焦政府的主体责任制，强调将乡村振兴相关指标列入政府考核指标。这一点是《规划》对每一项乡村振兴相关政策实施提出的要求，有利于切实保障乡村治理的有效推进。以乡村振兴政策体系中生态宜居模块的考核评价为例分析，2018年1月国务院办公厅下发的《省级政府耕地保护责任目标考核办法》中充分体现出主体责任制。此份文件规定耕地保护目标的考核对象为省级政府，将省长、自治区主席、直辖市市长列为第一责任人，考核内容包含耕地保有量、永久基本农田保护面积以及高标准农田建设等。文件中详细列出各类农田面积数据以及耕地质量分等定级的考核依据，要求实行年度自查、期中检查、期末考核相结合的考核方法，以上三级考察分别由省政府、国土部、农业部、国家统计局联合统计部门，以及国务院承担。考核手段更是注重科技评估方法的纳入，采用抽样调查和卫星遥感监测等方法和手段。总体来看，《省级政府耕地保护责任目标考核办法》对实施主体、组织方式、内容与应用等方面的考核进行了明确说明，极大地强化了政府责任，为推动耕地保护设下了精确科学的评估体系。

第五节 生活富裕

乡村振兴，生活富裕是根本，主要指向乡村社会保障政策模块。乡村振兴是要让农民过上好日子，生活富裕模块的政策以农民收入水平提高、脱贫攻坚成果得到进一步巩固、保障改善农村民生为主要目标。达成生活富裕的目标主要有几个关键点：生活基础设施政策、社保政策、农民增收政策以及农村劳动力就业政策。没有完善的生活基础设施，生活富裕如同失去物质基础的空中楼阁；社会保障体制突出对弱势群体的关注，是增进福祉的基本要求；农民增收政策与农村劳动力就业政策结合起来，分别从收入和就业两个角度帮助农民提高收入和生活水平。为了衡量治理有效政策的效果，《规划》列出了以下指标，如表10-7所示。

表10-7 生活富裕政策模块指标

指标	比重	2016年基准值	2020年目标值	2022年目标值	属性
农村居民恩格尔系数	%	32.2	30.2	29.2	预期性
城乡居民收入比	/	2.72	2.69	2.67	预期性
农村自来水普及率	%	79	83	85	预期性
具备条件的建制村通路比例	%	96.7	100	100	约束性

数据来源：《国家乡村振兴战略规划（2018—2022年）》

此政策模块结构如图10-6所示。

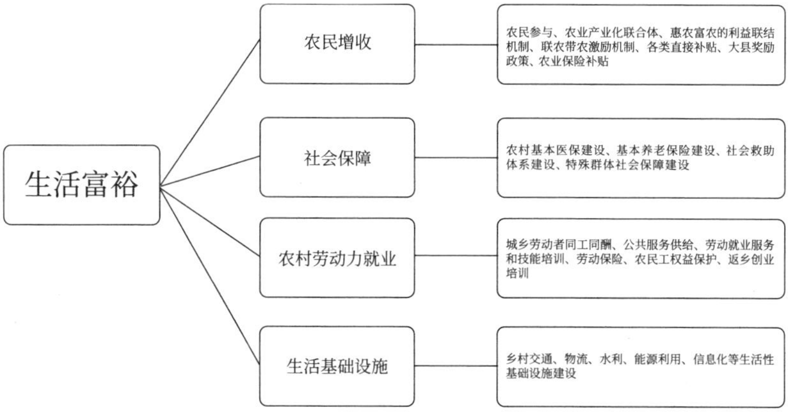

图10-6　生活富裕政策模块结构

一、农民增收

农民增收处于乡村振兴战略中的突出位置，是生活富裕政策模块下最直接的目标，是在从脱贫攻坚到乡村振兴转换过程中不变的核心内容。从某种意义上说，生活富裕最直接的评判标准就是农民的收入水平与获得感，提高收入、拓宽增收渠道是最为核心的措施。学者针对农民增收的路径、政策和效果评估进行了丰富的讨论，张彬斌采取量化方法，考察中国1998—2009年分县对于扶贫目标选择和农民增收效果进行评估[1]；郝建华从宏观的、综合的乡村振兴政策体系角度研究农民增收的对策[2]；孙丹琳从收入来源视角探讨农民增收的政策建议[3]；还有廖小静、于灿亮、陈慧君等学者结合

1　张彬斌:《新时期政策扶贫：目标选择和农民增收》,《经济学（季刊)》, 2013年第3期，第959—982页。

2　郝建华:《浅析乡村振兴视角下促进农民增收的对策》,《山西农经》, 2019年第13期，第5—6页。

3　孙丹琳:《从收入来源视角探讨我国农民增收的政策建议》,《辽宁农业科学》, 2019年第4期，第50—53页。

江苏、江门等地的具体实践对农民增收政策进行了分析。以上研究显示，我国农民收入结构较为多元，主要可以分为工资性收入（劳动报酬收入）、家庭经营性收入（包括农业和第二、三产业收入）、转移性收入，以及财产性收入。[1]工资性收入主要与农村劳动力流动挂钩，将在之后的章节进行详细阐述，本部分主要着眼于农民通过农业生产和其他乡村产业经营获取的家庭经营性收入，同时包括通过国家补贴、奖励等政策获得的转移性收入。

要提高农民的家庭经营性收入，其根本是促进以农业为主体的各类农村产业的发展与成长，因此与产业兴旺模块的政策推行有着极为深刻的内在联系。固然，只有产业整体提高才有农民个体收入的增加，但是产业兴旺与农民个体收入水平的提高却不能简单等同看待。只有保障农民共享发展成果的政策完备，农民个体才能在产业整体的发展中获得收益，提高自身收入。农民参与、农业产业化联合体、惠农富农的利益联结机制、联农带农激励机制等政策均是针对提高农民家庭经营性收入所提出的方案。这些政策一般与产业政策寻求结合，在促进产业链发展的同时带动农户获取红利。例如，2016年《农村产业融合发展试点示范方案》中特别将健全产业链利益联结机制，让农民更多地分享产业增值收益列为试点示范的主要任务。文件中鼓励试点示范县围绕股份合作、流转聘用等利益联结模式，龙头企业与农户共同分担风险，形成利益共同体。

另外，2013—2019年，我国农村人均转移性收入不断提高，占收入结构的比例从17.27%增长到20.58%（见表10-8）。从提升转移性收入角度入手，各类直接补贴、大县奖励政策、农业保险补贴政

1　孙丹琳：《从收入来源视角探讨我国农民增收的政策建议》，《辽宁农业科学》，2019年第4期，第50—53页。

策不断为提高农民收入提供基础支撑。财政部、农业部每年发布的《重点强农惠农政策》中都将此类政策作为重点，跟随每年的实际情况进行适当调整。例如，2019年的惠农政策针对特定产业与区域重点支持，直接面向粮油重点生产地实施省份奖励，对猪、牛、羊等家畜调出大县进行资金奖励；在内蒙古自治区和东北三省发放玉米及大豆生产者补贴。此外，与产业兴旺政策模块的资金支持部分相联系，国家对农业保险给予保费补贴支持，农民自缴保费比例一般不超过20%。

表10-8　2013—2019年我国农村居民人均收入、转移性收入及比重

年份	全年纯收入（元）	转移性收入	
		收入（元）	比重（%）
2013	9429.6	1647.5	17.27
2014	10488.9	1877.2	17.90
2015	11421.7	2066.3	18.11
2016	12363.4	2328.2	18.83
2017	13432.4	2603.2	19.38
2018	14617.0	2920.5	19.98
2019	16020.7	3297.8	20.58

材料来源：国家统计局2020年统计年鉴

二、社会保障

社会保障政策在农村社会建设和福利供给中承担重要作用，有助于保障乡村居民的基本生活水平、调节农村收入分配、促进农村社会和谐稳定，进而更好地建设生活富裕、安康的乡村社会。根据史李娟、单苗苗的研究，自从2005年首次提出在农村探索建立社会保障制度以来，我国对此政策建设的重视程度不断提升，在2004—2019年发布的16个“三农”主题中央一号文件中，除2011年、2012年以外无一不保持对农村社会保障制度的关注。[1]农村社会保障政策主要包括农村基本医保建设、基本养老保险建设、社会救助体系建设、特殊群体社会保障建设四个方面。

农村基本医疗保障包括城乡居民基本医疗保险和大病保险两个方面。农村基本医疗保障政策发展方向着眼于城乡制度整合，为城乡提供平衡的基本公共服务。自2014年起，全国开始建立城乡统一的养老保险制度，决定将新农保和城镇居民基本养老保险两项制度结合起来实施。近年来，城乡居民基本养老保险制度在参保缴费激励约束机制、保障机制、待遇确定和基础养老金标准正常调整机制等方面不断进行完善。此外，农村最低生活保障制度是农村社会救助的核心内容，近年来其保障标准和补助水平不断提高。最后，各项农村社会保险政策都体现了对贫困户的大力帮扶。根据《关于切实做好社会保险扶贫工作的意见》，政府应代缴所有或一部分最低标准养老保险费，并为个人缴费部分给予补贴。实施贫困户降低起付线、提高报销比例和封顶线等医疗保险倾斜性政策，也体现了对特定群体的重点体恤关怀。

三、农村劳动力就业

我国社会主义市场经济体制不断变革和完善，各类产业与城镇化不断发展。在这一背景下，越来越多的农村劳动力来到城市务工，外出务工所获的劳动报酬收入在农村居民收入结构中所占比

1 史李娟、单苗苗：《农村社会保障政策的深化与发展》，《中国国情国力》，2019年第6期，第28页。

例日益提升。根据学者测算，自2015年开始，农村居民全年总收入中，工资性收入所占的比例超过家庭经营性收入所占比例，2017年工资性收入占比达40%以上。[1]据此，若要促进乡村共同富裕，就必须重视农村劳动力流动就业制度。自2006年国务院五号文件发布以来，农村流动就业制度逐步推进并不断完善，国家推出城乡劳动者同工同酬、劳动就业服务和技能培训、劳动保险、农民工权益保护等政策，解决进城务工人员面临的实际困难。根据纪韶、李小亮的总结，有关农村劳动力流动就业制度的政策研究主要集中在就业培训、权益保护、就业歧视、产业转型影响等领域。[2]

近年来，政策越来越重视对农业转移人口的技能培训，为他们提供均等化公共服务。2014年发布的《国家新型城镇化规划（2014—2020）》就此做出详细规定：在技能培训方面，要求整合职业教育培训资源，全面提供技能培训服务，政府发放补贴。2020年6月，国家人社部印发《农民工稳就业职业技能培训计划》，计划以在岗农民工、城镇待岗和失业农民工、农村新转移劳动力、返乡农民工、贫困劳动力等为主要培训对象，在接下来的两年内开展大规模、广覆盖和多形式的职业技能培训，每年培训农民工700万人次以上。另外，公共服务均等化则涉及教育、医疗卫生和住房等方面，如保障农民工子女受教育权利，为农民工家庭提供各类社区卫生服务和免费的卫生教育，改善农民工居住条件，进一步探索廉租房等租赁补贴方式。

此外，在乡村振兴战略提出之后，国家政策有意识地引导农村

1　孙丹琳：《从收入来源视角探讨我国农民增收的政策建议》，《辽宁农业科学》，2019年第4期，第52—53页。

2　纪韶、李小亮：《改革开放以来农村劳动力流动就业制度、政策演进和创新》，《经济与管理研究》，2019年第1期，第72页。

劳动力融入城市和反向创业的双向流动的良性循环，推动城乡共同融合发展。例如，发改委发布了《关于推动返乡入乡创业高质量发展的意见》，人社厅等五部门发布了《关于实施农民工等人员返乡创业培训五年行动计划（2016—2020年）》，对农民工等人员返乡创业接受培训进行了具体的政策安排。培训的主要行业是生产性和生活性农业服务业，互联网创业被置于重要位置，农村电子商务百万英才计划、农村青年电商培育工程都直接针对农村创业和电子商务的结合。同时，五年计划中还要求跟踪扶持创业对象，完善长期的创业孵化对接机制。此外，人力资源社会保障部携手扶贫办、妇联等多部门举办的“春风行动”专场招聘会已经在全国范围持续推广十五年以上，在招聘平台搭建之外，还融合了服务、培训、维权内容，为农村劳动力转移就业、返乡创业提供坚实支持。

构建创业生态系统，引领农民工回乡创业
——以四川省仁寿县为例

在乡村振兴与“万众创业、大众创新”的双重战略之下，四川省仁寿县成为国家首批返乡创业试点县之一，当地通过各类政策手段为农民返乡创业构建产业平台、提供优质创业服务和保障措施，近年来在政府主导下初步构建出凝聚企业、政府、当地劳动力、返乡劳动力的创业生态系统，到2019年全县吸引14.9万人回乡就业创业，其中自主创业人数达3万人以上[1]，为实现乡村生活富裕提供了可借鉴的经验。

1　建勇、孟飞：《仁寿县搭平台“招才引凤”14.9万人返乡创业就业》，《眉山日报》，2019年12月20日，第2版。

仁寿县利用重点产业的虹吸效应，为返乡创业搭建产业平台。当地依托县内工业园，引进信利集团、德国通内斯等龙头企业带动就集群集约的产业发展。仁寿县还背靠2个农业园区和2个旅游景区，引导返乡农民工投身农旅创业，构建多样化的创业图景。产业先行带动更多在外村民工进入关联行业，到2019年，返乡者已创办工业及关联企业100余家、农家乐等3400余家。[1]这些落地当地的企业又进一步吸引更多在外劳动力回乡应聘，政府主办的“春风行动”进城务工人员返乡专场招聘会作为桥梁，搭建起返乡农民工就业平台，整体构成良性循环。

仁寿县政府不仅是引导者，还是生态系统中的支持者、服务者。当地成立创业服务中心，提供创业服务与举办创业指导会、交流会等活动。同时，为了便捷创业人员办证办事，当地开设创业绿色通道，公司注册到税票领取时间压缩至4个工作日。仁寿县支撑返乡创业的资金占到产业发展资金的60%，提供的资金支持措施包括针对返乡创办企业吸纳人数1000元/人的一次性奖补、10000元/人的一次性创业补贴，2019年小微企业3亿元以上普惠性降税降费等，切实帮助创业企业解决资金筹措难题，利用政策工具助力做大做强。

四、生活基础设施

基础设施是乡村生存发展的支柱，各类基础设施水平的提高能便利农村居民生活、提高居民福祉、保障改善民生、推动乡村建设。

1　建勇、孟飞:《仁寿县搭平台“招才引凤”14.9万人返乡创业就业》,《眉山日报》, 2019年12月20日，第2版。

乡村产业发展要求完善农田、水利等基础设施，乡村文化发展需要文化服务中心等基础设施，可以说基础设施是一切政策落实的基础。按照服务的性质划分，农村基础设施可以分为生产性、生活性、人文性和流通性四大类。[1]在促进民生方面，与村民衣、食、住、行息息相关的交通、物流、能源利用、信息化等生活性基础设施建设是考虑的重点。主要政策有为乡村硬化路建设订立目标、重视道路养护、供电系统优化、农村供水安全保障体系建立等。近期，农村信息化基础设施建设作为重点政策推行，财政部在2018年、2019年的重点强农惠农政策中均将提及信息进村入户整省推进示范，要求尽快修通修好“信息高速公路”，中央财政对信息进村入户采取市场化建设运营的给予一次性奖补。

1 邹蕴涵：《我国农村基础设施建设现状及存在的主要问题》，国家信息中心网，2017年10月20日。

参考文献

[1]《成都市川西林盘保护修复工程实施方案出台》，成都市人民政府网，2018年4月14日。

[2]《国务院办公厅〈关于全面加强乡村小规模学校和乡镇寄宿制学校建设的指导意见〉》，2018年。

[3]《乡村振兴的文化力量——浅析成都的乡村文化建设实践》，《成都商报》，2018年9月26日。

[4]《中共中央 国务院印发〈乡村振兴战略规划（2018—2022年）〉》，《人民日报》，2018年9月27日，第1版。

[5]《中共中央办公厅 国务院办公厅印发〈关于加强和改进乡村治理的指导意见〉》，2019年。

[6]费孝通：《乡土中国》，人民出版社2015年版。

[7]高帆：《乡村振兴战略中的产业兴旺：提出逻辑与政策选择》，《南京社会科学》，2019年第2期。

[8]国务院办公厅：《省级政府耕地保护责任目标考核办法》，2018年。

[9]国务院第二次全国农业普查领导小组办公室、中华人民共和国国家统计局：《中国第二次全国农业普查资料综合提要》，中国统计出版社2008年版。

[10]郝建华：《浅析乡村振兴视角下促进农民增收的对策》，《山西农经》，2019年第13期。

[11]纪韶、李小亮：《改革开放以来农村劳动力流动就业制度、政策演进和创新》，《经济与管理研究》，2019年第1期。

[12]纪中强：《乡村振兴战略中农村基层党组织绩效评价体系

构建》,《党政研究》, 2018年第4期。

[13]建勇、孟飞:《仁寿县搭平台“招才引凤”14.9万人返乡创业就业》,《眉山日报》, 2019年12月20日，第2版。

[14]江苏省发展和改革委员会:《江苏省实施乡村振兴战略典型案例》, 2018年12月。

[15]李伯华、曾菊新:《基于农户空间行为变迁的乡村人居环境研究》,《地理与地理信息科学》,2009年第5期。

[16]李国祥:《实现乡村产业兴旺必须正确认识和处理的若干重大关系》,《中州学刊》, 2018年第1期。

[17]刘中水:《四川省仁寿县助推农民工返乡创业“引凤筑巢”案例研究》, 硕士学位论文, 电子科技大学, 2018年。

[18]卢向虎、秦富:《中国实施乡村振兴战略的政策体系研究》,《现代经济探讨》, 2019年第4期。

[19]蒲实、孙文营:《实施乡村振兴战略背景下乡村人才建设政策研究》,《中国行政管理》, 2018年第11期。

[20]史李娟、单苗苗:《农村社会保障政策的深化与发展》,《中国国情国力》, 2019年第6期。

[21]孙丹琳:《从收入来源视角探讨我国农民增收的政策建议》,《辽宁农业科学》, 2019年第4期。

[22]王运声、易孟林:《中国法治文化概论》, 人民群众出版社2016年版。

[23]吴霓、王学男:《教育扶贫政策体系的政策研究》,《清华大学教育研究》, 2017年第3期。

[24]徐海丽:《广西实施乡村振兴战略的统计监测指标与方法》,《改革与战略》, 2019年第6期。

[25]杨邦杰:《乡村振兴：产业、基建、人才与政策》,《中国发展》,2017年第6期。

[26]张彬斌:《新时期政策扶贫：目标选择和农民增收》,《经济学(季刊)》,2013年第3期。

[27]中共中央组织部办公厅、农业农村部办公厅:《2019年农村实用人才带头人和大学生村官示范培训计划的通知》,2019年。

[28]邹蕴涵:《我国农村基础设施建设现状及存在的主要问题》,国家信息中心网,2017年10月20日。

第十一章

总　　结*

* 感谢曹雨凝为本章所做工作。

站在打赢脱贫攻坚战、全面建成小康社会的历史新起点上，我国“三农”工作进入了全面推进乡村振兴的新发展阶段，“乡村振兴战略”成为推动实现农业农村现代化工作的总抓手。[1]对乡村振兴战略进行总结是时代赋予学者的责任，也是本书应有之义。在前几章的基础上，本章首先从实践成效、顶层设计、理论研究三个方面对乡村振兴的阶段性成果进行了总结；其次阐述了学界对乡村振兴战略研究的概括以及理论热点；最后对未来我国乡村振兴战略的实施、乡村事业的发展进行展望。

1 习近平：《把乡村振兴战略作为新时代“三农”工作总抓手》，中共中央党校网，2019年6月1日。

第一节　乡村振兴战略的阶段性成果

根据我国“两个一百年”奋斗目标的时间安排，2017年中央农村工作会议明确了实施乡村振兴战略的“三步走”时间线：2020年，乡村振兴制度框架和政策体系基本形成；2035年，农业农村现代化基本实现；2050年，农业强、农村美、农民富全面实现，乡村全面振兴。[1]2021年发布的《乡村振兴战略规划实施报告（2020年）》显示，目前乡村振兴战略实施主要指标完成情况符合预期，2020年阶段性目标已经总体完成。本节从实践成效、顶层设计、理论研究三个方面进行阐述。

一、乡村建设取得实践成效

十九大提出的乡村振兴战略总要求涵盖了乡村社会发展的经济、生活、文化、治理等方方面面。在实践中，以二十字总要求为基本遵循，我国的乡村建设取得了卓越成果。本书第七章主要研究了乡村振兴的路径选择，并选取了一些典型案例进行介绍。本节则主要结合2021年发布的《乡村振兴战略规划实施报告（2020年）》，点面结合介绍“三农”重点任务的建设成效。

产业兴旺是乡村振兴的重点。产业发展通过为农民提供就业机会、拓展增收渠道，为乡村振兴提供物质基础。2020年，全国农产品加工营业收入达到23.2万亿元，农村网络零售额实现1.79亿元，全年农业生产托管服务面积超过16亿亩次，返乡入乡创业创新人

1　《实施乡村振兴战略有了时间表：2050年乡村全面振兴》，观察者网，2017年12月29日。

员超过1000万人，农村新产业、新业态蓬勃发展。[1]多地结合本土资源，发展出特色产业，比如，青海约18.7万名拉面从业者在省内外经营拉面店超3万家，国外开店500多家，"拉面经济"年经营性收入180亿元，通过"一碗面"拉出乡村振兴的红火道路。[2]

生态宜居是乡村振兴的内在要求。2020年数据显示，我国乡村农作物化肥农药施用量连续4年负增长，畜禽粪污综合利用率超过75%，长江10年禁渔全面实施，农业绿色发展取得积极进展。[3]为了实现百姓富、生态美的统一，各地政府积极探索发展道路。江苏省建立"共绘苏乡"规划师队伍，发动人才下乡优势，通过独具匠心的乡村景观规划，为村民留住了乡愁，同时也带动了乡村的经济发展。[4]

乡风文明是乡村振兴的急迫任务。乡风建设通过发扬优秀文化、提升农民精神面貌，为乡村振兴提供精神基础。基于农村环境特点和人员素质，各地探索发展了组织人员集体学习、集中建设主题公园和特色墙绘、开展道德讲堂、评选先进典型等措施。德兴市泗洲镇创造性建成了"乡风文明超市"[5]，村民拿着"党建+乡风文明积分存折"的积分就可以兑换生活用品，巧妙地实现了建设文明乡风与提高村民生活质量的结合，充分调动了村民助力乡村振兴、共建美好家园的主体积极性。

治理有效是乡村振兴的重要保障。健全党组织领导的自治、法治、德治相结合的乡村治理体系，是乡村振兴的领导与组织基础。

1 《乡村振兴战略规划实施报告（2020年）发布 乡村振兴战略规划实施取得阶段性进展》，农业部网，2021年7月20日。

2 《青海百亿产值的"一碗面"："拉"出乡村振兴红火路》，荆楚网，2022年1月29日。

3 《乡村振兴战略规划实施报告（2020年）发布 乡村振兴战略规划实施取得阶段性进展》，农业部网，2021年7月20日。

4 《"陪伴式"规划！江苏徐州：美丽乡村"绘蓝图"，乡村振兴"赋新能"》，《潇湘晨报》，2022年1月28日。

5 《德兴市泗洲镇：乡风文明超市助力乡村振兴》，新浪网，2022年1月25日。

根据党中央“村两委”与县乡同步换届的要求，2020—2021年，各地方进行了积极探索。重庆对村党组织书记履职情况进行全覆盖研判，选拔优秀人才担任村党组织书记；广东省选拔在乡村振兴实施中政绩优秀的乡镇党委书记，为其提供进入市县领导班子的机会；浙江台州市开展“头雁领航 · 千村提升”活动，通过全程跟踪考评、强化结果运用等方式充分激发干部工作热情。[1]多地探索推行农村党组织书记专职化管理，力图让把更多优秀人才充实到乡村振兴的一线。

生活富裕是根本，是检验乡村振兴工作成效的重要指标。乡村振兴战略实施以来，农村生活条件明显改善，2020年底基本实现村村通电、通硬化路、通4G网，农村人居环境整治三年行动基本完成，基本公共服务水平得到提升。2020年，我国农村居民人均可支配收入17131元，比上年增长6.9%，比2010年翻了一番多。城乡居民人均收入比值为2.56，比上年缩小0.08。充分展现乡村振兴战略有效提升了广大农民的获得感、幸福感、安全感。

二、顶层设计逐步优化完善

（一）制度框架与政策体系

乡村振兴战略的顺利实施需要完善的制度供给和政策设计，从而高效调动各方面要素与资源。目前，我国31个省（区、市）全部建立乡村振兴战略领导机制，搭建了乡村振兴制度框架和政策体系的“四梁八柱”，并取得重要建设成果。

制度框架方面，2018年中央一号文件《中共中央　国务院关于

1　高阳：《“红色引擎”激活乡村热土》，《中国组织人事报》，2022年1月29日。

实施乡村振兴战略的意见》，对乡村振兴进行了意见性指导，同年发布的《乡村振兴战略规划（2018－2022年）》对乡村振兴战略的实施做出阶段性谋划，成为指导各地区各部门有序推进乡村振兴的重要依据。随后各省区纷纷出台乡村振兴规划，标志着中国乡村振兴制度体系搭建迈出了重要步伐，为乡村振兴奠定了基本的制度框架。[1]截至目前，根据乡村振兴发展战略纲要，我国已逐步建立以“产业兴、农民富、村庄美”为目标的乡村振兴制度。本书第五章也对乡村振兴相关制度安排进行了具体阐述。此外，结合乡村发展规律以及我国乡村变迁的现实，乡村振兴的运行、治理、维护、评估以及反馈机制基本建立，本书第六章对乡村振兴的机制进行了具体分析。

政策体系方面，2021年第十三届全国人大通过了《中华人民共和国乡村振兴促进法》，是我国第一部直接以“乡村振兴”命名的法律，为乡村振兴的全面开展提供了法律依据。随着脱贫攻坚任务的圆满完成，乡村振兴和脱贫攻坚的有效衔接成为新时代农村工作的一个重点。2020年12月，中共中央、国务院出台《关于实现巩固拓展脱贫攻坚成果同乡村振兴有效衔接的意见》，对此做出政策层面的指导。对于乡村振兴的五大方面，现阶段也有对应的较为完善的政策指导体系，本书第十章对相关政策文件进行了分类介绍。总体来看，乡村振兴政策体系已基本形成。

（二）领导机制与组织保障

制度与政策得以实施的前提，是强有力的领导机制。作为一个

1　王连花：《习近平乡村振兴思想略论》，《湖南农业大学学报（社会科学版）》，2019年第1期，第1—9页。

长期发展战略，乡村振兴的实现不是一蹴而就的，需要国家进行前瞻性的规划布局。2021年2月25日，国家乡村振兴局成立，其前身是国务院扶贫开发领导小组办公室，主要职责是全面负责脱贫攻坚向全面推进乡村振兴平稳过渡的历史任务，力图在保持现有主要帮扶政策总体稳定的基础上，逐步实现“三农”工作重心的转移。乡村振兴局作为专门的组织机构，既增强了脱贫工作的稳定性和可持续性，也展现了党中央执行乡村振兴战略的信心与决心。

落实在地方层面，2019年6月24日中共中央政治局会议审议通过《中国共产党农村工作条例》后，各地着力加强党对三农工作的领导。截至2021年8月，全国31个省（区、市）全部建立实施乡村振兴战略领导机制，通过绩效考核等方式督促“五级书记”承担起乡村振兴的责任。“五级书记”是指省、市（州）、县、乡（镇）、村这五级书记，他们作为各级负责人协调连通纵向衔接、横向协同的规划体系，不断增强乡村振兴的要素保障。[1]如，山东省率先出台的“1+1+5+N”的规划体系。在基层组织方面，目前我国乡村存在大量的组织服务于农村建设和产业发展，在脱贫攻坚中发挥了重要的作用，未来也将是乡村振兴所依仗的实体。本书的第八章主要以城乡统筹、社区建设、村集体组织、农民合作组织和农村社会化服务组织五种典型的组织为例，详细介绍了乡村振兴的基层组织保障。

1　《乡村振兴战略规划实施报告（2020年）发布 乡村振兴战略规划实施取得阶段性进展》，农业部网，2021年7月20日。

山东五级书记“抓乡促村”为乡村振兴提供坚强组织保障[1]

为落实好各级“抓乡促村”责任，山东省制定出台“五级书记”抓乡村振兴的实施细则，把乡村振兴纳入市县综合考核和省直部门绩效考核，在全国率先出台战略规划及5个工作方案，以“1+1+5+N”的规划体系，搭建起推进乡村振兴的四梁八柱。围绕建好乡镇党委这个“龙头”，山东省坚持压实责任与提升能力“两手抓”，常态化实施党委书记抓基层党建述职评议考核和创新突破项目，出台乡镇政府工作条例，拿出扩权赋能减负实招硬招，明确激励干部担当作为各项措施，让乡镇有精力、有资源、有能力抓基层治理、抓乡村振兴，乡村面貌为之一新。

创新组织设置方式：

山东在以行政村为主体设置党组织的基础上，在农村各类组织、产业链条等建立党组织1.83万个，有效扩大了党在农村的组织覆盖和工作覆盖。强村带动、产业拉动、项目牵引……党组织联建模式各有不同，但都打破了就村抓村的路径依赖，推动了资源整合、发展融合。截至目前，全省共建立联合党组织2011个，覆盖1.28万个行政村，形成横向到边、纵向到底的基层组织体系。

完善人才选用链条：

近年来，山东在加强带头人队伍建设上持续用力，不断

1　文哲：《山东五级书记“抓乡促村”为乡村振兴提供坚强组织保障》，《农业知识》，2020年第23期，第4—6页。

健全完善选拔任用、教育培养、管理监督、激励保障等工作机制，加强村党组织书记任职全周期管理。

引领群众抱团发展：

抱团发展，衣家人成了“一家人”，实现了集体经济“从一万到百万”、村民收入翻一番的蝶变。“党支部把党员组织起来是基础，把群众发动起来、组织起来才是关键。”这是栖霞市衣家村党支部书记衣元良的治村心得。

发挥党员先锋作用：

为打造共建共治共享的乡村治理新格局，山东坚持自治、法治、德治“三治融合”，充分发挥农村党组织和党员的引领作用，创新开展村党组织评星定级、党员量化积分管理等制度，指导各级创新路径、务实推动，让每个党组织、每名党员在引领乡村善治中当先锋、做表率。

（三）农村相关制度的深化改革

农村是我国改革开放的起点，也一直是全面深化改革的重点。自乡村振兴战略实施以来，新一轮农村改革不断深化，特别是在农村土地制度、农村集体产权制度和农业支持保护制度改革方面。这些改革以处理好农民和土地的关系为主线，力图提高农村土地、资金、人才、技术等各类要素配置效率，激发农村内在活力。

农村土地制度改革继续深化。2018年1月颁布的《中共中央　国务院关于实施乡村振兴战略的意见》专门就这一改革方向提出原则性意见。《乡村振兴战略规划实施报告（2020年）》显示，农村承包地确权登记颁证基本完成。根据2021年中央一号文件，接下来将有序开展第二轮土地承包到期后再延长30年试点工作，健全土地经营权流转服务体系。农村土地既是重要的自然资源，又是重要的生产要素，具有重要的生产、生活和生态功能，具有巨大的市场价值和发展潜力。充分发挥土地的功能，充分释放土地的市场价值，对乡村振兴至关重要。[1]土地制度的深化改革是各地农业农村发展的重要前提，进一步稳定土地承包关系也给农民吃了“定心丸”，增添了农业农村发展新动能。

农村集体产权制度改革继续深化。这项改革始于2014年，目前已经在集体资产清产核资、建立新型集体经济组织等方面取得了积极成效，进入了改革成果冲刺期。自乡村振兴战略颁布以来，多地把农村集体产权制度改革纳入乡村振兴战略实施的重要部分。这一改革预期建立起符合市场经济要求的农村集体经济运管新机制，加快形成维护集体成员权益的治理机制。从而促使农民增收，优化乡村治理效能，推动乡村振兴战略在2035年实现农业农村现代化的阶段性目标。

农业支持保护制度改革继续深化。农业是基础性产业，不是完全的市场经济产业，需要支持和保护。自2001年我国加入世界贸易组织以来，逐渐建立了种粮直补、良种补贴、农资综合直补和农业机械购置补贴四个方面的政策来保护农民利益。但随着发展阶段变化，项目分散、财政资金使用效益不显著等问题越来越突出。自乡村振兴战略实施以来，国家要求按照增加总量、优化结构、创新方式、提高效能原则，创新完善农业支持保护政策体系，进一步强化绿色生态导向。[2]本书也有专门章节阐述农业保护制度的改革，为切实提高农业支持保护制度的精准性与实效性指明了方向。

1　关德芳：《新时代我国“三农”发展的几个重点》，《人民论坛》，2019年第12期，第2页。

2　刘宗林：《构建乡村振兴战略四梁八柱》，《民生周刊》，2021年8月17日。

改革是乡村振兴的重要法宝。摒弃落后发展理念，破除体制机制弊端，突破利益固化樊篱，才能真正活化农村发展要素。乡村振兴战略的实施促进了新一轮农村深化改革。

三、理论研究持续推进

（一）多元研究视角

随着乡村振兴战略的全面实施，学术界也掀起了对乡村振兴话题的研究热潮，各领域学者从不同视角出发，试图为实现乡村振兴目标提供理论指导。

目前，学界聚焦于乡村振兴的研究可以分为关注理念与实践两类。理念领域主要围绕乡村振兴战略的政策文本解读而展开，主要包括对乡村振兴的定位、内涵、意义等的宏观分析，以及如何完善乡村振兴的制度、立法等方面的建议。这类研究基于统一的官方文本，但经过不同学者的分析解读后，其内容比官方文本更加翔实与多元。比如，对乡村振兴内涵的界定，学界目前已经从工具理念和价值理念两个角度予以阐述。[1]工具理念的解读从乡村振兴战略五个方面的总要求出发。比如，张海鹏等认为，生活富裕回答了乡村“为谁振兴”的问题，是乡村振兴战略的根本；治理有效是对乡村社会治理成效的积极回应，是乡村振兴的人文基础；生态宜居作为对农村人居环境提出的新要求，是乡村振兴战略中最具创新性的内容。[2]不同学者对几个要求之间的逻辑关系和地位认识不同，但基本共识是“乡村振兴总要求是对社会主义新农村建设要求的继承与超越”。价值理念

1　徐琴：《我国乡村振兴研究：现状、论域与展望——基于CSSCI的文献计量分析》，《南都学坛：南阳师范学院人文社会科学学报》，2021年第1期，第10页。

2　张海鹏、郜亮亮、闫坤：《乡村振兴战略思想的理论渊源、主要创新和实现路径》，《中国农村经济》，2018年第11期，第4—18页。

层面则从不同价值取向、理论视角出发来剖析，比如原超等从农村和农民角度出发，认为乡村振兴的内涵就是通过制度创新将农村引入现代化的治理场域，最终实现以乡村为本位、以农民为主体的农业、农村、农民三位一体的现代化。[1]而王东等人从社会主义共享逻辑出发，认为乡村振兴战略是构建共享发展、共享建设、共享治理的新时代战略行动。[2]这两个层面的多种解读丰富了乡村振兴内涵的深意，极大地帮助读者加深对乡村振兴战略的理解。

实践领域的研究则围绕回答“乡村如何振兴”这一问题展开，主要包括乡村振兴应该遵循的宏观策略，以及不同地区在实施战略中的具体路径。郭俊华等从产业、人才、文化、生态、组织的角度总结整理了乡村振兴的发展路径，提出“五大振兴”要协调发展。[3]徐琴则采取“主体”和“资源”的分类方式，认为实践方面的研究可以分为“谁来振兴”和“利用什么资源振兴”两类。[4]在研究方法上，这类研究以案例分析居多，同时也包括对其他国家乡村建设的总结，对中国过去乡村建设经验的思考，这为规划我国新时期乡村振兴实践路径打下一定基础。

从学科分类来看，对乡村振兴的研究，不同学科关注的内容与重点不同，洞悉乡村振兴发展规律也正需要不同学科的相互配合与补充。严华东等人总结得出，社会科学类研究突出了以“人”为中心的学术思想，研究关键词涉及“新乡贤”、村民自治、农民工返乡、精

---

1 原超、黄天梁：《使乡村运转起来：乡村振兴战略的理论内核与行动框架》，《中共党史研究》，2019年第2期，第9页。

2 王东、王木森：《新时代乡村振兴战略实施的共享理路》，《西北农林科技大学学报（社会科学版）》，2019年第3期，第9页。

3 郭俊华、卢京宇：《乡村振兴：一个文献述评》，《西北大学学报（哲学社会科学版）》，2020年第50卷第2期，第9页。

4 徐琴：《我国乡村振兴研究：现状、论域与展望——基于CSSCI的文献计量分析》，《南都学坛：南阳师范学院人文社会科学学报》，2021年第41卷第1期，第10页。

准扶贫和脱贫攻坚等。经济学和管理学则比较宏观形势与相关政策，比如，“三农”政策、农村集体经济、工商资本下乡、金融改革和创新管理等。法学、建筑学、城乡规划学也分别从各自专业角度选取研究方向。[1]总体来说，目前乡村振兴领域各学科研究呈现了百家争鸣的学术氛围，可以预见，未来这一战略也将是学界持续关注的重点。

（二）研究热点与趋势

随着战略的不断深入推进，对乡村振兴研究的重点将逐步从理念向实践转移，比如“如何科学地评价乡村振兴的成果”越来越被社会关注。一方面，科学地监测与评估战略实施的进展可以为各部门的工作提供下一步行动的依据；另一方面，对各地发展进行评估和对比也利于地方政府总结优秀经验，及时吸取教训，彼此交流借鉴。官方发布的《乡村振兴战略规划（2018—2022年）》首次系统地提出乡村振兴指标体系，22项评价指标中包括约束性指标3项、预期性指标19项，这一体系是国家对乡村振兴战略实施情况进行评估的参考。在这一指标体系基础上，学者根据不同地区的实际情况不断对其进行深入讨论与完善。例如，张雪等人基于辽宁省的实际情况，从产业、生态等五个方面建立二级指标，并选择15个三级指标和46个四级指标，针对辽宁省乡村振兴实施情况构建指标体系。[2]陈培彬等人同样从上述五个方面出发，构建了包含23个具体指标的评价体系，基于这一体系对福建9地市的乡村振兴情况成效进行分析，并得出市与市之间的分项因子得分具有较强的异质性、区域实施成

1　严华东、丰景春、蒋松凯等：《中国乡村振兴领域的战略演变、研究现状及述评：一个文献计量分析》，《图书馆》，2020年第5期，第9页。

2　张雪、周密、黄利等：《乡村振兴战略实施现状的评价及路径优化——基于辽宁省调研数据》，《农业经济问题》，2020年第2期，第97—106页。

效不均衡问题突出等结论。[1]

总体来说，乡村振兴研究目前仍然处于起步阶段，多数研究属于对乡村振兴战略的政策性解读或方案讨论，系统性、综合性的学术成果相对较少，未来的研究仍然存在很大推进空间。[2]在理论研究层面，未来需要有更多学者不再拘泥于定性分析类的观点阐述，而是运用不同学科（甚至跨学科）的分析框架深入发掘乡村振兴机理性、特征性、规律性结论，构建乡村振兴理论的核心概念与关键议题，充分发挥理论先导作用。在实践研究层面，研究将增强精细化和预判性。[3]研究关注重点将从东部沿海地区逐步向中西部地区倾斜，特别是关注刚脱贫地区的乡村振兴情况。乡村振兴的实践研究不仅需要总结成功经验，更需要对可能出现困难的地区、具体议题进行提前思考。同时，也应注重计量研究与乡村振兴结合的紧密性，随着战略推进，逐步建立乡村振兴战略实施效果和影响因素数据库，探索与构建乡村振兴微观实证计量模型。[4]总之，未来该领域研究仍会保持活跃状态，值得持续关注。

---

1 陈培彬、谢源、王海平等：《福建省乡村振兴实施成效分析及其优化路径——基于2015—2019年9地市面板数据》，《世界农业》，2020年第1期，第10页。

2 徐琴：《我国乡村振兴研究：现状、论域与展望——基于CSSCI的文献计量分析》，《南都学坛：南阳师范学院人文社会科学学报》，2021年第1期，第10页。

3 梅立润：《乡村振兴研究如何深化——基于十九大以来的文献观察》，《内蒙古社会科学》，2018年第4期，第11页。

4 牛坤玉、钟钰、普莫喆：《乡村振兴战略研究进展及未来发展前瞻》，《新疆师范大学学报（哲学社会科学版）》，2020年第1期，第48—62页。

第二节　乡村振兴战略与其他战略的协同共促

2017年11月，乡村振兴战略被提升为国家战略。作为国家七大战略之一，“产业兴旺、生态宜居、乡风文明、治理有效、生活富裕”的总要求是中国解决三农问题的新起点，也是对以往乡村振兴实践的继承和超越。从时序上说，乡村振兴战略正在进入脱贫攻坚战略的平稳衔接阶段；从空间上说，乡村振兴战略开始与其他发展战略协同配合，共同促进农业农村发展。

一、与脱贫攻坚战略的衔接

（一）问题提出：实施背景

中共中央、国务院发布的《关于实施乡村振兴战略的意见》指出，要“做好实施乡村振兴战略与打好精准脱贫攻坚战的有机衔接”。此后中央反复强调二者有效衔接的重要性和紧迫性，督促地方提前谋划，有条件的地区先行先试。2021年中央一号文件正式提出，脱贫攻坚目标任务完成后，要对摆脱贫困的县设立五年过渡期，以期在保持现有帮扶政策总体稳定的前提下，逐步实现两大战略的平稳过渡。

巩固拓展脱贫攻坚成果同乡村振兴有效衔接的必要性，主要表现在以下两个方面：一是在空间和时间视角下，这一过渡关系到构建以国内大循环为主体、国内国际双循环相互促进的新发展格局，同时也是世界各国在探索乡村发展过程中的必然选择；从历史长维度来看，这一转向也是我国“三农”工作阶段性任务演进的具体表现，深刻嵌入我国现代化发展进程。二是在理论和实践视角下，一方面脱贫攻坚与乡村振兴之间复杂的内在逻辑关系，使得二者必然要通过有效衔接的过程来拟合“两面”于“一体”；另一方面理论拟合的困境也在基层实践中日益凸显，高返贫风险、“政策悬崖”和“福利依赖”等绝对贫困治理过程中的遗留问题，以及基层“两张皮”运作的实践倾向、衔接实践零散化的困境普遍存在。因此，可以说实现脱贫攻坚战略同乡村振兴战略的有效衔接，是巩固脱贫攻坚成果的现实必然，也是新时代社会主要矛盾转化后的历史必然。[1]

（二）实现路径：重点方向与衔接建议

“脱贫攻坚与乡村振兴有效衔接”的顶层话语释放以来，社会各界展开对其热切的讨论。结合各地的具体实践以及相关研究，目前两者衔接的实现路径有：顶层设计（理念目标、政策规划、体制机制、保障体系等）、具体举措（产业、生态、文化、治理、组织、人才）和要素投入（人、地、钱、项目、技术、服务）三个层面。就受关注度较高的重点议题来看，主要有体制机制与政策衔接、产业衔接和内生动力三个方向。

第一，体制机制与政策衔接。制度建设是乡村振兴与脱贫攻坚有效衔接的关键环节。衔接政策层面，目前多数地方政府已经出台关于两者衔接的规范性文件，但在此基础上各地仍需要加快出台具体实施方案与细则，案例中塘约村的发展在体制与政策建设方面为两者衔接提供有效经验。[2]具体帮扶政策层面，首先需要考虑供给方向的变化要求，如，由特定的帮扶政策向常态化的民生政策转变、由物质帮扶向能力提升转变等。其次需要考虑政策内容的延续、强

1 卢黎歌、武星星：《后扶贫时期推进脱贫攻坚与乡村振兴有机衔接的学理阐释》，《当代世界与社会主义》，2020年第2期，第8页。

2 秦翠翠：《脱贫攻坚与乡村振兴有机衔接路径研究》，《重庆文理学院学报（社会科学版）》，2021年第3期，第10页。

化、取消或者新设。例如，有研究梳理归纳了现有的脱贫攻坚和乡村振兴政策并将之分类对接，详细探讨了每种类型政策的重塑方向，具体可以分为防止返贫、产业就业、公共服务、兜底保障、区域开发和城乡改革六大类。[1]也有研究提出要保持农业产业发展的政策支持力度，强化社会保障政策，调整优化基础设施与公共服务设施建设的政策。另有少部分研究聚焦于财政政策、自然资源政策的衔接框架设计。

从“摆脱贫困”到“乡村振兴”：“塘约实践”彰显“支部力量”

从2014年以来，贵州省安顺市平坝区乐平镇塘约村，通过党组织、村委会、合作社“三套马车”并驾齐驱，探索实施“村社一体、合股联营”发展模式，深化农村综合改革，实现了“三权”与“三变”的良性促动，实现了从国家级二类贫困村向“小康示范村”的华丽转变，走出了一条独具特色的“塘约道路”。

塘约村坚持以党建为抓手，对班子成员、村民小组长、村民议事会分别实行“三级考评”，完善村委会自身监督、监督委员会监督和村民小组监督“三方监督”制度，通过“支部管全村、村民管党员、村规管村民”方式，进一步推进从严治党，进而夯实发展根基。具体措施上进行了“驾照式扣分”“积分制考核”和“党员联户”工程等新模式探索。

产业发展方面，塘约村盘活全村资源，在安顺市率先开

1　高强：《脱贫攻坚与乡村振兴有效衔接的再探讨——基于政策转移接续的视角》，《南京农业大学学报（社会科学版）》，2020年第4期，第9页。

展“三权”促“三变”农村产权制度改革，将土地承包经营权、林权、小型水利工程产权和房屋所有权等进行“七权同确”，确权入库耕地4881亩。塘约村通过推进产业发展，依托“金土地合作社”在全村建立韭黄、茄子、毛节瓜等蔬菜基地，每年农业产值占村集体经济比例达40%，2020年村集体资产达20576万元，人均收入23162元，实现了村民在家门口就业。

治理模式方面，近年来，塘约村积极推行自治、法治、德治“三治融合”治理体系，在制定“红九条”村规民约基础上，把德治和法治融入乡村治理。通过开展“传家训、立家规、扬家风”等活动推进形成崇德向善的文明新风尚。同时进行网格化服务管理，开展“一中心一张网十联户”工作，践行互帮互助联户社会管理，整合基层服务管理资源，推动社会治理服务重心下移，实现矛盾纠纷在村组化解。

第二，产业衔接。产业是经济发展的基础，乡村振兴与脱贫攻坚的有效衔接，要求农村由产业脱贫向产业振兴发展。在脱贫攻坚时代，产业扶贫大多依靠国家资金，地区通过政府扶持实现快速脱贫。这类产业一般以劳动密集型为主，地区之间产业同质化现象较为普遍，贫困地区自主发展优势尚未被完全激活。[1]在衔接的关键时期，要在巩固扶贫产业基础上积极培育新业态。通过产业链延长、产业融合以及发展品牌化、高质量、绿色生态的现代产业，推动产业优化升级，并增加产业业态与产品的多样性或探索小农产业发展以降低市场风险。同时，产业兴旺的目标要求市场须发挥在资源配

1　张青、郭雅媛：《脱贫攻坚与乡村振兴的内在逻辑与有机衔接》，《理论视野》，2020年第10期，第6页。

置中的决定性作用，政府须履行好公共服务职能，新型农业经营主体须充分发挥带动作用，瞄准对象则要由贫困人口转向乡村人口，并加强农村集体经济的发展。在机制构建方面，仍须继续完善产业扶贫的选择机制、利益联结分配机制、风险防范机制，以实现向产业兴旺过渡。

第三，内生动力。要实现农村社会的可持续发展，物质脱贫和精神脱贫缺一不可。改革开放以来，我国农村人员构成发生很大变化，许多农民转向兼业农户或完全退出农业活动，加之社会关系网退化等现实问题，如何调动农民在乡村振兴中的主体积极性，越来越受到社会的重视。[1]相较于脱贫攻坚期的“超常规”社会动员机制，实施乡村振兴战略的动员机制须具备内生性、常态化的特征，须以集体行动的能力为基础，因此要从个人意识培养、能力建设及集体组织能力建设方面设计衔接路径。在个人意识培养和能力建设方面，要通过思想宣传、示范引导、技能培训、以工代赈等方式培育农民的主人翁意识，提升能力素质水平；在集体组织能力建设方面，乡村振兴战略需要乡村社会中各个主体的承接和配合，通过组织建设、社区建设、文化建设等方式把原子化的农民个体重新联结起来，培育农民的乡村公共意识。

二、与其他重大战略的协同

乡村振兴战略，是党中央在对乡村现实以及未来发展的深刻考量下，做出的重大战略调整，具有鲜明的时代特点与时代价值，也与我国现行其他发展战略展开配合，形成政策合力。

1　豆书龙、叶敬忠：《乡村振兴与脱贫攻坚的有机衔接及其机制构建》，《改革》，2019年第1期，第19—29页。

（一）与新型城镇化战略协同

1.基本内涵与关系

为了解决长期实行传统城镇化发展模式以及城市偏向政策给农村发展带来的弊病，2014年中央出台了《国家新型城镇化规划（2014—2020年）》，于是我国走上新型城镇化道路。新型城镇化要求将乡村与农业置于优先发展的地位，补齐乡村发展短板，具体需要在改善乡村居住环境、提高村民科学文化素养、改革完善乡村社会治理体制、促进农民增收以及加强乡村基础设施建设等方面发力，这些也是实施乡村振兴战略、解决乡村问题的重要切入点。新型城镇化“高效、绿色、人文、善治、包容”的五个发展维度和乡村振兴战略“产业兴旺、生态宜居、乡风文明、治理有效、生活富裕”总要求中的五个方面逐一对应。可以说两者发展目标层面存在着紧密联系，本书的第三章对其内涵对应关系有详细介绍，此处不过多赘述。

但在实际情况中，乡村振兴与新型城镇化的关系更加复杂。目前我国城乡之间、农业与非农产业之间的巨大差距仍然存在，这一差距导致农业劳动力、生产资源、资金等要素仍然更多是从乡村向劳动生产率更高和收入水平更高的非农产业与城镇区域转移，这一城镇化的根本驱动力上还未改变。[1]加之体制政策方面对城乡二元治理路径的依赖，阻碍着生产要素在城乡之间的双向流动，进而导致乡村发展中所需的人才、资金等要素严重短缺，同时大城市出现“城市病”、中小城镇发展后劲不足等问题。目前中国仍然处于城镇化阶段，其所带来的问题既给乡村发展与振兴带来了挑战，也要求

1　丁建军：《乡村振兴要与新型城镇化联动》，《中国乡村发现》，2018年第1期，第114—118页。

城乡必须融合发展、均衡发展，才能化解这些难题。

具体来说，2020年是“十三五”规划和第一轮国家新型城镇化规划的收官之年，按照《国家新型城镇化规划（2014—2020年）》中“户籍人口城镇化率达”“常住人口城镇化率达”两个指标计算，第一阶段任务已经基本达成。[1]同时，2020年也是乡村振兴战略取得第一个阶段性进展的时间节点。在战略衔接的关键时期，现有城镇化的成果为乡村振兴提供了一定的经济基础，而将工作重点转移到农业农村、实施乡村振兴也将巩固与深化城镇化成果，并预期推动解决城乡发展失衡、发展要素单向流动等依靠新型城镇化战略本身难以彻底根除的问题。因此，两大战略的统筹联动是现阶段解决城乡发展问题的必然要求，其时间节点和阶段安排也体现了国家战略衔接的整体性考量。[2]

2.协同路径

不同于与脱贫攻坚战略的前后衔接，乡村振兴战略与新型城镇化战略未来将长期处于共存状态，也更需要两者的协调和配合才能达到两个战略各自成效的最大化。结合各地的具体实践以及相关研究，现从观念、体制机制、具体路径三个方面进行重点阐述。

首先，要树立城乡是一个紧密相连的利益共同体观念，把乡村和城市作为一个系统进行整体谋划。从功能方面来看，城市的功能主要是集聚人口、产业、资金、技术，形成经济发展的增长极。而乡村的功能则有保证农产品供应、提供生态屏障、传承民族优良文化

1　陈益刊：《新型城镇化收官之年，国务院有了新部署》，第一财经网，2020年7月22日。

2　杨嵘均：《论新型城镇化与乡村振兴战略的内在张力、政策梗阻及其规避》，《高等学校文科学术文摘》，2020年第1期，第2页。

等。[1]两者互补互需，无法相互取代。城镇化不是一味地剥夺乡村资源，乡村振兴也不是按照城市的标准建设农村。这方面需要注重宣传教育，纠正基层治理认识误区，新型城镇化在实施阶段要更多回馈农村，探索工业反哺农业、城市支持农村的新发展路径。

其次，体制机制层面要着力破除城乡二元结构，建立城乡共享发展体制。在过去的发展进程中，农业农村为国家的工业化、城镇化做出了重要贡献，也逐渐形成二元治理体制的路径依赖。在新发展阶段，国家必须从土地制度、公共产品、资本收益、产业发展等方面同时发力，努力消除城乡要素流动壁垒，适当加大对农村的政策资源倾斜，努力建立城乡统一并使城乡居民共享发展利益的体制机制。[2]这需要专业学者的研究论证与理论指导，更需要鼓励基层政府大胆改革创新，总结可行性经验，从政策层面探索新路径。

最后，在具体实践中要因地制宜、循序渐进。在进行战略衔接时，要充分认识各地区实际情况的差异，比如，乡村发展条件、城镇化进展等，避免“一刀切”的低效行动。目前基于战略协同的实践经验进行学术总结是学界常见研究角度，比如，杨佩卿从“宏观统筹”“打通耦合点”“壮大联结点”等方面归纳了陕西省在促进乡村振兴与新型城镇化战略协同中的经验成果，其中包括“发展都市农业”“产业强镇带动农村非农产业”等具体措施，为其他省份提供了直接经验。[3]同时，城镇化和乡村振兴都不是一蹴而就的，两个战略的协同也是持续性的工作。王韬钦认为城乡融合发展要经过三

1 陈锡文、韩俊：《农村全面小康与实施乡村振兴战略研究》，中国发展出版社2021年版，第504页。

2 刘爱梅、陈宝生：《协调推进新型城镇化与乡村振兴战略的体制对策——基于城乡共享体制建设的视角》，《学习与探索》，2019年第11期，第7页。

3 杨佩卿：《新型城镇化和乡村振兴协同推进路径探析——基于陕西实践探索的案例》，《西北农林科技大学学报（社会科学版）》，2022年第1期，第12页。

个阶段，第一阶段要以乡村发展为契机，化解城镇化带来的资源短缺、生态恶化等问题，走好协同发展的第一步；第二阶段要发挥市场决定作用，使农村有条件发挥自身竞争力，从而与城市在部分行业展开竞争；第三阶段则是升级农村产业结构与资源配置水平，实现城乡要素平等流动与高效互动。[1]对于中国未来的发展来说，不管工业化、城镇化进展到哪一步，城乡都将长期共生并存。[2]乡村振兴与新型城镇化战略也将长期协同共促。

（二）与可持续发展战略协同

1.基本内涵与关系

“可持续发展”理念于1987年世界环境发展委员会首次提出，其主张为了应对人们不断增长的需求与短缺资源之间的矛盾，要协调资源、环境、人口、发展等多方面的辩证关系以达到多个体系之间的协调。随着经济社会发展与需求变化，这一概念也进入了中国。1997年，党中央把“可持续发展战略”确定为我国“现代化建设中必须实施”的战略。根据本书第三章的阐述，我国可持续发展理论涵盖“生态与发展的平衡”“经济高质量发展”“人的全面发展”“效率与公平等的平衡”四大主题。

作为乡村振兴战略的总要求之一，“生态宜居”的内涵与可持续发展理念十分契合。乡村的可持续发展首先是生态环境的可持续发展，乡村是生态涵养的主体区，生态是乡村最大的发展优势，良好的生态环境是促进乡村社会可持续发展的基础性条件。在此基础上，“宜居”则是要进一步配套完善的公共服务，不断提升居民的获

1　王韬钦：《新型城镇化与乡村振兴战略协同关系探究》，《广东行政学院学报》，2019年第6期，第6页。

2　韩俊：《破除城乡二元结构走城乡融合发展道路》，《理论视野》，2018年第11期，第4页。

得感、幸福感。同时，推动绿色资源的产业化、资本化，改善产业结构与居民生活条件，以期从人的发展、经济的转型等方面达到可持续发展的要求。

2.协同路径

在乡村振兴和可持续发展理念协同的具体措施方面，本书第三章已经进行了翔实的案例分析，本节则主要对理念和体制机制层面的协同路径进行阐述。

理念层面，乡村振兴不仅需要垃圾分类处理、农药使用管理等生态建设的基础措施，更需要有意识地从战略层面进行系统思考与布局。以乡村振兴和“双碳”战略的协同为例，“双碳”是可持续发展理念下的具体目标，也是习近平新时代生态文明建设思想的重要要求。实施全面乡村振兴战略，推进农业农村现代化建设，也肩负着实现双碳目标的责任和使命。案例中茂名高州市创新性地推动乡村振兴与双碳战略的协同联动，创建碳中和新乡村是推进乡村风貌提升、推动绿色低碳循环发展、引入社会力量推动乡村振兴的有益探索。[1]也展示了乡村振兴战略在生态方面和其他战略形成合力的可行性，给其他地方基层政府提供了经验借鉴。

1 胡钰、付饶、金书秦：《脱贫攻坚与乡村振兴有机衔接中的生态环境关切》，《改革》，2019年第10期，第141—148页。

茂名高州市全国首创打造“碳中和新乡村”

茂名高州市积极探索融合推进落实国家乡村振兴、碳达峰碳中和两大战略，以分界镇为试点，在全国率先打造“碳中和新乡村”，形成乡村清洁能源循环综合利用。

一探索低碳减排在农村率先推行。近年来，高州市积极推进农房管控和乡村风貌提升，取得良好成效。该市结合乡村振兴工作实践，加大探索农村供给侧结构性改革实践，推动清洁能源与美丽乡村的紧密结合，让低碳减排在农村率先推行。积极衔接当前有利政策，当前农村房屋的屋顶具有统一风格、产权明晰且数量较多，利用此良好基础，建设分布式屋顶光伏项目，让清洁能源点亮美丽乡村，形成源源不断的内循环能源供应体系。以太阳能电力供应为切入点，加大新能源汽车进村入户，让清洁能源意识武装农民头脑，带来农村人居环境整治变迁的第二次大革命。

二加大院地科研合作共建力度。“碳中和新乡村”构想是由华南理工大学、中国华能集团有限公司等科研院校、大型央企组建产学研协同创新联合团队，对茂名乡村振兴相关工作开展调研后提出的。为提升科研成果应用转化率，华南理工大学乡村振兴与发展研究院粤西分院，已于2020年落户高州分界镇，通过“校地企”合作的模式让企业和资本以科学的模式走进乡村，让乡村的生态资源变成生态资产，让政府的费用化投入变成资本化投入。

三形成碳中和新美景，提升乡村风貌。目前，高州市在

“碳中和新乡村”中以点带面、点线结合开展探索实践，先以一个镇为试点，再在全市进行推广。目前，分界镇已开展相关工作并取得初步成效，成为广大群众关注和热盼的民心项目。“碳中和新乡村”项目最受欢迎之处是群众用得上，分界镇计划在全镇推广2万户农房安装屋顶光伏项目，每户是100平方米，一年发电量可达2亿度，每年碳减排量达20万吨，将带来可观的经济和生态效益。

体制机制层面，需要尽快完善乡村生态相关法律法规与监督执法机制。目前我国尚未建立起系统针对乡村生态宜居建设的法律法规，涉及生态环境保护的内容零散分布在《中华人民共和国大气污染防治法》《中华人民共和国土壤污染防治法》等各部门法中，且法律内容不够健全，比如，目前进行的“厕所革命”所涉及的厕所污水防治问题，现行2017年版《中华人民共和国水污染防治法》并未将其写入。[1]同时，要基于完善的相关法律法规建立严格的生态执法体系，切实落实生态环境保护责任制。但监督不能仅仅依靠法律，还应结合农村传统辅助以德治，让居民逐渐内化环境保护理念。[2]在乡村生态建设中形成体制监督与群众配合的良好互动，为乡村的可持续发展保驾护航。

1 廖和平、秦霞：《乡村振兴战略视阈下乡村生态宜居建设问题及改善对策》，《绥化学院学报》，2021年第2期，第4页。

2 曾祥明、蒋若凡、胡元：《论习近平生态文明思想引领乡村振兴的价值及其实现路径》，《南方论刊》，2022年第1期，第11—13、17页。

第三节　乡村振兴战略的未来展望

一、乡村振兴战略实践重点

我国农村区域类型多样，各地区具体情况不同，因此推进乡村振兴战略需因地制宜。探索合适的治理模式能为乡村振兴的稳步推进保驾护航，而发展先进的技术手段则是提高治理效率与服务水平的必然选择。基于乡村振兴实践的发展需求，本小节主要从这两个方面展开。

（一）治理模式

乡村治理是国家治理体系的重要组成部分，治理有效是乡村振兴的重要保障。健全乡村治理体系，有利于打造共建、共治、共享的现代社会治理格局，推进国家治理体系和治理能力现代化。[1]但是现阶段乡村治理存在的一些不足为乡村振兴带来了挑战，例如，治理主体缺位、治理机制不完善等问题。因此，本节聚焦分析“三治融合”传统路径和“元治理”的创新模式，以期为未来乡村振兴实践提供借鉴。

1.“三治融合”传统路径

党的十九大报告中指出“加强农村基层基础工作，健全自治、法治、德治相结合的乡村治理体系”。这种多治结合的治理模式是对多年来乡村治理实践的高度概括，也是在官方战略层面上认可了乡村治理的新方式。“自治”是基础和核心。这要发挥村民在乡村治

1　郝保权：《实施乡村振兴战略意义深远》，《农村·农业·农民（B版）》，2019年第6期，第15—16页。

理中的主体作用，同时要选好、管好、用好农村基层组织的领导者，完善自治的组织机构。“法治”是保障与底线。在自治实践过程中，农村错综复杂的宗族关系、人情关系都可能影响治理行为和治理效果，因此乡村治理需要构建完善的法律体系与法治工作机制，在法律的框架内发挥村民主体治理作用。“德治”是工具与辅助。这要求以正确的价值观教育为依据，通过道德教化作用来提高公民素质、实现良好社会风尚。[1]在乡村振兴战略的要求下，“三治融合”模式能否有效推进直接关系到“治理有效”和“乡风文明”目标的实现，影响着乡村方方面面的发展与振兴。

2021年《中共中央　国务院关于加强基层治理体系和治理能力现代化建设的意见》进一步明确了“三治融合”的重要性，可见“三治融合”在未来一段时间内仍然将是推动乡村治理现代化的主要抓手。在未来的工作中，需要从以下三方面进行重点探索与推动：首先，以党的领导促进“三治融合”的整体性机制建设。自治、法治、德治的功能定位与作用领域不同，在实践中容易出现彼此独立运作的状态。党的领导可以保证“三治融合”按照党的路线、方针和政策开展工作，将三者统一于党的建设中，能够更大程度地发挥“三治融合”的作用。其次，三种方式的治理能力需要在相互配合中不断提升，避免形成法治太“硬”、德治太“软”、自治太“任性”的局面。[2]比如，要加强村民自治的制度建设，既要避免因干部个人作风忽视民意，也要用程序约束不让人情干预治理；通过集中学习等方式提高基层干部依法办事的法治意识，以法治思维统筹认识与处理

1　李小伟：《“三治融合”创新农村社会治理体系》，《经济问题》，2021年第10期，第9页。

2　侯宏伟、马培衢：《“自治、法治、德治”三治融合体系下治理主体嵌入型共治机制的构建》，《华南师范大学学报（社会科学版）》，2018年第6期，第141—146、191页。

基层工作。最后，要坚持以村民为中心的发展理念。村民是乡村治理最直接的参与者，也是治理效果最重要的评判者。这要求“三治融合”中要注重培育村民的公众意识与参与能力，同时要发挥“新乡贤”的带头作用，全面夯实乡村治理的群众基础。

2.“元治理”创新模式

在我国不同发展阶段，乡村治理模式经历了士绅治理模式、政社合一模式等多次演变。进入市场经济时期，多元治理模式逐渐受到人们的推崇。在这种背景下，有学者提出“元治理”理论，“元治理”在承认授权与分权对乡村振兴战略实施的必要性的同时，特别突出强调政府控制与指导的重要性，有望成为落实政府在乡村振兴战略实施中领导地位和乡村振兴战略实施的一种有效治理方式。[1]

元治理的关键在于通过元治理者开展治理主体之间的协同，政府一般担任着元治理者的角色。[2]这种治理模式主张根据治理主体的特点与力量对治理合作进行重新组合，是对科层治理、市场治理以及网络治理的融合，能够在一定程度上规避各类手段出现治理上的失效状态。具体到乡村振兴战略实施中，元治理的优势体现如下：首先，元治理更有助于保障政府在战略实施中的核心地位。多元治理模式强调主体权利均等，主张治理主体充分发挥自我管理能力，这种治理模式更适合在法制健全、市场成熟的环境中实施。而在被称为“熟人社会”的中国乡村，实施一项复杂战略更需要强调核心主体的作用。在元治理模式下，政府可以在充分保证自己主体

1 唐任伍、叶天希、孟娜：《乡村振兴战略实施中元治理的优势、作用、路径和支撑》，《中国流通经济》，2021年第9期，第3—10页。

2 方放、刘灿：《团体标准裂化、元治理与政府作用机制》，《公共管理学报》，2018年第1期，第23—32、154页。

地位的同时促成治理主体间的合作，对各治理主体的力量进行重构和协调。其次，元治理有利于实现乡村垂直等级制结构和水平自组织网络的平衡。元治理是以国家层面的权力为核心来协调各主体利益关系。这既能有效推动治理进程，又可以在维护等级制的情况下强化各主体间的协作能力，充分保证各治理主体的自治权利，进而使多种治理力量形成合力，达到乡村振兴的目标。

目前这一模式还处于小范围探索阶段，主要成果是学界对其的理论讨论。“元治理”模式是否能够在新时期的乡村治理中发挥更大作用，还需经过系统的、反复的实践检验。

（二）技术手段

为推动农业农村高质量发展，应用新技术手段赋能乡村振兴是必然选择。一方面，数字技术的应用给乡村振兴带来了无限发展空间，2019年中共中央办公厅和国务院办公厅印发《数字乡村发展战略纲要》，为数字技术助推乡村振兴提供基本指导；另一方面，金融可以对“三农”的全面发展起到积极助推作用，亟待在现有机制基础上，积极探索金融助推农村经济发展的策略，提升农村经济发展水平。[1]

1.乡村振兴与数字技术

随着信息产业的发展以及网络基础设施的普及，数字技术的影响也不断向农村地区和农业领域扩散。大数据、云计算、物联网等新一代数字化技术逐渐被应用到农业领域，深刻改变了农业的发展

1 张曦：《金融助推河南省乡村振兴的困境及对策研究》，《农业经济》，2021年第12期，第46—48页。

方式，提升了农业的生产效率与发展质量。[1]数字技术将成为乡村振兴战略实施的有效工具，为其提供持续动力。具体来看，数字技术在乡村产业、生态、文化、治理和生活等方面可能发挥如下作用。

第一，产业数字化。基于数字技术的资源整合、信息共享和要素互联功能，农村可以发展三大产业融合发展机制，推进产业全面升级。[2]具体包括农业生产数字化、农业经营数字化、农业服务数字化等多个路径，数字技术带来的信息便利不仅能降低生产、运输环节的风险，也为农户提高自身农业技能和知识提供了机会。[3]

第二，生态数字化。数字技术可以帮助乡村进一步向“生态宜居”方向发展，主要路径包括农业生产方式绿色化和乡村环保智慧化。前者关注农业生产过程中对化肥农药的使用，可以通过物联网发展实现农业过程的精准化生产，降低农田中有害物质的残留；后者则主要指通过数字化监测平台的建设，加大对农村污水排放、生活垃圾的管理，提高乡村环境治理的精准与效率。

第三，文化数字化。具体包括两个方面：首先是乡村文化资源数字化，以多媒体等更高效的方式来记录有地方文化特色、传承价值的文化资源，可以帮助破解非物质文化遗产传承困难的局面；其次是文化产业数字化，数字技术可以生动、便捷地传播乡村特色景点与历史故事，有利于提高乡村“软实力”，从而推动特色小镇等新型旅游产业发展。

第四，治理数字化。乡村治理的数字化转型是目前乡村治理现

1　秦秋霞、郭红东、曾亿武：《乡村振兴中的数字赋能及实现途径》，《江苏大学学报（社会科版）》，2021年第5期，第22—33页。

2　秦秋霞、郭红东、曾亿武：《乡村振兴中的数字赋能及实现途径》，《江苏大学学报（社会科版）》，2021年第5期，第22—33页。

3　曲甜、黄蔓雯：《数字时代乡村产业振兴的多主体协同机制研究——以B市P区“互联网+大桃”项目为例》，《电子政务》，2022年第1期，第1—11页。

代化的基本趋势，基于数字技术的信息整合功能、数据共享特征，“互联网＋便民服务”的模式未来也会全面推向农业农村。这不仅将简化政府服务流程、提高服务水平，还为村民表达诉求提供了便捷渠道，有利于推动乡村治理的主体模式由一元垂直管理模式向多元共治转型。[1]

第五，生活数字化。改善民生是数字技术助力乡村振兴的应有目标，数字技术为提高乡村公共服务水平、缩小城乡差距提供了手段。以教育为例，基于数字技术覆盖范围广、可复制共享的特点，教育发达地区可以开设远程教育培训，推动实现优质资源与农村中小学对接，促进教育资源的流动，从而推动城乡教育公平。同理，乡村医疗、养老等其他领域也同样将受益于数字技术的发展。

南京浦口：入选国家级数字乡村试点
“数字引擎”助力“三农”发展提速[2]

第四轮江苏省农村改革试验区评定结果出炉，南京市浦口区入选“探索新型农村社区数字乡村治理机制”和“探索‘互联网+’农产品出村进城机制”改革试验任务，在此之前，南京市浦口区已入选国家级数字乡村试点名单，浦口区是南京市唯一的试点区。

南京浦口将数字化作为推进乡村振兴的切入点，助力三农“弯道超车”。永宁青虾是浦口区特产，曾荣获国家农产品

1 沈费伟：《数字乡村的内生发展模式：实践逻辑、运作机理与优化策略》，《电子政务》，2021年第10期，第57—67页。

2 鲁舒婷：《南京浦口：入选国家级数字乡村试点“数字引擎”助力“三农”发展提速》，南报网，2022年1月6日。

地理标志登记保护。当前正值青虾上市前的关键时期，也是养殖户口中的“保水”阶段，但在这个往年最忙的时候，养殖户康光辉夫妻俩反而闲了下来。这个冬天，夫妻俩夜间从未巡过一次塘。这得益于他们手机中的“渔业云”App，其后台是南京市浦口区正在推广的物联网系统，这是农芯智慧农业研究院为农户们带来的“超强大脑”。

推动农业生产智能化，积极打造科技农业、精准农业、智慧农业是数字乡村建设的重要内涵。从汤泉农场数字大田实现产前、产中、产后全过程农机无人化操作和生产全流程数字化，到雨发生态园数字温室实现环境监控、病虫害监测及植株生长与生理生态监测，再到上千亩数字渔场通过青虾养殖生产标准化、全产业链信息化覆盖，实现对产品的远程控制和智能定量饲喂，数字化在农业生产的各方面大显身手。

借助国家数字乡村试点区建设契机，南京市浦口区永宁街道率先在东葛社区试点打造网格化智慧云平台，探索网格化社会治理新模式。近年来，南京浦口探索建立了区、街道、社区三级联动平台和区街两级联勤指挥工作体系，通过信息化指挥系统，开展联勤巡防、联动指挥、联合执法，实现社会治理从“处置问题”向“发现问题”、从“事后执法”向“前端管理”、从“应急处置”向“常态治理”的转变。2021年，全区处理大联勤总工单145725条，办结145671条，办结率为99.96%。

案例中，南京浦口区将数字技术应用到了乡村农业发展以及乡村治理中。数字技术的应用，对于农业提质增效、高质量发展至关重要，以智能化手段优化农业生产流程，并进行数字化监测，充分赋能农业生产；另外，浦口网格化治理经验，也充分体现了数字化技术赋能乡村治理的优势。

2.乡村振兴与金融工具

金融在重塑城乡关系、深化农业供给侧改革、巩固脱贫攻坚阶段性成果等方面均能发挥重要作用，连续多年中央一号文件均提出要强化对农村的资金投入，强化农村金融的资源配置功能，满足农民的资金需求。经过多年发展，农村金融发展水平有了较大提高，为乡村振兴奠定了一定的现实基础。[1]但是农村金融体系存在着风险保障不够、产权配套不完备、农业企业和经营主体的内生动力不足等问题，探索金融助力乡村振兴战略的实践路径，提高农村金融市场效率，提升农户、涉农企业的内生造血功能，是金融助力乡村振兴的关键，更是高质量发展的要求。

第一，构建长效金融政策支持机制。政府在金融支持乡村振兴战略中扮演着“领导”的角色，能够对银行类的金融机构、保险公司起支持与引导作用。构建长效的政策支持机制，首先应加快乡村的金融立法，明确农户、涉农企业、金融机构在乡村金融活动中的权利与义务，明确农业保险保障的范围，为农村金融提供法律依据；[2]其次应加大信贷、财税支持力度，以鼓励、补贴的方式引导银

1 李创、吴国清：《乡村振兴视角下农村金融精准扶贫思路探究》，《西南金融》，2018年第6期，第28—34页。

2 李茂、王晨阳：《金融创新如何助力脱贫攻坚与乡村振兴战略深度衔接》，《河北学刊》，2021年第6期，第204—209页。

行切实加大农村信贷投放，提供更多无担保抵押、低息贷款来支持农村发展。同时充分发挥政府财政补贴的作用，对金融机构涉农的不良贷款及时给予补贴，保证银行等金融机构对农业农村提供稳定的资金供应。

第二，完善金融组织体系和服务机制。金融机构在乡村振兴中承担“钱袋子”的角色，完善金融服务机制能够为乡村振兴战略的实施提供发展动力。首先，完善各类农村金融组织的服务体系及协调机制，发挥农业发展银行等政策性金融机构的引导作用，用好商业银行等机构的中坚力量，规范小额贷款公司等非正规金融机构的补充作用，为农村发展提供多样化的融资服务。其次，加强新一代信息技术的应用，提高普惠金融的服务效率。金融机构要积极将大数据、云存储、人工智能等信息技术应用于金融服务，加大智能机器对人工服务的替代，在提高服务质量的同时降低金融网点的人工成本，提高普惠金融的服务质量；连通各类信息资源，将计算模型引入客户信用评估过程，提高评估的准确度。此外，创新金融产品与服务，形成银行与保险公司相互配合的金融共同体，研发具有针对性的普惠性金融产品与服务，共同分担乡村振兴面临的各类风险。

第三，创新农村产权运作机制。当前农村产权价值评估体系不健全、抵押担保制度不完善等问题削弱了金融助力乡村振兴的力量，创新农村产权运作机制能够为乡村振兴提供制度动力。首先，构建完善的农村产权确权机制。按照“权属明确、数据准确、标的清楚”的原则认真审查农户的资产确权申请，并和有关部门对农户的土地经营权、农牧业产业等进行审核查验，对电子档案进行备案管理。其次，加强农村产权评估制度的建设。在农村产权确权基础上，出台各类产权评估条例和评估流程细则，以科学的方法综合考虑评估产权价值和未来升值空间等因素，最终的评估价格由政府对外发布，作为农村产权的基准价。此外，创新农村产权担保流转机制，成立农村产权交易中心，为土地使用权、生物资产、专利等难以直接抵押的产权进行流转抵押的资产担保，解决金融机构对涉农贷款抵押产权的担忧。

“农贷通”平台
——打通农村金融服务“最后一公里”[1]

随着成都现代农业发展的深入推进，成都农业适度规模经营发展迅速，农业产业新兴业态加速呈现，农村金融服务需求转型趋势显著，产生了农村金融服务供给侧改革之需。2017年，成都市人民政府办公厅印发了《关于建立“农贷通”平台促进现代农业与现代金融有机融合的试行意见》，标志“农贷通”平台建设的全面启动。

“农贷通”是产业金融深度融合与线上线下广泛结合的农村数字普惠金融生态模式。线上平台运用云计算、大数据、区块链、人工智能等金融科技手段，打造集普惠金融、信用体系、产权交易、财政金融政策、资金汇聚服务等于一体的综合融资服务平台，解决了农村金融供需不平衡、信息不对称、财政金融政策相互割裂等问题；线下同步建设金融、电商、产权“三合一”村级服务站，以此打通农村金融服务“最后一公里”。通过“政府主导+市场运作”的运营模式，建立了

1 成都市地方金融监督管理局：《“农贷通”平台——打通农村金融服务“最后一公里”》，每经网，2020年11月2日。

普惠金融落地可持续性机制，改善了农村金融市场环境，完善了金融服务乡村振兴的市场体系、服务体系、产品体系，更好地满足与乡村振兴多样化、多层次的金融需求。

疫情期间，“农贷通”联合成都农商银行创新，为涉农主体量身打造“农贷通”专属金融产品——抗疫惠农贷，利率低至3.5%，全力保障农村复耕、复产、稳产、满产。截至目前，该产品成功贷款500笔，金额1.83亿元。在“农贷通”联席会议指导下，开展两次线上贴息，共计1055笔，1207.96万元，并在平台创新开展国债惠民业务、支农支小再贷款货币政策功能，以及供应链金融等工作。截至目前，平台累计注册用户54414人次，入驻金融机构84家，发布金融产品819个；入库新型经营主体近3万户；累计通过平台申请贷款24078笔、370.45亿元，成功放款17076笔、253.59亿元。助力农村金融指数（天府金融指数）连续3年位居全国榜首，成为单打冠军。

案例中，成都市“农贷通”这一金融创新，应用数字技术建设综合线上数字平台，同步建设线下“三合一”村级服务站，构建了农村普惠金融的新运营模式。在疫情期间，进行产品创新，为农村复耕、复产、稳产、满产提供了坚实的资金基础，为乡村振兴的全面推进提供了金融保障。

二、乡村振兴面临的风险挑战

（一）新冠肺炎疫情危机

新冠肺炎疫情危机自2020年爆发以来，对农村生产生活造成了全面冲击。农业方面，各地严格的交通管制影响了农产品运输和销售，疫情下农民出行受到管制，同时省际汽运受阻且运费大幅上涨。粮食质量下降和腐烂造成了生产者的直接损失。[1]更进一步，流通环节受阻影响了饲料供应和畜产品销售情况，因为缺乏饲料以及雏禽销路，养殖业的正常生产活动难以正常开展。农民方面，年后延期复工直接影响农民工工资收入，同时长期停工也减少了农民工的就业机会。从农民工数据来看，在受到疫情影响最严重的2020年，全国农民工总量28560万人，比上年减少517万人，下降1.8%，是自2008年统计农民工人数数据以来，第一次出现下滑（见图11-1）。农村方面，防疫与医疗救助条件的短板使得疫情防控工作相较于城市更难开展，同时在封村、断路等工作下如何抚平民众恐慌情绪也给村干部的治理能力提出挑战。

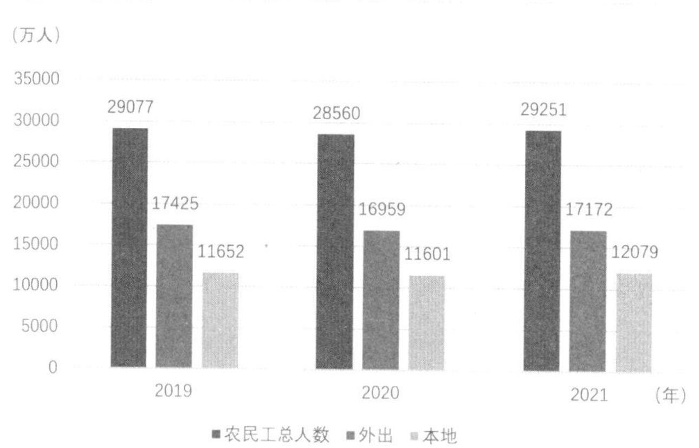

图11-1　2019—2021年中国农民工总人数

数据来源：国家统计局

1　叶兴庆、程郁、周群力等：《新冠肺炎疫情对2020年农业农村发展的影响评估与应对建议》，《农业经济问题》，2020年第3期，第7页。

目前疫情基本得到控制，但在抗疫常态化的背景下，仍然需要重视本次危机带给乡村振兴的启示。首先，要强化农产品供应链建设与储备能力，畅通农产品流通渠道，结合互联网等新技术，发展农村电商、网络直播带货等新型农产品流通方式。同时重视应急绿色流动通道和储备机制设计，提高危机应对能力。其次，要多渠道促进农民增收，比如，针对受疫情影响的农民工失业问题，要尽快推出农民工转岗再就业培训项目，帮助农民工适应新业态下的技能要求，鼓励农民工返乡自主创业。最后，要提升农村公共卫生条件与人居环境治理水平。新冠肺炎疫情引发的公共卫生危机，进一步表明了农村医疗、卫生环境的发展短板。要尽快推动乡村医疗卫生机构标准化建设与设备升级，完成乡村生活垃圾、污水集中治理和农村“厕所革命”等任务，为完成乡村振兴中的“生态宜居”目标奠定基础。

（二）国际局势变动

虽然近年来我国粮食产量一直居于高位，但由于“人多地少”的现实国情，我国仍然有巨大的农作物进口需求。中国作为世界上最大的农产品进口国，农产品进口已成为满足国内日益增长的消费需求的重要手段。[1]（见图11-2）但随着中国经济社会发展蒸蒸日上，西方国家为达到打压中国发展的目的，时常打着“民主”的旗号将矛头指向中国，在新疆、西藏、台海等问题上妄加干预，对中国进行贸易制裁，妄图阻断中国的生产链、贸易链环节。特别是2018年中美贸易摩擦升级，这对中美农产品贸易格局产生巨大影响。虽然贸易摩擦第一阶段告一段落，但摩擦仍在继续，持续时间也暂不可知。

1　曹历娟、洪伟、张兵兵：《新冠疫情与中美第一阶段协议叠加背景下中国农产品进口：外生冲击与合理应对》，《国际贸易》，2021年第7期，第36—44页。

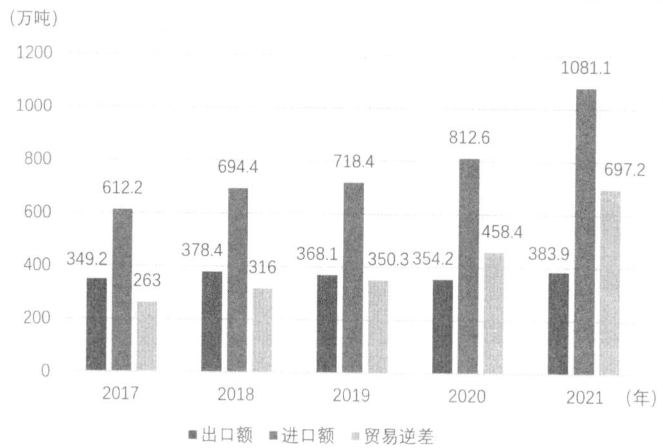

图11-2　2017—2021年上半年中国农产品贸易规模

数据来源：国家统计局

为应对中美贸易战等国际局势变动给我国乡村振兴推进带来的挑战，目前有三种思路：首先，建立以国内大循环为主体、国内国际双循环相互促进的新发展格局。逆全球化的趋势让我们重新平衡国际国内市场，党中央顶层设计提出了国际国内市场双循环的战略思路，以规避依赖外贸带来的风险，挖掘国内14亿人口的消费市场，将乡村振兴纳入国内市场体系，工业品、服务贸易等向农村市场发展。其次，在农业发展中要强化农业科技投入以及科研成果的转化利用，坚持"以我为主，立足国内，确保产能，适度进口，科技支撑"的粮食安全战略，坚守18亿亩耕地红线，牢牢将中国人的饭碗端在自己手里。最后，扩大农业贸易全球化布局，响应"一带一路"倡议，提高和农业发达的发展中国家的贸易往来，逐步提高我国农产品国际贸易话语权，助力乡村振兴的稳步实现。

（三）重大突发事件

农村地区是危机预防和应对处置的薄弱环节，农村应急治理体系和治理能力现代化建设面临着新的难题。[1]各类重大突发事件的发生（特别是无法人为控制的自然灾害，例如，地震、洪灾、泥石流、台风等气象灾害）成为我国全面推进乡村振兴的潜在挑战。以2021年河南暴雨为例，截至2021年7月22日，暴雨导致877个乡镇300.4万人受灾，截至2021年8月10日，河南全省农作物受灾1474万亩，占秋收作物总面积的12.4%。

重大突发事件对乡村振兴的制约显而易见，因此建立必要的应急管理措施对于降低灾害损失、稳步推进乡村振兴有重要意义。可以从以下几个方面考虑：首先，建立乡镇以及村级应急管理体系。应用数字化技术构建农村网格化应急治理结构，将应急响应流程标准化，建立相应的应急方案，做到灾害发生时有序应对。其次，深入开展应急宣传培训和演练。要定期在乡镇基层开展教育培训，提升公众预防突发事件的意识和能力。同时注重专业救援队伍的业务水平提升。最后，建设灾后恢复与重建机制。灾害发生后组织开展生产自救和善后处理工作，完善《自然灾害救助制度》《灾民倒房重建公开公示制度》《突发事件补助补偿制度》等规范性文件。[2]同时，持续建设农村保险制度，充分发挥农业保险经济补偿、资金融通和社会治理功能，降低重大突发事件对农业农村发展的影响。

1　周晓琳、施生旭：《农村应急治理：现状、困境及策略选择》，《中国应急管理科学》，2021年第11期，第77—85页。

2　刘扬：《潼南区农村自然灾害应急管理存在的问题及对策研究》，硕士学位论文，西南大学，2020年。

三、乡村振兴未来发展动向

（一）“双循环”格局下的乡村振兴

在2020年4月的中央财经委员会第七次会议上，习近平总书记提出要构建以国内大循环为主体、国内国际双循环相互促进的新发展格局。这是党中央在国内外环境发生显著变化大背景下，推动我国开放型经济向更高层次发展的重大战略部署。对于如何构建这一新发展格局，党中央提出了根本要求和基本方法，其中一个重要方面就是要统筹好国内大循环和乡村振兴的关系。党的十九届五中全会提出要“形成强大国内市场”，这要求“优先发展农业农村”以及“坚持把解决好‘三农’问题作为全党工作重中之重”。在这种背景下，如何让乡村振兴更好地嵌入“双循环”新发展格局构建，是预判未来战略走向需要重点关注的问题。

1.基本关系

从国家战略层面来说，全面推进乡村振兴可以说是构建“双循环”新发展格局的着力点和重要途径。新发展格局强调的是“立足国内大循环，发挥比较优势，协同推进强大国内市场和贸易强国建设”，而构建国内大循环体系的关键之一就是如何推动广大农村的发展，而乡村振兴战略为其提供了更多可能性。

具体来说，乡村振兴可以从三个方面助力“国内大循环”构建：首先是降低外部依赖。上述已经分析过国际局势变化对我国农产品的巨大影响，全面推动乡村振兴必然意味着提高农业生产水平，从而降低农产品的对外依赖度，稳定内循环的农业基础。其次是扩大投资市场规模。目前来看，我国乡村地区相较于城市的市场化程度比较低，市场规模较小。未来乡村在基建、新能源、旅游康养等很多方面仍有较大市场潜力可以发挥。最后是促进内需、拉动内部消费。乡村振兴的总目标之一是“生活富裕”，即推动乡村基础设施完善与农民增收，从而提升国内总体消费能力。[1]

2.对“乡村振兴”提出的新要求

“双循环”发展格局本质上是高质量发展的必然要求，也带给了乡村振兴新的机遇和挑战。[2]内部大循环要求构建国内统一市场和要素自由流动机制，农村作为交换、消费等环节的薄弱地区自然会被重点关注与支持，但这也要求乡村振兴在实施层面进行积极适应调整。

首先，乡村振兴观念要进行更新。双循环新发展格局需要价值链向中高端转移，但因为长期存在的城乡差距，乡村往往是低端、落后的代表。新格局下的乡村振兴则需要进一步提高乡村的角色定位，要认识到乡村在内循环体系中的基础性作用，作为重点发展的区域，不断提高乡村的核心竞争力。其次，要提升乡村的资源承接能力。上述提到新发展格局下国家必然会加大对乡村发展的优惠政策与资源投入，为了进行资源的有效配置，要从加强乡村基础设施建设出发，让资源进入乡村后能获得支持性服务与配套性保障，从而在市场和政府的作用下发挥资源的最大效用。最后，要发掘乡村振兴的内在动力。这就要求逐渐摒弃一味地依靠招商引资和征地拆迁为代表的外生性发展模式，挖掘乡村内部的人力资本、文化资本以及社会资本等隐性的内生性资源，推动乡村内部创新发展能力的

1 袁宇阳:《国内大循环背景下乡村振兴的实践转向与路径探索》,《当代经济管理》, 2021年第7期，第29—34页。

2 李建平、梅晓光:《“双循环”新发展格局下乡村振兴面临的挑战与对策分析》,《理论探讨》, 2021年第3期，第133—138页。

提高和高质量发展，从而实现乡村振兴战略与“双循环”发展格局的有效协同。

（二）全球视野中的乡村振兴

面对乡村衰退带来的挑战，很多发达国家（地区）都曾纷纷采取措施积极应对，并取得了较好的成果，本书第四章对此有详细的介绍。但是目前一些发展中国家仍然面临着乡村衰退问题，或者是不够重视，或者是采取单一的农业发展政策，导致结果适得其反。[1]中国的精准脱贫经验已经证明，发达国家的发展模式、现代化道路并不是放之四海而皆准的，一味地借鉴与模仿不是发展中国家寻求发展的康庄大道，反而可能引发发展环境不断恶化、矛盾与冲突不断增长等社会问题。中国作为最大的发展中国家、世界第二大经济体，选择实施乡村振兴战略是执政党对马克思主义发展观的自觉，是不断追寻和探索人与自然和谐共生、城市与乡村共同繁荣的现代性道路的伟大实践。向世界介绍与推广中国的乡村发展经验是中国作为一个负责任大国的应有之义，也是乡村振兴战略本身实现更大价值的重要实践。

从理论层面来说，学界已经关注到全球性议题在乡土的探索。齐骥等人基于“全球通道—地方轰鸣”（global pipeline-local buzz）理论，认为中国目前的乡村振兴实践是以乡土文化创新重塑乡村发展、嵌入全球议程的在地探索，又是以社会治理创新重构乡村网络、推动城乡融合的转型实践。他们主张通过文化基因建立全球关联，通过文化特色凸显地方差异，通过联结全球时空从而建立

1 张海鹏、郜亮亮、闫坤：《乡村振兴战略思想的理论渊源、主要创新和实现路径》，《中国农村经济》，2018年第11期，第2—16页。

"全球性乡村"的话语体系，能够为未来乡村发展进一步拓展可能性与空间。[1]这一创新性的理论解释为学界其他探索提供了很好的范例。

从实践层面来说，与欧洲、北美、日本、韩国等国家和地区在城市化发展几近成熟、跨入发达国家门槛后才逐渐启动乡村振兴的国家行动不同，我国将乡村振兴置于现代化建设的核心，作为中国式现代化不可或缺的板块，甚至是基础工作来推动，高度契合了工业化城镇化与城乡关系演变规律。[2]通过基层党组织等领导保障、"三治融合"的特色治理模式、促进城乡融合发展的战略协同、深化宅基地制度等体制改革，我们逐步走上了一条中国特色社会主义乡村振兴道路。2021年7月，中国政府联合国际组织发起"促进产业帮扶与乡村振兴"系列培训，向世界分享"中国经验"。及时的经验总结与分享有利于中国更好地推进乡村振兴战略，不断提升脱贫地区发展和乡村全面振兴水平，也有利于中国更广泛地参与国际减贫合作，为破解全球发展难题（特别是发展中国家的乡村发展）贡献中国智慧。[3]

1　齐骥、特里·N.克拉克、亓冉：《双循环格局下"全球—地方"互动的乡村文化振兴》，《山东大学学报（哲学社会科学版）》，2021年第3期，第72—81页。

2　郭晓鸣、张克俊、虞洪等：《实施乡村振兴战略的系统认识与道路选择》，《农村经济》，2018年第1期，第11—20页。

3　《中国减贫与乡村振兴经验为何引全球关注》，《北京青年报》，2021年7月26日。

参考文献

[1]曹历娟、洪伟、张兵兵:《新冠疫情与中美第一阶段协议叠加背景下中国农产品进口：外生冲击与合理应对》,《国际贸易》,2021年第7期。

[2]曾祥明、蒋若凡、胡元:《论习近平生态文明思想引领乡村振兴的价值及其实现路径》,《南方论刊》,2022年第1期。

[3]陈培彬、谢源、王海平等:《福建省乡村振兴实施成效分析及其优化路径——基于2015—2019年9地市面板数据》,《世界农业》,2020年第1期。

[4]陈锡文、韩俊:《农村全面小康与实施乡村振兴战略研究》,中国发展出版社2021年版。

[5]陈益刊:《新型城镇化收官之年，国务院有了新部署》，第一财经网,2020年7月22日。

[6]成都市地方金融监督管理局:《"农贷通"平台——打通农村金融服务"最后一公里"》,每经网,2020年11月2日。

[7]丁建军:《乡村振兴要与新型城镇化联动》,《中国乡村发现》,2018年第1期。

[8]豆书龙、叶敬忠:《乡村振兴与脱贫攻坚的有机衔接及其机制构建》,《改革》,2019年第1期。

[9]方放、刘灿:《团体标准裂化、元治理与政府作用机制》,《公共管理学报》,2018年第1期。

[10]高强:《脱贫攻坚与乡村振兴有效衔接的再探讨——基于政策转移接续的视角》,《南京农业大学学报(社会科学版)》,2020年第4期。

[11]高阳:《“红色引擎”激活乡村热土》,《中国组织人事报》,2022年1月29日。

[12]关德芳:《新时代我国“三农”发展的几个重点》,《人民论坛》,2019年第12期。

[13]郭俊华、卢京宇:《乡村振兴：一个文献述评》,《西北大学学报(哲学社会科学版)》,2020年第2期。

[14]郭晓鸣、张克俊、虞洪等:《实施乡村振兴战略的系统认识与道路选择》,《农村经济》,2018年第1期。

[15]韩俊:《破除城乡二元结构走城乡融合发展道路》,《理论视野》,2018年第11期。

[16]郝保权:《实施乡村振兴战略意义深远》,《农村·农业·农民(B版)》,2019年第6期。

[17]侯宏伟、马培衢:《“自治、法治、德治”三治融合体系下治理主体嵌入型共治机制的构建》,《华南师范大学学报(社会科学版)》,2018年第6期。

[18]胡钰、付饶、金书秦:《脱贫攻坚与乡村振兴有机衔接中的生态环境关切》,《改革》,2019年第10期。

[19]李创、吴国清:《乡村振兴视角下农村金融精准扶贫思路探究》,《西南金融》,2018年第6期。

[20]李建平、梅晓光:《“双循环”新发展格局下乡村振兴面临的挑战与对策分析》,《理论探讨》,2021年第3期。

[21]李茂、王晨阳:《金融创新如何助力脱贫攻坚与乡村振兴战略深度衔接》,《河北学刊》,2021年第6期。

[22]李小伟:《“三治融合”创新农村社会治理体系》,《经济问题》,2021年第10期。

[23]廖和平、秦霞:《乡村振兴战略视阈下乡村生态宜居建设问题及改善对策》,《绥化学院学报》,2021年第2期。

[24]刘爱梅、陈宝生:《协调推进新型城镇化与乡村振兴战略的体制对策——基于城乡共享体制建设的视角》,《学习与探索》,2019年第11期。

[25]刘扬:《潼南区农村自然灾害应急管理存在的问题及对策研究》,硕士学位论文,西南大学,2020年。

[26]刘宗林:《构建乡村振兴战略四梁八柱》,《民生周刊》,2021年8月17日。

[27]卢黎歌、武星星:《后扶贫时期推进脱贫攻坚与乡村振兴有机衔接的学理阐释》,《当代世界与社会主义》,2020年第2期。

[28]鲁舒婷:《南京浦口：入选国家级数字乡村试点"数字引擎"助力"三农"发展提速》,南报网,2022年1月6日。

[29]梅立润:《乡村振兴研究如何深化——基于十九大以来的文献观察》,《内蒙古社会科学》,2018年第4期。

[30]牛坤玉、钟钰、普莫喆:《乡村振兴战略研究进展及未来发展前瞻》,《新疆师范大学学报(哲学社会科学版)》,2020年第1期。

[31] 齐骥、特里·N.克拉克、亓冉:《双循环格局下"全球—地方"互动的乡村文化振兴》,《山东大学学报(哲学社会科学版)》,2021年第3期。

[32]秦翠翠:《脱贫攻坚与乡村振兴有机衔接路径研究》,《重庆文理学院学报(社会科学版)》,2021年第3期。

[33]秦秋霞、郭红东、曾亿武:《乡村振兴中的数字赋能及实现途径》,《江苏大学学报(社会科版)》,2021年第5期。

[34]曲甜、黄蔓雯:《数字时代乡村产业振兴的多主体协同

机制研究——以B市P区“互联网+大桃”项目为例》,《电子政务》,2022年第1期。

[35]沈费伟:《数字乡村的内生发展模式:实践逻辑、运作机理与优化策略》,《电子政务》,2021年第10期。

[36]唐任伍、叶天希、孟娜:《乡村振兴战略实施中元治理的优势、作用、路径和支撑》,《中国流通经济》,2021年第9期。

[37]王东、王木森:《新时代乡村振兴战略实施的共享理路》,《西北农林科技大学学报(社会科学版)》,2019年第3期。

[38]王连花:《习近平乡村振兴思想略论》,《湖南农业大学学报(社会科学版)》,2019年第1期。

[39]王韬钦:《新型城镇化与乡村振兴战略协同关系探究》,《广东行政学院学报》,2019年第6期。

[40]魏振英:《人居环境整治是乡村振兴的内在要求》,《甘肃农业》,2020年第2期。

[41]文哲:《山东五级书记“抓乡促村”为乡村振兴提供坚强组织保障》,《农业知识》,2020年第23期。

[42]习近平:《把乡村振兴战略作为新时代“三农”工作总抓手》,中共中央党校网,2019年6月1日。

[43]徐琴:《我国乡村振兴研究:现状、论域与展望——基于CSSCI的文献计量分析》,《南都学坛:南阳师范学院人文社会科学学报》,2021年第1期。

[44]严华东、丰景春、蒋松凯等:《中国乡村振兴领域的战略演变、研究现状及述评:一个文献计量分析》,《图书馆》,2020年第5期。

[45]杨佩卿:《新型城镇化和乡村振兴协同推进路径探析——

基于陕西实践探索的案例》,《西北农林科技大学学报(社会科学版)》, 2022年第1期。

[46]杨嵘均:《论新型城镇化与乡村振兴战略的内在张力、政策梗阻及其规避》,《高等学校文科学术文摘》, 2020年第1期。

[47]叶兴庆、程郁、周群力等:《新冠肺炎疫情对2020年农业农村发展的影响评估与应对建议》,《农业经济问题》, 2020年第3期。

[48]袁宇阳:《国内大循环背景下乡村振兴的实践转向与路径探索》,《当代经济管理》, 2021年第7期。

[49]原超、黄天梁:《使乡村运转起来:乡村振兴战略的理论内核与行动框架》,《中共党史研究》, 2019年第2期。

[50]张海鹏、郜亮亮、闫坤:《乡村振兴战略思想的理论渊源、主要创新和实现路径》,《中国农村经济》, 2018年第11期。

[51]张青、郭雅媛:《脱贫攻坚与乡村振兴的内在逻辑与有机衔接》,《理论视野》, 2020年第10期。

[52]张曦:《金融助推河南省乡村振兴的困境及对策研究》,《农业经济》, 2021年第12期。

[53]张雪、周密、黄利等:《乡村振兴战略实施现状的评价及路径优化——基于辽宁省调研数据》,《农业经济问题》, 2020年第2期。

[54]周晓琳、施生旭:《农村应急治理:现状、困境及策略选择》,《中国应急管理科学》, 2021年第11期。